营销管理系列丛书

袁乐清，张珀维，蔡淦绵 主编

成功之道

塑造品牌的必经之路

周泉润 著

中山大学出版社
·广州·

版权所有　翻印必究

图书在版编目（CIP）数据

成功之道：塑造品牌的必经之路/周泉润著. —广州：中山大学出版社，2018.12
（营销管理系列丛书／袁乐清，张珀维，蔡淦绵主编）
ISBN 978-7-306-06476-9

Ⅰ. ①成…　Ⅱ. ①周…　Ⅲ. ①企业管理—品牌　Ⅳ. ①F272

中国版本图书馆 CIP 数据核字（2018）第 248875 号

出 版 人：	王天琪
策划编辑：	钟永源
责任编辑：	钟永源
封面设计：	林绵华
责任校对：	付　辉
责任技编：	黄少伟　何雅涛
出版发行：	中山大学出版社
电　　话：	编辑部 020-84110283，84111997，84110779，84113349
	发行部 020-84111998，84111981，84111160
地　　址：	广州市新港西路 135 号
邮　　编：	510275　　传　真：020-84036565
网　　址：	http://www.zsup.com.cn　E-mail：zdcbs@mail.sysu.edu.cn
印 刷 者：	佛山市浩文彩色印刷有限公司
规　　格：	787mm×1092mm　1/16　26.25 印张　490 千字
版次印次：	2018 年 12 月第 1 版　2018 年 12 月第 1 次印刷
定　　价：	68.00 元

如发现本书因印装质量影响阅读，请与出版社发行部联系调换

总 序 想要得到 则需得道

陈 明　博士、教授

在现代社会中，现实与梦想的激撞正影响着人们如何做出选择以及做出何种选择。随之带给现代人的，除了彷徨和纠结，更多的是在无力感和不顾一切打破困境的信念的矛盾中，来回切换，以取得每个人心中期望的成果。

想要得到，则需得道。在科学思想观普及了数十年后的今天，人们愈加体悟到中华文明的思想根基、中华文明的核心价值、中华传统文化的高度概括总结。这一切是超越了以原子以及比特为基础的物质世界的运行规律，那便是智慧，便是道，是万事万物的内在运行规则。

如果现代人能够通过已有的社会运行规则和机制，探索并领略到其中的道，相信对于千千万万正在面临着不同困境和选择中的人们，都是能够带给他们一些醍醐灌顶的清泉和一盏帮助他们遥指远方的明灯。

广东营销学会营销管理系列丛书，在中山大学出版社连续多年出版的基础上，趁今年庆祝我国改革开放40周年之良机，为满足创业者和众多企业在品牌培育过程中对新知的渴望，该系列丛书新增周泉润作者著《推销之道》《经营之道》和《成功之道》精装版，三本书同时传递给大家的道之所在，正是如此。

这三本书看似讲的是三件事，实际上其中的内容盘根交织，互相贯通，一起演奏出了一首三重奏的恢宏乐章。如果说《推销之道》讲的是事业，《经营之道》说的是生活，那么《成功之道》告诉你的便是哲理人生。一个人的事业和生活是相辅相成的，有时往往不可分离。而人生，便是你这一生所浮现出的景象以及景象中所包含的深意，它有春夏秋冬，有喜怒哀乐，有悲欢离合，有诗情画意，有粗茶淡饭，有世态炎凉，当然，也有丘壑山陵和雄才大略。

《推销之道——全面掌握推销的十大秘诀》，书中将"推销"的思想与实践相结合，传递给读者"知行合一"的理念。告诉你为什么要做，该如何做且做好，这其中的内容不仅可以应用到推销的工作中，也能应用到自我和企业的营销中。

《经营之道——揭秘道法自然天人合一的营销真谛》，这本书给出了一套很系统的经营方法：践行、规律与道行。它告诉读者：所谓经营，在远古社会就已经被人类探索，它贯穿了人一生的各个方面并起着重要作用，且需要根据时代的变化而不断更迭，而经营的实质就是经营品牌。

《成功之道——塑造品牌的必经之路》，它将易经思维贯穿到了整本书。它为读者描述出了一条走向成功、塑造品牌的清晰道路，给出了在这条道路上面临困境时突围的方法，并在最后告诉你：与其等待成功，不如追求成功。

我认为，这三本书，从推销到经营到成功，是逐渐递进的三个层次。推销是基于产品和业务的局部思考；经营是基于事业和人生的整体思考；而品牌与成功，则是基于我们的所作所为的灵魂的思考，是对意义和价值的全息观照和内涵体悟。

品牌之所以成为一个人的人生和一个企业业务和产品的灵魂，因为它已经脱离了实体的物质属性，代表着经营主体对外在世界以及内在心灵的价值承诺和意义表述，是活着的理由和存在的价值，是一种使命。

在国外世界级品牌风起云涌的今天，国内真正称得上拥有强势品牌的企业却寥寥无几。回头看看国内企业的现状：固化的低价策略、产品思维以及急功近利的经营理念，都在限制着品牌的培育与发展。强势品牌不仅代表着优质的产品和强大的技术创新能力，作为强势的品牌，它应该被消费者认为是独一无二的自我的代表，是一种无法取代的精神信仰，是人生与事业成功的体验巅峰状态。在国家政策不断鼓励发展品牌战略的背景下，广大企业应该积极加入品牌培育的行列，通过践行品牌培育的一整套体系，提升品牌的知名度、美誉度和忠诚度；从经营产品快速过度到经营人心，从而产生消费者的偏好和溢价，以期占领更大的市场份额。我们要朝着强势品牌出发，为成为世界级品牌强国而奋斗！

综上所述，精装版三本书，所能带给读者的启迪和借鉴，正是它们的重大意义所在。是为总序。

陈明博士、教授：
华南理工大学工商管理学院营销系主任
国家工信部品牌培育专家
中国个性化制造联盟专家
新华社瞭望智库首批入库专家
中国广告协会学术委员会委员
广东营销学会副会长
广东品牌建设促进会副会长

2018年10月18日于羊城

序 一　　大道至简

彭未名　教授

兴许是社会的发展越来越让人看不透的缘故吧，现在越来越多的人热衷于讲道理。于是，从故纸堆里引经据典者有之，从西方实践中旁征博引者有之，试图从错综复杂之中理出一些头绪，从喧喧嚷嚷之中发出自己的声音，在遍地狼藉中杀出一条血路。但结果呢，往往是越理越乱、声嘶力竭、身陷重围。

其实，中国的先哲们早就说过——大道至简。最深奥的道理，往往隐藏在最简单的事情之中。恰恰就是越看似平常的事，越波澜不惊的琐碎小事，越是能够反映出极深刻的道理。这就好比卖飞机与卖白菜，两者在本质上并没有什么不同。

大道至简便是眼前这本《成功之道》给我的大致印象。综观全书，每一章都以稚嫩的童年记忆开篇，从发生在身边的小事娓娓道来，再以成年后对事物的理解所引发的感叹、思考结束。没有故作高深，也没有刻意回避问题，所述都是些司空见惯、平淡无奇的道理，所引也多半是日常生活中最平常的事例，亲切、实用，不但道理讲得通俗、浅显、透彻，也增加了阅读的趣味性。

古今之成大事业、大学问者，必经过三种之境界。"昨夜西风凋碧树。独上高楼，望尽天涯路"乃第一境。"衣带渐宽终不悔，为伊消得人憔悴"，此第二境也。"众里寻他千百度，蓦然回首，那人却在灯火阑珊处"为第三境界。这本《成功之道》讲出的就是这样一种心路历程。对成功的追寻，必须是要先完成自我定位，进而设定目标，培养有利于成功的心态，让生活和工作变得更有价值，这便是成功！此时的成功是一种心态，完全由自己说了算！

人生在世，谁都渴望成功，谁不希望自己的有生之年能够轰轰烈烈地做一番事业？可问题的关键是：再大的决心，也得靠具体可行的努力才行啊！任何一个人的成功都不是偶然的，他们能够华丽地逆袭，背后写满了辛酸！

大家都是凡人，成功也好，失败也罢，再大的事，也是由一桩桩小事累积而成的。再高深的道理，也包含在常识之中。

从某种意义上说,将每一件小事做好,做起大事来,就会轻松很多。况且,谁又能说,做好一桩桩的小事,算不上是成功呢?

就眼前来说,讲好自己的故事,不也是一种成功吗?

广东外语外贸大学政治与公共管理学院院长、教授

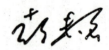

序 二　格局见识能量

伍文中　教授

20世纪80年代，美国卡耐基系列丛书（诸如《人性的弱点》《人性的优点》《快乐的人生》）登陆中国，系成功学在中国大行其道之滥觞，而后各类关涉成功的书籍若雨后春笋，在各大书店、图书馆甚至地摊汗牛充栋、目不暇接。仁者见仁，智者见智，成功学对人的激励作用到底有多大，每个人都有自己的看法。

文明的规律从来都是弱者驭于强者，智者差遣驱使愚人。冷峻残酷的丛林法则在人类社会一直适用。时下不少人津津乐道于成功人士之成功法则，遵从他们的谆谆教诲，幻想复制业已成功者之成功之道，便可快速成功。但严酷的现实是，他人的成功你无法照搬，即便小有所成，也非拜成功学所赐，而且远比你所想象的要漫长得多。

王安石说："古人之观于天地、山川、草木、虫鱼、鸟兽，往往有得，以其求思之深而无不在也。夫夷以近，则游者众；险以远，则至者少。而世之奇伟、瑰怪，非常之观，常在于险远，而人之所罕至焉，故非有志者不能至也。有志矣，不随以止也，然力不足者，亦不能至也。"

我素来认为成功者最为紧要的因子是格局、见识和能量。一个人的发展受到局限一般的原因就是因为他的格局太小，为其所限。没有大格局，势必难以成功，格局的高下，决定了成就的大小、潜力、前景乃至境界。当下众人耳熟能详的大企业家，诸如乔布斯、比尔·盖茨、扎克伯格、马云、柳传志等人，无不是因其超大格局、深远见识而取得成功的。

在我看来，周君泉润便是这一类人士。

泉润先生起于寒微，缱绻于困顿，发轫于善思，娴熟于易经。廓大于格局，博强于见地。历时数十年，百折千回，终于成就一番大业，个中历程、艰辛、苦乐，不足与外人道矣。

一个企业的领导者从经营哲学的高度全面梳理自己对生活、工作和管理的理念，把困难的事情简单化，并自成系统，表达了自己对成功的看法，以及强调他认为想要获得企业和个人成功所需具备的思想和行动准则。

今其《成功之道》一书，与其他成功学书籍不同，此书所有理论都是建立在《易经》基础上的，运用辩证的理论，将司空见惯的道理一分为二地解开，再取中端的方式予以运用，就将原本复杂的事情变得中肯了，也让人感觉质朴、实在。本书不仅观点新颖，内容具体，而且可操作性强。最为可贵之处乃是其经营中的深切感悟，每一点滴都发自其内心缜密的思考，每一步骤都来源于自己胼手胝足的亲历，而非空中楼阁之可望而不可及。

由是观之，《成功之道》一书当是依旧匍匐于金字塔基座的人们试图改变自己生活现状的一本难能可贵的参考书。

是为序。

广州大学经济与统计学院教授、硕士研究生导师
广东省财政学会理事　　　　　　　　　　　　伍文中
广州市人民政府重大决策专家

自 序　塑造品牌的必由之路

周泉润

说实话，在这本《成功之道》动笔之初，我对于成功的定义还是模糊的，但写着写着，我就发现自己对于成功有了一些不一样的认识。

有钱算成功吗？如果钱是自己赚来的，如果钱是通过正道来的，当然算。

有权有势算成功吗？当然算。前提是利用手中的权力不谋私利、不徇私情，并且心系普罗大众，的的确确为普罗大众办了一些好事、实事。

有了重大的科学发明算成功吗？当然算。前提是科技成果造福人类的同时，还能惠及人类的生存环境、生态环境，有利于人类更好地、可持续性地发展。

创造了经典文化艺术作品算成功吗？当然算。前提或是让人有所觉悟，或是鼓舞人不断进取，或是在美的陶冶中，让人与人相处、人与自然相处更加地美满和谐。

一辈子任劳任怨、勤勤恳恳、默默无闻的普通人算成功吗？当然算。前提不是做了什么，而是给人留下了什么。即使他已经离开很多年了，还有多少人记得他，还有多少人时不时地会提起他。

这样看来，所谓成功，就是撸起袖子加油干挥汗如雨的样子，就是为了心中的梦想努力拼搏咬牙坚持的样子；就是时不时地给予他人帮助、给予他人温暖、给予他人正能量，即能够感动他人也能够感动自己的那么一种状态；是一种对他人不可替代的吸引力，实实在在的影响力。

雁过留声，人过留名，人人都是一个品牌。活着，就要活出自己的价值。无论是对于家庭的价值，还是对于团队的价值，抑或对于国家的价值，抑或对于社会的价值。人不一定要有多么大的知名度，但一定要有相当的美誉度。不仅能够做到对自己负责，更能够做到对他人负责，并且在任何时候、任何情况下，都能不忘初心、不改初衷，成为推动社会进步与发展的一股不可忽视的力量。

以上就是我在写作这本书时所领悟到的，不一定完善，甚至也算不上成熟，但我想自己至少是努力地这么做了。恳请大家关注并给予批评！我相信，无论是点赞，还是吐槽，都是对我莫大的支持与鞭策。

　　书稿终告段落，掩卷思量，饮水思源，在此谨表达自己的拳拳谢意。在本书即将付梓之际，谨对各位好友、同仁的帮助表示诚挚的感谢。

　　真心感谢广东外语外贸大学政治与公共管理学院院长、教授彭未名先生和广州大学经济与统计学院教授、广东省财政学会理事、广州市人民政府重大决策专家、硕士研究生导师伍文中博士百忙之中阅读本书并赐序。

　　真心感谢广东营销学会以及营销管理系列丛书编辑组各位同仁的精心策划与积极参与，特别是广东营销学会副会长、华南理工大学工商管理学院营销系主任、教授陈明博士，在百忙中抽出时间为营销管理系列丛书撰写总序。真心感谢中山大学出版社王天琪社长以及钟永源副编审等编辑团队老师们，你们在封面设计、文字校对、文稿润色、出版安排等方面的卓越工作，使本书得以顺利和读者见面。综上所述，我诚心感恩来自四面八方的热情支持，没有你们的努力付出，就不会有这本书，我也就不会这么容易实现自己的梦想。

　　真心感谢母校湖北师范大学的师兄张晓熊先生、王晓高先生阅读本书并提出许多宝贵的意见。师妹王梦梦小姐对本书的校对等工作在此表示一并感谢。

　　想要感谢的人还有很多很多，但最想感谢的还是这一路走来陪伴在我生命中的各位朋友。其中有的人爱我、支持我，有的人恨我、伤害过我，但是我仍要感谢你们。没有你们的关爱与批评，恐怕我也不会走到今天，可能还会时时倍感寂寞，感谢你们在我的生命中添上了一笔色彩。

　　信息乱飞的今天，很少有人能耐心地坐下来静静读完一本书，当你捧起本书时，我就感受到了自己的价值所在。你我的人生交集从此开始，但彼此能走多深、多远，取决于你。期待各位可以享受本书的阅读，如若从中有所感悟，那将是我最大的成就。

目 录

一道　有目标　就出发 …………………………………………………… 1
　第一节　目标与理想 …………………………………………………… 3
　　一、目标及其要素 …………………………………………………… 4
　　二、理想，远和近 …………………………………………………… 7
　第二节　明确的目标，首要的成功法则 …………………………… 10
　　一、目标改变命运 ………………………………………………… 10
　　二、目标，成功者的特质 ………………………………………… 11
　　三、目标生智慧 …………………………………………………… 11
　　四、合作成功的唯一条件：共同明确的目标 …………………… 12
　第三节　计划——制订路线图 ……………………………………… 13
　　一、计划要"三化" ………………………………………………… 13
　　二、从实际出发，具可操作性 …………………………………… 14
　　三、随时调整计划 ………………………………………………… 15
　第四节　行动——实现目标的有力保障 …………………………… 16
　　一、目标要喊出来，请人监督 …………………………………… 16
　　二、订好了就行动，不管准备好了没有 ………………………… 17
　　三、检讨进度，不断行动，达成目标 …………………………… 18
　第五节　目标激励前行 ……………………………………………… 18
　　一、目标克服人性的弱点 ………………………………………… 19
　　二、目标生意志力 ………………………………………………… 21
　　三、目标生出大智慧 ……………………………………………… 24
　　四、目标不同，观念不同，命运不同 …………………………… 24
　第六节　目标是团队的灵魂 ………………………………………… 28

一、有共同明确的目标，团队才有凝聚力 ·················· 28
　　二、为团队制定目标 ······································ 30
　　三、激励团队成员向目标奋斗 ···························· 31

二道　在路上　靠信仰 ·· 35

第一节　追根寻源说信仰 ·· 38
　　一、原始信仰，未知或者图腾 ···························· 39
　　二、宗教信仰，心灵停泊的港湾 ·························· 44
　　三、志同道合，抱团的力量 ······························ 45

第二节　中华民族的信仰 ·· 46
　　一、三生万物 ·· 46
　　二、儒家讲中庸，道家讲中道，佛家讲中观 ·············· 48
　　三、华人的信仰 ·· 53

第三节　人，才有信仰 ·· 57
　　一、信仰在人身上怎么体现 ······························ 57
　　二、有信仰的好处 ······································ 58
　　三、无信仰的坏处 ······································ 59

第四节　究竟要信仰什么 ·· 61
　　一、与内心需求相呼应，缺一不可 ························ 61
　　二、自己打心眼里相信，至高无上 ························ 62
　　三、符合自己的实际诉求，需求当先 ···················· 64

第五节　要成功，带着信仰上路 ·································· 65
　　一、人生是场修炼 ······································ 66
　　二、上帝会帮助我们的 ·································· 67
　　三、这是上帝的考验 ···································· 68
　　四、信仰，时刻提醒我们不要无法无天 ·················· 69

三道　心若光明　世界就光明 ···································· 71

第一节　光明与黑暗 ·· 73
　　一、光明心的十大心态 ·································· 73
　　二、消极的十大心态 ···································· 79
　　三、化黑暗为光明 ······································ 82

第二节　广大无边之谓仙 …………………………………… 84
　一、由着心走，自信与生俱来 ……………………………… 84
　二、信心受制约，巧妙突破 ………………………………… 86
　三、潇洒走一回，任性一把又何妨 ………………………… 88

第三节　以老板之心经营 …………………………………… 90
　一、渴望成功 ………………………………………………… 90
　二、处处为别人着想 ………………………………………… 92
　三、化解而不制造问题 ……………………………………… 93
　四、独立而不孤立 …………………………………………… 94
　五、关注自己成长，而不计较上下 ………………………… 96
　六、以身作则 ………………………………………………… 98

第四节　以感恩之心处世 …………………………………… 99
　一、感恩是一种胸怀，也是一种境界 ……………………… 99
　二、感恩的好处 ……………………………………………… 100
　三、心怀感恩心，无往而不胜 ……………………………… 101

第五节　以平常之心观世音 ………………………………… 104
　一、不急不躁不上火 ………………………………………… 104
　二、从容淡定等时机 ………………………………………… 106
　三、以"出世"之心，办"入世"之事，谓之平常心 …… 107

第六节　学习，获取真经 …………………………………… 109
　一、学前，归零 ……………………………………………… 109
　二、学中，温故而知新 ……………………………………… 111
　三、学后，创造 ……………………………………………… 112

四道　自强不息　百炼成钢 ……………………………… 115

第一节　自强又如何 ………………………………………… 117
　一、怎么才算得上自强 ……………………………………… 117
　二、干嘛非得自强 …………………………………………… 119
　三、不进则退，真的吗 ……………………………………… 120

第二节　选择，与自强不息的人在一起 …………………… 121
　一、跟对人，跟谁？这是个问题 …………………………… 122
　二、走对路，怎么走有讲究 ………………………………… 125

三、做对事，永续很重要……127
第三节　成功，进步一点一点……131
　　一、自己与自己比，不断超越自己……131
　　二、今天与昨天比，做最好的自己……133
　　三、比业绩，更比心情……134
第四节　重承诺，守信用……135
　　一、信用就是个人的存折……135
　　二、对自己讲信用……136
　　三、对人讲信用……137
第五节　敢于担当……139
　　一、对自己负责……140
　　二、对他人负责……141
　　三、对团队负责……143
第六节　培养自强品格……145
　　一、总给自己立个标杆，不断超越……145
　　二、拼搏到感动自己……147
　　三、爱可不可以重来，再不疯狂就老了……149

五道　开采无限潜能　办法总比困难多……155

第一节　潜能是什么……158
　　一、能力的"潜"与"露"……159
　　二、潜意识的有或无……161
　　三、潜能有多重要……162
第二节　爱的力量……164
　　一、爱，是一切力量的源泉……165
　　二、爱，从来就没有标准答案……166
　　三、爱越深，潜能越大……167
第三节　如何激发潜能……169
　　一、自我暗示……170
　　二、外在刺激……171
　　三、不断行动……174
第四节　团队的力量……176

一、积极参加团队活动，跟着团队一起进步 …………… 176
　　二、为完成团队目标而努力 …………………………… 178
　　三、全心全意为团队服务 ……………………………… 180
　　四、团队训练唤醒潜能 ………………………………… 182
　　五、激励、表彰会议刺激潜能 ………………………… 183
　第五节　梦想、理想、目标及行动 …………………………… 184
　　一、目标调动潜能 ……………………………………… 184
　　二、理想开采潜能 ……………………………………… 185
　　三、梦想激发潜能 ……………………………………… 186
　　四、行动释放潜能 ……………………………………… 187

六道　正确思考　圆满就好 ……………………………………… 189
　第一节　太极的传说 …………………………………………… 191
　　一、太极想表达什么 …………………………………… 192
　　二、太极的作用 ………………………………………… 193
　　三、太极的现实意义 …………………………………… 195
　第二节　太极思维是种立体思考方式 ………………………… 196
　　一、以阴阳眼光看世界 ………………………………… 197
　　二、以自然标准评善恶 ………………………………… 197
　　三、象、数、理，说明宇宙人生 ……………………… 197
　　四、放下两端，在中间行走 …………………………… 198
　　五、时间、空间及其他 ………………………………… 200
　第三节　跳出三界外 …………………………………………… 202
　　一、天地不仁 …………………………………………… 202
　　二、吉凶悔吝 …………………………………………… 204
　　三、上下求索，永无止境 ……………………………… 206
　第四节　有两把刷子 …………………………………………… 207
　　一、一阴一阳之谓道 …………………………………… 207
　　二、做一个出手不凡的人 ……………………………… 209
　　三、有强大，有办法，才有智慧 ……………………… 210
　第五节　正确的思考 …………………………………………… 212
　　一、思维的三种类型 …………………………………… 212

二、透过现象看本质（由阳思考阴）……………………214
　　三、站在未来看现在……………………216
第六节　止于圆满……………………218
　　一、无可无不可……………………219
　　二、修"我"，不修"我的"……………………220
　　三、阴阳不测之为神……………………220

七道　行善　君子不立于危墙之下……………………227

第一节　善者，自然也……………………229
　　一、自自然然说话……………………229
　　二、自自然然做事……………………233
　　三、以达到"我"与"他"之合适关系为善……………………236
第二节　善不积，不以成名；恶不积，不以败身……………………240
　　一、多做善事，让自己声誉卓著……………………240
　　二、损害他人，众叛亲离……………………242
　　三、少做恶事，避免损耗自己……………………246
第三节　积善之家必有余庆，积不善之家必有余殃……………………247
　　一、行善，为家族积点福报……………………247
　　二、小恶，也会祸及家人……………………250
　　三、不欠"孽债"，才能安康……………………253
第四节　积善，其实是积累良好的人际关系……………………255
　　一、善良，成就人……………………255
　　二、成功的秘诀在于：多行善事……………………258
　　三、大格局，才有大发展……………………259
第五节　积善，是趋吉避凶的良方……………………262
　　一、积善可以化险为夷……………………262
　　二、积善可以驱灾避邪……………………263
　　三、心中的"鬼"驱尽，就是一个善人……………………263
第六节　行善妙方"三昧"……………………264
　　一、布施，心里无私……………………264
　　二、绝不违逆自然规律……………………265
　　三、检讨自己……………………266

八道　知忍　才现真功夫 ·· 269
　第一节　享受寂寞 ·· 272
　　一、成功最喜欢敲寂寞的门 ····································· 273
　　二、静以修身，才有大智慧 ····································· 276
　　三、寂寞是一种境界，让心自由翱翔 ························· 278
　第二节　习惯孤独 ·· 281
　　一、孤独时，最适合自己跟自己说话 ························· 281
　　二、自寻孤独，就是向成功迈出了一大步 ···················· 282
　　三、测不准原理 ··· 285
　第三节　抵御诱惑 ·· 289
　　一、最动心的时候，往往是危机要发生的时候 ·············· 290
　　二、让诱惑成为别人的热闹 ···································· 293
　　三、发乎情，止于礼，君子好色而不淫 ······················ 296
　第四节　懂得自律 ·· 299
　　一、自我克制是成事之本 ······································· 299
　　二、时不时地给自己念点"紧箍咒" ··························· 300
　　三、管好自己，才能立威 ······································· 301
　第五节　保持缄默 ·· 304
　　一、闭上嘴，是最高的修行 ···································· 304
　　二、看不清的不说，看清的不全说 ···························· 305
　　三、吹牛可以，撒谎不行 ······································· 308
　第六节　成功靠熬，失败靠逃 ···································· 309
　　一、吃亏养德，忍耐养心 ······································· 309
　　二、逆境中寻找成长的机会 ···································· 312
　　三、逆境中坚守人生志向 ······································· 313

九道　忘我　方能佛光普照 ·· 317
　第一节　全心全意为人民服务 ···································· 320
　　一、为人民服务是永恒的成功真理 ···························· 320
　　二、心系人民，才被人民所系 ································· 322
　　三、心向人民，才被人民所向 ································· 326

第二节　为人为己的辩证法 …… 327
　一、越算计，越不幸 …… 328
　二、为己者，得小失大；为人者，失小得大 …… 329
　三、失一片绿地，得到的将是整个森林 …… 331
第三节　真正的忘我，才能成就我 …… 332
　一、作用力与反作用力 …… 332
　二、助人者，常被人助 …… 334
　三、有限与无限 …… 336
第四节　不计较个人得失 …… 338
　一、有舍才有得 …… 338
　二、得失相依 …… 341
　三、"忘我"才有真朋友 …… 343
第五节　不给钱，也精彩 …… 345
　一、除了钱，还有什么 …… 346
　二、赞美和批评 …… 347
　三、行动上也要有德，德与运 …… 349
第六节　以身作则，赢天下 …… 350
　一、"从我做起"的公信力 …… 351
　二、事必躬亲，不仅仅是示范 …… 351
　三、以身为天下，可以寄天下 …… 353

十道　合作　合作　还是合作 …… 355
第一节　合作，从婚姻做起 …… 357
　一、婚姻，如果可能的话，多一点点爱 …… 358
　二、婚姻需要尊重 …… 363
　三、婚姻需要信赖 …… 366
　四、建立共同的目标 …… 367
　五、权利、义务、责任 …… 368
　六、养成配合的习惯 …… 369
第二节　兼容精神 …… 370
　一、兼容、包容、宽容 …… 371
　二、兼容的好处 …… 372

三、合作，需要兼容精神……374

第三节　调动理论……376
　　一、合作，需要调动对方行为……376
　　二、以能否调动对方的行为作为判定真理的标准……378
　　三、客观事物的真理是操控物的依据……378
　　四、对方认定的真理是操控人的依据……380
　　五、需求，调动的基本条件……380

第四节　演戏定律……383
　　一、只有永恒的"两面"，利与害……383
　　二、制造角色……384
　　三、言语行动：先意承欢……385

第五节　恩怨辩证法……385
　　一、恩生怨……386
　　二、怨生恩……389
　　三、恩恩怨怨难合作……389
　　四、处事以不即不离之法……390
　　五、居身于有意无意之间……391
　　六、何妨来点"真性情"……391

第六节　以说为媒，化解危机……392
　　一、了解人性第一……392
　　二、沟通是化解危机的最好方法……394
　　三、拖，也是化解危机的一种方法……395
　　四、沉默也是在说……395
　　五、找个顾问咨询……396
　　六、危机、危机：危机后面是机会……396

后记　与其成功，不如追求成功……399

一 道

有目标 就出发

第一节 目标与理想
第二节 明确的目标，首要的成功法则
第三节 计划——制订路线图
第四节 行动——实现目标的有力保障
第五节 目标激励前行
第六节 目标是团队的灵魂

> 朝着一定目标走去是志，一鼓作气、中途绝不停止是气，两者合起来就是志气。一切事业的成败都取决于此。
> ——戴尔·卡耐基

五岁那年，我着魔似的爱上了夜空中的一颗星星。

不错，就是我们平常意义上所说的挂在无边苍穹的星星。

此前，在我的《经营之道》一书里也提及，就是那颗在我看来总是冲我眨巴眨巴眼睛的小星星。总觉得它像是在对我絮叨着什么，但我又总是听不见。所以，有一段时间，我几乎执拗地想要大踏步地迈进那颗星星里面，想去看看究竟。

没有学历却饱读诗书的父亲告诉我：那颗星星驻在很远很远的地方，中间隔着许多许多的东西，要去，就得趟过一条一条的河，翻过一座一座的山，重要的是我得有很大的真本事才行。

那时，虽然我年龄小，懵里懵懂，不完全明白父亲话里的含义，但走出去，离那颗星星近一点，似乎成了我最大的愿望，自然成了埋藏在我内心深处平生的第一个理想！

为了实现离那颗星星更近一点的小小目标，在往后的日子里，我学会了爬树，学会了翻山，学会了游泳。也读了小学、初中、高中，直至读完了大学。之后，还一直没间断过学习。

也可能应了父亲的那句话，之后，我确实翻过了无数的山，趟过了无数的河水，跨过了许许多多的桥，尝过了许许多多的东西。

可能也正是童年的这么个小小的星愿吧！后来，我硬是凭着自己的力量走出了小村庄，走进了越来越大的城市，走过了世界上一个又一个的国家。

由于受大气污染的影响，天空已经没有儿时的那份清澈、纯净、蔚蓝，在我所居住城市的天空，也很难得能见到儿时常见的银河，还有那颗星星；随着年龄的增长，我越发知道"星星还是那颗星星，月亮还是那个月亮"，而我早已经不是原来的我了，但儿时的那份执着，却始终不曾泯灭。

总听人说，自己活得如何如何辛苦。陕西歌手王建房在《在人间》里唱道："在人间有谁活着不像是一场炼狱，我不哭我已经没有尊严能放弃。"生容易，活容易，生活不容易。

我觉得，人，之所以过得辛苦，是不清楚自己想要什么，也就不知道自己究竟该干点什么。换句话说，就是失去了人生的目标，不知道该往哪里走，也没有继续走下去的勇气、动力与激情。

其实，无论做事也好，还是做人也好，首先要确立的就是自己的目标。有了目标，我们才清楚自己努力的方向，才会有努力的动力，才能获得我们想要的成功。

因为人生就是由一个个目标构成的，要活着，想活好，就必须努力地去完成一个又一个任务，去实现一个又一个的目标。

你究竟想要什么？

弄清了自己想要什么，才知道自己应该怎样努力去做。

第一节 目标与理想

如果把人生看作一场马拉松长跑，理想，就是顺利地到达终点；而目标，就像漫长赛道上的一个又一个站点，只有在一定时间内通过了，才算完成。

理想分层次，是实现自我的一个宏大而且诱人的愿景，是自己留给自己的一个念想，是无论在什么情况下，都依然存在自己心中的一种盼头。

目标没有层次之分，只有实现这一种可能，就像是跳高的标杆，无论你用什么办法，一定时间内跨过才叫实现，具体而实在。

从前，有个人路过一处建筑工地，问那些正在忙碌的一帮石匠在做什么？其中三个石匠各有各的回答：

一个石匠张嘴就来："我就为混碗饭吃，我的目的是养家糊口。"

另一个石匠踌躇满志地说："我在这里做工，因为将来我会成为这个国家最出类拔萃的石匠。"

而第三个石匠沉吟半晌回答："我正在建造一座有史以来最伟大的教堂。"

这三个石匠做同样的事情，却给出了三个完全不同的回答，代表了三种不同的目标和追求。第一个说自己做石匠是为了养家糊口混碗饭吃，这明显是一个短期目标导向的人，他只是顾虑自己的生理需求，并无多大的理想抱负；第二个石匠说自己在这里做工是为了成为全国最优秀的匠人，这是职能思维导向的人，做工作时只考虑本职工作，只考虑自己要成为什么样的人，很少考虑大局以及全面的要求；而第三个石匠则说出了目标的真谛，这是经营思维导向的人，这样的人思考目标的时候会把自己的工作和大局宏观的目标联系起来，从总体价值的角度来考虑自己未来的发展，职场上只有这样的员工才会取得更大的进步和获得更大的发展。

美国管理学大师彼得·德鲁克说，第三个石匠才是一个管理者，因为他用自己的工作影响着组织机构的绩效，它在做石匠工作的时候看到了自己的工作与建设大楼的关系，这种有独立思考能力、有明确目标又有大局观的员工才是职场最稀缺的人才！

一、目标及其要素

简单地说，目标，就是在某段时间内，通过全力以赴的努力而能完成的任务。

无论是给别人下达的任务，还是给自己下达的任务，目的都是为了更好地完成。

一个完整的目标，必须具备这样五个要素：

1. 明确的任务

目标就是下达的任务，必须明明白白、清清楚楚。最忌讳的就是笼统，就是模棱两可，就是含糊其辞，不但别人弄不清楚，自己也闹不明白。

我大概三岁的时候开始学着自己吃饭，每次家里人围着桌子一起吃饭，母亲将满满的一碗饭端到我面前时，总是不忘叮嘱一句：吃完了才可以去玩。

吃的过程中，不得吧唧嘴，掉在桌上的饭粒要及时捡起，碗里最后不得剩下一颗饭粒。

算起来，这应该可以算是我平生第一次接到任务，也算得上是第一次完成目标。

2. 时间：某段时间内完成任务

所有的目标完成，必须有一个清晰的时间限制，否则就容易一拖再拖，直至最后要么不了了之，要么就敷衍了事。

记得我平生第一次干活，也是母亲给我派的。

早上起来，漱洗完毕，母亲让我坐在院子里的小板凳上，端来一盆豆荚叫我剥，说是过一会要用的，规定我必须在下地干活的父亲、哥哥们回来之前剥完，否则就少吃一块贴饼子。

那时虽小，也不懂得计算父亲他们回来还有多长时间，但手上却不敢怠慢，一边忙不迭地剥着豆荚，一边还不时地要望望院门外，生怕父亲他们提前出现，那我爱吃的贴饼子就要少去一块。

3. 代价：完成任务需付出的代价

天上不会掉馅饼。任何事情的达成，都需要付出一定的代价。世界上任何事都没有捷径可走，想轻松自在、轻而易举地获得任何利益或成就都如蜀道之难。

每年夏秋两季稻子收割的时候，我都会跟着哥哥姐姐们下到田里去捡稻穗，最喜欢那种赤脚踩在泥土上的感觉。

因为我在家中七个兄弟姊妹中排行最小，所以，无论哪一次谁带的我，他们都会学着母亲的样子向我下达着命令："跟紧我，手上抓满了，才可以往我的篮子里放。否则，下次不带你出来！"

为了还有下次跟出来的机会，每次我都很努力地在田里找，手里的稻穗也总是抓得很紧，所以总会不经意地让稻穗在手里落下一两道红红的痕迹，有时也会不小心崴了脚，甚至偶尔还会被不知名的虫子咬上几个小包……

既然是任务，那就必须全力以赴去完成。不管遇到什么，都义无反顾地去克服，任何的懈怠、怯懦，都是为自己找借口。

4. 行动：立即行动，行动时不管准备好了没有

在商业社会和互联网时代，竞争更趋激烈，现在市场上已不是大鱼吃小鱼，而是快鱼吃慢鱼，慢鱼吃死鱼。如果慢鱼想不被快鱼吃掉，唯一的办法就是把自己变得更快，变成快鱼。人在旅途，每个人都渴望快点接近自己的目标。

一天，伊索在郊外散步，遇到这样一个人。那人在伊索背后问道："先生！打扰一下，请问从这儿到城里要走多久？""你，往前走！"伊索头也不回地说。问路者有点迷惑，心想自己可能没有说清楚，于是，他又问了一次。哪知伊索仍然说："你往前走！"问路者加快脚步走到伊索跟前说："先生，我在问你正经事，你怎么总开玩笑，答非所问呢？""朋友，我没有和你开玩笑。"伊索认真地说，"我没看到你步行的速度，怎么能回答你所需要的时间呢？"那人闻听此言，迈着大步向前走去。伊索在后面高声说道："朋友！照这速度，太阳落山时你就能走到。"

一个人接近目标的时间，主要取决于他的速度。就像龟兔赛跑，谁是最后的赢者呢？答案是不一定的。兔子本身跑得速度快，但如果休息过了头，反而变成慢的了。行动力就是人的行动能力，是一个人把他的思想转化为行动的能力。这

个转化的过程是快还是慢，决定了行动力的价值。思想观念转为行动的速度太慢，那么这个行动力的价值难免会一钱不值，因为许多想法、观念有一定的时效性，它只有很短的保鲜期、有效期。过了这个黄金时间，这个观念便不值钱了。同样是行动，行动的速度不一样，到达时间一定也不一样。坐火车需要一天一夜，坐飞机却只需要2～3个小时。同时出发，坐飞机可能比坐火车要早到20多个小时，而这20多个小时对某些事情来说是非常重要的。

假如你已经有了好的观念，那么就请你立即下定决心，请你立即行动，如果你已开始行动，那么就请你提高行动的速度，有行动才有结果。

多数人容易犯的毛病，就是"想的太多，做的太少"，总有各种各样的理由推三阻四。很多人因这一条而失败！

"没准备好"确实是个理由，如：还没学好，还没办公室、执照，还没经费，等等。但可能就是在你觉得条件完美、准备想要做的时候，人家就已经做完了。

记忆中，儿时最喜欢做的事情就是在抽干塘水进行捕捞之后的鱼塘里抓小鱼。每次一听到允许下水的消息，我总是啥都不顾地立马放下手边的事，抓起鱼篓就往鱼塘方向跑。

至今，每次回乡下，说起这事我都很得意，因为每每总是在哥哥姐姐们闻讯赶到时，我们先到的几个小伙伴就已经将鱼塘里漏网的小鱼小虾抓得七七八八了。

其实，无论想做什么，最好的方式就是不管三七二十一，先做起来再说。也许在做的过程中，自己的能量、灵感就会应运而生，甚至先前看来对自己不一定有利的条件，这时也会发生奇迹般的转变。

5. 坚持：持续行动，完成任务

完成任务的大忌：见到一点困难就动摇。因为任何事情的进展都不可能是一帆风顺的，坚持下来，就是赢家。

我第一次走远路，是跟着大姐、二姐去几里外的镇子里赶集。

大姐挑着一担青菜在前面走着，二姐一手挎着装有卖菜的秤和扎菜草绳的篮子在后面跟着。

二姐嫌我是累赘，一直不肯让我跟着去，是母亲的一再坚持，才勉强答应带上我一起上路。所以，她一路上都在挑我的毛病。

其实，以我当时的年龄，两步才够赶上她们一步。所以，走到一小半路的时候，我就觉得累了，真恨不得停下来歇一会儿，或者希望她们能够像往常一样把我背在背上。但我不想二姐笑话我,更怕下次谁都不愿带上我,所以勉强装得没事人似的,硬是坚持着不让自己掉队。

记得有一次,在已经能看见镇子的时候,我觉得自己确实有点坚持不住了,两腿麻木,几乎是挪着往前走。不过,幸好我咬咬牙最后还是坚持下来了。

之后的日子,哥哥姐姐们出远门,都很愿意带上我,因为他们明白我不是累赘,反而是一个能够帮到他们的人。

无数的事实告诉我们,成功往往属于在别人纷纷放弃的时候,最后坚持下来的那个人。

坚持往往是成功的代名词,如果想要成功,想要实现自己的梦想,甚至生活中点点滴滴小事也需要我们的坚持。坚持的过程是枯燥的,是孤单的,是不被人理解的。当我们全力以赴地去做一件值得做的事但不被别人所理解时,就会遭到巨大的压力,会使我们在努力的过程中分心,不利于我们完成这件事,很多人就因为背负不了这巨大的压力而放弃了。还有的人因为害怕一次次的失败,心理上承受不了也放弃了。但是,被誉为"发明大王"的爱迪生在寻找适合做灯丝的材料时,经历了两千多次的失败,他并没有气馁。面对别人的冷嘲热讽,他毫不在意外界的看法,依旧认认真真地做实验,最终找到了适合做灯丝的材料。在经历过别人的不理解后,他依然坚持着自己的信念,最终获得了成功。所以,只要我们坚持,只要我们有恒心,有毅力,正确地看待挫折,我们是一定能获得成功的。坚持也是幸福的,因为在短短的人生路上我们有了奋斗的目标,有了前进的方向,人生因为坚持有了活力,有了生机。

二、理想,远和近

当实现目标的时间为无限长或无法明确时,即为理想。

需要强调的是,理想不是空想、幻想、妄想,而是有实实在在的内容。比如,我们想过衣食无忧、相对富裕的小康生活。虽然一时半会还实现不了,但确实是通过努力之后可以做到的,也就是可以预期的。

大致来说,正确的理想具有这样几个特征:

1. 客观必然性

常常听到有人说这句话:"理想与现实之间是有差距的。"其实自己有时也说,既向自己说,也向别人说。我们一般在什么情况下爱说这一句话呢?好像都是在遇到不顺或者遭受挫折的时候爱说这句话,好像是在没有达到想要的结果或者面对艰巨的任务还没有开始做的情况下爱说这句话,又好像是在自己感到迷茫，对未来失去信心或者整日无所事事的情况下爱说这句话……总之，我们在事情没有达到预想的结果，在没有实现心中的想法、没有完全满足自己内心需求的情况下爱说这句话，以此来安慰自己。

我们常常谈理想说现实，那么究竟什么是理想、什么又是现实呢？而两者之间的关系又是怎样的呢？我们知道，理想是属于意识范畴的，而现实属于物质范畴的。意识是物质在人脑中的客观反映，物质决定意识，意识反作用于物质。理想是一种特殊的意识，理想来源于现实，又高于现实。现实就是人们所面对的所有现状的综合体，理想则是现实不能满足人们的需要而产生的对现实的不足补充完善的想法。也可以说，理想就是当现实不符合自己心中的标准时，为了使现实能够符合自己头脑中的标准而构思的一个"理想世界"。正是因为现实不完善，不能满足我们内心的需求，我们也不满足这种不完善的现实，所以才激发我们不断地去为"完美现实"而奋斗。所以，理想是人们对未来的构思，是对未来美好生活迫切期待的切合实际的构想。

可以说，理想就是还没有实现的现实，而现实则是实现了的理想。今天的现实是昨天理想的实现，而今天的理想则是还未到来的明天的现实。人类是按照自己的理想来改造自然的，也是按照自己理想来构建社会、创造生活的。人类因为有理想而变得"与众不同"，人类因为理想的实现而变得伟大。

然而，为什么理想与现实之间会有差距呢？为什么理想有时实现不了呢？其实从上面的分析可以看出，理想是具有"超前性"的，即理想是一种针对现实的不满足而产生的对未来生活的美好构思，也就是说，理想与现实之间存在着一定的时间差。

作为一种想象，理想也得正确地反映客观实际，正确地反映现实与未来的关系，并且合乎事物变化和发展的规律。同时，很重要的一点就是：理想经过努力是可以实现的。

幻想，虽然也有可能实现，但是，不可能完全实现。

例如，嫦娥奔月，就是人类对登上月球的一种幻想。月亮是在天空中，人类如今也确实登上了月球，但并非像嫦娥那样，怀抱玉兔、飘然而去……

空想也叫妄想，它们是完全脱离实际、没有任何客观依据的想象，是根本不可能实现的想象。

例如"猴子捞月"的故事。一只猴子看到井水中有一个月亮，产生了从水中捞出月亮的想象。月亮根本就没有掉在水中，从水中捞出月亮，完全脱离实际。空想很美妙、很诱人，但不具备可操作性。

2. 社会性

理想的产生，取决于特定的社会环境。

一个人纵使有再好的意愿，也要受到社会条件的制约。这其中就包括政治、经济、文化等方面的环境。

饥寒的岁月里，人们的理想是温饱；温饱的年代里，人们的理想是文明；动乱的岁月里，人们的理想是安定；安定的年代里，人们的理想是繁荣。

同时，理想也是对未来的一种预见和想象，它必须在一定的社会条件下才能实现。

公平正义，是实现理想的最适宜的社会环境。

以往对公正的解释，基本等同于公平，也就是大家都认可、都服气的客观标准。

公正是指公平、正义。公正且富强的社会，是最理想的人类社会。

公平指人人在法律、人格和基本权利上的平等。基本权利的平等绝对不是财富均分上的平等，而是指在人格不受歧视、基本权利不受侵犯、法律标准上的平等。

正义指从真理和人性的角度出发去抑恶扬善。这里是指经得起历史、真理、人性去客观检验的正义，并不是指依靠优势地位而自己声称的正义。

公正的具体解释就是：使每个社会成员在基本权利上享有平等，并在真理和人性角度上抑恶扬善的社会环境。

公正使社会有良好的秩序，人人服法服理、相互尊重，从而构建良好的社会环境。富强即社会财富、建设、物质和精神条件充分，人们丰衣足食、幸福安康，是非常好的经济条件。

公正指社会环境好了，富强指经济条件好了，这样的社会就是最理想的了，也应是一切改革的最终目标。

当下，我们国家各项法律制度日趋健全，为我们实现自己的美好理想提供了合适的社会条件和生长土壤。

3. 成功，就是目标的达成

不管是我们通常意义上的大成功还是小成功，任何成功，都是由一个又一个目标组成的。

一个男孩想得到一个女孩的芳心，那首先得从人家答应赴你的约会开始；一个推销员想赚钱买房，那也得先从卖掉第一件产品开始；就算你想当个大官，那也得从基层公务员干起不是吗？

因此，可以这样说：无论你从事什么样的行业，无论你做什么，每达成了一个目标，就是一次成功。

第二节　明确的目标，首要的成功法则

一个正确的目标，一定是根据自己的实际情况来确定的，目标必须合理、现实，而且是可以预期的。

如果目标的制定超过了自己能力范围，那么，目标不但不会实现，还会使自己的信心受挫。

一、目标改变命运

目标，不仅可以改变一个人，而且可以改变一个民族，可以改变一个国家，甚至可以改变整个世界。

瑞士，即使在欧洲，也算不得是个多大的国家，但却以美丽、富裕、福利好、幸福指数高，而成为人人向往的地方。

可是，在200多年前，他们的人民很穷，没有文化、没有资源、没有出口，境遇一直没有改变。

法国大革命改变了瑞士，因为当时瑞士最主要的创汇来源是出口自己的孩子，给别的国家当雇佣军，替人家打仗。

革命就是暴动，暴动就要死人，当时死的许多人都是瑞士人，就连法国的御林军也有很多瑞士人，死了很多。

这些死去的人，都是瑞士最优秀的人，为此，举国悲痛。

痛定思痛之后，他们做了两件很重要的事情：第一件就是在一处风景很美的湖边上建造了一个很大很大的雕塑，取名为"垂死的狮子"，因为瑞士的标志是狮子。这个狮子没有被雕塑得昂头挺胸，而是趴在地上，背上插着一根长矛，掉着眼泪，垂死挣扎。这雕塑告诫人们瑞士的现状。

做了这件事以后，他们做了第二件事情，这就是他们给自己定下了目标：第一个目标就是永远不要有战争，第二个目标就是一定要富强。

定下目标后，瑞士人尽全力以达成！

200年过去了，他们的目标达成了，命运也改变了。现在，瑞士成了和平的化身，很多世界和平组织如红十字会，总部都设在瑞士；全世界的富人，也喜欢将钱存在瑞士的银行里，因为他们觉得财富放在瑞士最安全。

瑞士也成了全球少有的，自然环境最好，最适合居住的富有国家。

二、目标，成功者的特质

无论从事哪个行业，无论在哪些方面成功的人，都有一个共同的特点，那就是：目标非常明确。同时，也都有一个区别于常人的显著特质：目标性强。

哈佛大学是世界著名大学之一。有一年，有人在全校挑选了100名最优秀的毕业生，举办了一次盛大的毕业典礼。

在这次毕业典礼上，每个学生都为自己的人生订下了一个宏伟的目标。

美国有一个人文调查小组对这100名毕业生进行了45年的追踪调查。发现：这100名学生中，45年内：

36名英年早逝。

54名人生大失败。

5名人生小失败。

4名人生小成功。

1名人生获得了极大成功，成为欧美十大富翁之一。

这个人文小组对这100名学生的成功和失败的分析中，发现了成功者必备的三个特质：目标、自信、诚实。

即：成功＝目标＋自信＋诚实。

由此看来，成功的人生，必定是目标明确的人生。

三、目标生智慧

什么叫智慧？智慧就是实现目标的方法。只要有一个明确的目标，就能生出无穷无尽的智慧。

美国有一个训练人的组织，曾做了一个实验，在一次训练中，邀请了100名企业家、100名教育家、100名心理学家来到训练中心。

实验要求这300名学员从甲地走到乙地，但每个人要用不同的方法行走。

这个实验进行了三天三夜才完成。在这个实验中发现了一个著名的成功方程式，震动了全人类，至今成了一个颠扑不破的定律。

这个方程式是：

100% 成功 =100% 目标 +0% 方法

在数学上，0 亦是无限大，意思是：只要你目标明确，克服困难的办法就是无穷大。事实上，方法永远大于困难。

四、合作成功的唯一条件：共同明确的目标

一谈到合作，总有一大堆的人会灌输一些不着边际的"心灵鸡汤"。

合作，就离不开条件。依我看，无论是哪一种形式的合作，靠的都是共同的目标。这不仅是最牢固、最稳妥的，也是唯一的条件。其他，都是忽悠。

这里，不妨给大家讲个夫妇培养孩子的故事。

有一对男女，经人介绍，结婚了。

算不得相爱，日子也过得很苦，可他们并不在意，因为他们有一个共同的愿望：生儿育女。

就这样过了很多年，这对夫妇先后生了七个孩子，再苦再难，但其乐融融。因为他们有一个共同的明确目标就是：把孩子抚养成人。

又过了很多年，孩子一个个都长大成人了，先后离开了家，各自过着自己的日子，生了自己的孩子。

这时，将孙子带好，又成了他们的目标。虽然难免有些磕磕碰碰，但让孙辈们健健康康地成长，又成了他们新的目标，也成了维系他们的纽带。

渐渐地，孙辈们也先后有了自己的生活。

闲下来的老两口一时变成了"坐吃等死"的闲人。他们才开始意识到自己的生活中缺少点什么。于是，男的享受美酒，女的享受麻将，最后，曾经温暖的家变得越来越冷。

这样勉勉强强维持了没几年，两人都觉得实在是没啥意思。终于，在 70 多岁的时候到法院打官司，离婚了。

其实，说来说去，谁都没有错，但这就是因为曾经维系他们的共同的、明确的目标，消失了。风风雨雨几十年的婚姻，一下子缺乏东西支撑，婚姻的结局就只能是落寞地走到了尽头。

第三节 计划——制订路线图

计划的制订不是一时的心血来潮，而是综合了多方面因素的结果。所以，最清晰也最为稳妥的方式就是：制订路线图。

这样，既可以有一个参照物，同时也便于检察、督促，有效地避免盲目。

一、计划要"三化"

俗话说：心中无底，成绩垫底。

计划的制订也是这样，可以根据情况而定大小，但无论大小计划都要规范，既要做得很标准，也要将程序交代清楚，还要尽可能地简单。

这样，才能确保所传达的意思准确，也能让执行的人看得清楚，更能保证执行起来万无一失。

1．标准化

计划的制订，是为了自己有效地实施以及接受别人的监督。所以，一定要自己看得清楚，别人看得明白。

计划可以是文字，也可以是图表。无论哪一种形式，都要量化。

量化就是衡量的指标，就是考核的尺度，没有量化的计划无异于虚构，因为没有可以计量的标准，也就缺乏具体的考核。只有量化了，才能相应地明确了每个月、每周和每天所要完成的工作量。

（1）短期计划就一个词：一定。

短期计划一般设定时间最长为一个季度，可以是一周、一月，所以，不一定要设计得太高，但一定要以可以实现为前提。

（2）长期计划：设置底线，有度超越。

长期计划一般预定的时间为一年期和三至五年期，目标可以订立底线，也就是一定要完成的，在此基础上，才是可以争取完成的。

2. 程序化

所谓程序，就是将要做的事予以分解，同时设计实施步骤。

做计划时，先做什么，后做什么，再做什么，一环扣一环，列得越清晰、越紧密越好。否则，就容易"打混仗"。

需要时，不妨公布计划，让大家监督路线是否正确；跟踪进展，以具体的业绩衡量执行的质量；总结改进，对照检查一段时期内的进度。

3. 简单化

计划不是做文章，在清楚、准确的基础上，只要能够使执行起来看得明白，越简单越好。必要时，只需限定一些原则上的内容，圈定大致的范围，其他的不妨可以宽松一点，因为这样执行起来反倒更加容易发挥。

不知道大家注意到没有，那些平日里口才好的人，尤其是一些在台上口若悬河的人，总是不用底稿。

其实，他们事先要讲什么、怎么讲，还是经过精心准备的，然后将要讲的内容变成了提纲，辅助于一些关键词、关键点。这样，临场发挥时，只要按照设定的范围展开就是了。

说者，说得明白；听者，听得清楚。

所以说，不管什么样的计划，只要能够写明白、看清楚，怎么简单怎么来。

二、从实际出发，具可操作性

任何计划的制订，一定是以自身条件作为前提和出发点的。脱离了自身条件，再好的计划如果无法得到落实，也就等于空谈。所以，在制订计划时，一定要有可操作性。

毕竟，计划的制订就是为了起作用，起好的作用；如果制订出来的计划再好，得不到执行或无法执行，那顶多也就只是空中楼阁。好看，不中用，一样等于零。

如何实现计划的可操作性？

首先，从计划的内容来说，要确保计划的总目标明确合法、方向正确；计划规定的任务数量和质量要求合理；任务指标要相对稳定，可以衡量，能够考核和控制；任务指标要符合实际，经过努力可以实现。

其次，计划的文字表达应简要明了、条理清晰、要素完整。

再次，在制订技术的程序方面，要坚持上下结合，发挥两方面的积极性。最后，还要善于听取专家学者的意见。

1. 拿起来就能用

计划的内容要求做得越周全越好，最好把细节也都标注出来。这样，与此有关的人，一看就能够明白，几乎任何一个人照着就可以操作。

我每次在做计划之前，一定是先将方方面面都尽可能考虑到，尽量不留下可能导致的扯皮、"真空"地带。但在设计要领方面，则尽可能简单。

计划的技术也是这样，动作要领越简单越好，尽量做到任何人无须太多培训，拿起来就能用。

2. 便于对接

计划的制订也要考虑方便对接的问题，一是计划执行的岗位分工之间的衔接，二是执行计划的人员之间的衔接。

第一点大家很容易理解，就是责任到人，避免出现"模糊地带"而导致相互扯皮的现象；第二点有必要多说几句，因为执行的人很可能会出现什么状况而需要临时找替补。

一台大戏开场了，A角不能上场，还有B角、C角替换。

计划，尤其是活动之类的计划，很容易出现这种情况，所以需要简单、明白，这样临时顶上去的人就不会因为仓促而出现应付等执行不力的情况。

三、随时调整计划

当然，计划也未必就是一成不变的。因为条件可能随时发生变化，那当然也需要对计划予以相应的调整。

调整好了计划，行动随之而变。

喜欢打篮球的人都知道，球一旦出手会不会中，投篮的人其实心里是有数的，但在尚未看见球安全入筐前还不能站在原地干等，而是要目不转睛地关注球运行的线路，因为场上任何情况都可能发生，也就要及时采取相应的补救措施。

所以说，行动要迅速，但在行动时，千万不要五心不定。

第四节　行动——实现目标的有力保障

目标一旦确定，方向也就随之明确。

但是，这只不过是我们走向成功的开始，而实现目标的关键，还取决于我们的行动，以及我们采取什么样的行动。

一、目标要喊出来，请人监督

目标是自己给自己下达的任务，通常情况下，只有自己一个人知道，缺乏监督，也容易形成松懈、放任的情况。

这时，最好的方式就是扩大传播范围，尽可能让更多的人知道，形成一个监督的局面。

1. 大声喊，天地听

喊出来的目的，一是自己对自己的承诺，同时也是给自己打气。重要的是，不管别人是否听见了，我们自己都会认为已经有人见证了，所以，如果完成不了就是要赖皮，无形中也给自己施加了一份压力，逼得自己非完成不可。

我很小的时候，就深谙其道。这缘于我偶然间发现的一个天大秘密：天地有回音。所以，要做成一件自己认为重要的事之前，我总是一个人跑到村前的东荆河边，或者菜地、稻田之类空旷的地方，冲着远处大声说出来。

也怪！说出来的事情，啥事都能办成。相反，那些想办而又没说出口的事情，基本都办不成。

2. 墙上贴，牢牢记

人，往往对白纸黑字的东西印象深刻。

将目标用醒目的字体写下来，贴在最容易注意到的墙上，一是给自己留个备忘录，二是可以时时提醒自己，激励自己。

我们总能见到企业或者团队，喜欢在墙上贴一些"大干××天，业绩×××""奋战红×月，拿下××"之类的标语。其实，这就是时刻提醒大家，从而强化每个人的责任意识，并营造一种时间的紧迫感。

3. 请人查，提个醒

如果可能，最好给自己的目标找个见证人，也让这个人经常提醒自己、督促自己。有时，这比一个人闷声不响情况下做的效果要好很多。

从小到大，我们都是在家人和老师的提醒、督促下长大的。

现在长大了，社会环境也发生了变化，更多的还是要靠自己管理自己，难免有松懈的时候。这时，他人的提醒就显得非常必要，而且弥足珍贵。

二、订好了就行动，不管准备好了没有

如果已经制订了目标，然后将它束之高阁，或者只是把目标挂在嘴上，不停地念叨，那都是毫无意义的。

让目标变成现实的唯一方式就是行动，不管是否准备好。

1. 小聪明不如傻坚持

有些人自恃才高，经常会多此一举地做出些多余的动作，结果聪明反被聪明误。

记得我们公司创业的初期，一下子招了很多人，其中不乏很聪明的人。

但这些聪明人最终因为这样那样的原因离开了，最终留下来的都是被认为"头脑不够活络"的"傻子"。

但就是这样一群"傻子"，一直陪伴着公司成长。

如今，他们个个也都成了公司独当一面、统领一方的核心骨干。

有人曾经问：如果漂流到一个荒岛，只能带三样东西，你会带什么？有人回答：一棵柠檬树，一只鸭子，一个傻瓜。为什么不带聪明人而带傻瓜呢？因为聪明人会砍掉柠檬树，吃掉鸭子，甚至最后害了主人。只有傻瓜，才能忠实于你，坚持与你一起同甘共苦，直到熬得云开日出。

2. 抛掉无畏的担心

有些人会对结果有不必要的担心，在结果未到来之前，总是忐忑不安的，往往搞得自己很是焦虑。

其实，不妨想想，无论我们怎么焦虑都改变不了结果。

我小时候读书时，也常常犯这样的毛病，每次考完试总是放不下，一会拿不准有道题目是否做错了，一会担心没考好回去挨骂，一会又懊悔一道题原本可以有更好的解答办法……后来一想：反正已经考完了，该来的躲也躲不了。

焦虑已经发生的事情纯属自寻烦扰！这时，最好的状态就是：轻轻放下，静静等待。也许过一阵子，事情就不是你想象的那样子了。

三、检讨进度，不断行动，达成目标

实现目标的过程中，为了避免走弯路或者少走弯路，也不要忘记时时检查自己的进度。这样，才有利于更加顺利地达成目标。

1. 为下一次调整做准备

做任何事，都难免遇到挫折甚至失败。

失败并不可怕。努力将失败的损失降到最低，随时做好调整的准备，而且找机会反败为胜，才是最为必要的。

2. 勇于否定，及时发现漏洞

否定自己需要勇气。

但是，这却是完成目标不可或缺的因素。因为这样可以及时发现问题，适时解决问题，避免问题扩大，可以少走一些冤枉路。

3. 尽心尽力，不给自己找理由

要想做好任何事情，一定要尽心尽力，不达目的绝不罢休！

最忌讳的就是，给自己找这样那样的理由。结果，原先设定的目标总是一拖再拖，最后往往就是不了了之。

第五节　目标激励前行

如果说人生是一次漫长的旅程，那么目标就是旗帜，目标就是航向，目标也是令人鼓舞的胜利的彼岸。

明确的目标，给人带来巨大的动力。

目标没有对与错，这个世界都没有对或错，都只是立场不同而已。

行动，只有行动，才是一切目标实现的前提和保障。

在一个葡萄园内，一串串饱满的大葡萄，让人垂涎欲滴。一只狐狸来到葡萄架下，馋得直流口水，于是它使劲地往上跳，想要摘到葡萄一饱口福。但葡萄架太高了，狐狸第一次试跳没有成功。狐狸想，这串葡萄不好，瞧它长得那个样子，外面看着挺好，里面肯定是酸的。想到这里，狐狸瞄准另外一串葡萄跳了上去，可惜这一次也没扑着。狐狸想，这串葡萄也不好，说不定里面还有虫子。幸亏没吃着，否则吃了要拉肚子就太不值了。

第三次试跳依然以失败而告终，不知道从哪传来了稀稀拉拉的掌声，原来树上落着了几只前来看热闹的乌鸦。狐狸向它们拱拱手，表示谢意。几次试跳后，狐狸有点累了，蹲下来喘气。它心想，这时候如果有个教练递给我一瓶水，再给我讲讲动作要领，布置一下战术，那该多好啊！一生能有几回搏？让我最后再跳一次，我就不信跳不过这个破葡萄架。狐狸转动着眼睛，四下寻找，终于找到了一个长竹竿，它抓住竹竿，后退了几步，并向周围示意，请乌鸦们给予掌声鼓励。有支持就有力量，得到鼓励后的狐狸，信心倍增，只见它提竿快步向葡萄架奔过去，竹竿准确地插入了地面，竹竿将狐狸高高撑起，然后是漂亮的抛竿动作，自由下坠，狐狸成功地跃过了高高的葡萄架，安全地落到松软的草地上。"啊，姿势真优美，动作真漂亮！"乌鸦们大声地夸奖狐狸。一只年轻的母乌鸦从树上飞了下来，给狐狸献上了一束野花。狐狸手捧鲜花，心情非常激动，多少年的期盼，多少代狐狸的努力，终于迎来了这胜利的时刻。但短暂的喜悦过后，狐狸冷静下来了，它想我是来吃葡萄的，葡萄没吃着，跳得再高又怎样！

一、目标克服人性的弱点

里奥·梅西，现为巴塞罗那足球俱乐部的前锋球员以及阿根廷的"国脚"，他被球迷亲切地称为"新版马拉多纳"，他用近乎完美的球技实现了自己的誓言和人生目标。

梅西从小就喜欢足球，但 10 岁那年的一件事，却给了他很大的打击。当时他在纽维尔老男孩队参加训练。一天下午，他所在的球队和另外一个同年龄段的球队进行足球比赛。好几次，队友都把球传到了他的脚下，但由于过度紧张，他面对球门时竟闭上了眼睛，这样造成的结果是球总是擦门而过。由于他的多次错失良机，他的球队最后惨败。终场结束，他痛苦地闭上眼睛。在更衣室里，好多伙伴把手指放在嘴边，对他发出嘲笑的嘘声。他换下来的鞋子也被一个同伴拿走，往里面吐口水，然后得意地给其他小伙伴展示，并现场给他起了一个外号"臭鞋大王"。他难受极了，心想也许自己根本就不是踢球的料，干脆放弃算了。

他低着头，心烦意乱，一个人孤单地走在回家的路上，忍不住哇哇大哭。这时他看到一只青蛙正好奇地看着眼泪汪汪的自己，他有些生气，恶作剧般地朝青蛙撒了一泡尿。但他发现，在这个过程中，那只受辱的青蛙一直保持着一个姿势，仍鼓着一双圆眼看着自己，没有躲闪，没有逃离。

一年后，他遇到了人生的又一个坎。11岁的他被诊断出发育荷尔蒙缺乏，而这会阻碍他的骨骼生长。家里的经济条件难以承担他的治疗费用，但乐观努力、积极向上、球技不断完善的他受到了巴塞罗那足球俱乐部球探的青睐。2000年9月，年仅13岁、身高只有140厘米的他受到邀请，去巴塞罗那足球俱乐部试训。试训场上的他，像那只执着的青蛙一样紧紧盯着目标，连中三元。试训刚一结束，俱乐部负责人就毫不犹豫地给他在俱乐部注册并安排他去最好的医院接受治疗。在当年他参加的38场青少年比赛中，他一共打入31个进球。

2009年12月1日，梅西凭借2008—2009赛季带领巴塞罗那足球俱乐部取得西甲、国王杯、欧洲冠军联赛三冠王的成绩，击败C罗获得2009年欧洲金球奖。20天后，在苏黎世举行的第19届国际足联颁奖典礼上，里奥·梅西笑到了最后，获得"2009年世界足球先生"称号，捧着金灿灿的奖杯，他微笑着说："不要闭上眼睛踢球，要紧紧盯住自己的目标。只要努力，梦想就离你不远了。"

每个人都不是天生的强者，每个人也都不免有自己的弱点。

有弱点并不可怕，可怕的是不清楚自己的弱点，更可怕的是没有勇气面对自己的弱点。

1. 不让自己"滑到哪里是哪里"

一旦确定了计划，就要不择不扣地执行，任何情况下都不要偏离。

以前，我们有个员工，刚进入公司时，总以为自己聪明，对上级下达的计划总是随便翻翻，就以为自己懂了，结果，执行起来，远不是那么回事。

即便是他自己制订的计划，也总是喜欢变来变去。

吃过多次亏之后，他学乖了。

走路，最忌讳的就是脚上不小心踩到一些瓜皮之类湿滑的东西，重则摔伤，轻则偏离了方向。自己懊恼，也耽误事。

如果担心自己因为松懈而"脚踩西瓜皮，滑到哪里是哪里"，不如干脆就每一步都对照程序、把握要领，从而不断地提醒自己。否则，往小了说，将事情搞糟；往大了说，就是迷茫的人生。

2. 不让自己放自己的"鸽子"

我们喜欢将一个人的失约行为，叫作"放鸽子"。

无论是自己"放人鸽子",还是被人"放鸽子",滋味都确实不太好受。而不经意间,我们却常常自己放自己的"鸽子",给自己下达的任务没有完成,与自己约定的事情因故取消……

想不放自己的"鸽子",那么就需要对于每一个程序都不折不扣地去做,千万不要为图省事而打"折扣",也不要给自己找任何的借口,从而自己放了一把自己"鸽子"。

3. 不让自己"懒惰"

在马来西亚半岛被原始森林覆盖的高地上,有一个土著人的村庄。这里的土著人既不耕种庄稼,也不去捕鱼猎兽,完全靠政府每月一次的空投食物、日用品来维持生活。

如果政府不救济,他们就都会饿死,这是一个典型的名副其实的不爱劳动、衣来伸手、饭来张口的"懒族"。

而这个民族绝对是没有希望和未来的民族!

好逸恶劳,其实这是所有人的共性。

睡睡懒觉,伸伸懒腰,趴在床上玩手机游戏、翻微信最舒服。

蜷在沙发上看电视最舒服,衣来伸手饭来张口,舒服吗?当然!

但长此以往,人会变成啥样?

谁都想过轻松自在的生活,但问题是:贪图安逸,不但不能实现自己的目标,还会因此磨灭自己的意志。

二、目标生意志力

任何成功的路上都是风雨兼程、一路坎坷的。只有目标,才使人有坚韧不拔的意志力,才会迫使人不管不顾地去克服困难,去完成任务。

我们都熟悉一句话:"困难像弹簧,你强它就弱,你弱它就强。"

所谓困难,不过就是"纸老虎",都是为意志薄弱者准备的。

当一个人将目标看得高于一切时,那就没有战胜不了的困难。

当一个人想要一种东西想到要命的时候,那任何力量都是无法阻挡的,自己也会想尽一切办法去得到。

巴尔扎克说:苦难对于天才是一块垫脚石,对于能干的人是一笔财富,对弱者是一个万丈深渊。

所以,只要思想不滑坡,办法总比困难多。有意志力的人总是能够抵达自己的人生目标。

1. 态度决定一切

如果我们端正好自己的态度，那么就会将一件即使很普通的事都作为一件神圣的事情来对待，就不会允许自己有丝毫的马虎。

以前，我也不太明白这个道理。

很多事情在做以前总是抱着无所谓的态度，认为自己只要尽力了就问心无愧了。

所以，精心制定的一些目标，最后往往都无疾而终。

而后来，我将自己制定的目标视为必须认真完成的任务，情形就大不一样了。

雨后，一只蜘蛛艰难地向墙上已经支离破碎的网爬去，由于墙壁潮湿，它爬到一定的高度，就会掉下来，它一次次地向上爬，一次次地又掉下来……第一个人看到了，他叹了一口气，自言自语："我的一生不正如这只蜘蛛吗？忙忙碌碌而无所得。"于是，他日渐消沉。第二个人看到了，他说："这只蜘蛛真愚蠢，为什么不从旁边干燥的地方绕一下爬上去？我以后可不能像它那样愚蠢。"于是，他变得聪明起来。第三个人看到了，他立刻被蜘蛛屡败屡战的精神感动了。于是，他变得坚强起来。

有成功心态者处处都能发觉成功的力量。

2. 将自己逼到极限

人的潜力是无限的，我们永远不知道自己的极限到底是在哪里。当我们面对一个显而易见的困难时，我们总是喜欢选择逃避，却很少去直面困难，但事实上，有些看上去很复杂的困难，往往是不堪一击的纸老虎，经不起任何推敲。所以，当我们面对困难或者挫折的时候，首先想到的不应该是逃避，而应该勇于去尝试，看看自己到底有没有能力去解决它。也许，很多时候，我们会发现，看似复杂的困难只是特别容易解决的小事罢了。

以前有个国王叫费迪南，他年龄渐大，就决定从他的十个王子当中选择一个做他王位的继承人。于是，他就在私下里吩咐一位可靠的大臣在一条两旁都是水的大路上放了一块"巨石"。任何人想通过这条路，只能把它推开，或者爬过去，或者绕过去。然后国王就马上召集所有的王子，要他们按顺序通过那条大路，分别送信去给一位大臣。

王子们都很快就完成了任务，于是国王就开始问他们是怎么通过那条路的。有人说是爬过去的，有人说是从水中划船过去的，也有人说是直接从水里游过去的。只有最小的王子说："我是直接从大路上面跑过去的。"国王很奇怪："怎么回事？难道那块巨石没有拦住你的去路吗？"小王子就说："没有呀，我用手直接用力一推，那块巨石就直接滚到旁边的河水当中去了。"国王就问道："那么大的一块石头，看起来肯定推不倒，你怎么就想到用手去推呢？"小王子马上就回答说："其实我也没想到，我就只是说试一下，结果我一推，它就动了，直接滚下去了。"

其实，那块"巨石"只是看起来难推罢了，它实际上是费迪南国王要求他的大臣用一种很轻的材料仿制而成的，所以只要小王子想到了用手去推，只要他一用力，很容易就可以把石头推倒了。最后，毋庸置疑，当然是这位比较善于尝试的小王子继承了王位。

当我们面对一个看似强大无比的难题的时候，很多人选择把自己的命运交给别人，自己不动一点儿脑筋，也不会去想这个问题是否真的难以解决，就只是一味地逃避这个困难，这样当然是危险的。我们要学会自己去掌握自己的命运，勇于尝试，也许看似难解的题，只要你稍微去动一下脑筋，稍微尝试一下最简单的方法，你就可以得到意想不到的结果。

如果一件事对一个人来说属于全部，那无论这件事的起点多低或者多高，他都能坦然接受。并时刻告诫自己：除此之外，没有其他的选择。这样就会勇于面对困难，非得使出浑身解数不可。

我小时候学游泳，虽然总是跟在别人后面扑腾，但就是学不会，因为我边游还要边看着岸，生怕一跑远就丢了小命。

有一次，有水性极好的表哥保护着，我才敢往深水区游。但当我发现已经离岸很远了的时候，又突然意识到已经失去表哥的保护了，求生的愿望就成了当时唯一要做的事。于是，在稍稍呛了几口水后，我就玩命地向岸边游。

就这样，没费太大力气，我轻而易举地学会了游泳。

3. 斩断自己的退路

《史记·项羽本纪》："项羽已杀卿子冠军（楚军统帅宋义），威震楚国，名闻诸侯。乃遣当阳春、蒲将军将卒二万渡河（漳河），救巨鹿。战少利，陈余复请兵。项羽乃悉引兵渡河，皆沉船，破釜甑，烧庐舍，持三日粮，以示士卒必死，无一还心。"

秦朝末年，项羽带兵与秦军大战，双方隔河相持，项羽挥兵过河，砸烂做饭用的釜，沉掉渡河的舟，表示决一死战，不留后路。项羽前锋军去救巨鹿，初战失利，项羽便率大军渡过漳河，破釜沉舟以激励士气。终于杀苏角，虏王离，大败秦军于巨鹿之野。项羽因此一仗成就了一代西楚霸王之名。

敢于自断后路，是一种决绝的态度和意志。因为，有了这种意志，就能变不可能为可能，最终也将收获丰硕的果实。

刚"下海"那会，我边做着教师边捣鼓点生意，一直没有多大起色。后来我准备辞去教师职务全力做时，几乎身边所有的人都反对，他们认为端着教师这碗饭好歹还有个退路。

后来的结果，证明我当初的决定是对的。

行动，不但是成功的必要条件，同时过程也是精彩纷呈的，不但能让我们觉得亢奋和刺激，甚至能让我们体会其中的惊心动魄。

三、目标生出大智慧

有一次魏文侯出游，见路上一个人反穿着一件皮裘（古人穿皮裘以毛朝外为正），背着柴行走。文侯问他："你为什么要反穿着皮裘背柴呢？"那人回答说："因为我太爱惜皮裘上的毛了，怕它被磨掉了。"文侯说："你难道不知道皮裘的里子要是被磨坏了，皮裘上的毛就会失去依托了吗？"

第二年，魏国东阳地区上贡了平时十倍的钱粮，大臣们都向文侯祝贺。文侯却忧心忡忡，说："这不是一件好事啊。就像那个反穿皮裘背柴的人，因为爱皮裘的毛，忘了皮裘的里子更重要。现在东阳的耕地没有增加，老百姓的人口没听说增多，可是钱粮却增加十倍，这一定是当地官员盘剥得来的。我听了心里忐忑不安，担心这样下去，国家不能安定，你们为什么要向我祝贺呢？"

魏文侯某天收到东阳官府送来上贡的礼单，上交的钱增加了十倍。东阳的官员觉得十倍比一倍好，这是小聪明。

而魏文侯却有大智慧。

因为魏文侯的目标是称霸天下，他必须拥有诸侯国内人们的真诚拥戴，人们安居乐业、富足快乐，才会国富民强，才能够获得君临天下的机会。如果为了眼前的小利，贪图仨瓜俩枣，而对百姓竭泽而渔，只会与他的远大目标背道而驰。

四、目标不同，观念不同，命运不同

每个人都渴望成功，渴望拥有不一样的人生。不管是学业有成、家庭幸福，还是加官晋爵、腰缠万贯。那么，怎样才能取得成功，如何才能拥有不一样的人生呢？大家似乎都很茫然。尤其是我们，整日埋头苦读，却很少有一个明确的方向。

哈佛大学有一个非常著名的关于目标对人生影响的跟踪调查。该项调查的对

象是一群智力、学历、环境等条件都差不多的年轻人,调查结果发现:

27%的人,没有目标。

60%的人,目标模糊。

10%的人,有比较清晰的短期目标。

3%的人,有十分清晰的长期目标。

经过25年的跟踪调查发现,他们的生活状况十分有意思。

3%——几乎不曾更改过自己的人生目标。25年后,他们几乎都成了社会各界顶尖成功人士,他们中不乏白手起家的创业者、行业领袖、社会精英。

10%——大都生活在社会的中上层。其共同特点是那些短期目标不断地被达到,生活质量稳步上升。他们成为各行各业不可缺少的专业人士,如医生、律师、工程师、高级主管,等等。

60%——几乎都生活在社会的中下层。他们能安稳地生活与工作,但都没有什么特别的成绩。

27%——几乎都生活在社会的最底层,生活都过得很不如意,常常失业,靠社会救济,常常在抱怨他人、抱怨社会。

也许你会说,这样的结果有些片面。然而我想说,不是没有目标就不可以活,只是没有目标会活得很累!因为目标是动力,没有动力的人不会轻松。

一个人的目标不同,观念也会随之改变,而观念决定我们的命运。

当我们有新的目标时,就会自然而然地萌生新的观念。这种观念,又反过来会激发目标的完成。

当完成目标的时间无限长时,即为理想。

因为目标不一样,所以每个人的观念也就不一样,因而,命运也不完全一样。

1. 目标改变了我的观念

读初中之前,我一直以为上大学之类的事与我没有半毛钱的关系。因为在我的印象中,就没见过村里有谁家出过什么大学生,我仅有的观念就是识几个字、算几个数,以便以后像村里一些能人似的,自己无论耕田种地,还是上墟赶集,不至于吃多大亏。

所以,当父亲一本正经地跟我谈到家里人准备培养我读大学的时候,我甚至有点丈二和尚摸不清头脑,很长一段时间里还是懵懵懂懂地不知自己应该为此干点什么。

直到初中只剩最后一个学期了,看到平日里在身边一块玩的小伙伴都认真起来了，我才确立了自己的小目标，那就是考取临近镇的一所重点高中，并由此有了醍醐灌顶的感觉：

干吗我就要一辈子待在农村耕田种地？！

我为什么就不能成为一个有学问的人？！

我为什么就不能靠自己的本事，在城里谋得一份舒服体面的差事？！

唐太宗贞观年间，长安城西的一家磨房里有一匹马和一头驴，它们是好朋友，马在外面拉东西，驴在屋里推磨。贞观三年，这匹马被玄奘大师选中，出发经西域前往印度取经。17年后，这匹马驮着佛经回到长安，他重到磨坊会见老朋友，老马谈起这次旅行的经历：浩瀚无边的沙漠，高入云霄的山岭，凌峰的冰雪，热海的波澜……那些神话般的境界，使驴子听了大为惊讶。驴子惊叹道："你有那么丰富的见闻呀！那么遥远的路，我连想都不敢想。""其实，"老马说，"我们跨过的距离是大体相等的，当我向西域前进时，你也一步没停止过，不同的是，我同玄奘大师有一个遥远的目标，按照始终如一的方向前进，所以我们打开了一个广阔的世界。而你被蒙住了眼睛，一生就围着磨盘打转，所以永远也走不出这个狭隘的天地。"

这是一个简单的寓言故事，但我们却能从中看到一些生活的本质。芸芸众生中，真正的天才与白痴都是极少数的，绝大多数人的智力都相差不多，然而，这些人在走过漫长的人生之路后，有的功盖天下，有的却碌碌无为，这本是智力相近的一群人，为何他们的成就却有天壤之别呢？

2. 实现目标，都是含泪奔跑的人

大凡人们总认为那些在事业上、生活中异常强悍的人，一定是特别坚强的人。

其实，谁都有软弱的一面，谁都有暗夜里哭泣的时候，只是他们不轻易在人前流露而已。

我们总觉得那些公众人物人前风光，殊不知他们为此付出了多少努力。

仅就我们熟知的演艺圈而言，那些明星们有如今的知名度、身价，那也是精心准备一次又一次演出，认真对待一次又一次的访谈，甚至精心设计一件件绯闻刷存在感的结果。之后，又克服了多少磨难，忍受了多少委屈，经受了多少无奈，我们能够感同身受吗？

鹰的目标是生存，40余年过去，为了生存，它面临一个艰难抉择。为了目标，它选择了破喙、断甲、折翼。它用鲜血与痛苦又换来30年的展翅高飞。

动物尚如此，人何以堪？

美国苹果公司创始人乔布斯的目标是引领电子设备界的潮流。的确，他做到了，他所设计的产品令大洋彼岸一个国度的无数人为之疯狂。光环的背后，又有多少人知道他曾经的坎坷心酸。1976年，"苹果一号"问世，立即被订购50台；1977年，"苹果二号"问世，并在美国第一次计算机展览会上大放光彩。目标越来越近，成功似乎唾手可得，可并没有一帆风顺。1985年，他竟被自己亲手创办的公司的董事会扫地出门。这就好像自己生的孩子被别人抱走，内心是何等的凄苦。但他并没有放弃目标，扬起风帆，在困难中前行，重回苹果公司，励精图治。如今，乔布斯改变了世界，改变了人们的生活。

3. 实现目标，需要坚持

在一望无际的非洲拉马河畔，一只非洲豹向一群羚羊扑去，羚羊拼命地四散奔逃。非洲豹的眼睛盯着一只未成年的羚羊，穷追不舍。在追与逃的过程中，非洲豹超过了一只又一只站在旁边惊恐观望的羚羊。但对那些和它挨得很近的羚羊，它却像未看见一样，一次次放过它们。终于，那只未成年的羚羊被凶悍的非洲豹扑倒了，挣扎着倒在了血泊中。读完之后，是不是想到了什么？目标专一是成功的必要条件。试想豹子中途看到这只好，便去追赶这只，看到那只好，又去追赶那只，被追赶的一只只羚羊起跑速度一定很快，由于豹子体力在不断消耗，羚羊就会把贪得无厌的豹子甩到身后，最后哪只羚羊都追不到，还落个筋疲力尽的下场。其实，我们生活中因经不起诱惑而中途改变目标的事例可以说数不胜数，就像豹子中途追赶一只只羚羊的下场，应引以为戒。我们平时做事在目标选定好后，要像豹子追赶羚羊那样专一，要有坚定信念和足够的信心，并能持之以恒地坚持下来，只有紧追一只羊才会距离你的目标越来越近，才会实现自己的理想，特别是那些做事犹豫不决的人更应从中有所感悟。

有过长跑经历的人都知道，跑到一定路程就会有一个疲劳期，这时身心处于疲惫状态的人很容易就此放弃。其实，这时咬牙坚持，只要熬过这个时期，身心就会提升一个层次，接下来就会变得身轻如燕。

20世纪50年代，有一位女游泳选手，她发誓要成为世界上第一位横渡英吉利海峡的人。为了达成这个目标，她不断地练习，不断地为这一历史性的一刻做准备。这一天终于来临了。女选手充满自信地昂首阔步到出发点，然后在众多媒体记者的注视下，满怀信心地跃入大海，朝对岸英国的方向有力游去。旅程刚开始时，天气非常好，女选手很愉快地向目标挺进。但是，随着越来越接近英国对岸，海上起了浓雾，而且越来越浓，几乎已到了伸手不见五指的程度。女选手处在茫茫大海中，完全失去了方向感，她不晓得到底还有多远才能上岸。她越游越心虚，越来越筋疲力尽，最后她终于宣布放弃了。当救生艇将她救起时，她才发现只要再游一百多米就到岸了。众人都为她惋惜，距离成功就那么近了。她对着众多的媒体大声说："不是我为自己找借口，如果我知道距离目标只剩一百多米，我一定可以坚持到底完成目标的。"目标是我们人生之舟的航向与明灯，没有它们的指引，我们就无法到达成功的彼岸。

实现目标也一样。困难面前，最容易做的事就是知难而退。其实只要再坚持一下，你就会发现：克服了这一关，一切远比想象中的来得轻松。

杜甫诗云：会当凌绝顶，一览众山小。登上人生峰顶，回首再去看看曾经经历的磨难困苦，你会抿嘴一笑，那些跟今天的成功相比，一切都算不了什么，一切都云淡风轻。

第六节 目标是团队的灵魂

团队，无论是哪种形式的团队，本来就是为了做一件事情，而共同搭建起来的一个平台。

维系团队最好的方式，不是别的，而是团队所有成员都有一个共同的目标。这个目标，就是团队存在的基本条件，也是决定一个团队成功或者失败的灵魂。

一、有共同明确的目标，团队才有凝聚力

团队凝聚力是指团队对成员的吸引力、成员对团队的向心力以及团队成员之间的相互吸引，团队凝聚力不仅是维持团队存在的必要条件，而且对团队潜能的发挥有很重要的作用。一个团队如果失去了凝聚力，就不可能完成组织赋予的任务，本身也就失去了存在的条件。美国社会心理学家 L. 费斯汀格认为这种凝聚力是使团体成员停留在团体内的合力，也就是一种人际吸引力，这种吸引力跟力学有一些相同之处，如一个人在玩"流星球"时，流星球就是围绕着手这个中

心转，不会丢失，手就是中心点，凝聚力的中心点是什么？就是一团队对所有成员的吸引力。这主要表现在三个方面：

（1）团队本身对成员的吸引力。团队的目标方向、组织形态、行业精神、社会位置等适合成员，吸引力就大，反之吸引力就会降低，甚至会使成员厌倦、反感，从而脱离团队。

（2）满足所有成员多种需要的吸引力。团队满足成员个人的各种物质和心理需要，是增强团队吸引力的最重要条件。

（3）团队内部成员间的吸引力。团队成员利益一致，关系和谐，互相关心、爱护和帮助，吸引力就大；反之，吸引力就小，甚至反感，相互排斥。

一个团队是否有战斗力，取决于这个团队有多大的凝聚力。而凝聚力靠什么？靠的就是团队共同的、明确的目标。这样，才能做到上下一致、齐心协力地"心往一处想，劲往一处使"。

但要做到这样，仅仅喊几句口号或者仅凭一腔热血，还是远远不够的，必须有实在的、具体的内容作保障。

一个团队要有战斗力，首先要有一个大家都一致认可的目标，这个目标足够激励这个团队成员兴奋起来。这是一个团队第一重要的东西。可见，团队制定出了一个明确的目标，并非万事大吉，还必须与团队成员充分沟通，确保所有人对目标达成充分的一致，否则，明确目标方向这一步就没有完成。

从管理上讲，将团队的愿景化为个人的理想是可以实现的，并对此达成充分一致，才有所谓的士气。事实上，只有团队成员赞成、拥护、接受团队的目标，认为团队目标代表了自己的要求和愿望，具有较高的价值，具有可能性和可行性，才会进入为达到团队目标而努力的状态，而正是这种团队意识和集体态度，才能使团队收获高效的果实。

团队成员拥有共同的目标，共同分担责任。团队目标达成共识，人人拥有共同的目标，对一个团队来讲是至关重要的。它可以激发人的内在潜能，达到调动人的积极性的目的；同时，这也是团队目标以人为本、尊重个人的体现，它激发了每个人自觉自发的工作意愿，善用它将是成功的保证。当然，这也就意味着团队成员要共同分担责任。

1. 团队宗旨

对于一个团队来说，团队宗旨就是自己团队区别于其他团队的本质的核心竞争力，也是团队最后的预期和发展方向，更是团队成员赖以生存的法宝。

团队是由两个或两个以上的人组成的，通过人们彼此之间的相互影响、相互作用，在行为上有共同规范的、介于组织与个人之间的一种组织形态。其重要特点是，团队的成员间在心理上有一定联系，彼此之间相互影响。那些萍水相逢、偶然会合在一起的一群人，虽然在时间、空间上有某些共同的特点，但他们之间在心理上没有什么相互影响和相互作用，因而称不上是团队。团队是团结的结晶，团队是力量的凝聚。共同的愿望，共同的目标，共同的行动，共同的成功，使团队浑然一体，成为企业的中流砥柱。

比如，一个销售团队的宗旨是：让客户开心，让公司放心，让家人舒心。

2. 团队理念

团队理念就是指一群有着共同目标的人走在一起组合成一个队伍，为了共同的梦想，他们互相帮助，共同进步，个人利益服从于集体利益，不管组员做什么事都会考虑到团队的利益。也就是说，每个成员心中都有一个信念：我不只是一个人，我们是一个集体。

团队理念是一个团队统一的价值观，是所有团队成员判断事物的准则，是衡量价值的标准，并以此形成的能够代表企业信念、激发企业活力、推动企业生产经营活动的团队精神和行为规范。

比如，一家保健品连锁机构的理念是：共营、共享、共富。

3. 共同使命

企业是一个为了完成共同使命而组建的团队，只有全体成员都对企业使命有明确的共识并愿意为共同的目标努力奋斗，这个企业才有望成功。作为企业的管理者，必须要有足够的团队意识，这样才能带领企业在市场竞争中生存和发展。

归根结底，一个团队的存在还是为了更好地完成任务。这就要求每一个团队成员以达到目标为自己的最高使命。

纵使有任何个人的实际情况，也都不应该与团队的目标发生任何形式的冲突。从而，有效地避免有意或者无意间"拖了团队后腿"的情况发生。

二、为团队制定目标

一个团队在成长、发展的过程中，要想变得有实力，就得靠业绩证明。

这就需要团队在不同的发展阶段，针对自身的实际情况，不断制定新的目标，比如每年的经济计划、销售目标等。

1. 团队的经济计划

从某种意义上说，团队就是一个利益共同体，也必须用经济的手段予以支撑。所以，制定团队目标的核心就是：制订团队的经济计划。其中包括团队的目标任务、基本原则、发展途径、保障措施、工作要求等。

2. 团队的销售目标

团队最终还是要以业绩说话，虽然体现的都只是硬邦邦的数字，但这却是团队价值的体现，也是可以判断团队作用的最直接的依据。

以销售团队为例。团队在一定的时间内，完成多少销售额，实现利润多少，落实到每个人的销售额是多少；哪款产品完成多少销量，拓展多少渠道，发展多少客户，培养多少成员；用什么销售方式，有什么促销活动等，这些都必须清晰、具体、明白。

三、激励团队成员向目标奋斗

要想将一件事情做好，有时仅仅靠个人的努力还是远远不够的，有时也需要他人的示范、鼓舞、激发。

物质奖励可以得到实惠，精神激励容易获得满足，同时，激励也还是一种对价值的肯定。

所以，在一个团队里，激励会议、表彰、培训等就不可缺少。另外，也要掌握好奖与罚。

1. 利用会议激励

不知道大家有没有注意到，越是成功的团队，越喜欢开会。会议的流程也多半是：部署工作、分享成功、传授经验、避开错误、教授方法、激励士气。

会议浓重的氛围、激烈的场面，往往让人情绪高涨、血脉贲张，由衷地受到感染，产生抑制不住的冲动，觉得浑身上下都有股使不完的劲。

激励是最容易调动人的积极性的，所以，激励的场合一定要是在大庭广众之间，要让更多的人看得见，也让大家从中受到鼓舞。

不管什么会议，都会对团队起到激励作用，因为人都是需要持续激励才能保持动力的。就像一部汽车要想持续跑下去，就需要持续加油。每个人的生命都像车一样需要油，一段长途旅程，我们在沿路要不断地往油箱里加油才不至于陷入困境。那些能走得远的人，一定是因为他们储备的油够多，足以支持长时间的跋涉；或者当油箱的油快要耗尽的时候，马上加满油后再继续前行。漫漫人生旅程，只有不断自我加油、自我鼓励，我们才能走得更远，所以千万不要忘记为你的生命一次又一次地加油。

会议并不是简单的你说我听，而是要让大家在进入正式内容之前先兴奋起来，更要在主要内容完了后让大家有坚决执行会议内容的决心与冲动，所以会前、会中、会后都需要激励。当同仁们做出了成绩，在开会的时候给予适当的激励，他们会再接再厉，更加努力；当工作遇到困难，给予适当的激励，能让大家继续往前冲。

2. 表彰

提高团队成员的积极性，最好的方式就是在公开场合表彰，大张旗鼓地宣传。这样，受到表彰的得到了鼓舞，从此会更加努力地去做；未受表彰的也会对照着找出自己的差距，自此开始奋起直追。

我就常常在表彰现场听到这样的议论："他行，我也行！""她都可以做到，我为什么做不到？""大不了拼了，谁怕谁啊！""瞧她得意劲，我要玩起命来做，这都不是事。"……

可见，榜样的力量是无穷的。

"动人以言者，其感不深"，榜样是看得见的"哲理"，用鲜活的榜样教育人，才能起到春风化雨、润物无声的效果。各种各样的榜样，如旗帜、如标杆、如镜子，释放出无形的感染力，引导着人们见贤思齐、向善向上。"一个好人，带动一群好人；而一群好人，可以带动众多民众。"

3. 培训

领导者要创造团队的成长环境，要把团队变成一个以学习企业文化为主要特征的学习型组织。因为只有不断学习，才能跟上潮流。

作为领导者，要率先垂范，给下属树立一个好的榜样；团队成员有不同的需求，要根据他们的需求确定培训方案。管理者要在自己的"球员"而不是"外援"身上下功夫。从别的企业文化环境中走到自己团队中来的人，不一定能适应这里的文化、做事方法和流程。

松下公司认为，他们除了制造商品之外，更重要的是制造人。这样的企业文化，就真正做到了以人为本，把人作为企业的哲学。

除了集中起来学习外，培训最大的功能就是强化技能、统一认识、完善措施，以便团队成员都能够步调一致，稳步向前。

我一直认为，一群人聚到一起做事业，不仅仅是为了赚一点钱，也是为了掌握赚钱的方法，更是为了达成自己的人生目标。

培训，就是最经济、最直接地探讨、分享、学习赚钱方法的最好渠道。

由此看来，培训不但能够增强我们的能力，使我们从中得到提升，更可以促使我们更好地完成任务。从而，更加有效地、顺畅地实现团队的目标。

一道 有目标 就出发

近些年，因为工作的关系，时不时地要搭乘民航班机。

每次步入机场候机大厅，我总是感慨良多。

巨大的液晶屏上，一边写着出发，一边写着到达。

每一次出发，都是为了一次顺利到达。

而每一次到达，又得准备下一次的出发。

所谓人生，不就是为了翻过一座又一座山峦，趟过一条又一条河流，实现一个又一个目标，为了完成一个又一个任务，再历经一次又一次的出发和到达吗？

二 道

在路上　靠信仰

第一节　追根寻源说信仰
第二节　中华民族的信仰
第三节　人，才有信仰
第四节　究竟要信仰什么
第五节　要成功，带着信仰上路

> 每个人总不免有所迷恋，每个人总不免犯些错误，不过在进退失据、周围的一切开始动摇的时候，信仰就能拯救一个人。
>
> ——（俄）马明·西比利亚克

小孩子有句话，长大后再也不问了：

"妈，我从哪里来？""妈，人为什么要死呀？我能不能不死呀，死了后会去哪里呢？"

我打记事起，也总喜欢将这样奇怪的难题抛给父母，在幼小的我看来，这是个天大的问题。

但就是这样一个在当时的我看来非常严肃的问题，每次都会被大人们嘻嘻哈哈地回避，要么蒙混过去，要么扯东扯西，有时干脆就装作没听见，任你怎样纠缠，就是不予搭理。

可偏是这样，我就偏想知道答案。

随着年龄的增大，我不再问了……

可当有一天，我自己也做了父亲。我的孩子也将这个问题抛给我时，为人父母，我真有点犯难了。

其实，要回答这个问题不难，只要如实相告即可。

其实对孩子来说，他们往往出自好奇或探究的心理才问这些问题，并无故意为难大人的念头，倒是父母感到和小孩子讨论这样的话题会很尴尬。心理学家杰罗姆·卡根（Jerome Kagan）建议父母和孩子谈话时要注意从容不迫、冷静淡定，而非躲躲闪闪或顾左右言他。

不过，有一点是可以肯定的：心存畏惧，才能成就大事！

在全面展开讲信仰之前，我不妨先讲古代一个惊心动魄的故事，就是"赵氏孤儿"。这个故事描摹了忠正与奸邪的矛盾冲突，揭露了权奸的凶残本质，歌颂了为维护正义而舍己为人的高贵品质，气势悲壮，感人肺腑。

晋灵公时，忠臣赵盾与武将屠岸贾不睦。屠岸贾嫉妒赵盾之子赵朔贵为驸马，故意设计构陷赵盾，导致赵盾全家三百余口因此被满门抄斩，仅剩遗孤被程婴所救出。屠岸贾下令将全国一月至半岁的婴儿全部杀尽，以绝后患。程婴遂与老臣公孙杵臼上演"偷天换日"之计，以牺牲公孙杵臼及程婴之子为代价，成功保住赵氏最后血脉。

屠岸贾收程婴为门客，将其子程勃（实为赵氏孤儿）当作义子，又取名屠成。15年后，赵氏孤儿长大成人，程婴告诉他实情。赵氏孤儿悲愤不已，决意报仇。程勃（赵武）将屠岸贾专权横行、残害忠良之事禀明，悼公便命他捉拿屠岸贾并处死。赵家大仇得报。程婴见赵氏大仇得报，却想起15年前因救赵氏而被牺牲掉的自己的无辜孩子；想起这15年来，为了瞒过屠岸贾，寄居仇人之下而背负的背信弃义的骂名；甚至忘不了15年前，那个让朋友公孙杵臼先死的决定。程婴百感交集，亦自刎而死。

程婴这样爱惜名节的义士，因为信仰的力量，宁可牺牲自己的儿子并且忍受十几年卖主求荣、卖友求荣的骂名，内心得有多大的信念作支撑。如果是易反易覆的小人，通过阴谋诡计摇身一变即可，何必一死呢？真相大白天下，所有误解一扫而光，他成了人人称颂的义士。这算是熬出头了啊！结果程婴自刎了。因为真的程婴在赵家灭门之时已经死节了，留下的是一副完成使命和托付的躯壳。使命完成了，这躯壳就没有意义了。

当公孙杵臼和程婴为了保护赵氏最后的血脉，一个襁褓中的婴儿，公孙杵臼问："把这个孩子养大和去死，哪个更难？"程婴说："死很容易，把孩子养大就很难。"公孙杵臼大笑说："我年纪大了，你就让让我，把困难的事情留给你，让我去做容易的事吧。"

每当听到此话时，我的内心如潮涌动、血脉贲张。在结下盖世梁子的仇人家里蛰伏超过十年，每天过的是心头淌血、刀口舔血的日子，这是怎样的坚韧不拔的意志和泰山无法压碎的耐心，这是怎样的肝胆相照、义贯千秋的豪情。这正是："十年藏锋不出声，一朝出鞘动鬼神。"

说起信仰，人们总觉得是一个了不起的天大的事，总与神圣联系在一起，尤其是团队，总把这当成一种仪式，或者是因为某种需要而坚持的东西。当然，也未必有"赵氏孤儿"中的程婴、公孙杵臼那样惊天地泣鬼神的曲折离奇。

其实信仰就在每个人的左右，只不过忽远忽近、若即若离。有时久了也就厌了，于是也就忘了初衷，最后听之任之了。

其实，信仰说白了，就是人的精神支撑。

《山海经》中写道："刑天与帝争神，帝断其首，葬之常羊之山，乃以乳为目，以脐为口，操干戚以舞。"据说刑天与黄帝激战，一直杀到常羊山地方，黄帝看准机会一剑砍下刑天的头颅，但是，刑天并不示弱，以两只乳头当作眼睛，肚脐当作嘴巴，挥舞武器，继续呐喊战斗。

在希腊神话里，普罗米修斯（Prometheus）违反了天神宙斯的旨意，盗取火种带给人类，人类因此有了火。而普罗米修斯却因此受到宙斯的惩罚，被锁在高加索山上，受到秃鹰啄食肝脏的无尽折磨。

普罗米修斯怀有一种坚定的信念:"相信自己能够创造人,至少能够毁灭奥林匹斯众神。这要靠他的高度智慧来办到,为此他不得不永远受苦来赎罪。"在普罗米修斯那里,创造就意味着冒犯上天,冒犯上天就必须赎罪。"凡人类所能享有的尽善尽美之物,必通过一种亵渎而后才能到手,并且从此一再要自食其果,受冒犯的上天必降下苦难和忧患的洪水,侵袭高贵的、努力向上的人类世代。"

英雄神话中寄托了人类对超越自身能力的美好期望。

第一节　追根寻源说信仰

所谓信仰,说穿了其实就是终极追求。不管是来自原始的冲动还是出于宗教的目的,或是政治的需要,都是因为自己不能完全认识现实世界,于是对人生多了一份期待,并以此产生的一种精神上的寄托。

宗教的发展往往与国家的衰落和动荡有关,不安的人以宗教信仰作为避难所,期盼着神来拯救他们于苦难之中,信仰给人精神上的安慰。

德尔图良认为,信仰和理性是尖锐对立而无法调和的。他的一句名言就是:"雅典和耶路撒冷是毫不相干的。"而且他认为不是理性高于信仰,而是信仰高于理性。他认为,理性以及代表理性的哲学是毫无价值的,只是"魔鬼的学说",因此,应把所有的哲学家送去喂野兽。

他认为,当我们有了耶稣基督之后就不再需要那些哲学的奇谈怪论了,有了福音书之后就不再需要任何探索和理解了。他举例说:"上帝之子死了,虽然是很荒谬的,却是完全可信的;上帝之子被埋葬后又复活了,虽然是不可能的,却是确定无疑的。"这段话被后人总结为这个著名的命题——"正因为荒谬,所以我才信仰"。也就是说,信仰是超越理性的,在理性看来,荒谬的东西(比如上帝)是无法用理性来把握的,我们只能信仰。因此,德尔图良也说过:"我相信上帝,因为我无法证明他。"

因为现实世界某些事情的荒谬，特别是存在无法用科学去解释或解释有漏洞的现象，才造成了人类转而对宗教的信仰，就像牛顿在自己的科研取得如此多的成就之后却去研究神学一样。

但就是这样一种东西，却是成就一番事业的不二法门。

一、原始信仰，未知或者图腾

在生产力相对低下的年代，自然的作用决定了人类的行动，因为对许多事物的无法解释，人们总觉得有种神奇的力量在操控着一切。正因为如此，人们才加深了对未知世界的恐惧和对未来的期望。

渐渐地，人们开始相信有某种外在的神奇力量在主宰着一切，这样就产生了崇拜，并通过崇拜，寄托某种愿望，承载某些东西。

原始社会物质资源极为匮乏，种族之间常常因为生存而发生战争，这就需要同一种族有赖以维持团结的精神力量，于是图腾就出现了。不同种族往往会有不同的图腾信仰。

一般来说，原始人类会把某些动物、植物或者无生命的物质当作自己种族的祖先或者保护神。图腾被视为力量、勇气、好运的来源和主宰。这些传统被保留下来，并流传至今。例如，中国大多数民族把龙视为图腾，而北方的狩猎民族则膜拜野猪神，纳西族尊奉神牛，许多游牧民族则信奉马神。

譬如龙，是众所周知的华夏民族的图腾。龙是中国神话传说中的神异动物，具有九种动物合而为一却又具有九不像之形象。

龙的外在形象是多种动物的融合，历史上对此有过多种不同版本的解读。宋代人郭若虚也提出过"龙有九似"说法，即：角似鹿、头似驼（马）、眼似兔（龟）、项似蛇、腹似蜃、鳞似鱼、爪似鹰、掌似虎、耳似牛。其实，龙的取材对象远远不止这九种，鳄、蜥蜴、猪、马、熊、鲵、象、狗、羊、蚕、鸟类，以及云雾、雷电、虹霓、龙卷风、古动物化石等，都不同程度地参与了龙的融合。说句实在话，龙作为中国古人对多种动物和天象融合创造的一种神物，实质是祖先对自然力的高度神化和自觉升华。

1. 崇拜生殖，生生不息

生殖崇拜，是原始社会普遍流行的一种风习。它是原始先民追求幸福、希望事业兴旺发达的一种表示。所谓生殖崇拜，就是对生物界繁殖能力的一种赞美和向往。主要部位包括生殖器、乳房、臀部。

生殖崇拜是对生殖的尊崇和敬仰，属于性崇拜的一种，也即母亲崇拜。最初人类还不了解女性为什么能够生育孩子，把生育看作女性单方面的作用而加以无限崇拜。在世界各国的历史上，有关女神的传说和偶像比比皆是：中国历史上有女娲造人的神话，法国、奥地利等欧洲国家出土了许许多多的原始女性偶像。这些偶像的共同特点是，不注意面部的刻画，主要强调肥大的躯干，突出表现的是硕大的乳房、大肚子和生殖器，体现原始人对生殖的巨大热情。神话中的母亲都是处女。中国神话中的夏祖修己吞下神珠而生禹，商祖简狄吞玄鸟卵而生契，周祖姜嫄踩巨人脚印而生弃。

当人们发现了男性在生育中的作用以后，男性在生育和生产中的地位便日益得到加强。人们想到种子不再联想到女性，而是联想到男子。正是由于男性的播种，才使女性生育，也才能使土地丰收。据此认识又产生了许多令人眼花缭乱的习俗。中非的巴干达人强烈地相信性交与丰收之间的关系，如果他们的妻子不能怀孕的话，他们认为会影响他们果园的丰收而把她休了。相反，如果一对夫妻生了双胞胎，就表明他们的生殖力特别强，许多人因为想沾光而供给他们日常食粮。

生殖崇拜的观念，根植在原始人对自身种族繁衍的强烈关心。在原始时代，原始人面临恶劣自然环境的挑战，平均寿命低，婴儿死亡率高，必须以高生育率来保持种族的生存与发展，因此，崇拜生殖是必然的。恩格斯在《家庭、私有制和国家的起源》一书的序言中指出："根据唯物主义观点，历史中的决定性因素，归根结底是直接生活的生产和再生产。但是，生产本身又有两种。一方面是生活资料即食物、衣服、住房以及为此必需的工具的生产；另一方面是人类自身的生产，即种的繁衍。"

崇拜男性生殖器，这是性崇拜的主要内容之一。中国古代有许多岩画，其中很多都表现了男子硕大的阴茎。

2. 崇拜图腾，逢凶化吉

图腾作为人们崇拜的对象，不在于它的自然形象本身，而在于对它的企盼和认知。

在中华民族的发展史上，古人更多的是对外界的恐惧，因此经常把动物当神膜拜。

当然，人们崇拜的对象通常为特殊的动植物，要么看作祖先，要么看作保护神，这就是图腾崇拜。图腾崇拜的出现，反映人类综合能力提高，与部落联系紧密的图腾崇拜是人类原始社会最早的一种宗教信仰现象。

人类对图腾的认知经历了四个阶段。

其一,它是人类赖以生存的愿望。人类最初级的愿望就是获取食物,便将与生活密切相关的虎、狼、熊、狮、鹰、鸡、狗、猪等兽类作为主要来源,让其成为企盼和图腾(兽类图腾)。

其二,人类由狩猎进化到农耕的生活企盼。靠天吃饭(云雨雷电),便产生了天象图腾。

其三,图腾是人类心灵企盼的保护神。由于当时人类对一些天象解释不清,就寄希望于幻想出的龙、雨师、风神、凤,进而认为龙凤交配左右天象促使人间风调雨顺、五谷丰登,最终发展成神灵图腾。

其四,图腾是群体氏族的始祖。经历兽象图腾、天象图腾和神灵图腾的人类终于认识到,靠兽、靠天、靠神都不能主宰自己的命运。

《山海经》发现传说中的上古华夏神州,万物皆有灵性,在广瀚的三界之中,出没着一些极富灵性的神兽。它们长有各种奇异的外形,并且有着不为人知的神奇力量。神兽的出现既能给世人带来幸福,也能招来灾害。

我们的老祖宗,经过无数次的肯定与否定,最终一致将龙这样一种生物,视为中华民族的图腾。

3. 崇拜神明,律己度人

日月星辰、风云雷电等这样一些自然现象,对原始人来说是神秘莫测的。他们认为,山石水火、树木花草、鸟兽虫鱼,既能带来利益,也能带来灾害。

大地养育万物深不可测,天空带来劫难不期而至,恐怖和畏惧滋生了顶礼膜拜,于是人们相信一切东西都有神灵的力量。

人们掌握的常识不能解释各种现象,于是就产生了当时的"高人",这种"高人"给出的答案似乎更能让人信服,所以就产生了一种特殊的职业——祭司。祭司平时能够答疑解惑、预卜未来,祭典时能够主持相关的仪式,当然也就受到格外的崇敬,也获得了至高无上的权力,并由此形成了一定的权力体系。同时,越接近祭司的人,也相对应地拥有越大的权利。

神奇的自然从来就倍受关注,自然崇拜源远流长。现代气功讲究与山水结合,在名山大川发端,就是古老自然崇拜的遗存。在中医药典中,一些珍禽异兽、奇花怪草更是名贵中药,折射出动植物崇拜的传统。

中医认为犀牛角、羚羊角、猴头、熊掌是名贵中药,这种观点显然具有动物崇拜的印痕。

人之敬虎,首先在于畏虎。人们也畏熊,却又不得不猎熊。所以,对虎熊这两种动物的崇拜,反映了人们对于自然界的复杂心情。虎,哺乳纲,猫科,分布在北至西伯利亚南至南亚次大陆的印度等广大的亚洲地区。虎是兽中王者，其权威来自它的武力，故如野猪、鹿、獐、羚羊等均可作它的美餐。现代研究表明，当虎出现牙病或其他原因使它有餐饮之虞时，人便是它不得已的选择。能不敬畏吗？

崇拜老虎是有老虎出没的地方的传统。在北方民族的萨满教信仰中，虎是神圣动物，猎人不敢猎取。故猎人行猎时避忌遇虎，怕冲犯了虎大王，万一不期而遇，则远远跪拜、祷告。赫哲人更有连老虎喜吃的动物也不敢猎取，免得冲犯了"山大王"的习惯。土家族人认为本族与虎有亲缘关系，故自称虎族，以虎为祖神。

与对虎不同的是，人们对熊的态度是：猎取它。有的族群既尊熊为祖父祖母、老爷子或老太太，又千方百计猎取它。这是一种十分奇特的崇拜现象，它反映出人们在自然面前的矛盾，一方面是敬畏、尊重它，祭祀它、笼络它；一方面又不得不取食于它，它是猎人们的重要猎源。一切宗教的基础，均以生存为前提，没有离开生存目的的无缘无故的信仰。

人类对飞鸟、游鱼和昆虫的崇拜亦自古而然。在《山海经》神话中，就有"青鸟""凤鸟""凰鸟""鸾鸟""黄鸟""精卫"等神鸟。太阳精魂是"三足鸟"，卵生商的是"玄鸟"，盖世大鸟是"大鹏鸟"。在自然界鸟类中有鹰鹫、天鹅、喜鹊、乌鸦、布谷，在家禽中有金鸡、白鸽等，它们均是受人崇拜之鸟。在每年的清明节，云南鹤庆一带的白族都要过"祭鸟节"，将鸟类崇拜发挥得淋漓尽致。

水生动物和爬行动物中的崇拜物，以蛇、龟为最主要物种。在当代，被人臭骂的王八（鳖）也挤进了受人崇拜的队伍，成为药品和营养品的代名词。

我们尚可列个长单，把蛙、蜂、蚁、蚕、蝉、蜘蛛、蝎子、蜈蚣和蝗虫加入被崇拜的队伍。这些黑压压的爬行着、飞扑着、蠕动着的宠物如果有朝一日来到你家客厅，则会令好龙的"叶公"们心惊肉跳。

而龙、凤凰、麒麟、狮、狻猊、天马、海马、獬豸、斗牛这些人类思维创造出来的神兽神禽的队伍，威风凛凛。它们与植物崇拜中的松、柏、竹、柳、槐、榕、榆、菊、兰、梅、桃、榴花和牡丹一样，光彩夺目。

当然，最受人崇拜的植物也许是山西洪洞那棵老槐树。很久很久以前，村人被官吏押解移民远方的时候，长者告诉晚辈，要记住村头的老槐树，它是我们的根。

所以，在原始人看来，最好的东西是要献给神的，在当时视为宝物的玉石常常作为祭司工具。在神灵面前，人变得极其渺小。

4. 崇拜祖先，知恩惜福

人类社会起初都有所崇拜，崇拜日月山河，崇拜神兽图腾，也崇拜遥远的造物主，但后期有所变化。西方文明多半是采取人和神严格区分的宗教模式。人是被神创造出来的，神就是神，人就是人。这是宗教社会的特点决定的，宗教具有绝对权威，势必供奉尊神，把神说得越尊贵，宗教信徒就越狂热，宗教便越具有权威。

而中国文明，则更多地强调人和神的血缘关系。每一个姓氏往上追溯，都能找到自己的作为神又作为人的祖先。

之所以宗教意味很淡，是因为中国以儒治天下，儒家拒绝谈论鬼神之事，多谈孝道尊亲，因此祭祀便以拜祖先为主。那么对于社会的基层，一个稳定统治的办法便是实行宗族制度，晚辈尊亲尊祖，以光耀门楣为己任。家以父为尊，国以君为尊，唤作"君父"。只有这样，才能维护统治者的绝对权威与尊严。一旦宗族制度瓦解，对于祖先的崇拜也会随之淡化——目前中国的某些偏远地方还处于这个节点上。

（1）在农业社会，关于耕作、气候、保存食物以备饥荒、管理家庭财务的能力方面，经验是非常重要的生产力，所以一家之长会是更重要的资源。

（2）相对个体，家庭更有竞争优势。丁口多、劳动力多，这样的家庭就会进一步强大富足。

（3）家庭不再移居，在一个地方繁衍，父系为主的家族就形成，维系堂兄弟关系、同姓关系的是共同的祖宗，这一认同凝聚力对大家族和地方势力有明显的好处。

综上所述，祖先崇拜从自然崇拜中产生，但在中国农业社会和乡村制度下得以发展和强化，最终形成普遍的文化。

崇拜祖先，也是原始的崇拜之一，因为人的肉体消失了，去向始终是个谜，同时也并不能带走所有的东西，诸如记忆。尤其是人逝去之后常常出现在后人的脑海里、心坎上，甚至睡梦中。

于是，拜祖就逐渐演变成家族的一种仪式而固定下来。

直到现在，我们供奉祖先牌位，每年特定日子的祭奠活动，都是神圣而庄严的，既感怀先人的恩泽，又祈求先人的福佑，从而对美好的生活产生更大的憧憬。

5. 崇拜天老爷，主持公道

不管是什么民族，都有人相信有苍天在上，一定有比我们所知的力量更强的力量，来决定人世间的是是非非。

在生产力水平低下的古代中国，人们对自然界产生的风暴、雷电、地震、山洪等诸多灾变极其惊骇，以为世间万物皆由神灵主宰。

古人认为冥冥之中有一种"神秘的造化力量"掌控着宇宙万物的运行及自然规律的演化。无以名状，拟人化称之为"天"或"上天"，即"天帝""天老爷"。

民间称天为"天老爷""天公"等，相信人间的一切祸福由天定。因此，在发迹通泰时，少不了欢天喜地地感谢皇天保佑；遇到危难或不幸时，也总是呼天唤地地祈求"老天爷"的帮助。无论是逢年过节还是婚丧喜庆，都要先拜天地，再拜其他神灵。在百姓看来，天最能主持公道，明察秋毫，故碰到双方争执不休或难以判明事情真相时，往往要对天赌咒发誓，来表明理在己方或自己清白无辜。

中国历来都是个农业大国。靠天吃饭，要想收成好，过上好日子，得靠上天赐予的风调雨顺。老天爷，也就理所当然地成了比爷还要重要的爷。

所以，中国老百姓有句话："举头三尺有神明。"其实，说的就是老天爷的作用。

二、宗教信仰，心灵停泊的港湾

想活着，想活好，想一直活好，就会想得到更多的，又怕失去更多的；既享受现在，又惧怕未来。尤其是当一个人绝望的时候，最需要倾听，最需要理解。

原始的"高人"——祭司，只能解决一些简单的问题，而深层次的问题只有仰仗于更高的、稍稍成点体系的东西来解释。于是，宗教得以诞生，作为一种外来的未知的力量，理解、满足、规范、约束人们的行为。

1. 不同体系，同而不同

来自不同民族、不同地域的人，所受到的教育不同，看问题的角度不同，加之普及、传播所形成的作用，也因此诞生了不同的宗教体系，每个体系又派生了不同的派别。

因为立场不尽相同，各体系之间、各门派之间难免产生矛盾、对立，但在对于超凡的外力这一点上，人们却不约而同地取得了难能可贵的一致。

2. 不同流派，九九归一

即使同一体系的宗教在发展的过程中，因为传承的原因，又形成了各个独立的门派，在对很多事物的认识上也有所差异，对同一问题的理解也有所不同，尊崇的祖师也不尽相同。

但有一点是相同的，那就是向善，劝人向善，并以此吸引越来越多的信众。

3. 宗教延续的奥秘

一个人对与自己有关的事物掌握不了，结局就只能是寄希望于通过另外一种力量予以改变。

人生有限，而世界无限，由此所产生的渺小和恐惧，使得人类不得不寻求其他的解决方式。

当常识以及科学的解释显得力不从心的时候，宗教理所当然地就成了最简单也最直接的解决问题的办法，并在相当长的一段时间里生生不息。

即使在科技高度发达的今天，宗教仍旧照常得以延续。

三、志同道合，抱团的力量

做事，也许一个人可以；成事，就需要更多的人一起。但人的理解力不同，认识不同，看问题的角度也不同，得出的结论也就不同，焕发出来的能量当然也就有所差异。

于是，一部分有相同认识的人就聚集在了一起，并逐步地发展成为一个特定的利益集团。各式各样的团队，其实也是这样。

1. 宗旨决定立场

我们千万别以为只有党派才讲政治，其实任何形式的团队建设都离不开政治，这也是由政治的性质与宗旨所决定的。

通俗地说，政治就是一个党派或者一个团队代表的是谁、维护谁的利益、替谁说话的问题，尤其是当各方利益产生冲突的时候，这时就面临着站在谁的一边的问题。

2. 环境决定出路

环境条件也决定了一个党派或团队处事方式、处事态度的改变，这既是维护地位的需要，也是可持续发展的必要前提。

当然，党派或者团队成员间虽然有共同的利益诉求，但各自的利益关系还是会有一些细微的差异，于是乎也就产生了额外的欲望。

诸如权力的欲望、金钱的欲望、美色的欲望……这些欲望适度的话，会产生强大的动力，有利于事物的发展；但如果不对这林林总总的欲望加以节制，演化为私欲，甚至无度的话，也必然会累及党派或团队，最终导致崩溃。

3. 小众、大众与群众

从人员规模看，再大的政党也只能算是小众，信奉它的人群算作大众，与之相关或不相关的广大人群属于群众。

从市场的角度来看问题，广大的群众或者消费群体对于党派或者团队来说就是客户，再大的党派或者团队离开了普罗大众就什么也不是。

所以，任何政党或者团队，都没有独立于人民之外的利益，但是，政党或者团队的成员还是有各自利益的。

有利益就会发生关系，这个关系怎么处理？尤其对有影响力、号召力的团队来说，手头掌握着权力，就存在着如何平衡各方利益、做事是否公允的问题。

所以，如何约束手中的权力，如何约束成员的权力，就成了团队始终面临的棘手的问题。

第二节 中华民族的信仰

说起来，人类的每一次重大变革归根结底都是文化思潮惹的事，其中那些起主流作用的书籍就被人尊奉为"经书"。但如果说有一部书堪称是群经之首、大道之源的话，那毫无疑问地当属《易经》。

《易经》讲阴阳、述三才、重变通，在整个中华文明史上，几乎每一次进步都与《易经》有着密不可分的关系，它不但在中国人心中占据着举足轻重的地位，甚至深深地影响世界。

一、三生万物

按中国人的传承，三，在中国人看来是"多"的意思。

道，宇宙未有之先；于是产生了最初的物质，即道生一；有物即分阴阳，即一生二；有阴阳就可新生，即二生三；于是万物生焉，三生万物。

1. 老子说：道生一，一生二，二生三，三生万物

按照先贤老子的说法："道生一，一生二，二生三，三生万物，万物负阴而抱阳，冲气以为和。"

所谓一，是指天地万物形成之前的一种混沌未分的状态。由一生二，即产生天地或阴阳。天地阴阳交合而生三，然后产生万物。这样，道便成为万物所由生的本体或本原，世界上万事万物都是由道产生的，万物都统一于道。

老子还对所谓道作了具体描述：道本身空虚无形，用之不尽；它十分渊深，就像万物之根本那样深暗，可又是实在的；不知道主要是由谁产生的，好像在上帝之前就存在着。用他自己的语言说，就是："视之不见名曰夷，扣之不闻名曰希，博之不得名曰微。"又说："道之为物，惟恍惟惚。惚兮恍兮，其中有象；恍兮惚兮，其中有物。窈兮冥兮，其中有精，其精甚真，其中有信。"

按照现代人对信仰的解释，这应该就是最早用文字表述、记载的信仰。

2. 中华大地"一源三流"

中国的广大，不仅仅是地域辽阔，也体现在文化上的博大精深。既在人体结构上，有区别于其他民族的认知；又在人文精神上，有独立并且可以自我循环、不断衍生的意识。

中华民族也是个喜欢在"因"与"果"上寻求答案的民族，凡事都追究源起（根源）"一"，也注重流向（传承）"三"。找出事物的"一"——主因，关注事物的"三"——结果。

在这里，稍稍普及一下"一源三流"的相关常识。以后有机会，再在专著中予以详尽阐释。

（1）地理方面。

一源：青藏高原。

三流：长江、黄河、澜沧江。

水是生命之源，人依水而居。养育中华的三个河系都源自青藏高原。

三流是长江、黄河、澜沧江。澜沧江流到东南亚就叫湄公河。

（2）人体方面。

一源：肾。

三流：任脉、督脉、冲脉。

人身的"一源三流"都起于"肾下"，出"胞中"时分别走出各自的路径。

所以，冲、任、督三条经脉对人体生命至关重要。可以说，把握住"一源

三流"就把握了养生的根本奥秘。

（3）人文方面。

一源：易经。

三流：儒、释、道。

易经是本源，"三流"一个是儒家，一个是道家，还有一个就是中国化的佛家。

儒家明解易经，道家暗解易经，释家意解易经。

禅，中华化的佛学。

所以，"一源三流"可分解为八个字：易为主干，三教互补。具体说就是"易贯儒道禅，道统天地人"。

其中"儒道禅"这个"道"是道家、道教；而"道统天地人"这个"道"是"易之道"。这个"易道"不仅深深影响了儒家、道家和中国化佛家，而且影响到了中医理论体系的形成。

二、儒家讲中庸，道家讲中道，佛家讲中观

我国西周前期成书的《周易》在500年之后导源出了春秋战国时期的儒家、道家及其他诸子百家，也影响了中国化的外来佛家。

从学术的源流上看：孔子，弘扬了《周易》的"乾卦"精神；老子，弘扬了《周易》的"坤卦"精神。

《周易》不仅是一本由符号系统与文字系统共同构成的经典，而且是唯一的一本儒家和道家共同尊奉的经典。儒家将《周易》奉为"五经"之首，道家将《周易》奉为"三玄"之一。

约于公元前后，古印度佛教传入我国，到隋唐时代在中国形成了八个宗派，虽然不能说它源于《易经》，但禅宗则受到《易经》的较大影响，可以说，禅宗就是印度大乘佛教与中国"三玄"（易、老、庄）相结合之产物。

在"一源三流"结构中，易为主干，三教互补。"大易之道"不仅深深影响了儒家、道家和中国化的佛家，而且影响到了中国许多科学技术理论包括中医理论体系的形成。中华文化有一条主线贯穿其中，表面上分出多家多派，实际上又是互补互融的。通贯儒家、道家乃至中国化佛家的"大易之道"正是中国文化的主干。

在"太极图"中，以儒家表现白色，道家表现黑色。这是因为儒家崇尚阳，道家崇尚阴。显然，他们不是截然分开、绝对对立的，而是互相包容、有所交叉

的，即阳中有阴、阴中有阳。

儒家的基本精神是乾卦阳刚，表现为自强不息、刚健有为、勇往直前、百折不挠、昂扬向上、变异创新、与时俱进、拼搏进取、勤劳勇敢。

道家的基本精神是坤卦阴柔，表现为厚德载物、柔弱虚静、包容宽厚、自然无为、居下不争、谦虚谨慎、以柔克刚。

佛家在太极图外面一圈，因为佛家讲究"空性"，有"四大皆空""五蕴皆空""万法皆空"等说法。

总之，儒家讲中庸，道家讲中道，佛家讲中观。儒家讲仁和，道家讲柔和，佛家讲圆和。儒家讲"治世"，求"正心"；道家讲"治身"，求"炼心"；佛家讲"治心"，求"明心"。儒、释、道"你中有我、我中有你"，圆融和谐，共同构成了中华传统文化的基本精神。

1. 儒，真诚、向善；性易也，仁

"仁"是儒家学说的核心，对后世的中华文化和社会的发展产生了重大影响。

儒家重在规范人的社会行为，从外向内，以"仁"和"礼"教化人，让每个人都自觉自愿地规范自己的行为，并告诉人们什么是人，怎么做人，如何克己、抑己，善待他人。

这些道理，有利于提升个人在善良、识礼、自律方面的修养。同时，对于正确地协调上下级关系、父子关系、夫妻关系，乃至整个社会的人际关系，也都有极大的帮助。

孔子把"仁"作为最高的道德原则、道德标准和道德境界。他第一个把整体的道德规范集于一体，形成了以"仁"为核心的伦理思想结构，它包括孝、弟（悌）、忠、恕、礼、知、勇、恭、宽、信、敏、惠等内容。其中孝悌是仁的基础，是仁学思想体系的基本支柱之一。他提出要为"仁"的实现而献身，即"杀身以成仁"的观点，对后世产生很大的影响。《论语·颜渊》："樊迟问仁，子曰：'爱人。'"又"克己复礼为仁。一日克己复礼，天下归仁焉"。又《卫灵公》："子曰：'志士仁人，无求生以害仁，有杀身以成仁。'"《庄子·在宥》："亲而不可不广者，仁也。"清谭嗣同《仁学界说》："仁为天地万物之源，故虚心，故虚识。"儒家学派核心为"仁"。

仁是中国儒家学派道德规范的最高原则，是孔子思想体系的理论核心。"仁"的最初含义是指人与人的一种亲善关系。孔子把"仁"定义为"爱人"，并解释说："夫仁者，己欲立而立人，己欲达而达人"，"己所不欲，勿施于人"。

孔子在回答子张问仁时还说："能行五者于天下，为仁矣。"五者为恭、宽、信、敏、惠。孟子发挥了孔子的思想，把仁同义联系起来，把仁义看作道德行为的最高准则。其"仁"，指人心，即人皆有之的"恻隐之心"，仁爱之心；其"义"，指正路，"义，人之正路也"。

《战国策》中有这么一个关于"仁"的故事："冯谖客孟尝君。"讲的是战国时期齐国的孟尝君好士，门下有食客数千人，其中有一个叫冯谖，冯谖在孟尝君家曾弹剑唱"长铗归来乎、食无鱼、出无车、无以为家"等歌，因而冯谖食有鱼、出有车，他的母亲也得到了孟尝君的照顾。

有一天，孟尝君出了个通告，询问府里的宾客："有谁熟悉算账理财，能够替我到薛地去收债？"冯谖在通告上写："我能。"于是孟尝君派冯谖去收债，辞行的时候，冯谖问道："债款全部收齐，用它买些什么东西回来呢？"孟尝君说："看我家里缺少什么东西，就买什么。"冯谖赶着马车到了薛城，派出官吏召集那些应当还债的百姓都来核对借条。借条核对完了，冯谖假传孟尝君的命令，把借款赐给百姓，烧掉借条，百姓齐声欢呼万岁。

冯谖又马不停蹄地赶回齐国都城，大清早就要求进见孟尝君。孟尝君奇怪他回来这么快，便穿戴好衣帽接见他，问道："债款全收齐了吗？怎么回来得这么快呀？"冯谖回答说："收齐了。"孟尝君又问："用它买了些什么回来呢？"冯谖说："您说'家里缺什么就买什么'，我考虑您府里已经堆满了珍宝，好狗好马挤满了牲口棚，堂下也站满了美女。您府里缺少的东西要算'义'了，因此我替您买了'义'。"孟尝君问："买义怎么个买法？"冯谖说："如今您只有一块小小的薛地，却不能抚育爱护那里的百姓，反用商贾的手段向百姓收取利息，我私自假传您的命令把借约烧了，百姓齐声欢呼万岁，这就是我给您买的'义'啊。"孟尝君很不高兴："好吧，那先生就算了罢！"

过了一年，齐王对孟尝君说："我可不敢拿先王的臣子当作自己的臣子来用。"孟尝君只好回到封邑薛城去住。走到离薛城还有一百里的地方，百姓扶老携幼，在大路上迎接孟尝君。孟尝君回头对冯谖说："先生替我田文买的义，竟在今天看到了。"

仁义不像钱或物那样实在或看得见、摸得着，因此孟尝君对冯谖花他的钱财收买仁义感到非常不高兴。当孟尝君被齐王贬出回到薛城时才认识到昔日失去的今天都加倍地得到了回报。真是"仁义重于利"啊！

2. 释，怎一个禅字了得；心易也，空

能读无字之书，方可得惊人妙句；能会难通之解，方可参最上禅机。（张潮

《幽梦影》)

境随心灭，心随境无。两处不生，寂静虚明。（圣严法师《禅无所求》）

曲径通幽处，禅房花木深。山光悦鸟性，潭影空人心。（唐·常建）

悟禅如曲径通幽，非一番周折不能达也。唯"悦""空"二字须牢记，神悦而心空，正合佛老之虚空无为。光影幻动，身心空明，便可完成自我超脱，悟得真机。

佛教强调人内心的修为，从内向外，通过修心，使人最终达到"明心见性"的境界。

佛教同时也是一门教人怎样做人，怎样做一个觉悟人的学问。彼岸、极乐世界在哪里？其实彼岸就在人们心里，追寻的历程就是一个觉悟的历程，就是一个学习的过程。

佛教认为一切都是无常，既然无法改变，那么就应该心无外物，认识自己，保持觉知，保持平等心。

老子云："三十幅共一毂，当其无，有车之用；埏埴以为器，当其无，有器之用；凿户牖以为室，当其无，有室之用；故有之以为利，无之以为用。"这是什么意思呢？就是说，三十根辐条集中在车轴穿过的圆木上，那空的地方才是车辆可行走的有用之处；器皿上有空的部分，才是人们有用的地方，可以放物；窗户有空的部分，才对人有用，可以取光；也就是说，建造房子必须建造一个空的东西，搞建筑学的人，必须认识这一句话。一位建筑学家跟我讲过，有用的部分恰恰是看似无用的部分，看上去砌墙时砖是很有用的，但人在用的时候恰恰不是这砖墙，而是空的部分，这也是我们中国人关于"空"的观念。

佛教则认为世界上的事物不是如道家所说的道是一，一生二，二生三，源处就是道，他们认为没有本体，一切事物都是互和而有，此有即彼有，此灭即彼灭，此生即彼生。

有一则放下的故事深刻地说明了这个"空"的禅意。

两位禅者走在一条泥泞的道路上。走到一处浅滩时，他们看见一位美丽的少女在那里踯躅不前。由于她穿着丝绸的罗裙，这使她无法跨步走过浅滩。"来吧！小姑娘，我背你过去。"师兄说罢，把少女背了起来。

过了浅滩，他把小姑娘放下，然后和师弟继续前进。

师弟跟在师兄后面，一路上心里不悦，但他默不作声。晚上，住到寺院里后，他忍不住了，对师兄说："我们出家人要守戒律，不能亲近女色，你今天为什么要背那个女人过河呢？"

"呀！你说的是那个女人呀！我早就把她放下了，你到现在还挂在心上？"

3. 道，修道成仙，无我境界；道易也，无

老子："天下万物生于有，有生于无。""无，名天地之始；有，名万物之母。"

张湛《列子》："谓之生者，则不无；无者，则不生。固有无之不相生，理既然矣，则有何由而生？忽尔而自生。忽尔而自生，而不知其所以生；不知其所以生，生则本同于无。本同于无而非无也。此明有形之自形，无形以相形者也。"

"夫不能自生，则无为之本。无为之本，则无当于一象，无系于一味，故能为形气之主，动必由之者也。"

"至无者，故能为万变之宗主也。"

这里的"无"只是一种象征意义的简语，是针对万物的存在状态之"有"而设，因此才会出现"有生于无"的说法。只有当我们剖开这意义上的象征后，"无"才能是"道"，因为唯独"道"才能作为万物的生化之本。

道家主张消极出世。道家的基本思想是"无为而治"，强调"人法地，地法天，天法道，道法自然"，就是在做事情的时候要顺其自然。并以此揭示了世界的本源是什么，社会的实质是什么，怎样看待世界、看待自然、看待人生。

这其中又包含了三个特性：

一是道。任何事物都有本源和根本，也就是事物本来的样子，是先天地之前存在的。这也是人类信仰的本体。

二是变化。无即是有，每个细胞无时无刻不在变化，每个人的记忆和思考也无时无刻不在发生变化，正是因为这些个变化，世界才越来越丰富多彩，社会才能进步，人才能长大，才能不断地成长。

三是规律。任何运动都是有规律的，就像人，都要经历生老病死的过程一样，这是规律。规律是客观的，人们只能认识它、利用它，而不能去创造它。就像一些科学研究，我们只能说是去发现规律，而不能说是去创造规律。

治国和管理一个小公司都叫管理，而管理上"无为"是很重要也是很必要的技巧。"无为"当然不是简单什么也不做，他重在"有无"的合理调和，给手下一个适度宽松的环境，使员工有足够的空间施展自己。一个优秀的企业家，不能只去做员工们做的事情。一个优秀的王者，是不能瞎折腾的。记得我中学学过柳宗元一篇文章，里面有这样一段话："驼曰：'我知种树而已，官理，非吾业也。然吾居乡，见长人者好烦其令，若甚怜焉，而卒以祸。且暮吏来而呼曰：

"官命促尔耕，勖尔植，督尔获，早缫而绪，早织而缕，字而幼孩，遂而鸡豚。"鸣鼓而聚之，击木而召之。吾小人辍飧饔以劳吏者，且不得暇，又何以蕃吾生而安吾性耶？故病且怠。'"说的就是统治者过于勤于政务，反而让民众不能过上安稳的生活。这就是"无为"的作用所在。所以说，"无"才是管理的"用"。如果做领导的，生怕看到下面的人闲着拿他的工资，就希望手下人个个整天忙得不亦乐乎，这样，他就得不到真正的人才，公司能不倒闭已是大幸，勉强维持而已，不会有大的发展。

4. 红莲、白莲、青荷叶

人生在世，无非就是如何做人、做事的问题，由此上升到世界观、人生观、价值观这样貌似高规格的问题。但其实，一个人活着，既要对社会有作用、有价值，又要洁身自好，这一点似乎没有人反对。

在我们乡下，至今还流传着一首民谣：红莲阿弥陀佛，青荷无上天尊，白藕之乎者也。

儒教是藕，做人成佛的基础；道教是荷，连接儒、佛，也为佛教发展创造条件；儒教是莲，乃儒家修行的最终目的。

道教祖师王重阳诗云：儒门释户道相通，三教从来一祖风，红莲白藕青荷叶，三教原来是一家。

莲花是红色，荷叶是青色，藕根是白色，三者形象虽不相同，而实际上却是一个共同生命体。儒释道三家如同红莲、白藕、青荷叶一样，皆为一族之血脉。

三、华人的信仰

现在华人的身影已经遍布世界各地，但无论在哪，留在血脉中的一些基因，始终不曾因环境的改变而改变。

1. 有求必应，信你

严格说来，真正的信仰是纯精神性的内在信仰。而中国的民间信仰，往往带有很强的功利性和实用性，很多人求神拜佛是希望神灵保佑自己的现实利益，想让神灵做到"有求必应"，满足自己的愿望，并没有发自内心地信奉和仰慕神灵。

功利性，一直在华人身上体现得比较突出，对他们而言，不管你是何方神圣，只要求神灵验，我就信。"临时抱佛脚"就一针见血地指出这个现象。

这也因此受到过其他民族的诟病。但我认为，这也很实际，对于普通老百姓而言，跟着你能过上好日子，我就听你的。这并没有什么错。

2. 信天命

不少华人还有个共同的喜好，就是相信"老天爷"，强调生命要对天上的帝（也就是公认的始祖）负责，相信一切的贫穷富贵都是"老天爷"的安排。

人，无论何等地位，不管什么身份，即使是帝王将相也都同样必须参拜"老天爷"，否则就是"大不敬"。

孔子曾经说："生死有命，富贵在天。"意思是说人的富贵夭寿冥冥之中早已注定，命运支配着每个人的现实命运。这种思想对中国人的社会心理影响很大。

《水浒传》里的鲁智深，在征方腊前去参拜自己的师傅智真长老。书中说："原来五台山这个智真长老，是故宋时节一个当世的活佛，知道过去未来之事。"智真长老给鲁智深四句偈语预测前程：逢夏而擒，遇腊而执。听潮而圆，见信而寂。后来都一一应验，鲁智深活捉了夏侯成，生擒方腊，八月十五月圆之夜，随潮归去。诸葛亮入川之前，就预见到若干年后陆逊会打败刘备，摆下八阵图，后来困住了追击刘备的陆逊。他甚至连邓艾、钟会的破蜀也预见到了。

古代科学不发达，个人在大自然面前、在社会面前常常感到自己的渺小和无能为力。人们感到自己受制于一种盲目的必然性，而这种盲目的必然性又无所不在，决定着现实生活的一切。在旧的社会条件下，品德好、能力强的人久处人下，人品差、没能力的人却飞黄腾达，许多人感到难以把握自己的未来，便很自然地相信起命运学说。就是连孔子、孟子这样的大知识分子也不例外，孔子认为"道之不行"的原因是天命，孟子认为自己见不到鲁侯是天命所注定的，而不是小人的作梗。就是连项羽这样"力拔山兮气盖世"的英雄人物也说自己的失败"非战之罪，天亡我也"。

"天命论"的思想对人有很大的麻醉作用，当我们把人力奋斗完全限定在天意范围之内时，无疑会弱化人们改造自然、改造人类社会的决心。笃信天命的人或喜欢用"比上不足、比下有余"之类的话来安慰自己，或怨天尤人，哀叹自己命运不济，就是不愿意竭尽全力去改变命运。

人与自然、人与社会之间永远有矛盾。任何人都不可能完全称心如意、心想事成。解决这一问题的办法是发挥人的主观能动性，在人与自然的交互作用中人化自然，同时改造社会生产关系，使社会经济、政治制度越来越适宜于人的发展，从而使人类社会由必然王国进入自由王国，使每一个个体达到自由之境。

3. 信父母

在华人的家庭中，父母享有至高无上的权威，像婚丧嫁娶这样的大事，都必须由父母大人说了算。

这源于原始的祖先崇拜，周朝后慢慢地演变为对祖先，对家中辈分最高、最受尊敬的长辈的顶礼膜拜，即使做了皇帝也不例外。

华人信父母，其实是在信天帝（上帝），因为最始的父母就是天帝（上帝），这样就有效避免了"真假上帝之争"。这正是古代先哲高明之处。

4. 华人的信仰来源于《易经》

说起来，华人的信仰通通源自《易经》，最早是八卦图，后人不断地解释，并为此整理出了一部专著《易经》。

《易经》也可以称之为易教的圣经，源于自然，是迄今发现的人类最早的意识形态方面的著作，也是纯粹出于中国本土的、最符合自然的一门学问。

（1）《易经》，中华文化的源泉。

自从被发现以来，《易经》就享有极高的学术地位和应用价值，无论对于民间还是官方，都影响巨大。在这之后对中华文化产生了重要并且深远影响的孔、孟、老、庄等诸子百家，都无不从《易经》中吸取了养分。

（2）做人、做事的原理。

《易经》可以算得上是一本有字天书，揭示了宇宙的规则、自然的规律以及人生的真谛。

与其他民族的典籍所不同的是，《易经》既适用于天文地理、农时节气、工程水利等这样一些人类赖以生存的自然规律，也适用于养生命理、为人处世等这样一些与生活息息相关的规则。

第一，简易。天地间的人和事太复杂了，所以我们对事要简易。第二，变易。世界上一切事情都处在变化之中，我们应该变易，知道人的一生也是变化的，应该认清事实。第三，不变。我们应该"以不变应万变"，只有掌握了那个"不变"，才能看清这个世界。

孔子整理《易经》的故事告诉我们做人要"内圣"，做事要"外王"。孔子思想的核心是仁，天地之间的人要平等相处，要以仁爱之心去关心爱护他人。而且还要"克己复礼"，"己所不欲勿施于人"。

孝道是百善之首。父母是我们在天地间最重要的人，我们要发挥爱心，彰显明德，首先就要从孝开始。我们要有知恩、感恩、报恩的心来报道父母的养育之恩，要让父母省心、放心、开心、安心。

尽忠慎言做事。事情要做出来才是真正地做事情，才是真正地有能力。尽忠做事是说要尽心尽力，不仅是对人而且是对事情。而慎言就是指要从细微处去观察，要注重细节，于细微处体会人生的道理。

《易经》掌握得好，它就是能开启人在各行各业、成就人、成就事业的一把钥匙。

（3）易教，中华人标签。

华人自诩为"龙的传人"，也认为"黄皮肤、黑眼睛"是显著的特点。

依我看，华人外形上的特点是这样。而是否信易教，就属于中华儿女的一个最典型特征，也是华夏民族的一个特定标签，因此，理所当然地成为辨别是否中华血统的一个最简单的方式。

譬如，华人思考问题、处理事情比较全面，很少走极端，做事说话比较谨慎而多选择无过无不及，结果不偏不倚而多求中和、和谐。"中庸""和谐""和气生财""家和万事兴"等俗语（词语）中都体现了中国人的这些思维特点。所以说，中国人的思维方式比较注重整体性和辩证性。

《易经》认为，在六爻之中，二五爻处于中位，在位置结构上处于不偏不倚的平衡点，这意味着事物处于最佳的有序状态中。因此，中爻往往象征着吉利亨通，如坤卦六五：黄裳元吉，文在中也；临卦六五：大君之宜，行中之谓也；解卦九二：九二贞吉，得中道也。而爻不得中则多凶，如乾卦上九：亢龙有悔，穷之灾也。

《易经》表现中和思想、中庸思想、谨慎思想的还有很多。如乾卦："龙，德而正中者也，庸言之信，庸行之谨"，则反映了圣人行事中庸、具有中正之美德。

坤卦：括囊无咎，慎不害也；颐卦：君子以慎言语，节饮食；即济卦：君子以思患而预防之。圣人告诫我们做事要谨慎，防患于未然！

第三节　人，才有信仰

信仰，实质上也是人为了克服恐惧而产生的一种本能反应。因为人不知道从哪里来，到哪里去，人生的意义是什么时，生活总是在恐惧之中，因此，需要信仰来支撑精神，用信仰来奉献力量。

一、信仰在人身上怎么体现

对于一个人来说，信仰是对某种主张、主义、宗教，或者对某人、某物极度信任和尊敬之后所产生的一种态度，并把它奉为自己的行为准则。

1. 尊崇导致的做人、做事行为准则

我们决定做一件事情，这是初衷，那就坚持不懈地完成这件事，并从中找到乐趣，绝不能因为受到其他因素干扰或者影响，而改变初衷。

打个简单的比方，一个农户去寺庙烧香拜佛求财路，回来后，决定养鸡。于是，就买来一大群鸡苗养着。

这时，其他地方发生了鸡瘟，鸡的市场价也低了，但他笃行佛祖的指引，并且已经迈出了第一步，如果因此而放弃，损失就是必然的，因此，他唯一的选择就是坚持自己做这件事的初衷，无论如何都要把这件事情一直做下去。

也许在他坚持的过程中，情形就发生了变化，至少损失也会小许多。

选择一条适合自己的路坚持走下去，只要坚持，就会取得成功。

当我们把磨难看作人生的一种历练，当我们把坚持看作人生的一种生活方式，当我们把热诚当成我们的生命信仰，我们肯定能笑对人生，取得新的突破。细细地回味自己的经历，我会发现人生真是奇妙，素昧平生却能成为朋友，相邻而坐却互不相识。

2. 信仰是人的精神支柱

信仰是指对某种主张、主义、宗教、某人或某物极其相信和尊敬，拿来作为

自己行动的指南或榜样，作为自己的精神支柱。信仰的本质是相信其正确，有信仰本身就是一种价值，因为坚持这种信仰使自己有所追求、有所寄托。信仰是对人生意义的一种假定。人，就其本身来讲没有意义，人的意义就在于自己给自己设定的一个意义，不同的人设定有不同的意义，没有统一的公认的普遍的人生意义。设定的人生意义的丰富性，决定了信仰的丰富性。从真理的概念来理解，信仰就是人们对未来世界正确的意识，道德就是在信仰的支配下正确的行为。

自古以来，那些杀身成仁、舍生取义的仁人志士，都是有着坚定信仰的人。"一箪食，一瓢饮，在陋巷"，是因为有着信仰的支撑；面对敌人的严刑拷打和死亡的威胁，方志敏高呼"让我投降？休想！你们只能砍下我的头颅，决不能动摇我的信仰！"更是来自信仰的力量！美国著名诗人惠特曼曾经说过："没有信仰，则没有名副其实的品行和生命；没有信仰，则没有名副其实的国土。"

虽然信仰是自己给自己设定的"精神物质"，属于纯精神层面的东西，但这种物质却能使我们更加坚定，特别体现在宗教信仰上更是如此。

比如，我们信奉某种东西，那包括与此相关的人和事，都是"神明"，必须听从，不得违背。

这样做，其实也就让自己有了坚持的理由和信心。

二、有信仰的好处

有信仰的人就有了盼头，因为在心中为自己存有梦想，所以，做任何事都会由衷地产生尊崇，也容易从内心深处唤起神圣的责任心。

1. 心中播下向善和爱的种子

叔本华指出：勇气就是一种坚韧；正因为它是一种坚韧，才使我们具有任何形式的自我否定和自我战胜的能力。因而，正是借助于这一点，勇气也多少与德行产生了关系。

有信仰的人，在考虑自己的时候，也会顾及别人的感受，所以，通常情况下都是以善良作为自己的根本。

小时候，我一直弄不明白母亲的某些举动，家里做点好吃的，她总是让我给村里的一个困难户家里端上一碗，而那家人也确实不易，一个女人拉扯三个未成年的孩子。但我仍旧认为，这种没有任何回报的帮助有点不值得。

每每听到我的抱怨，母亲也只是笑而不答。后来，我们那里的寺庙恢复了，母亲常常去寺庙，我才知道母亲虽然算不上真正意义上的佛教徒，也没有过于认真地吃斋，但她心中一直都有"佛"。

曾经有这样一篇课文《勇气》："二战"时期，一个美国士兵被目标偏离的降落伞带到了德国占领区，一个法国农妇帮助他躲藏起来，而为了掩护伞兵，她挚爱的丈夫被德国人枪杀。

悲痛的是伞兵还是被搜出来并被关押，当伞兵又一次逃出去的时候，他发现自己已穷途末路，他选择再次来到农妇家，刚刚失去丈夫的农妇毫不犹豫再次救了他。

课文最后写道："她是一个幸福的女人。"

她的幸福，在于听从自己的内心呼唤。面对粗鲁和野蛮，她和她的丈夫不会去做违背良心的事。她的幸福，在于信仰，在于对和平和善良的信仰。她的勇气，在于坚定，在于对正义和爱的坚定。她做了她认为应该做的事。所以，她的内心是幸福的。

2. 多一份敬畏

有信仰的人就会觉得有一双眼睛在注视着自己，所以，无论做人、做事，都心存一份敬畏。

儿时淘气，见到一些动作迟缓的小动物，尤其是癞蛤蟆之类的，我也总是会像其他小伙伴一样拿石头追着打。

若是被母亲看见了，她一定会上前制止。当时的我，心里还不免怪她有点"多管闲事"。

现在想想，其实她老人家也未必喜欢像癞蛤蟆这样一些长相丑陋的动物，而是出于对所有生命的一种敬畏之心。

哲学家周国平先生曾经做了一次关于"中国人缺少什么"的演讲，讲的是中国传统文化的严重弱点是重实用价值而轻精神价值，中国人缺少的不是物质文明，而是精神文明。

有信仰才能有所敬畏。信仰不是高高在上的顶礼膜拜，而是像阳光、空气和水一样与我们休戚与共、不可分离，信仰就是我们的生命！它让我们穿透黑暗，穿越俗尘，穿过蒙昧，在一片神圣的领地上享受着做人的尊严和快乐。而这片神圣的领地，有一种神圣不可亵渎的气息随处可见，那就是：敬畏！

三、无信仰的坏处

一个人的信仰一旦缺失，就容易变得无所顾忌，对生命没有敬畏心，对自己不负责任，不考虑他人的感受。就会做出许多对自己无益，对他人有害的事情来，这种缺德之心，也就顺理成章地会受到大家的排斥和指责。

1. 一人独大，目无纲常

有人问佛陀："通过修行你得到了什么？"佛陀说："什么都没有得到。"那人说："那你还修行什么？"佛陀微笑着说："我可以告诉你我失去了什么，我失去了愤怒、悲观、忧虑和沮丧，失去了焦虑不安、失去了自私自利和贪嗔痴三毒。失去了凡夫俗子的一切无知和狭隘，也失去了对生老病死的恐惧。"

一个人如果没有敬畏之心，就会无视其他人的存在，相反地内心觉得自己最大，也就没有什么不敢做的。

美国总统尼克松在他的《1999 不战而胜》一书中说："当有一天，中国的年轻人已经不再相信他们老祖宗的教导和他们的传统文化，我们美国人就不战而胜了。"

大家熟知的一些莽夫，总是长得满脸横肉，一副不遭人待见的样子，还总是给自己贴上"我是流氓我怕谁"的标签。那是因为他们对待生命缺少最起码的敬畏，所以，做起事来往往无所顾忌，甚至肆无忌惮，久而久之，就会体现在脸上。

2. 私欲无限膨胀，挤缩别人生存空间

自私之心是万恶之源，如贪婪、嫉妒、报复、吝啬、虚荣等病态社会心理，自古就有。战国时期，齐国有一位美男子邹忌，一天，见另一位美男子徐公来访，徐公走后，邹忌便分别问妻子、小妾、客人，他与徐公哪个长得更英俊，三人都一致认为邹忌长得好看。邹忌知道徐公比自己英俊，独自思考以后他认为妻子是偏爱他，小妾是害怕他，而客人是有求于他，他们都没有讲真话，是因为都存有私心杂念。

没有信仰的人，私欲就会变得无限膨胀，这样势必就会挤占别人的生存空间。别人也必然会做出相应的回应，最终的结果是彼此都得不到安宁。

一天，小狐狸和小猪一同外出觅食，为了提高效率，它们决定分头行动。小狐狸到处在找，在草丛里发现一只鸡蛋，它想："鸡蛋只有一只，没法分呀！那就自己独享好了。"

这样想着，它就把鸡蛋揣进兜里，回家了。

回到家，小猪早已经做好了一大桌子香喷喷的美味，它高兴地说："小狐狸，我今天找到了很多好吃的，真是太好啦！"

小猪和小狐狸分享了美味的食物，它们吃得撑圆了肚皮，高兴地睡觉去了。

一连几天，小猪都和小狐狸形影不离，小狐狸没法子找时机吃掉鸡蛋。

终于有一天，小猪出门去了，小狐狸赶紧拿出鸡蛋准备煎来吃，可是，当它

拿出来一看，鸡蛋发出阵阵恶臭味，早已变质了。

第四节　究竟要信仰什么

现代若与过去农业时代相比，生活环境不如过去清幽，心情不如往日清闲，作息不似过往古代人们那样慢节奏，用心更不像从前那样淳朴。我们生活在一个充满紧张和快节奏的环境里，生活压力山大，人与人之间信任度低。

然而，人类的天性是爱好纯朴清静的，时下我们却生活在一个纷扰繁杂的环境中。人性是偏向和平而清淡的，现在却置身于"五色令人目盲，五音令人耳聋"，物欲重于一切的复杂社会。正因如此，我们的心情有了不适，生活出现了不协调，精神生活也有了困扰。这些困扰产生了心理的症状，不少人感到空虚，感到焦虑不安，感到失眠与烦闷。

一个人喜欢什么，不喜欢什么，做什么，不做什么，都是由感性和理性支配的，感性产生冲动，理性造就行动。

对于一个有信仰的人来说，就是在头脑中注入了不可动摇、无法摧毁的理性东西，同时也就意味着在意识里避免了感性所导致的冲动。

一、与内心需求相呼应，缺一不可

人类想获得一切物质的东西，起决定作用的其实并不都是外在条件，而是内心的信念。

对于每个人来说，信念就像是我们心中的一团火，无论外在条件如何变化，只要信念还在，那么，一个人的心火就会不熄，无论多苦、多难，都会坚持下去。最终，也都会得到自己想要的。

1. 先弄明白自己想要什么

人，之所以常常感到痛苦，是因为不知道自己真正想要什么。

依我观察，我就注意到一个有趣的现象：婴儿刚学会爬时，你在他面前放一堆东西，他一定是冲着最有吸引力的那个东西爬去。

随着年龄的增长，他想要的东西也越来越多，想要这个，想要那个，还有那个也喜欢，那个也不想放弃。常常是选来选去，最后干脆啥都不要了。

大凡有信仰的人则相对来说就会明白许多，也往往表现得更加积极、乐观、开朗。认准了一个目标，就会一心一意去紧紧跟随，即使面对再大的困难，也不会改变初衷，相信一切都是上天最好的安排。

古人是很有信仰的，儒教为主，佛道为辅。信仰儒佛的古人敬畏天命，敬畏鬼神，敬畏圣人，相信"头上三尺有神明"。印光大师讲："不知吾人之心，与天地鬼神，诸佛菩萨之心，息息相通。我心虽起一念，彼则无不了知，故曰，人间私语，天间若雷，暗室亏心，神目如电。"你暗地里的一切事情，天地都会全部记录下来，哪怕你起心动念，都能准确地记录，大自然的法网中没有一点漏洞。

信仰道家的古人，摆脱肉身的羁绊，与大自然亲近，心中无为不争，自由阳光快乐。所以，中国古人的心灵有归属，思想有目标，行为有参照。

当下相当部分的国人什么信仰也没有了，像动物信仰食物一样，大家只崇拜信仰金钱，称之为没有灵魂的"酒囊饭袋"亦不为过。有些人要么不择手段地捞钱，然后及时行乐；有些人要么就像行尸走肉一样，活一天算一天，做一日和尚撞一日钟，完全没有理想与追求。

2. 选择自己真正信任的、喜欢的

人，之所以陷入痛苦而难以自拔，是因为不喜欢而又难以选择，不信任而又无法舍弃。

也许我们不喜欢正在做的这份工作，但为了养家糊口就只好忍辱负重；也许我们不再信任睡在身边的人，但为了孩子成长和家族的面子，也可能是为了某些利益或者很在乎的考虑，又不得不委曲求全……

其实，要让自己活得从容、自在，秘诀就在于信仰。有了信仰，就能敬天知命，才会智清神爽，更能勤勉恭谦。

二、自己打心眼里相信，至高无上

如果把人的意志比作一棵树，那信仰就是阳光和水，只要坚信有水，根须就会深深地扎进土壤；只要相信阳光，那不管被多少东西遮挡，都会千方百计地排除万难，努力地向上生长。

1. 信什么，就念叨什么

其实每个人都是一块金子，只是光线照射的角度和抛光面的多少，决定了光反射的程度不同，而使人看到的色泽不一样而已。

只有自己相信的东西，就会不断念叨，表面看起来不过是念在嘴上，但念多了就会印记在脑海里、刻在心上，并最终成为做人、做事的核心。那最终，也大多会如愿以偿。

罗杰·罗尔斯是美国纽约州历史上第一位黑人州长。他念叨着想当州长40多年，终于有一天他真的当了州长。

罗杰·罗尔斯出生在纽约声名狼藉的大沙头贫民窟。这里环境肮脏，充满暴力，是偷渡者和流浪汉的聚集地。在这儿出生的孩子，耳濡目染，他们从小逃学、打架、偷窃甚至吸毒，长大后很少有人从事体面的职业。

然而，罗杰·罗尔斯是个例外，他不仅考入了大学，而且成了州长。

在一次记者招待会上，一位记者对他提问："是什么把你推向州长宝座的？"面对300多名记者，罗尔斯对自己的奋斗史只字不提，只谈到了他上小学时的校长——皮尔·保罗。

皮尔·保罗上课的时候有一项内容——给学生看手相。他常常用这个办法来鼓励学生。

皮尔·保罗曾经对幼小的罗杰·罗尔斯说："我一看你修长的小拇指就知道，将来你是纽约州的州长。"当时，罗尔斯大吃一惊，因为长这么大，只有他奶奶让他振奋过一次，说他可以成为5吨重的小船的船长。这一次，皮尔·保罗先生竟说他可以成为纽约州的州长，着实出乎他的意料。他记下了这句话，并且相信了它。

从那天起，"纽约州州长"就像一面旗帜，罗尔斯的衣服不再沾满泥土，说话时也不再夹杂污言秽语。他开始挺直腰杆走路，在以后的40多年间，他没有一天不按州长的标准要求自己。

51岁那年，他终于当了州长。

在就职演说中，罗尔斯说："信念值多少钱？信念是不值钱的，它有时甚至是一个善意的欺骗，然而你一旦坚持下去，它就会迅速增值。"

2. 念什么，就会来什么

中国有句歇后语：说曹操，曹操就到了。意思是人的心念的灵验。

如果一个人做事打心里相信"我很棒，我真的很棒"，那这件事就一定能够做成。

不可不信，人是会变的。我的一位邻居的儿子很顽皮，成绩也一直不是太好，但做父母的从未正面批评他，还总是夸自己的儿子聪明，是最棒的，将来定成大器。

后来，邻居的儿子上中学后果然就像变了个人一样。最终的结果是：这个在别人眼里"淘气得要命"的孩子，高中还没读完，就被保送读北大了。

美国一个小男孩写了一篇作文，题目是《长大后的志愿》。小男孩洋洋洒洒写了7张纸，描述了他的伟大志愿：长大后，我想拥有自己的农场，在农场中央建造一栋占地约500平方米的住宅，拥有很多的牛羊和马匹。他把作业交上去时，老师给他打了个不及格，还叫他下课后去见他。老师对他说："我觉得，你的愿望是不切实际的。你敢肯定长大后买得起农场吗？你怎么能建造约500平方米的住宅？如果你肯重写一个志愿，写得实际点，我会考虑给你重新打分。"

男孩回家后反复思量，最后忍不住询问父亲，父亲见他犹豫不决。语重心长地说："儿子，这是个非常重要的决定。我认为，得个不及格不要紧，但绝不能放弃自己的梦想。"

男孩听后，牢牢把这句话记在心上。他没有重写这篇文章，也没有更改自己的志愿。

20年后，这个男孩真的拥有了一大片农场，在这个农场的中央真的建造了一栋舒适而漂亮的豪宅。这个男孩不是别人，就是美国著名的马术师杰克·亚当斯。

三、符合自己的实际诉求，需求当先

虽然信仰能发挥无与伦比的力量，但我们在为自己确定信仰的时候，也不能不管不顾地一味盲目。

大致来说，就是要能够符合自己的实际情况，也确实是自己内心的真实需求，这样才能借助信仰的力量，更好地帮助自己成功。

1. 请为父母争光

为人父母最大的愿望，无非就是孩子长大后能有所出息，至少在某一个领域里有所作为。这样，孩子在别人面前风光，作为父母，在亲友、邻里面前，也有面子。

2. 不偏离自己的目标

信仰无所谓高低贵贱，但有一点很重要，那就是能帮助自己更好地实现目标。毕竟，信仰是由价值观决定的，信仰也只解决精神问题，而不解决物质问题。

但作为精神需求的信仰，却能让我们在追求目标的道路上不受任何外界因素的影响，从而坚定不移地追求自己认定的目标。

3. 人类追求的核心价值：独立、平等、自由

信仰是个很敏感的问题。

人与人交往中，一牵涉信仰问题，谁都不肯让步；谁要是亵渎了对方的信仰，他人也一定会不惜以命相搏。

但人类却可以秉承共有的价值观：独立、平等、自由。

这是人类经过漫长的发展、演变、争斗，最终确定下来的判断事物的标准。不管是什么地域、什么肤色、什么民族、什么信仰的人，一致的共识。

从这个意义上说，人类的核心价值，就是人与人之间共同的信仰。

第五节　要成功，带着信仰上路

一个人只要有信仰，才会觉悟，凡事就有希望，也就不会惧怕人生路上可能出现的任何挫折、坎坷，自身也会在追求的过程中，始终保持年轻，始终活力四射，始终激情澎湃。

做一个有信仰的人，信仰就是一种对美好理想追求的信念，往往我们越相信美好时刻的到来，就越容易得到美好的心情，在好心情中度过每一天，任何事情的结局其实都已经不那么重要了。

你信什么，什么就会到来，如果你相信世界是丑陋的，一切倒霉的事情都会落到你的头上，因为你对于身边的美好浑然不觉。

人生是一场修行，绝大多数幸福的人，都是在不断战胜困难中进行自我修行的。

每一天至少做一件有意义的、让你快乐的事，让你有收获的事，那种成就和幸福感就是你一天的信仰。

远离那些阴暗的负面能量极强的人，人生苦短，我们不是为了阴暗而存在

的，你所信仰的一切，都应该以快乐为出发点。

将努力的生活状态作为自己的信仰，无论身边的人与事如何变化，你都要努力保持自己最好的状态，不好的状态源于放弃与沉沦，只要有决心，任何情况下，我们都有能力让自己活得更好一点。

所以，所有希望自己成功的人，上路时都务必要带上一样东西，那就是信仰。这对于我们每个人来说，绝对不是什么奢侈品，而是实实在在的像水和空气一样的必需品。

一、人生是场修炼

生活的滋味伴随着酸甜苦辣，无信仰的人只知道抱怨，有信仰的人把一切都看成是对自己的历练。

人生坚定的信仰，对于一个正在奋斗路上行进的人来说，是历久弥新的信心，是矢志不渝的梦想，是成就自己、创造人生辉煌的不竭动力，是坚实的支柱，是不灭的航向灯！

带着信仰上路，我们就不会忌惮人生旅途的沟坎和荆棘，也不会畏惧人生旅途的天高路遥、山重水复。

1. 照清自己，让自己时刻保持清醒

人只有知道了自己是谁，才知道应该做什么，应该怎么做。

我们从咿呀学语、蹒跚学步，从无知愚昧、混沌懵懂，一路摸爬滚打，磕磕绊绊而茁壮成长。步入社会了，还要在求学修德、为人处世的艰辛路上无畏地前行。

为什么？

因为我们想自己能够干出一番事业，相信自己能做出一点东西，希望自己的人生能够活出特色，拥有不一样的精彩。

那么，请带着信仰上路。如果这样的话，我们就能清楚地知道自己究竟想要什么，就能清晰地看清前方的路，并且时时刻刻保持足够的清醒。

2. 对准前方，就不至于绝望

任何成功，都是需要付出代价的，挫折甚至失败，也都在所难免。

当疑惑、畏惧、绝望乃至无情的打击，以排山倒海之势向我们袭来时，当理想、憧憬、希望乃至宝贵的生命，如轰然倒塌的大厦一般荡然无存时，我们依然能够坚持自己的初衷。

因为我们带着信仰上路，就会不畏人生旅途任何形式的月黑风高、雨雾凄迷。

3. 看清道路，避免误入陷阱

成功的路，并不平坦。一路上，伴随着嫉妒、阴谋，障碍、陷阱无处不在，稍不留神，就会使自己跌入万丈深渊。

当诱惑、私欲、痛苦，甚至死亡，紧紧掐住我们的脖颈时，当我们无助地迷失在似乎漫无边际的汪洋大海时，我们依旧有清晰的目标方向。

能做到这一切，靠的又是什么？还是信仰。

信仰就是希望，信仰就是胆量，信仰能够穿过迷雾，为我们亮起永不熄灭的航标、路灯。

二、上帝会帮助我们的

人们总慨叹那些成功的人办事总是那么顺利，有如神助一般。其实，那是因为他们心中的信仰在起作用。心中坚信上帝会帮助他们，上帝就真的能够赐予他们力量。

这种由衷产生的力量，犹如登山者手头的一杆杖，对人有种神奇的支撑作用，尤其是一个人身体虚脱、精神崩溃、几近绝望的时候，信仰此时就会像一支定海神针一样，牢牢地支撑着我们，让我们感到疲软的身躯有个坚实的依靠。

1. 动摇时不至于滑倒

当我们为一件事踟躇犹豫、摇摆不定、难以抉择时，这时，我们有坚定的信仰，就能帮助我们迅速地做出判断，避免或者少摔一点跟头，更不至于就此倒下。

罗曼·罗兰说过："整个人生是一幕信仰之剧。没有信仰，生命顿时就毁灭了。坚强的灵魂在驱使时间的大地上前进时，就像'石头'在湖上漂流，没有信仰的人就会下沉。"

一个有明确的人生理想和信仰的人，会感到人生是有意义、有价值的；而没有人生理想和信仰的人，会感到人生空虚。因为人毕竟是有精神生活和精神追求的，特别是在安逸舒适的和平年代，没有精神追求，人就会因为缺少奋进的动力而停止不前，会因为懈怠放松而苟且求安，甚至会因为理想与信念的丧失而腐化堕落。

2. 坎坷也能助力

人生不可能是一帆风顺的，做任何事都可能遇到阻力，有来自自然的，也有来自人为的，这些就像脚下的泥泞、绊脚石一样难缠。

但如果有信仰相伴，就会无惧任何泥泞、挫折，甚至还会化一切阻力，为我们前进的不竭动力。

三、这是上帝的考验

其实，再强大的人也有脆弱的一面。

人在无助的情况下，出现松懈、气馁、妥协，也都是难免的事。

但这不过是上帝对人的考验，一个人心中如果有信仰，就会听到犹如上帝的声音在时刻提醒自己坚持，必须坚持、坚持、再坚持。

水滴石穿是水滴的信仰，破土而出是种子的信仰，化茧成蝶是毛毛虫的信仰。只要心中有信仰，再弱小的存在也能迸发出不可估量的能量，这种信仰叫作坚持梦想。

羊皮卷中有一段话：生命的奖赏远在旅途终点，而非起点附近。我不知道要走多少步才能达到目标，踏上第一千步的时候，仍然可能遭到失败。但成功就藏在拐角后面，除非拐了弯，我永远不知道还有多远。再前进一步，如果没有用，就再向前一步。事实上，每次进步一点点并不太难，只要坚持不懈，就会成功。

1. 心坚强，立场才稳

人的精神性自我有两种姿态。当它登高俯视尘世时，它看到限制的必然，产生达观的认识和超脱的心情，这是智慧。当它站在尘世仰望天空时，它因永恒的缺陷而向往完满，因肉体的限制而寻求超越，这便是信仰了。

谁的精神世界强大，谁的生命力就强大；谁的精神世界丰富，谁的生命力就丰富；谁的精神世界美丽，谁就活得美丽，道理就这么简单。

有坚定信仰的人，内心通常就会变得比常人更加强大，也就不会轻易受到外界因素的影响，不管发生了什么，都不会产生一丝一毫的动摇。

2. 再苦再难，也不过就是咬咬牙的事

一个人不经历风雨，就不会知道自己究竟有多么坚强。很多看起来很难做到的事，但只要坚定自己的信仰，坚持就过来了。这时你就会发现，其实，一切都只不过是浮云。

历史上，玄奘法师西天取经，前后历时19年，历经九九八十一难，取来了三藏真经，并进行苦心孤诣的传译，被称之为佛教的中国化取得成功的里程碑，自此佛教也成为我国国教，连印度人都要向我们取经了。

玄奘法师有着坚定强大的内心。他"非法"出关，一路沙漠戈壁雪山丛林，艰难险阻不计其数，几乎丧命，但是，他从来一步不退。高昌王强留他，他绝食相抗。在印度他功成名就，却毫不留恋。《中庸》里有一句话我很喜欢，"君子素其位而行，不愿乎外。素富贵，行乎富贵。素贫贱，行乎贫贱。素夷狄，行乎

夷狄。素忧患，行乎忧患。君子无入而不自得焉"。玄奘就是这样的人，他当得了国师，坐得上高台，也可混在饥民之中，能在强盗商队之间周旋。富贵盛名，他弃如敝屣，一心一意，弘扬佛法。这是一种强健到极致的精神动力。

所以，我们无论受到何等的折磨，都咬牙坚持！

无论跌落何等深的谷底，都奋力爬出！

无论战败过多少次，都立志卷土重来！

只要一息尚存，只要还活着，就坚信自己能东山再起！

坚韧不拔，百折不挠！

四、信仰，时刻提醒我们不要无法无天

我们无论做人还是做事，都知道要坚守自己的原则，任何情况下都不要逾越底线，不触犯法律、法规，不违背道德，不泯灭良心。

有人说信仰是个人的事，与社会无关，这自然是荒谬的。信仰之于芸芸众生，就是给人性设置一道底线。试想，假如一个人没有底线，他还有没有什么不敢干的？一个社会没有底线，也就什么事都会发生。比方说，腐败变质的食品也敢卖；还没咽气的病人也敢埋；自己喝得酒醉醺醺，车敢开人敢撞；餐馆里地沟油大行其道；辣椒油里搁苏丹红。凡此种种，不一而足。

但形形色色的诱惑，又总会不期而至地频频向我们袭来。

靠什么约束自己？两个字：信仰。有信仰的人，就会有所忌惮。

有句话说得好：人在做，天在看。

只要我们恪守自己的底线，只要我们坚持自己的信仰，那么，所有想达到的目标，就不会遥远！

当要结束信仰这个话题的时候，不知不觉我又想起了在天国的父亲、母亲。以及一直未能从他们那里得到的那个在当时的我看来——天大的秘密。

现在想想，其实父亲对儿时的我关于生命的诞生与死亡，还是做了回答的。

一次，他领着我往地里播青菜种子，突然间，他像是自言自语：如果不动它，这小东西能够千年万年地一直这么安静，但只要给它一点水，它就能顶翻泥土，甚至坚硬的石头，为什么？因为这小东西想着阳光，想着长大，心里头相信自己行哇，还有什么事不行的呢？

还有一次，大概是一家老少在东荆河边看夕阳。恰巧我们的头顶上有一队大雁高高地飞过，长长的人字图案，在紫红色的阳光映照下，煞是壮观。父亲两手

交叉着在眼睛上搭了个"凉棚",冲着天空跟我们说:"这些雁仔年年都要这样南南北北地飞,明明知道不是所有的都能到达,再苦再难也都没想要放弃。人也是一样,只要心里有东西装着啊,那就有担当,再苦再难的事呀,也都算不得什么了。"

旁边的母亲适时补上颇有几番哲理的一句:"有老天爷保佑呢!怕什么。"

此刻,身处异乡的我,脑海里突然莫名其妙地冒出这么几句:

我们追求信仰
为的是 心胸无比广大
也让自己的心里
承受更多 更大 更强的压力
带着信仰上路的人
不会迷茫
带着信仰上路的人
不会怯弱
带着信仰上路的人
不会动摇
哪怕杂草丛生
哪怕坎坷阻挡
带着信仰上路
成功 就在前方

三道 心若光明 世界就光明

第一节 光明与黑暗
第二节 广大无边之谓仙
第三节 以老板之心经营
第四节 以感恩之心处世
第五节 以平常之心观世音
第六节 学习，获取真经

> 要把阳光散布到别人的心里，先得自己心里有阳光。　　——法国谚语

夏夜，最开心的事，就是与小伙伴们一起相约去捉萤火虫。

找来一只白色玻璃小瓶，瓶口上栓根小绳，绑上一截小棍，宛如一个小灯笼，把捉到的萤火虫放进去，就能产生光亮。如果想好看些，还可以事先在白色小瓶上随心所欲地画些彩色的图案，这样透明的灯笼即使在夜间，里面的萤火虫足够多的话，达到一定亮度，也会呈现彩色的光影，被漆黑的夜色一衬，五光十色的，煞是好看。

乡下空气清新、天地空旷，像萤火虫这样的小动物也喜欢在乡间上下翻飞。尤其是夏天，夜晚最欢的时候，小路旁、草丛边、田埂上，萤火虫或一两只追逐，或三五只嬉闹，满眼看去，一闪一闪的，到处都是。

只要见着远远的有小亮光飞近，张开手掌，伸出手去，十拿九稳地，小精灵就躺在掌心里了。

越是弯曲的小路，越是密布的荆棘、丛林，萤火虫就越是喜欢聚集，也就越容易被发现。

有一次，我跟随一只萤火虫到达一块幽深、漆黑的小山谷，竟见到了异常壮观的一幕：数不清的萤火虫聚集在一起，将那一片天空照得如同白天一样明亮。

记得，那一刻，我几乎是被惊得目瞪口呆了，好半天说不出话来。以后的日子里，每当想起这事，心里就会被什么点亮了一样，立刻变得光明。

原来，即便是微不足道的光，但一点一点地聚合起来，纵使再黑的夜，也会被照得通亮。

人们常说：心态决定命运。

先哲们就说过下面这些经典名言：

"你的心态就是你真正的主人。"

"要么你去驾驭生命，要么是生命驾驭你。你的心态决定谁是坐骑，谁是骑师。"

"你不能延长生命的长度，但你可以扩展它的宽度；你不能改变天气，但你可以左右自己的心情；你不可以控制环境，但你可以调整自己的心态。"

"一个健全的心态比一百种智慧更有力量。"（狄更斯）

"一个朝着自己目标永远前进的人，整个世界都给他让路。"（爱默生）

"一个人有什么样的精神状态就会产生什么样的生活现实，这是毋庸置疑

的。就像做生意，只要方向方法正确，你投入的本钱越大，将来获得的利润也就越多。"

佛说："物随心转，境由心造，烦恼皆由心生。"

心态，对于想做成一点事的人来说，就像是光明一样重要。还不仅影响个人，也影响家庭、团队、组织，最后甚至会影响社会。

一个人只要心里光明，就会省去许许多多的烦扰，即使遇到坎坎坷坷的事情，也容易变得顺顺利利。

光明的心态是成事的根本，阴暗的心态是失败的根源。从这个意义上说，一个人的心情，就是最大的生产力。

世界上的事物总有光明的一面和黑暗的一面，要学着多看光明的一面而少看黑暗的一面。拥有光明思维和积极心态，时刻有一颗感恩的心。

第一节　光明与黑暗

每个人的内心世界，其实都是由自己设定的；每个人的一切，也都是由自己创造出来的。

心里装满阳光的人，那他看到的东西都是敞亮的，他的世界就充满阳光；心里塞满阴影的人，那他见到的都是阴暗，他的世界就会是一片漆黑。

光明心是一种积极的心态，与此对应的就是消极心。光明心似太阳，照到哪里哪里亮；消极心似月亮，初一十五不一样。

一、光明心的十大心态

其实，人生在世，活的就是一个心态，做事也好，做人也好，快乐是心带来的，烦恼也是由心引发的。

心里光明，不仅让人沐浴到阳光的温暖，使人生机勃勃，从而产生积极向上的力量，也容易助推成功。

孟子说："仰不愧于天，俯不怍于地。"意思就是告诉我们，为人处世不能愧对天地，愧对自己的良心，做人必须光明磊落，问心无愧。孟子在其一生中，都强调要做个"大丈夫"，要养"浩然之气"，要"富贵不能淫，贫贱不能移，威武不能屈"，这也是一种可贵的做人良心。

简而言之，良心就是一个人注重自己的做人修养，只做善事、不为恶行的心态，拥有了这样的心态，就会像孟子那样，浑身都闪耀着大丈夫的浩然正气；就会知恩图报，见义勇为，助人为乐，爱岗敬业；就会把自己的利益置于相对次要的位置，成为一个真正问心无愧的人。

细数一下，光明心大致有十种类型：

1. 乐观豁达，催生希望

乐观是人生的一种积极向上的生活态度，当我们以光明的心态看问题，看到的就是希望。即使遇到困难，满眼看见的也会是好的一面。

一个漂亮的小女孩天天为买不到一双漂亮的鞋而苦恼，有一天，她发现一个无脚，长得和她一样漂亮的女孩在地上吃力地爬行，突然觉得自己有一双健全的脚是多么的幸福啊。

所以，当我们改变不了事情的时候，不妨试着改变一下对这个事情的态度。态度变了，事情就变了。

在日常生活中，往往一个有魅力、有能力的人不一定为众人喜爱，而豁达大度的人走到哪里都受欢迎。因为一个思想独立、豁达开朗的人，与之交往，你会有一种舒服而自然的感觉，你会被他所感染，从而也希望自己能做一个宽厚仁达的人。

所有的困难厄运都是暂时的，面对失败和挫折一笑而过，是一种乐观自信；面对误解和仇恨一笑而过，是一种坦然宽容；面对赞扬和激励一笑而过，是一种谦虚清醒；面对烦恼和忧愁一笑而过，是一种平和释然。学会微笑送走不愉快的乌云，不要让它遮住你的眼睛，不要因今天痛苦而否定明天的幸福。一切都是暂时的，一笑而过，重新开始。

2. 自信洒脱，活出特色

古希腊哲学家亚里士多德说：一个人面对正当之事物，从正当的时机，而且在这种相应条件下感到自信，他就是一个勇敢的人。

不必过多注重别人对自己怎么看，也不要求自己一定要和别人一样。让自己的生命充满个性的亮丽风采，努力活出自己的独特神韵。我的生命我做主，我的个性我张扬，我要做的就是一个真实的自我！

无论我们做什么，怎么做，总有人会品头论足。听多了，也难免会对自己挑三拣四、吹毛求疵，或者对自己说"我本该做得更好"。

其实，不妨退一步告诉自己："我能做得更好！"。肯定自己，才能活出更好的自己。

如果说雄鹰想要冲破苍穹，自信便是它的翅膀；如果说一颗流星想要在夜空中熠熠生辉，自信便是它在瞬间绽放美丽的符号；如果说你想要到达成功的彼岸，自信就一定是你手中的船桨。

我们应该像鱼那样悠闲自得地游，像春风那样逍遥自在地吹，像云那样舒卷自如地飘，像水那样灵动自然地流。

这，或许是生活的真谛。

3. 勇敢尝试，大胆迈步

陆游诗云："纸上得来终觉浅，绝知此事要躬行。"

判断一个人，不是根据他自己的表白或对自己的看法，而是根据他的行动。

要成功，就要大胆地去尝试，如果顾忌这、顾忌那，担心可能出现的失败，担心由此引起的后果，那就只能是在原地踏步。失败固然痛苦，但更糟糕的是从未去尝试。尝试了，你可能会失望；但如果不去尝试，那么注定要失败。

小时候，我的性格一度也是很内向的，最怕的就是在公众场合抛头露面，做什么也都是缩手缩脚的最后一个。后来，堂哥告诉我一个窍门：参加一个聚会时，闭上眼睛随便指向一个陌生人，然后勇敢地去和他交谈，展现你自己，不达目的不罢休。

果然，这样几次之后，我再也不会怯场了。

非但不再怯场，反而还以这样的方式，结交了很多朋友。

4. 简化生活，善于取舍

孟子说：鱼，我所欲也，熊掌，亦我所欲也，二者不可得兼，舍鱼而取熊掌者也。生，亦我所欲也，义，亦我所欲也，二者不可得兼，舍生而取义者也。

有位居士向禅师诉苦："我的妻子非常吝啬，不但对慈善事业毫不关心，甚至连亲戚朋友遇到困难也不肯接济，请禅师去我家开导开导她，让她做回人。"禅师就和这位居士来到他家中，果然发现居士的妻子悭吝到了极点，而且对于禅师的教导听不进半句。

妻子抱过她家里养的一只猴子，对禅师说："大师你看这小猴子多可爱呀，跟我们人类的模样差不多。"禅师说："它比人多了一身毛，若肯能舍弃，就可以做人了。"妻子说："您法力无边，请想办法把它变成人吧。"禅师说："好吧，我可以试试看。不过，能不能变成人，主要看它自己。"禅师于是伸手拔了一根猴毛。小猴子痛得哇哇乱叫，逃之夭夭，不见踪影。禅师长长叹了一口气，摇着头说："唉，它一毛不拔，怎么能做人呢？舍得舍得，有舍才有得；丝毫不舍，如何能得？"

人生在世，行路匆匆，舍得微笑，得到的是友谊；舍得诚实，得到的是朋友；舍得面子，得到的是实在；舍得虚名，得到的是逍遥；舍得红尘，得到的是天尊；舍得小，就可以得到大；舍得近，就有可能得到远。

人的一辈子会遇见许多难以取舍的事或物。懂得进退，才能成就人生；懂得取舍，才能淡定从容。

我们常常会因为一大堆的事情而忙得焦头烂额，为此抱怨时间不够用。其实，我们大多是因为一些琐事而分心。

这时，最好的方式就是做减法。

我有位朋友对此有个最简单的方法：想想生活中最不能让你忍受的是什么？把它写下来，然后一个一个简化掉。

5. 懂得感恩，珍惜所有

英国的哲学家洛克认为：感恩是精神上的一种宝藏。

泰戈尔有这样的诗句：蜜蜂从花中啜蜜，离开时营营地道谢。浮夸的蝴蝶却相信花是应该向它道谢的。

感恩不但让我们懂得珍惜，也促使我们从正面看问题。

常怀一颗感恩的心，能让我们积极地面对一切。

感恩哺育我们的天地和父母，感恩帮助过我们的所有人，感恩我们曾经对抗过的人，感恩一切形式的相识和友谊，是他们让我们懂得了珍惜所拥有的，懂得了生活，懂得了人生，懂得了生命的价值，以及活着的真正意义。

6. 不断进步，永不满足

不管取得什么样的好成绩，我们都不能沾沾自喜。一件事情结束了，就应该立刻进入下一件事情的模式。

有句话糙理不糙的名言：露出半个屁股不代表你性感，只能说明你内裤买小了。

只有不断完善和发展、壮大自己，不断追求更高、更好、更强，才能让我们自己发挥最大的力量。

被誉为20世纪最伟大球员的贝利，足球生涯共出场1363次，踢进了1281球。当记者问他认为自己进得最漂亮的球是哪一个时，他不假思索地回答：下一个。

7. 关爱他人，助人达己

关心是一种付出，关心是一种奉献，关心是一种美德。得到他人的关爱是一种幸福，关爱他人更是一种幸福。

《左传·鲁僖公五年》说："辅车相依，唇亡齿寒。"

人与人之间的关系都是相互依存的。所以，尽其所能地帮助别人，其实也是成全自己。

通俗地说就是：在我们有能力时，当别人需要帮助时适时地伸出援手，反而能够更好地达到我们自己的目标。正所谓赠人玫瑰，手留余香，关爱他人，让你我的生活更美好。

8. 自我疏导，抛弃烦恼

人生在世，不顺心事十之八九，这就需要我们适时进行排解，避免不良的情绪影响我们的正常发挥。

人的消极情绪确实需要排遣，否则会给自己的身心造成损伤，也会影响工作和生活。但是，我不支持为了排遣而排遣，说得严重一点，就是不支持通过排遣的方式来逃避问题。所以在你想要通过排遣的方式来消除负面情绪时，首先要搞清楚一点，你的"心情不好"因何而来？若是因为规律性的情绪低潮期，或是上司无理由的批评，这些错不在你的问题，适当的排遣是可以的。排遣的核心就是转移注意力，把你的注意力从这些不开心的事情转移到其他地方去。比如男的去运动，女的去逛街，等等。但要尽量避免一些可能让你情绪更加糟糕的活动，比如说喝酒和打竞技性游戏。若是因为自己生活中遇到挫折，失恋分手、学习退步、工作遇挫，这些源于自身并可以解决的问题，最好的方法就是去把它解决掉。想清楚恋爱的得失，更加努力地学习，找到工作中的失误，想通这些问题并改变它们，才是最好的排遣方式，否则都只是隔靴搔痒。

有位做演员的朋友向我传授了一个独门秘籍。那就是：强装笑脸。

每当心情抑郁、心理压力大，或者生气的时候，他就会强装笑脸。这样，一些不良的情绪，很快就会被释放。

当强装笑脸形成习惯了，在不断的心理暗示下，慢慢你就发现你自己的内心真的开心了，绽开真诚美好的笑靥就成了你每天的常态，你的人际关系就好了起来，你的人生道路越走越宽阔了，一切的事情都顺顺当当了。

9. 淡定从容，峰回路转

有时我们也会遇见一些令自己气愤的人和事，往往在这个时候大部分的人都会动怒。如果负面的情绪没有控制住，我们常会做出错误的判断和行为。

从前，有一位船夫划着一叶方舟在渡河，突然，对面的一艘船撞了上来，船夫暴跳如雷，冲着撞上的船高喊，让对方回避。一而再，再而三的呼喊并没有得到任何回应，船夫这才发现，撞上的船是一叶虚舟，上面一个人都没有。船夫只好感叹自己今天倒霉，接着划船走了。

怨天尤人解决不了问题，何不淡定一些，静下心来，再大的事情又奈你如何！所以，只有守住内心的淡定与宁静，才能在茫茫的人生旅程中欣赏到美丽的风景。

10. 永不气馁，大不了多重复几次

中医典籍《黄帝内经·素问》："百病生于气也。怒则气上，喜则气馁，悲则气消，恐则气下。"

在狼的眼睛里，永远看不到失败的气馁，因为它们知道，不管经历过多少次失败，最后的成功一定是属于它们的。所以，狼永远是草原上的王者。

人这一辈子要经历太多的磨折，即使品尝失败，也不要气馁，试着调整心态、重新投入。

失败欺负的永远都是意志薄弱者，只要不气馁，最终都会获得成功。

我第一次演讲是在读高一的时候。

记得那次大概是迎接"五四"青年节之类的系列活动，班上选一男一女两个同学参加学校的演讲比赛，胜出者还将去县里、市里、省里参加比赛。

不知出于什么考虑，班主任居然将唯一的一个男生名额给了连普通话都说不利索的我。我自己鬼使神差一样，居然也神经兮兮地爽快答应了。

稿子写得很顺畅，仅仅用了一个晚上，一气呵成，指导老师和同学们都一致觉得满意。但在用普通话表达方面却几乎要了我的命，光是练吐字发音就耗去了差不多半个月的功夫，在家跟着广播里的声音练，人家播一句我学一句，还用拼音加上"密电码"（用自己懂的同音字注释），那段时间硬是将舌头给练肿了，才在全校的讲台上用大家都能够听懂的普通话演讲完了。

当时大家的反应都很热烈，一致要求我代表学校参加更高级别的赛事。

只要你打定主意做一件事，绝不会为时已晚，如果必须等待，那就等好了；如果必须全力以赴，你就全力以赴好了；如果必须坚持不懈，那就坚持不懈好了。有人问，现在开始会不会太晚了？不，只要我们一息尚存，就永远不会太晚，永远有时间整顿生活，永远有更美好的明天。我们不可未经战斗就投降，今天我失败了，今天我变成别人瞧不起的人，但我决不气馁。明天你瞧好了！可是，我为什么要等到明天？我现在就做给你看。

因此，跌入低谷不气馁，甘于平淡不放任，伫立高峰不张扬，这才叫胸襟宽阔。千万不要不待见别人，因为你也有可能被别人不待见，反过来，不要因为被别人不待见而气馁，因为你也可能随时不待见别人。

二、消极的十大心态

对于成功来说，阴暗心态是大忌，因为这样的心态会阻碍我们做事的积极性，就像是我们正在前进，却突然被拖住了大腿一样，消磨我们的锐气，动摇我们的决心。

值得一提的是，黑暗多数时候呈现的状态都是无形的，我们也容易身陷其中而难以自拔，这就需要我们具备一定的解脱能力。

当我们开始采取积极的心态并把自己看作成功者时，我们就开始成功了。

人对社会不外乎两种态度：一种人永远用乐观积极的态度看世界；一种人用悲观消极的态度看世界。实际上这是划分人的心理平衡与不平衡的标准。只要你乐观积极地看世界，这世界就很美好。

归纳起来，消极心态大致有这么十种类型：

1. 认命自卑不自信

一个人除非自己有信心，否则不能带给别人信心，自己信服自己的人，才能让别人信服。

每个人都是怀揣着自信来到这个世界的，也寄托了父母及亲人的希望，只不过是在一次又一次的挫折中变得自卑起来了。

于是就认命，错误地以为自己这辈子就这样了，事情还没开始做呢，就认定这件事情做不成而主动放弃了。

汉语的"危机"分为两个字，一个意味着危险，另外一个意味着机会。

其实，打击与挫败是成功的踏脚石，而不是绊脚石。强者性格决定了他的命运，弱者的命运决定了他的性格。

如果浅尝辄止、害怕困难、半途而废，结果：一生平庸，碌碌无为。

2. 满足自乐不上进

人生在求，不索何获？不思进取，则如逆水行舟，不进则退。

松下电器的创始人松下幸之助说：人的一生，总是难免有浮沉。不会永远如旭日东升，也不会永远痛苦潦倒。反复地一浮一沉，对于一个人来说，正是磨炼。因此，浮在上面的，不必骄傲；沉在底下的，更用不着悲观。必须以率直、谦虚的态度，乐观进取、向前迈进。

自古英雄多磨难，从来纨绔少伟男。在现实生活中经历疾病、贫困、丧父、亡母、身处逆境的青少年，比较身处顺境、生活舒适的青少年，对人生的思考来得更早，更深刻，更成熟。他们当中不少人不畏艰难险阻，勤奋好学，去进取，去搏击。历经磨难却不断进取的人，其结果远比一生顺风顺水的人活得更辉煌。

　　有些人把事业当餐后点心，想吃就吃，不想吃就放一放，总觉得"比上不足，比下有余"，视平庸的日子为平淡，认为"萝卜头下酒也挺有滋味的"，安于现状，事实上游手好闲往往会使人心智平庸。

　　结果，他（她）永远被关在成功大门之外。

3. 心想口说不行动

　　古人有言曰："临渊羡鱼，不如退而结网。"

　　要想成为一个职业化的人才，就必须改掉犹豫不决、瞻前顾后、拖拖拉拉的办事作风，在自己认准的目标上认认真真地采取行动，用行动来证明一切，不断提高自己的执行力。

　　为明天做准备的最好方法就是集中你所有智慧，所有的热忱，把今天的工作做得尽善尽美，这就是你能应付未来的唯一方法。

　　有一些人，谈起成功来浑身是劲，想起来感动，说起来激动，就是不行动。这种人开口不乏雄心壮志，说起来慷慨激昂，做起来却无声无息，久而久之变成一个空谈家，最终变得连自己的话都不敢相信了。

　　结果：理论和行动脱节，口号大于行动。

4. 投机取巧不实干

　　德谟克利特曾经一针见血地指出：一切都靠一张嘴来做而丝毫不实干的人，是虚伪和假仁假义的。

　　英国谚语也有：行动不一定带来快乐，但没有行动则肯定没有快乐。

　　行动养成习惯，习惯形成性格，性格决定命运。

　　有些人不想付出，只想收获，总指望天上"掉馅饼"，天天碰上好运气。民间对此有个形象的比喻：总想一口吃个胖子，结果"经常拉稀，越来越瘦"。

　　以前我们有个经销商刚加入的时候，不学习，见人就拉；没理念、没知识，满脑子只想发财，满嘴只讲赚钱快；拉人垫背，坑蒙拐骗，胡吹乱侃，谈五个死六个；挑三拣四，换来换去，到处占位，只出不进。

　　结果：建不起部门，组不了团队，最终只好放弃。

5. 忽冷忽热不匀速

　　《荀子·劝学》："锲而舍之；朽木不折；锲而不舍；金石可镂。"

事业的发展是需要持之以恒的，保持动力，有韧性地匀速前进。人最忌讳的就是三天打鱼两天晒网。

这种人开始做时，热情高涨，干干干；一碰到问题，怨天尤人，难难难；参加培训，热血沸腾。可是刚干了没几天，稍有不顺，就瞻前顾后，没信心做了！

结果：朝三暮四，没有责任心，害了自己，坑了别人。

6. 瞎闯蛮干不咨询

先哲曾说过：巧干能捕雄狮，蛮干难捉蟋蟀。劈柴不照纹，累死劈柴人。

瞎闯蛮干不咨询的这种人自以为是，总觉得自己什么都懂，样样都会，不虚心学习，也不主动咨询，以为"按自己的想法干，凭着想当然去干"就能包打天下，于是瞎碰乱闯，最后处处碰壁，头破血流。

结果：五个人、六条心、七个主义、八种做法、九不统一，全部归零。

7. 依赖等待不自立

古罗马著名政治家西塞罗曾说：在自己之中拥有一切，如果说，这样的人还不幸福，你又能相信谁呢？

人生的路，最终还是要靠自己一个人走。有人会陪我走一阵子，但不会有人陪我走一辈子。有人会帮我一阵子，但不会有人帮我一辈子。而人生，天荆地棘行路难，必须让自己变得强大，当自己足够强大了，披荆斩棘，才能成就自己！

日本近代教育之父富泽渝吉认为：没有独立精神的人，一定依赖别人；依赖别人的人一定怕人；怕人的人一定阿谀谄媚。

这种人不同于不自信的人，他们主要是懒惰，坐享其成。具体表现在等上级帮，要领导为他服务，为他讲计划，帮他做沟通；帮他排队建团队，有问题，要下面伙伴直接找他的领导，自己站在岸上，就是不下水。

结果：偷懒的习惯一旦养成，就成了"绝症"。

8. 一知半解不求是

革命老人谢觉哉曾经说过：一知半解的人，多不谦虚；见多识广有本领的人，一定谦虚。

这类人自以为自己聪明，啥都懂，做了很久还说不清公司是怎么回事，产品是怎么回事，制度是怎么回事，逢人就夸下海口，对客户的提问也爱答不理。

他们一日之中想吞食一生也难以汲取的养料，以为成功在望，妄想将未来的岁月一并吞掉。由于他们凡事急促，结果往往是欲速不达。即便对知识极度渴求，也应适度，才不至于囫囵吞枣，一知半解。

结果：半瓶醋乱晃荡，坑了自己，连累了他人。

9. 怨上责下不自律

海涅：自省是一面镜子，它能将我们的错误清清楚楚地照出来，使我们有机会改正。

愚昧者怨天尤人，无能者长吁短叹，懦弱者颓然放弃。

穷人问佛：我为何这样穷？佛说：你没有学会给予别人。穷人：我一无所有，如何给予？佛：一个人一无所有也可以给予别人七种东西：颜施，微笑处事；言施，说赞美安慰的话；心施，敞开心扉对人和蔼；眼施，善意的眼光给予别人；身施，以行动帮助别人；座施，即谦让座位；房施：有容人之心。

有的人一件事情没做好，就怨天尤人，非但不从自己身上找原因，而是抱怨上级，指责下级。结果：人心涣散。

10. 怕苦怕难不拼搏

革命先驱李大钊认为：凡事都要脚踏实地去做，不弛于空想，不骛于虚声，而唯以求真的态度做踏实的功夫。以此态度求学，则真理可明，以此态度做事，则功业可就。

有很多人只有大目标，没有小计划。高谈阔论，指手画脚，遇到具体问题，不知所措，也不愿花时间和精力去逐个解决。

结果：大事做不来，小事不想做，一事无成。

三、化黑暗为光明

20世纪80年代初，我还在读大学的时候，朦胧诗派诗人顾城的一句"黑夜给了我黑色的眼睛，而我却用来寻找光明"，曾经让我内心震颤不已，那是中国最富有朝气、最昂扬向上、最有希望的年代，至今我依旧怀念。

黑暗与光明是一对矛盾，但却是可以转变的。其实，每个人心里都有这样那样的阴影，也都会为此产生消极情绪，有时甚至常常会出现无名的烦恼。这并不可怕，重要的是如何尽快地从消极的阴影里走出来。

1. 用积极想法来替代那个消极想法

选一种能破除原有消极想法的新想法，取而代之。

比如，很多人都喜欢说"我太笨了"，试着用"我真是聪明"来替代。

以前我有个小伙伴吃甘蔗，从蔗头吃起，他会想现在吃的总是最甜的；如果从蔗尾吃起，他会想现在吃得越来越不甜了。就是这么个简单的想法上面的变化，就使得他把别人视为难吃的甘蔗，也吃成了天下第一美味。

积极的人在每一次忧患中都看到一个机会，而消极的人则在每个机会都看到某种忧患。

伟人之所以伟大，是因为他与别人共处逆境时，别人失去了信心，他却下决心实现自己的奋斗目标。

2. 把积极的思想"具象化"

想要什么，如果觉得思想太抽象，那就不妨用图画表现出来。

如果认为"我是个天才"，就设想一下我真的是天才之后的场景，可能会想象自己傲视群雄，像超人那样双手叉腰站着；想象自己头顶上方出现了一个巨大的灯泡，灯泡亮了，光芒如此炫目，看见自己正在冲着天空大喊："我是个天——才——！"

多次不断演练这个场景，直到想到这句话时就会自动出现这个场景。你会感悟到自己是"天才"还是"庸才"。

3. 以结果定过程

唯物主义观点认为：运动是物质的根本属性，而运动就是指宇宙中一切事物的变化和过程。过程是结果的前提，结果是过程的延续。

没有过程的结果是平淡的，没有结果的过程是茫然的。

简单的切换效果如果不是很好，也很难持久的话，我们还可以通过设想结果来激励自己。我小时候体弱多病，家人一直逼着我吃中药。吃中药很苦，难以下咽，比生病的滋味还要难受，所以，我对中药的态度一直都是：能逃就逃，能躲就躲。后来，还是那位和蔼而富有智慧的老中医教了我一个方法，很灵。

每当吃中药的时候，我只要多想想吃完之后自己的病就能好了，自己活蹦乱跳的样子，就不再觉得那么苦了。

第二节　广大无边之谓仙

罗曼·罗兰说过：一个人如能让自己经常维持像孩子一般纯洁的心灵，用乐观的心情做事，用善良的心肠待人，光明坦白，他的人生一定比别人快乐得多。

一个人的快乐与否，取决于对待生活的态度，世间没有谁能够拥有十全十美的生活。不同的选择决定了不同的生活方式，不同的过程，必然产生不同的结果。

光明心，即是广大无边的心。

无数成功者都传递了一个技巧，那就是：心有多宽，路有多广。

一、由着心走，自信与生俱来

如果我们认为自己一定会有所成就，会成功，并且付诸努力了，就一定会成功。反之，如果总是怀疑自己的能力，担心这，担心那，自信心就会受挫。

有个"石头的故事"很深刻地说明了生活事业中自信的重要性。

有一天，一位老方丈为了启发他的徒弟，给他的徒弟一块石头，叫他去杂货市场，并且试着卖掉它，这块石头很大、很漂亮。但是，方丈说："不要卖掉它，只是试着卖掉它。注意多观察，多问一些人，然后只要告诉我在杂货市场它能卖多少就可以了。"

这位徒弟去了，在杂货市场，许多人看着石头想，它可做很好的摆件，小孩子可以玩，或者可以把它当作称菜用的秤砣，等等。于是他们出了价，但只不过几个小钱。

那位徒弟回来说："它最多只能卖几个铜钱。"方丈说："现在你去黄金市场，问问那里的人。但是不要卖掉它，只问问价。"从黄金市场回来，徒弟很高兴，说："这些人太棒了。他们乐意出1000两银子。"方丈说："现在你去珠宝商那儿，但不要卖掉它。"

他又去了珠宝商那儿。他简直不敢相信,他们竟然乐意出 5 万两银子,他不愿意卖,他们继续抬高价格——他们出 10 万两!但是,徒弟仍然说:"我不打算卖掉它。"他们说:"我们出 20 万、30 万,或者你要多少就多少?只要你卖!"徒弟仍然说:"我不能卖,我只是问问价。"他不能相信:"这些人疯了。"他自己觉得杂货市场的价已经足够了。他回来后,师父拿回石头说:"如果你认为你只是一块石头,那么,你就是一块石头;如果你认为你是一块金子,那么,你就是一块金子。"

这个故事的道理在于,做任何事都要相信自己,面对困难,要立即行动起来,不能给自己借口不去做。完成目标任务最大的障碍就是自己害怕实现不了目标,要随时保持一种积极的心态,从自身做起,才能实现行业的跨越式发展。

1. 心也会"两面三刀"

即使再坚强的人,心也会呈现两面性的,从自信到不自信,从不自信到自信;这可以看作我们心理变化的轨迹和规律。

心的两面性,还表现在不受时空的限制,不论何时何地,另一面都会时不时地跳出来捣乱,把控不好,就会影响对事物判断的结果。

2. 自信驱动前行

法国古典作家拉罗什富科认为:我们对自己抱有的信心,将使别人对我们萌生信心的绿芽。

自信是一种说奇怪也不奇怪,说不奇怪也真奇怪的东西,可以看作我们奋起的推动器,也可以看作生命的原动力。

大家都见过破茧而出的蝴蝶,刚从茧里出来时,翅膀就是薄薄的几片小纸,柔嫩得像是吹口气就能弹破似的,如果蝴蝶自己没有自信,那也是飞不起来的。

3. 自信修补不足

自信是新生的良药,可以修补一切缺陷!

每一个人来到世间,都有他的缘由;每一个人都是苍天创造的精品;每一个人都有生命中无尽的宝藏;每一个人都有无穷的价值……只是在迷茫时,我们看不到这些而已。

爱因斯坦上小学时,有一次上完劳作课,同学们都交上了自己的作品,唯独他没有交。直到第二天他才送来一张做得很粗陋的小板凳。

老师看了很不满意地说:"我想,世界上不会有比这更坏的小板凳了……"

爱因斯坦回答说:"有的。"他不慌不忙地从课桌下面拿出两张小板凳,举起左手的小板凳说:"这是我第一次做的。"又举起右手的小板凳说:"这是我第二次做的……刚才交的是我第三次做的,虽然不能使人满意,但总比这两张要强一些。"

正是凭着这份自信,不怕失败,爱因斯坦最终成为 20 世纪影响世界的领军人。

具有博大胸襟的人,才有可能在心灵上潇洒;具有自信和实力的人,才有可能在外表上潇洒。

爱因斯坦印证了这句话。

4. 自信与生俱来

英国心理学家迈克尔·辛克莱博士说:一百个满怀信心和决心的人,要比一万个谨小慎微的和可敬的、可尊重的人强得多。

生物学家告诉我们:男子每次射精,都能分解出 1～3 亿个精子,数以亿个精子中只能有 1 个与卵子结合,人之所以成为人,已经经历了一场残酷的竞争,只有最优秀的基因才能与另一半结合,在母亲的孕育下成为人。

从这个意义上说,每个人都是击败了数以亿计的对手,脱颖而出成为冠军,才来到这个世界的。

所以,尽快停止与他人的比较。你就是你,你是最出色的,你没有必要与任何人一样。无法复制,就是你存在的根本,也是你最大的优势。

二、信心受制约,巧妙突破

有自信心的人,能够化渺小为伟大,化平庸为神奇。

人的信心也会受到制约,年龄越大,自信越小。

为何?家庭制约、学校制约、社会制约。

对于成功者来说,就要寻求突破。

随着社会快速发展,来自生活、工作、家庭的压力越来越大,很多人无法合理地发泄心中的压抑,从而影响生活和工作。每个人都有压力,都会导致心情压抑,合理地宣泄心中的压抑可以提高我们的工作效率,缓解生活中的紧张氛围。

宣泄是一种常见的心理学现象。所谓宣泄,就是指通过一定的行为或语言等方式,来减缓或释放心理压力。宣泄是人类必需的一种减压方式。不过宣泄的表现方式及表现途径多种多样,并且有正面和负面之分。我们应该采取正确的宣泄与突破方式。

宣泄和突破的方式因人而异,但不妨试试下列方法:

1. 写日记宣泄郁闷

写日记。很多时候我们无法找到一个很好的倾听者，那我们便可以在夜深人静的时候坐下来把那些不快写进日记中，对领导的不满我们不敢说，对朋友的意见我们不敢提，都可以写进日记里，那是自己的世界，可以很好地发泄。

写日记是一种纯私人的行为，很多不便说出的话，不宜记住的事，不宜宣泄的情绪，都可以在此释放。既是自己跟自己说话，也是向对手挑战。

2. 运动，随汗水挥发

运动。随着生活节奏的不断加快，我们生活中的运动越来越少，合理的运动也可以缓解心中的压力，下班后可以慢跑几公里，也可以陪朋友、亲人、妻子孩子一起散步、打球、爬山，从而放松心情。

人在运动时，需要身体多个部位相互配合，身体的各个器官也都处于亢奋的阶段。这种时候，最容易集中精力，也就容易暂时忽略一些东西。

3. 向一个知己倾诉，倒一倒垃圾

倾诉。生活中有很多很好的倾听者，他们可能是我们的亲人，可能是我们的朋友，也可能是我们的领导，把心中的不快说给他们听，心情就会好很多。

找平时信得过的知己说说，也不失为一种方式。并不一定需要从中得到答案，而是这样可以倒掉心中的垃圾，人也就会轻松许多。

4. 旅行，在一个陌生的地方，换个环境呼吸

旅行。旅行是生活中最常见的放松方式，它可以有效地缓解心中的压力。当一个人身处不同的环境便会感觉放松，面对美好的事物心情也会变好。美景可以让我们暂时放下心中的一些事，从而放松心情。

5. 听听音乐，让心随节拍起舞

音乐。听符合当时心情的音乐，也不失为一种自我突破、自我救赎的方式。让自己的心随节拍舞动起来，让旋律荡涤、净化自己。

6. 大声喊出自信的自己

大吼。我们生活的环境很难有机会大声吼，所以，周末可以去郊外找一个没人的地方大声吼几嗓子来发泄心中的不快，也可以选择K歌，把心中的不快大声吼出来。

或者找一个无人的地方，大声呐喊：

我最优秀！我是大冠军！……

喊到腿发软、眼掉泪为止。

三、潇洒走一回，任性一把又何妨

所谓任性，就是做自己从来不敢做的事。

如果我们想让自己的心宽广起来，最重要的还是让心亮堂起来，从而给心充分的自由。只有解除了一切羁绊，心的能量才可能被完全释放出来。

《庄子·逍遥游》写道：北极大海中有条名为鲲的大鱼，鲲幻化成鸟名为鹏。每年大鹏鸟都要从北极大海飞往南极大海。见此情形，胡蝉跟楚鸠就讥笑大鹏说："我能轻而易举地飞到榆树那么高，一个时辰飞不到那就落在地上罢了，为什么要飞往九万里的高空向南极大海飞呢。"

但是，大鹏并不理会胡蝉跟楚鸠的讥诮，依然鼓动自己的大翅，奋力而又潇洒地向自己早已定好的目的地飞过去。

人生也像飞行，每个人的方向不同、目标不同、追求不同，不要让别人的言语影响你前进的步伐。

人生不必忌惮思虑太多，任性恣肆地潇洒一回好了。

1. 主要看气质

现在人们总喜欢说气质，其实，所谓的气质，不过就是每个人的内心在脸上的体现。气质好的人，首先让人看到的一定是一脸阳光。

一个人的心里是否有事，是可以从脸上看出来的；一个人的精神面貌，也是通过脸表现出来。

气质之美与其说是来自内心的修养，不如说它是来自一种对美好事物的欣赏能力。

气质，既透露出一个人的生长环境，也体现着一个人的修养，还是一个人自信的真实表现。

2. 给心松绑，心自由，活着才光明

在人的一生中，虐待你最厉害的人是你自己。你自虐的程度也正是你容忍别人虐待你的程度。如果有人虐待你的程度超过了你自虐的程度，哪怕只是一点点，你都有可能离开那个人。但如果有人虐待你的程度比你自虐的程度少那么一点点，你就有可能继续与那人的关系，并无休止地容忍他对你的虐待。

人之所以觉得活得很累，其实都是叫心给闹的，心累，就会对所有东西都了无兴趣。只有让心简单，让心透明，让心轻松，活着才会一片光明。

总会听到大人们慨叹孩子的天真，其实是因为孩子们知道的少，想要的少，当然也就容易变得无拘无束、自由自在。

最伟大的人仅仅因为简单才显得崇高。最伟大的真理最简单；同样，最简单的人也最伟大。

既然身不能随心而动，那就让心自由地飞翔吧！

3. 心有多宽，光明就有多少

当心空无一物，它便无边无涯。你在乎什么，必被什么牵绊。年华，不是埋葬在光阴里，而是淹没在无尽的牵挂里。心若像风，来去自由，人生就属于自己。人心本善，谁能无牵无挂。脚步可以遍布天涯，心却走不出淡淡的牵挂。画地为牢，心是施了咒语的锁。人生不自由，皆因放不下牵挂。

一个人心宽了，看见的都是光明，就不会有什么忌惮，就会过得轻松、自在，当然也就快快乐乐的。

有一个小女孩，每天都从家里走路去上学。一天早上天气不太好，云层渐渐变厚，到了下午时风吹得更急，不久开始有闪电、打雷、下大雨。小女孩的妈妈担心自己的宝贝女儿会被雷电吓着，甚至被雷打到，就开车出门去接。

雨下得愈来愈大，闪电像一把利剑刺破了天空，小女孩的妈妈心急火燎地开着她的车，沿着上学的路线去找，却惊奇地看到自己的宝贝女儿一个人走在街上，而且每次闪电时，她都停下脚步，对着天空微笑。

妈妈终于忍不住叫住她的孩子，问她在做什么？她说："妈妈，你看上帝在帮我照相，所以我好开心哦！"

4. 再难，也不要轻易放弃

一个人在一件事情上投入多少，决定了他能够承受多大的压力，能够取得多大的成功，能够坚守多长的时间。

同样的一件事，之所以有些人能够做成功，有些人无法做成功，其实区别就在于坚持，不因为一点小困难而退却。

如果逃避了这次小困难，以后就会有更多的困难来找你。所以请记住：我们的心灵是在寻求解决问题当中摸索成长的。

成功根本没有秘诀，如果有的话，就只有两个：第一个是坚持到底，永不放弃；第二个就是当你想放弃的时候，请回过头来再照着第一个秘诀去做。

所以，决定了就不要轻言放弃，不管遇到了什么。

5. 做自己不敢做的事

从小到大，每个人都有自己想做而又不敢做的事，瞻前顾后、畏手畏脚，前怕狼后怕虎的。而放下犹豫不决，大胆往前冲，情形就会大不相同。

有位朋友告诉我，她一直很想玩一次蹦极，可又一直不敢尝试，因为她担心真的从那么高的地方掉下来，自己的小心脏会受不了。

我鼓励她，想去做，就去做，没有什么大不了。

后来，她真去蹦了一次极之后，居然上瘾了，每月都会玩一次，她说这才是真正的刺激。而且，无论遇到什么都很想得开，做任何事情都是一副洒脱的样子。

做从未做过的事，叫成长；做不愿做的事，叫改变；做不敢做的事，叫突破。在学习中成长，在正向里改变，在尝试时突破，给人生一次变好的机会。生命，要用智慧驾驭，用从容相随，用简单诠释，用自由概括，用快乐装饰，用希望照耀，用成功证明，用心灵体验，或许凡俗但真实，或许平庸但挚诚，或许忙碌但充实，或许简单但快乐。

第三节　以老板之心经营

工作中，我们每个人既是员工，也是老板。从上下级的关系来说，我们做任何事情都要受上一级的人所约束；从自身的情况来说，我们又不得不以个人的能力证明自己。

做老板，就得有老板的样子，不但要有超出常人的成功的欲望，还得有极强的使命感、责任心、事业心，有"大处着眼、小处着手"的工作精神，有对效率、效果、质量、成本、品牌等方面持续的关注与尽心尽力的工作态度。

一、渴望成功

做老板，最重要的就是有强烈的成功欲望。

曾经在一个讲座上，听到一位教授兴致勃勃地在台上说这么一段话，大致的意思是：每个人都不可能同时拥有这两种工作：一种是自己正在从事的工作，一种是自己真正喜欢的工作。

纯属胡说八道、信口雌黄！这是典型的"打工奴才"心态。我觉得，如果是老板,就只有渴望一种工作,渴望做好,渴望越来越好。当你想得发疯时,你一定会喜欢的。

你失败,我失败,我们之中最厉害的人失败过,其他人也是。那些无法从挫败中站起来的人,常常把失败当结局。但我们应该记住,人生并非一试定终身,而是个试误的过程。

那些成功的人都从愚蠢的错误中再站起来,因为他们觉得失败只是一时的,并视为可以学到东西的经验。对此,丘吉尔有精辟的见解:"成功是从一个失败前进到另一个失败,期间却热情不减的能力。"

1. 想要的不行,那就紧紧抓住

上小学一年级,我就喜欢读书了。那时不认识多少字,我就靠着自己能够认得的有限的一些字猜,再借助图片,也就将书中的意思弄得七七八八了。

如果在书店遇见一本书,翻阅后喜欢得不行,不买下就会弄得自己寝食难安。可那时穷,即使标价区区的几分钱,对我来说也是个大数目。于是,之后的许多天里,我就是千方百计地为拥有这本书拼命地攒钱,还几乎每天都要赶去看看,生怕一不留神就卖完了……

工作之后有一次回家,偶然翻到存放书的小木箱,点了点,居然多达100本。在那个穷得连公交车都坐不起的日子里,真不知道自己居然一不小心还早早就跻身"富人"之列啦!

2. 不断提高目标

当一项工作已经能够娴熟地完成之后,千万不要因此感到自满,而应该把眼光放得更远一点儿,想想目前的工作还有没有提高的空间。

我上中学那阵,学校每学期都要搞为期一周的"学工劳动"。我就发现同样是工人师傅,工资级别却有天壤之别。而他们干的活和干完活之后的态度,也有很大差别。

那些级别低的师傅,完工后总是会匆匆离开;而级别高的师傅,完工后还会端详、检查一遍才肯离开。

现在想想,只有不断精益求精,我们才能掌握更多的生存技能,身价才会越来越高,也才能有长足的进步。

3. 竭尽全力,树品牌

每个人都是一个品牌。所以,我们一旦决定了做某件事情,无论大小,都要倾其所有,全力以赴,这不但可以日臻完善自己的技能,也为自己日后的发展创下了一个好的口碑。

有的人平时说话、办事随随便便，给人的印象就是马马虎虎、大大咧咧。所以，一些重要的事，大多数人都不会放心交给他们去办。有的人给人的印象很稳重、做事踏实。所以，他们有什么建议，别人就很容易采纳，事情交给他们办也就很放心。

互联网时代日新月异、瞬息万变，首要的生存法则，就是建立个人品牌。一个人只有拥有了自己的个人品牌才能更好地在社会立足，才能取得更加辉煌的成绩。

品牌就能让品牌拥有者在多层次、多角度、多领域的激烈竞争中立于不败之地。公司有其品牌，产品有其品牌，个人也有其品牌。职场人士更是如此，要想在竞争激烈的职场中脱颖而出，就必须塑造属于自己独特的个人品牌。

当然，很多职场成功人士也并没有刻意打造过所谓的个人品牌，只是脚踏实地、勤勤恳恳地做出了傲人的业绩，其实个人品牌并不是非得刻意去打造，它更多的是某个人潜移默化的做人和做事的风格及习惯，脚踏实地、勤勤恳恳也是一种个人品牌。

也许有人会说，打造自己的品牌是"自我吹嘘"，难免有老王卖瓜之嫌，其实不然，有些人工作很努力，业绩突出，工作多年，但就是得不到高层领导的赏识和提拔，也许有人会说这肯定和这些人不会"溜须拍马"有关，可实际情况更糟糕，可能领导根本就不知道该员工的存在。当今时代，即所谓"酒香也怕巷子深"是一件很难得的事，酒香也得靠吆喝，个人只有树立其具备很好的美誉度的品牌，才能够在职场上无往而不胜。所以，打造个人品牌对于职场人士格外重要，因为只有这样，才能让更多的人了解到你的专长，才能让需要你帮助的人找到你，才能让领导、平台、行业需要用人的时候首先想到你。

二、处处为别人着想

思路无论扩展到多远，若不能想及他人，再辽远再辉煌也都是狭窄的。

站在老板的立场想问题，时刻维护公司利益，就要处处为别人着想。

这句话并没有作秀的成分，试想一下：我们办企业是为了什么，为社会提供产品；由谁生产，员工；由谁消化，客户。所以，老板这个角色本身就注定了我们必须时时处处站在别人的角度考虑问题。

当你处处为别人着想，你就会发现别人会回报你的善意，你的快乐也会在别人身上体现出来。

1. 员工就是公司最大的资产

别以为公司的品牌、设备，才是公司的资产。其实，公司最大的资产还是员工，因为只有具备了相应的人，才有创造一切的可能。

联想公司的柳传志说：人才是利润最高的商品，能够经营好人才的企业才是最终的大赢家。所以，老板思维一定是将每个员工都看成是公司不可替代的资产，个个都需要小心呵护、精心使用。

微软创始人比尔·盖茨曾经说过：把我们顶尖的20个人才挖走，那么我告诉你，微软会变成一家无足轻重的公司。

2. 时刻关心员工在想什么，要什么

你可以买到一个人的时间，你可以雇一个人到固定的工作岗位，你可以买到按时或按日计算的技术操作，但你买不到热情，买不到创造性，买不到全身心的投入，你不得不设法争取这些。

对于企业，或者团队来说，员工的积极性就是最大的生产力。所以当老板的，一定要多关心员工的状况，考虑员工的实际需求，满足员工的合理要求。只有让员工没有后顾之忧，不为琐事缠身，员工也才能够全身心地为公司卖力。

3. 成本缩手缩脚，激励大手大脚

成本意识是指节约成本与控制成本的观念，是"节省成本的观念，并了解成本管理的执行结果"。成本意识包括注意控制成本，努力使成本降低到最低水平并设法使其保持在最低水平。

成本意识是现代成本管理中一个最为基本的立足点。现代成本意识是指企业管理人员对成本管理和控制有足够的重视，不受"成本无法再降低"的传统思维定式的束缚，充分认识到企业成本降低的潜力是无穷无尽的。

作为老板，一定要有成本意识。对产品的生产成本要做到能省则省，尽可能降到最低；对员工的激励则要不惜成本，这样才能最大限度地调动员工的积极性。员工的工作热情提高了，工作效率提高了，责任感增强了，公司的效益也就自然而然地增加了。

三、化解而不制造问题

面对问题时，需要准确全面地理解问题，并把问题分解成具体的表现（抽象→具体/量化），要在众多具体表现中决定其中哪些问题值得优先考虑，并得到相关人的认可，在此环节大家意见不统一，以后每个步骤都将会有反对、异议的声音。

对于员工来说，产品就是自己。所以，如果我们正为一些亟待解决的问题伤脑筋时，或者我们正在思考如何逃避一些令人烦躁的工作时，不妨反问自己：如果我是老板，是在为自己的公司工作，我会怎么去处理这些事情呢？

1. 不抱怨，省省力气就做完了

有时候，我们可能会为自己的付出与收益不成正比而感到不公，付出了艰辛的努力却仍然无法得到合理的薪酬和上司的认可，难免心生怨言。这时候，是开始抱怨呢，还是继续踏踏实实地肯干？

老板的思维是后者，因为抱怨起不了任何作用，也解决不了任何问题，反倒会使问题向自己不愿意看到的方向转变。

2. 不挑剔，好赖都要面对

一般人都喜欢做一些轻松的事情，都喜欢在工作环境好的地方干活，但这样的工作往往技术含量较低，也是挑战性不强的工作，收入也极为有限。最重要的是：一味地依恋这种工作，久而久之，非但不能让自己的能力得到提升，反倒会增加自己的惰性。

而老板则从来不挑剔，因为他知道无论什么样的工作，终归需要人去做的。反而，越是难活、苦活、累活，越能锻炼自己的能力、磨炼自己的意志。

3. 不指责，千错万错都是自己的错

有时候，我们也会碰到一些客观因素影响了自己工作的进度，或者遇到一点小障碍增加了完成任务的难度，于是就抱怨，甚至指责其他人不够配合。

但如果自己是老板，就首先会从自己身上找原因，更不会因此破坏了自己的心情，而是会静下心来想一想：问题出在哪？有没有什么办法可以予以解决。

四、独立而不孤立

经营上的事情错综复杂，作为一个对经营起决定作用的老板，在对人、对事的问题上，必须独立，但千万不能孤立。

一方面，要善于听取不同的意见，但始终保持自己的是非标准和独特判断力；另一方面，又不能高高在上、一手遮天，以至于曲高和寡，自己架空了自己。

1. 自主经营人际关系

让身边的人觉得跟着你一起干活开心，是做好老板的前提。

关心身边人的成长，体贴身边人的冷暖，让身边的每个人时不时地有所感动，往往能起着一种无形的、巨大的作用。

创业初期，我们企业没什么市场影响力，经济实力也有限。出不起太高的工资，也给不了太好的条件，但还是有那么多的人跟随，很重要的原因就是我们善于发现和了解身边每个人的一些实际困难，及时去关心帮助他们，使大家感受到集体的温暖，同事间的亲情。

即使是经销商家里有生、老、病、死这样的事，我们也会发动集体的力量，从经济上和精神上尽可能地给予帮助。后来我就此事与最早的一批经销商闲谈的时候，也证实了这一点。他们坦诚开始时的市场并不好做，也一度想到放弃，但当时所感受到的温暖、开心，却让他们觉得不舍。

所以，建立良好的人际关系就是一个挖井的过程，付出的是一点点汗水，得到的是源源不断的财富。

2. 有所为，有所不为

宋代大儒朱熹说：唯能不为，是以可以有为，天所不为者，安能有所为耶？

当老板要懂得授权，不仅要知道该做什么，更重要的是要了解不该做什么；要懂得什么时候应该出面，什么时候可以隐身。面面俱到的结果，往往会使手下要么对你过分依赖，要么做事缩手缩脚放不开。

我认识一位熟人，事事非得自己插手，对谁都不放心，内心就以为自己才最可靠。没有自己办不好的事，没有自己搞不定的人，没有自己破不了的局。把自己看成是无所不能的人。结果，手下个个成了废物，离开他一会，团队都运转不了了。

所以，打工20多年，他的职位越做越低。现在据说服务的是一家几十人的小工厂，也还只是个初级管理者。

有所为，有所不为，是一个人的原则。有所不为，而后有所为，是一个人的修行。君子审时度势，决定取舍，知其可为，知其不可为，更是出世与入世间的谋略。

3. 不忘初心

真正有气质的人，从不炫耀自己所拥有的一切，不告诉别人自己读过什么书，去过什么地方，有多少件衣裳，买过多少低调华丽的奢侈品，因为他（她）没有自卑感。埋没在红尘中的我们，哪怕此刻无法踏上征途，那么至少将我们的初心好好地珍藏在心中，不让它因岁月的冲刷而斑驳失色。静静地等到时机到来的那一刻，用一种温暖睿智的气质，对自己进行一种期望，抚慰自己如野狼一般，在外争抢饭碗，看似坚硬的心。

一件事，还没怎么做呢，就这山望着那山高，还没遇见什么事呢，就六心不定。想搞多元化，啥钱都想赚，啥事都想捞一把，忘了当初自己为什么而来。

我们有位经销商，刚加盟的时候，信心满满、信誓旦旦。可才几天没见着大成效，加上耳根子又软，别人一忽悠，就边做着我们的产品，边偷偷地做着别家的产品。结果还是不行，再做多一家。最多时，同时做着七八个产品，弄得客户都不知道她究竟是干什么的了。好在她后来斩断了其他所有的产品，专心做我们一家，业绩重又有了起色。

我们沉淀后愿意做一个温暖的人：有自己的喜好，有自己的原则，有自己的信仰，不急功近利，不浮夸轻薄，宠辱不惊，淡定安逸，心静如水。

不忘初心，方得始终。

五、关注自己成长，而不计较上下

喜欢关注别人，喜欢与人攀比，这也是人性最大的弱点。

在日常生活中，关注我们的长相，关注我们上的大学是否好，关注我们的家庭是有钱还是没钱，关注其他有钱、有地位的人霸占着社会的资源，等等。

销售工作上，也总是喜欢盯着别人的口袋。总关心别人从中赚了多少钱，从来没有去关注自己到底应该怎样成长。作为老板，这一切都是大忌。要想使自己进步，要学会宽以待人，别在乎别人的评价，也别在乎别人从中得到的收益，只在乎你自己的成长就好。

宽容就是不计较，事情过了就算了。每个人都有错误，如果执着于过去的错误，就会形成思想包袱，不信任、耿耿于怀、放不开，限制了自己的思维，也限制了对方的发展。即使是背叛，也并非不可容忍。能够承受背叛的人才是最坚强的人，也将以他坚强的心志在氛围中占据主动，以其威严更能够给人以信心、动力，因而更能够防止或减少背叛。

1. 不在意别人的眼光

一般人总喜欢关注别人对自己怎么看，总是想从别人的眼中来看出自己的价值，总琢磨别人眼中看到的我是个什么样子的？比如：跟陌生人搭句话，担心别人怀疑你有什么不可告人的目的；发份宣传单，怕被熟人看见降了自己身价；即使连穿个什么衣服这样的事，也要翻来覆去地让别人来做个判官……

其实，真正在意你的人并不多，不要活在别人的看法里。大多数人其实并不在意你。真正在意你的人，往往是爱你的人。而在这个世界上真正爱你的人并不会太多。当你活在别人眼中的时候，你就永远失去了你自己。

2. 不与别人攀比

在日常生活中，我们总会有意无意地与周围的人攀比，比容貌，比收入，比付出，比伴侣……比来比去，无非两种结果：一种是觉得比你低的，让你狂妄自大；一种是觉得比你高的，越比越觉得自卑。

一个自大的人，常常会高估自己，就很容易狂妄，看不到别人的优点，也就容易不屑于别人，就会与人孤立，结果就是招致别人嫉恨。

一个内心充满自卑的人，永远看不到自己的优点，而且会非常敏感，甚至某个人的一个眼神你都会认为是恶意的或者是有点儿看不起自己的感觉。因此，产生羡慕嫉妒恨。

人比人，气死人。

我们的痛苦，源自无止的欲念、无尽的攀比、无休的争斗，那些曾经的得失、胜败、悲欢，总让我们难以释怀。让欲望淡些，所有的拥有终将失去；让心态宽些，你爬得再高终要下来。

3. 不计较上下

任何事情，都有个上下游的问题，上游公司、上级、下游公司、下级等。

任何一个产业链，都是靠利益维持的，否则就不可能长久。正如你自己做事也是为了利益一样，无论是上游还是下游，都是因为利益而彼此维系着，任何只有一方受益的事情，都不可能长久。所以，我们做事，只关注自己，不要计较上下游。很多人既计较上游，又计较下游，就是忘记了自己，所以失败。

4. 锻炼自己的大度

战国法家代表人物、秦朝丞相李斯在《谏逐客书》一文中说：泰山不让土壤，故能成其大；河海不择细流，故能成其深。

在日常生活中，难免有一些看不惯的人和事，有些会让自己觉得很郁闷，有些会让自己很生气。于是就会开始抱怨"世风日下"，抱怨自己"真是倒霉"。

见不得有些人喜欢在背后说人坏话，见不得有些人喜欢占小便宜，见不得有些人搞小动作，见不得有些人精打细算、斤斤计较，一股小家子气……

其实想想，这一切与你何干？人家这些性格上的弱点，只要没伤害到你，大可不值得为其伤肝劳肺地操心，反而从某些方面说明你自己的心胸狭窄和心地阴暗。

壁立千仞，无欲则刚；海纳百川，有容乃大。

5. 请关注自己

心灵的成熟过程是持续不断的自我发现、自我探寻的过程，除非我们先了解自己，否则我们很难去了解别人。如果我们的目光总是盯着别人的话，除了自寻烦扰之外，没有任何益处。

个人成长方面是这样。我们无须关注别人是否有多大好处，只需要关心自己是否从中得到了成长，仅此就够了。

收入方面也是这样。我们大可不必关注别人从中赚了多少钱，只想想自己是否增加了收入就行了。

六、以身作则

干部不带头，群众不加油。

行动，就是最好的说服力。尤其是当头的，无数双眼睛都一刻不停地死死盯着你。尤其是下面的人，不光看你怎么说，还一定会看你怎么做。所以，我们要求别人做到的，首先自己必须做个表率；要想别人往前冲，首先应该自己带头往前冲。

只有这样，你的行动才有示范效应，你的话才管用。作为领导，你在群众中才有威信，你才有更好的群众基础。有了群众威信和群众基础，那你想做什么的时候，只需招呼一声，还担心没有人会跟随吗？

做领导人的，通常期望自己振臂一呼，下属们就能应者云集。然而，在现实工作中又有多少领导能真正做到这一点呢？我们说应者云集的管理能力绝不是一个管理者职位就能赋予的，没有追随者的管理者剩下的只是职权威慑的空壳。也就是说，是追随者成就了管理者。管理者总是员工们目光的焦点，他们往往会模仿管理者的工作习惯和修养。因此，管理者必须以身作则，养成良好的工作习惯和道德修养。

在联想公司的发展历程中，曾经有这样一件事。柳传志有一条规则，开二十几人以上的会，迟到者要罚站一分钟，不这样的话会没法开。第一个罚站的人是柳传志原来的老领导，罚站的时候他紧张得不得了，一身是汗，柳传志本人也是一身是汗。柳传志跟他的老领导说："你先在这儿站一分钟，今天晚上我到你家里给你站一分钟。"柳传志本人也被罚过三次，其中有一次他被困在电梯里，电梯坏了，咚咚敲门，叫别人去给他请假，因为没有找到人，还是被罚了站。

作为管理者，不能自律，就无法以德服人，如果无法取得员工的依赖和认可，将必败无疑。优秀的管理者必须懂得，要求下属员工做到的事，自己必须首先做到。

第四节 以感恩之心处世

从小到大,我们走的每一步都与这个世界发生了千丝万缕的联系。无论是帮助,还是阻碍,这些都成就了今天的自己。

父母给了我们生命,自然给了我们馈赠,公司给了我们工作,工作给了我们学习和成长的机会,同事给予我们配合,客户帮助我们创造业绩,对手让我们看到距离,批评者让我们趋于完美。

一、感恩是一种胸怀,也是一种境界

感恩,就是看到事物好的一面,多记别人给予自己的好处。

一个懂得感恩的人,心胸就会变得豁达大度,境界高了,心胸宽广了,眼里看到的就都会是有益于自己的一面,也就不由自主地、由衷地,处处感受到生活所给予的美好、快乐与幸福。

中国自古以来就是人情社会,真正意义上的成功,其实是为人处世方面的成功,我们需要眼力见儿,把局势看得一清二楚;我们需要阔大的胸怀,把天下形势装在其间;我们需要具有相应的境界,与现时的大潮流、大方向和大趋势同步。只有不受眼面前的蝇头小利所束缚,不深陷物质、金钱的诱惑,是为大成功。

感恩是爱的源泉,也是人生获取快乐的本源,我们为生活中的每一份拥有而感恩,就能让我们知足常乐。拥有感恩之心的人,即使仰望夜空也会有一种莫名的感动。

1. 感恩使人珍惜

心怀感恩的人,知道一切都来之不易,把一切都看作缘分,是命运的恩赐,所以,就会倍加珍惜与每个人的相处,倍加珍惜属于自己的每一次机会。

大家如果见过一些教徒用餐时就会发现,他们不但饭前祷告,而且还会将食

物吃得干干净净，这是因为他们知道每一粒粮食都是福分所赐。相反，我们常常看见快餐店里用餐的人，尤其是一些学生，不管好不好吃，都总是会剩下不少，因为钱不是自己赚的就不知赚钱的辛苦，他们把得来的一切，都看成是理所当然的，所以，浪费、挥霍，就成了习惯。

2. 感恩让心胸开阔

心怀感恩的人，心胸是开放的、豁达的，也能容纳一切，于己，容易让自己变得快乐；于人，更容易与人相处，也容易得到别人的信任与支持。

美国前总统罗斯福的家曾经失窃，朋友知道后就写信来安慰他，劝他不必将这件事放在心上。罗斯福回信道："亲爱的朋友，谢谢你来信安慰我，我一切都很好。我想应该感谢上帝，因为：第一，我损失的只是财物，而人却毫发无损；第二，我只损失了部分财物，而非所有财产；第三，最幸运的是，做小偷的是那个人，而不是我……"

对任何人来说，家中失窃绝非幸事，但罗斯福却能找到三个感恩的理由。开阔的胸襟，由此可见一斑。

3. 感恩的眼里装满美好

心怀感恩的人，眼里所看到的东西都是美好，看到的是事物好的一面，看人也是看优点。

我们这代人在小时候，家里都不富裕，几乎没见过什么玩具，但正因为如此，小伙伴们才自创了许多游戏和玩具，以至现在动手能力还都很强。

我现在的家里，孩子的玩具坏了，家里的水电气之类的东西出故障了，只要我有时间，一定会自己动手修理。

妻子夸我能干。其实这些小本事，也多半得益于以前穷，买不起新东西，也请不起人，硬是给逼出来的动手能力。

4. 感恩需要行动

很多人都知道做人要懂得感恩的道理，但就是迟迟不见行动。

比如，我们都说要孝敬父母，可从小到大，父母为我们洗过无数次的脚，我们为父母洗过几次？我们总说要感恩同事，可又为同事做过什么？……

感恩不仅仅是嘴巴表达，更重要的是用行动表达。因为嘴上说得再好听，没有行动就总停留在感情的表面，而非落在心里。

二、感恩的好处

对于人际关系而言，感恩也就是记住别人的好，而忘记别人对于自己的不好，是爱别人同时也是爱自己的行为。

这样看来，感恩不但是个人通往幸福的前提，还是促使人际关系和睦的基础。

1. **懂得感恩，仇恨会远离我们**

我至今还清楚地记得，小时候家里发生的一件事。

有一段时间，我们家的青菜抗病性好，产量也高，在市场上很抢手，但也因此招人嫉妒，有人甚至趁黑夜来地里糟蹋。

我们也知道是谁干的，但父亲非但不予以追究，反而主动拿出一点种子给那家人种，全家人对此很不理解。但父亲给出的答案却是：我们家的青菜卖得好，是因为镇上的人都认为我们村里的菜种得好。

2. **懂得感恩，灾难会远离我们**

小时候，我还亲历过一件蹊跷事。

四婶有一次从外面回来捡回来一只瘸了腿、又老又丑的狗，大家都劝她吃了算了，但她却当宝贝一样养了起来。

有一年夏天很热，几乎所有的孩子都跑到东荆河游泳。上游的河水突然像决了堤一样地迎面冲下来，不少孩子都因为躲闪不及而被洪水卷走了。

四婶家的老三当时也被卷走了，但却奇迹般地活了下来，因为她家那只捡来的瘸腿狗顺着河流一个劲地追，硬是将几乎失去知觉的三儿拽上了岸。

3. **懂得感恩，冰冷会远离我们**

还有一件小时候的事，至今都让我感触良深。

我们村以前的道路很不便，有时几天才能见到一次送信的邮差，若有紧急的信函就会被耽误。所以，各家对邮差也一直没什么好脸，即使上谁家要碗水喝也常常受到奚落，但邮差却为此很感激，反倒觉得欠大家个人情，总想以一种形式报答。有一天，邮差从城里带回一包花种，沿进村的路两旁一路撒。来年开春，进村那条路的两旁开满了各式各样的鲜花，成了全村最美的风景。

从此以后，邮差成了每家每户的贵客，每次过来送信，各家各户都抢着让他来家里喝个水、蹭个饭什么的，好像这样可以沾沾他的喜气。彼此的心里，也都觉得暖暖的。

三、心怀感恩心，无往而不胜

心怀感恩的人，不但办事容易成功，而且还能因此获得更多实实在在的利益。并且，总是能够在人际交往中赢得主动。

这也就是我们看到那些公众人物出现在公众场合时，脸上总是挂着笑容的原因。

1. 感恩生命，珍惜当下

有个小和尚，每天早上负责清扫寺院里的落叶。清晨起床扫落叶实在是一件苦差事，尤其在秋冬之际，每一次起风时，树叶总随风飞舞。每天早上都需要花费许多时间才能清扫完树叶，这让小和尚头痛不已。他一直想要找个好办法让自己轻松些。

后来另一个和尚跟他说："你在明天打扫之前先用力摇树，把落叶统统摇下来，后天就可以不用扫落叶了。"小和尚觉得这是个好办法，于是隔天他起了个大早，使劲地猛摇树，这样他就可以把今天跟明天的落叶一次扫干净了。一整天小和尚都非常开心。

第二天，小和尚到院子里一看，他不禁傻眼了。院子里如往日一样满地落叶。老和尚走了过来，对小和尚说："傻孩子，无论你今天怎么用力，明天的落叶还是会飘下来。"小和尚终于明白了，世上有很多事是无法提前的，唯有认真地活在当下，才是最真实的人生态度。

每个生命来到这个世界都是一件不简单的事情，谁都想做理想的自己，让自己更加充实。但理想是需要现实的自己通过一点点积累、努力才能得到的，而实现的途径就是：活在当下，活出今天的自己。

其实，我们做好当下的事情，做好今天的自己，也就是为明天铺路。

2. 与自然相处，多看美好的

自然为人类带来好处的同时，也常常带来灾难。

所有事物都是自然的恩赐，也都是相互关联的。我们只有多看好的一面，才不会因为纠结、厌烦，而耽误了自己的行程。

火山喷发，毁灭的同时，也带来了肥沃的火山泥；麻雀偷吃粮食，也帮着消灭农作物的害虫；即使是人见人厌的蟑螂"小强"，也有其可爱的一面，至少其顽强的生命力，不得不令我们心生敬佩。

人的自然情趣是以经过内在自然的人化过程而具备的审美心理结构为基础的，它既表现为寄情山水、全身心地拥抱大自然的审美趣味，又表现为凝神观照、善于在寻常处见奇崛的审美眼光。在对大自然的观赏中，人的感觉与认知、静观与省察、体验与神会、想象与灵感、错觉与幻觉等心理活动都能反映出人具有怎样的自然情趣。只有富于自然情趣的人才可能以山川为挚友，认草木为知己，在人与自然的完美融合中求得心灵的净化。同样，也只有富于自然情趣的人，才能真正领略到大自然的无穷魅力，获得独特而丰富的审美发现。因此，引导旅游者去感觉美、寻找美、体悟美，接受大自然的美育洗礼，培养其自然情趣，这是其进入大自然这个审美奥区寻幽探胜的必备前提。

3. 与人相处，多记好处

很多时候，人们往往对别人给予的好处并不在意，而反而是一次无心的冒犯，却总是耿耿于怀，甚至老死不相往来。

处理好人际关系，要记住三句话，"看人长处，帮人难处，记人好处"。

（1）看人长处。

人无完人，每个人都有缺点，如果你总是盯着别人的缺点不放，你们的关系肯定好不了，反之，学会换位思考，多看别人的优点，你就会发现，越看别人就越顺眼，就能与人处好关系，就懂得用人所长。一枝独秀不是春，百花齐放春满园。只有懂得与人友好相处的人，才能成事。懂得用人所长，你也就拥有了领袖的素质。

（2）帮人难处。

就是在别人困难的时候，伸出你的援助之手，可能是举手之劳，也可能需要一定的付出，只要力所能及就好，锦上添花，不如雪中送炭。

人在春风得意的时候你帮他，他不一定会记得你。在别人有困难的时候你给予了帮助，人家会记你一辈子的好。在你有困难的时候，人家也会同样帮助你，你的路才会越走越宽。比如人生中常常遇到的一些事，生病住院、红白喜事、天灾人祸等，你的帮助，你的一声问候，甚至是一条短信，都会犹如春风水暖，彻底拉近彼此间的心理距离。

（3）记人好处。

就是要常怀感恩之心。要知道，每一个人从出生到死亡，每一点进步、每一滴收获，都离不开父母、家人、朋友的帮助。永远记得别人的好，才能每天拥有阳光，每天都有朋友相伴，终生都有幸福相随；相反，总是记得别人的不是，只会苦了自己。

其实，朋友间的相处，伤害往往是无心的，帮助却是真心的。忘记那些无心的伤害，铭记那些真心的帮助，你就会发现，这个世上其实还是有很多真心的朋友。

有个流传于阿拉伯的故事：两个朋友在沙漠中旅行，旅途中的某处，他们吵架了，其中一个人给了另一个人一记耳光。被打的觉得受辱，一言不语，在沙子上写下："今天我的好朋友打了我一记耳光。"

他们继续前行,遇到一个水塘,他们决定停下来洗个澡,被打的人水性不好,差一点被淹死,幸好打他的那个朋友将他救了上来。被救起后,他又用随身带的一把小剑在石头上刻下:"今天我的好朋友救了我。"

后来,另一位朋友问他:"为什么打你以后,你在沙子上写,救你后却在石头上刻呢?"他笑了笑回答说:"当被朋友伤害的时候,要写在容易忘的地方,风会负责抹掉它;被帮助的时候,我们要把它刻在心灵深处,那里任何风都不会抹掉它。"

人生,就像是一次艰辛而又浪漫的旅行,每一站都会和不同的人擦肩而过,有的渐行渐远,有的从此结缘。其实,我们爱的人,最具有伤害我们的力量;爱我们的人,也最容易被我们不经意地伤害。只有记住好的,忘记不好的,才能让我们以胜利者的姿态,轻松自在地前行。

第五节　以平常之心观世音

世事纷繁,不尽如人意者十有八九。所以,最好的状态就是:观世音。这里的音即音乐,世即人间,观即看。

音乐是用耳听的,人间的音乐如果不用听,而用眼观,才是大慈大悲,救苦救难的观世音。

喋喋不休不如观心自省,埋怨他人不如即听即忘。想成功,就必须有"宠辱不惊,闲看庭前花开花落;去留无意,漫随天外云卷云舒"的境界,才能做到真正意义上的"观世音"。

一、不急不躁不上火

这个世界上,真正干扰我们的,往往是我们自己的不在意;能伤害我们的,往往是我们自己的想不开。

人最怕的,其实还是自己的心急火燎,因为这时候最容易发生的事就是丧失自我。人在这种时候，也最容易做出让自己后悔的事情来。

1. 抱怨不如改变

两个建筑工人坐下来一起吃午餐，其中一个打开饭盒就开始抱怨："唉！肉卷三明治！我讨厌肉卷三明治。"他的朋友什么话也没说。隔天两人又碰面吃午餐，同样地，第一个工人打开饭盒往里面看，这次他更大火大，说："怎么又是肉卷三明治？我痛恨肉卷三明治。我讨厌肉卷三明治。"他的同事一如前日，仍然保持沉默。第三天，两人又要准备吃午餐，第一个工人打开饭盒，又大叫起来："我受够了！日复一日都是一样的东西！每个有福的日子都是吃肉卷三明治！我要吃别的东西！"他的朋友想帮点忙，便问他："你为什么不干脆叫你太太帮你做点别的？"第一个人满脸疑惑，答道："你在讲什么啊？我都是自己做午餐。"

这个老是在抱怨的建筑工人真是生活中的奇葩，他只要稍稍改变一下自己就完全可以享用美好的午餐。

人生不如意时，我们总是不自觉地怨天尤人、满腹牢骚，抱怨工作辛苦，抱怨工资低，抱怨没有一个好爸爸，抱怨没嫁个好老公……

其实，一味地抱怨，不但让我们只能在原地徘徊，还容易使我们自己郁郁寡欢。而努力改变的人，总能从中发现机会、把握机会，使原本无奈的时光，反而过得越加精彩而美好。

有句话说得好：抱怨命运，不如改变命运；抱怨生活，不如改变生活。

2. 误解随风而散

国与国之间有海隔着，家与家之间有墙隔着，人与人之间有秘密隔着。对同样一件事情，中国人说，仁者见仁，智者见智；西谚说，一千个观众眼里就有一千个哈姆雷特的形象。人心隔着肚皮，看法不一致，这就需要人与人互相沟通，增进了解，消除误解，窗不擦不亮，话不说不明。

当我们被人误解的时候，总会花上许多时间试图为自己争辩。

其实这样做并没有什么用，因为，这种时候没有人会听，也没有人愿意听。与其这样，不如一笑而过，让时间告诉我们答案。

小时候，有这么一件事，对我的震动很大。

我们镇上有一少女怀孕了，父母逼问孩子的父亲是谁，被逼无奈的少女说是附近庙里的一位高僧。

孩子出生后，这家人抱着孩子找到了高僧。高僧一句话没说就默默地接下孩子，此后每天抱着孩子挨家挨户地讨奶吃。

三道 心若光明 世界就光明

镇上的人对高僧指指点点,甚至公开辱骂,高僧也不予理会。

一年后,少女受不了良心的煎熬,终于说出孩子的父亲是另一个男人,与高僧无关。面对上门来的愧疚的这家人,高僧送还了养得白白胖胖的孩子,还是一句话没说。

3. 话不投机半句多

每个人的成长背景、工作性质和发展路径都不一样,所以,每个人的价值观和喜好都不同。所以在日常生活中,我们通常只有几个非常要好的朋友。在日常生活中,共同语言很重要,前言不搭后语怎么做好朋友?或者说本身彼此就有互相较劲的竞争心理,大家用心不善,怎么好好聊天?人心都是肉长的,沟通最基本的原则就是尊重对方。

但工作就不同了,当你在生活中是个内向的人,那么工作中不见得内向,这不是说工作就得戴着面具做人,而是由于你的工作属性,你必须要成为这样的人。如果你的工作是对外的,比如市场、销售,那话不投机就会是你的弱点。话不投机只能证明其实你并不是很重视这样的对话或者你不熟悉这样的领域,但都会是很主观的原因。

有些人,生性就与我们不是一类人,明明大家谈不拢,却偏偏爱缠住你说个没完没了,你说什么他也听不进去。

对于这种人,说得再多也是徒劳,遇到话不投机之人,多说是过,置之不理,才是最好的一种方式。

二、从容淡定等时机

我们在遇到一些棘手的事情,一时又找不到好的对策时,可以先不忙着下结论,不妨先看看再说,保持一份淡定,说不定,事情一会就会向其他方面转化。

只有守住内心的淡定与宁静,才能在茫茫的人生旅程中欣赏到美丽的风景。

不乱于心,不困于情。不畏将来,不念过往。如此,安好。

画家丰子恺在《不宠无惊过一生》一文中如是说:现在事,现在心,随缘即可;未来事,未来心,何须劳心。心定则万物定,所以遇事不可心乱,心乱则万事乱。不要被情事所困扰,情事是生活的点缀而不是全部。不要畏惧将来,将来总是要来的,不要对过去的事念念不忘,这样,一切就会安好。

1. 心中若有事事重,心中若无事事轻

人之所以有烦恼,就是因为记性太好,不该记的抱住不放,背负太多,反而难以前进。有些事,不开心,就不必太放在心上。因为这样,既伤身,又影响自

己的情绪。

在我们乡下，对此有个形象的比喻：这就好比是一把茶壶，屁股烧得通红，可嘴巴还在大吹口哨。

2. 淡定之人不记仇，豁达之人不受伤

我们往往会受外界浮躁的影响，从而遗失了自己。

其实，保持一份淡定，不但可以不让自己背负太多的仇恨，也不会因为什么事情的牵连，而使自己更加受伤。

有句话说得好：身安不如心安，屋宽不如心宽。

三、以"出世"之心，办"入世"之事，谓之平常心

入世者聪，出世者慧。未必每件事都如我们所愿顺顺当当的，但我们却可以平顺的心，看待每件事。

保持一颗平常心，待人会更宽容。保持一颗平常心，处世会更理智。保持一颗平常心，生活享受会更实在。

大夏天，禅院的草地枯了一大片，禅师说："徒弟，撒些草籽吧。"徒弟说："等天凉了吧！"禅师说："随时！"

中秋，师父买了一大包草籽，叫弟子去播种。秋风突起，草籽飘舞。"不好，许多草籽被风吹走了。"小和尚惊喊。

"没关系，吹去者多半中空，撒下来也不会发芽。"禅师说："随性！"

撒完草籽，几只小鸟即来啄食，小和尚又急了。"没关系，草籽本就多准备了，吃不完。"禅师继续翻着经书说，"随遇！"

半夜一阵大雨，弟子冲进禅房："这下完了，草籽被冲走了。""冲到哪儿，就在哪儿发芽。"禅师正在打坐，眼皮都没抬一下，"随缘！"

半个月过去了，光秃秃的禅院长出了青苗，一些未播种的院角也泛出绿意，弟子高兴得直拍手。禅师信步踱到院子里，点点头，"随喜。"

禅师的这份平常心，看似随意，其实是洞察了世间玄机后的豁达。为什么我们在应对环境的变化时，心境会反复震荡于浮躁、得意、狂喜、傲慢、迷茫、不安、沮丧、焦虑、恐惧甚至绝望之间？恐怕是因为当我们还是一张白纸时，被灌输了一种狭隘的价值观，有急功近利之心。

1. 平常心看世事

世事无常。该来的，迟早会来；该去的，留也留不住。

不受情绪影响，平和释然、坦然面对，才能保持清醒。

一位企业家陪父亲在餐馆用餐，其间正有一位水平不错的小提琴手拉着琴。

企业家想起自己曾经也练过几年，禁不住感慨地说如果自己不做生意，现在没准也是一个不错的小提琴手。

父亲听到后提醒他：那样的话，我们也不一定会在此地出现。

得到的，尽情享受；失去的，不再提起。只有做到宠辱不惊，我们才能活得快乐，活得潇洒。

2. 平常心做事业

做事业，最忌讳的就是急躁。我们如果真心喜欢一份事业，那就别太在意结果，只要过程精彩、充实，就足够了。

以前我们有位经销商是个急性子，业绩上不来急，家务顾不上急，看到别人换了车子也急，看到别人买了新房子更急，一着急就上火。

后来她听了别人的建议，不再尽想着结果，只要求自己耐心踏实地把每件事做好就行。

果然，不急不躁地做，不到两年，啥都有了。

3. 平常心看成败

如果我们太看重结果，想得太多，就容易失败；反过来，我们只注重事物本身的特点及规律，专心致志地做好它，就会收到意想不到的效果。

美国斯坦福大学曾经做过一个实验，就是让一个高尔夫球手击球前一再告诉自己"不要把球打进水里"时，他的大脑里往往就会出现"球掉进水里"的情景，而结果往往事与愿违，这时间球大多都会掉进水里。

只有用一颗平常之心对待成败，不刻意，反而能平心静气地将事情做好。

4. 平常心过日子

生活总是伴随着酸甜苦辣。我们也不必太刻意地回避，不妨把这一切都看成是生活的馈赠，坦然、从容，不离不弃，勇敢地笑对。

淡泊，其实是一种心境，更容易理解别人，更容易善待自己，更容易享受生活。

用一颗平常之心对待生活，我们会真切感受到人生的喜、怒、哀、乐，从而体味到人生的真谛。

第六节 学习，获取真经

一个人的能力，一半来自实践，一半来自学习。

学习是终生的事情，不但可以使自己的知识不断更新，更能够不断地提醒和监督自己。

不但要学习怎么做事，还要学会怎么做人，更重要的是：学会让自己更值钱。

一、学前，归零

任何知识都是前人经验的总结，之所以能够拿出来宣讲，一定有其独特的地方。

一个人如果不想被时代淘汰，就必须向自然学习，向课本学习，向师傅学习，向身边的人学习。

适时把自己"归零"，就会心胸开阔。人生，难免会有成功与失败、顺境与逆境。顺境时，把自己适时"归零"，可以戒骄戒躁，消除"骄娇"二气，不把成功和顺境当"包袱"背起来；逆境时，固然会失去很多，但能够在失去时勇于"归零"，才能重新面对自己，从头开始，积极奋斗。

1. 保持空杯心态

古时候有一个佛学造诣很深的人，听说名山大川一座寺庙里，有位德高望重的老方丈，便前去拜访。到了寺里以后，先是老禅师的徒弟接待了他。他很是不高兴，心想：我是佛学造诣很深的人，也算小有名气，方丈却派个小沙弥来接待，太看不起我了吧。

后来老方丈出来，他对方丈也是表现得十分不满，态度傲慢。结果老方丈还是非常恭敬地亲自为他沏茶，但在倒水时，明明茶杯已经满了，老方丈还不停地倒。他不解地问："大师，为什么杯子已经满了还要往里倒？"大师说："是啊，既然已满了,干吗还倒呢?"老方丈的意思是,既然你已经很有学问了,干吗还要到我这里求教?

这就是"空杯的心态"故事,道理是做事的前提是先要有好心态。如果想学到更多学问,想要学习更多的销售方法,学习好的经验,就先要把自己想象成"一个空着的杯子",而不是骄傲自满。

"空杯心态"并不是完全地否定过去,而是要怀着否定或者说放空过去的一种态度,去融入新的工作环境,接纳新的事物,以适应行业跨越式发展的需要。

在学习之前,最容易犯的毛病就是先入为主、自以为是,总喜欢以自己原有的知识或者经验来判断,这样就很难学到东西。

我们日常接触最多的就是杯子。如果里面装得满满当当的,再放东西进去就会溢出来,如果想灌进新的东西,就必须将杯子清空。

其实,人心不过就像一只杯子,只有时常刷新,时常清空,人心这个容器才不会僵化,才能不断散发新的气息。

2. 打开窗帘,才会看见阳光

俄罗斯谚语说:阳光一旦暗淡,影子便愈加显得阴森可怕。

我们常常抱怨自己眼睛里看到的东西有限,这是因为我们总局限在自己的小圈圈里。其实,只要把封闭的心门敞开,阳光就会自己照射进来。

有兄弟二人,年龄不过四五岁,由于卧室的窗户整天都是密闭着,他们认为屋内太阴暗,看见外面灿烂的阳光,十分羡慕。

兄弟俩就商量说:"我们可以一起把外面的阳光扫一点进来。"于是,兄弟两人拿着扫帚和簸箕,到阳台上去扫阳光。

正在厨房忙碌的妈妈看见他们奇怪的举动,问道:"你们在做什么?"

他们回答说:"房间太暗了,我们要扫点阳光进来。"

妈妈笑道:"傻孩子!只要把窗户打开,阳光自然会进来,何必去扫呢?"

学习的道理也是一样,只有把自己心中的窗帘打开,新的知识才能够照耀进来。

3. 抢在变化之前先变

万事万物都在时时刻刻发生变化,唯一不变的就是变化本身。

有人做过一个实验,把青蛙放到一锅热水中,那青蛙遇到剧烈的变化,就会立即跳出来,反应很快。

但是把青蛙放到冷水中去,慢慢给水加温,青蛙刚开始会很舒适地在水里游来游去。锅里的水温度在慢慢地上升,它毫不察觉,仍然感到暖洋洋的自得其乐。一旦温度上升到70～80摄氏度时，它觉得有威胁，想跳出来，可是已经来不及了。因为它的腿不听使唤，再也跳不起来，最后只得被煮死。

茶圣陆羽懂得变通，弃佛从文，终成大器。

陆羽从小是个孤儿，被智积禅师抚养长大，陆羽虽身在庙中，却不愿终日诵经念佛，而是喜欢吟读诗书，陆羽执意下山求学，遭到了禅师的反对。禅师为了给陆羽出难题，同时也是为了更好地教育他，便叫他学习冲茶，在钻研茶艺的过程中，陆羽遇到了一位好心的老婆婆，不仅学会了复杂的冲茶技巧，更学会了不少读书和做人的道理，当陆羽最终将一杯热气腾腾的苦丁茶端到禅师面前时，禅师终于答应了他下山读书的要求。后来，陆羽撰写了广为流传的《茶经》，把中国的茶艺文化发扬光大。

环境的改变往往是看不见、悄无声息的。要生存，就必须不间断地用心学习、密切观察、细致体会，这样才不至于在变化到来之前听任命运的摆布。

二、学中，温故而知新

学习的过程其实也是一个不断反复的过程，那些所谓的"过目不忘"不过都是传说，没有谁能记下所有的东西。

即使我们对自己刻意记下的东西印象深刻，但那顶多也只能记住一段时期，对于需要长期记忆的东西，唯一的办法也就是不断温习，而且每一次都会帮助我们加深理解。

1. 学而不思，思而不学

《论语·为政》中孔子说："学而不思则罔，思而不学则殆。"

知识这种东西，学只是一种途径，要真正地掌握，还是要靠多多思考，灵活运用。

一次，英国科学家亨特去公园看鹿，看着每个鹿都有漂亮的鹿角，亨特突然对鹿角发生了兴趣。他摸了摸鹿角，发现鹿角是热的。为什么鹿角是热的呢？亨特很好奇，他仔细观察了一下，发现鹿角里布满了血管。

亨特想，如果将鹿角的侧外颈动脉系住一段时间，会怎么样呢？后来，他做了一个实验。他把一个鹿角的侧外颈动脉系住，发现鹿角顿时冷了下来，在一段时间内不再生长了。

过了几天，鹿角又变暖了。亨特发现并不是系带松动了，而是附近的血管扩张，输送了充足的血液。于是亨特发现了侧支循环及其扩张的可能性。

在这个发现的指引下，他开创了外科学上的亨特氏手术法。

我自己对此的感触就很深。比如：电脑技术。其实我多年前就专门学习过，只是不经常使用，久了也就生疏了，直到现在用起来还是结结巴巴的。

演讲技术也是一样，学得再好，想得也很好，不经常上台表达，一样提高不了。

2. 解疑答惑，自己是自己的良师

西塞罗说：每个人都会有错，但只有愚者才执迷不悟。

哥伦布发现了一个世界，却没有用海图，他用的是在天空中释疑解惑的"信心"。

对于学习，有句俗话说：三分靠教，七分靠悟。

要想学习的效果好，很重要的一点就是要懂得领悟，不妨自己给自己设计一些问题，自问自答，也在此过程中，发现自己的不足，找出自己的短板。

3. 学会举一反三

战国思想家荀子说：以近知远，以一知万，以微知明，此之谓也。

掌握知识的窍门在于触类旁通。一些看起来毫不相干的知识，其实彼此都是相通的，所以，掌握了一门知识，不妨通过这一点道理，解释其他的东西。

当物理学家开尔文了解到巴斯德已经证明了细菌可以在高温下被杀死，食品经过煮沸可以保存，他就大胆联想：既然细菌在高温下会死亡，那么在低温下是否也会停止活动？在这种思维的启发下，经过精心研究，终于发明了"冷藏工艺"，为保存食品开辟了一条新的路径，同时也为人类的健康做出了重要贡献。

由此可见，在人生中求发展，在社会上求生存，光"学"是远远不够的。

如果你不能将学到的知识、经验进行加工整合，变成自己的东西，就永远都不可能掌握真正的学问。

三、学后，创造

学习过后，并不是一了百了，学习的目的不但是为了运用，更是为了创造。只有经过大脑筛选、消化，重新梳理出来的东西，再加上自己创造出来的东西，才有永不枯竭的生命力。

人可以老而益壮，也可以未老先衰，关键不在岁数，而在于创造力的大小。

创造者才是真正的享受者。

1. 放弃与试试，只差半步

创造最需要的就是勇气，不要在经验之前畏缩不前，要勇于推翻先前的论断，敢于向权威挑战。也不要想当然地认为结果不是这样就是那样，不亲自试

试，我们就得不到真正的结果。

一个具有天才的人，具有超人的性格，绝不遵循通常人的思想和途径。

在马云之前，电子商务其实已经有很多人在做了。

在阿里之前，王峻涛创立了8848网站，在中国电子商务发展史上留下了浓墨重彩的一笔，它是中国第一个做O2O的电子商务网站，曾被誉为"中国电子商务的领头羊"，一度在电子商务市场处于垄断地位。

然而，今天还有谁知道8848网站？曾经的亿万富豪、自称是"中国电子商务之父"的王峻涛（老榕）靠在微博上吆喝叫卖大枣、杏干之类的小玩意儿谋生。

2003年的时候我在北京，曾经受邀参加过一个民间自发组织的电子商务大会，当时有来自全国各地数千名做电子商务的人参加，个个亢奋。但那时国家并不提倡，甚至将电子商务归为像传销一类的东西予以打压，很多人顶不住了，陆陆续续退出。只有马云坚持下来了，并机敏及时地将公司从北京迁到了故里杭州。结果一不小心，做起来了，做大了，上市了，还成了首富。

2. 不试不知道，试了吓一跳

宋代陆游有诗云：纸上得来终觉浅，绝知此事要躬行。

自古成功在尝试，不尝试永远都不会成功，勇敢的尝试是成功的一半。

我们不妨掐指算算，此生所看到的，所听到的，所经历过的，有多少事情是知道了结果之后才得出答案的？

这个世界上，任何发明创造，也都是历经了无数次失败之后才有的结果。只有亲自试过了，我们才知道自己究竟有几斤几两。所以，如果我们想好了要做什么，那就大胆地迈出脚步，只有自己行进在路上，才能迎来成功的希望。

3. 做最好的自己

任何事情都有成功或者失败两种结果，成功往往是由无数失败累积的结果，要做，就不要惧怕失败，更不要气馁，放弃就只能得到失败一种结果；继续下去，至少还会有成功和失败两种结果。所以，等到我们几乎要放弃的时候，这时不妨咬咬牙，再坚持一会。挺过来了，你就会发现：哈哈！其实，原来，我也可以。

既然不愿为人所鄙薄，不愿行尸走肉般地活着，那就努力！努力让自己每一天，都做那个最好的自己！跟随自己的心，不去追名逐利；跟随自己的心，不去抱怨哀啼；跟随自己的心，笑看花开花落，云卷云舒。

做最好的自己，我们就该像花儿一样，让生命怒放，绽放属于自己的色彩，给予这世界醉人的芬芳！用温馨的甜蜜，融化这世界的冰冷。

做最好的自己，我们就该像那野外无名的小草，蓬勃自己的活力，昂扬自己的姿态，活出自己的精彩！

时下，不是有这么个说法吗：

成不了太阳，就做最亮的星星；

成不了大路，就做最美的小径；

成不了明星，就做最好的自己。

人生的最美，便是来自心灵深处的通透与澄澈，犹如一泓清亮甘洌的清泉。

优越，不在于外表，不在于才华，而在于内心的安定祥和，在于内心的慈悲宽容。

每个人都有自己的想法与活法，每个人也都有自己的价值观和人生观，与其试图去改变别人，不如首先改变自己。

不苛求任何人，也不强求任何事，学最好的别人，做最好的自己。

想想，最好的自己，其实就是正行进在路上的样子。

有时候觉得心里不爽，我就会莫名其妙地想起小时候的一则趣事。

有一次跑步，无意中我竟然发现自己无论怎么跑都超不过自己的影子。

于是就那么很认真地追赶了一阵，因为我想要超越自己的影子。

可是，不管我向前跳多远、跑多快，影子总是在我的前面。

后来，过路的大人告诉我一个最简单的方法："你只要向着太阳跑，影子不就跑到你的背后去了吗？"

反过身来试一试，还真是。

看来，很多事就看你怎么看，角度不同，结果就不同。

四道

自强不息 百炼成钢

第一节 自强又如何

第二节 选择，与自强不息的人在一起

第三节 成功，进步一点一点

第四节 重承诺，守信用

第五节 敢于担当

第六节 培养自强品格

> 天行健，君子以自强不息。
>
> ——《周易·乾·象》

小时候我体弱多病，动不动就看医生，瘦骨嶙峋得像一根麻秆，大人们形容我看着像一阵清风就能吹倒的样子。鼻孔还经常垂着两条绿鼻涕上下伸缩，人送外号"病秧子""鼻涕泡"，以至于伙伴们玩游戏时都不爱搭理我，不带我一起玩儿。

为了甩掉这个在我看来天大的耻辱，我可没少费心思。

先是出门故意套件肥大一点的衣服，结果空荡荡的裤子像是两条竹竿在晃动，更显得自己羸弱不堪；后又尝试着尽可能地在人前忍住鼻涕，尤其是一村人围着看热闹的时候。谁知越加闹出笑话，因为忍的时间一长，原本要跑出来的鼻涕在鼻子里越积越多，到最后一流一大串，就像《喜剧之王》中周星驰在导演面试时抱着莫文蔚的桥段一样……原本看的是别人的热闹，这会自己反倒成了别人最大的热闹。

但我一直在寻找着改变的方法。终于有一天，我将"掩盖"变成了"暴露"，就是再也不穿那些蒙人的肥大衣服，而是光着膀子就能让人看出自己的强壮。

我采用的方法：一是多吃饭，不管喜欢吃的不喜欢吃的，一律尽可能往嘴里塞；二是运动，有机会就在自家院子里的歪脖子树上爬上爬下。哥哥姐姐们赶着上学，我总是找这样那样的借口追上去，其实我就是故意这样练习跑步。还缠着大姐用废布做了个"沙袋"，偷偷藏在村后的小树林里，一有机会就溜出家去，照着沙袋狠狠地比画练拳击。常常将自己的手上弄得爬满一个个血泡，害得母亲经常一边淌泪一边心疼地为我擦红药水、消炎药，一边问我是怎么回事，我却倔强地沉默一声不吭……

这样坚持了几个月，亲戚们见面都说我胖了、结实了，身上到处鼓着腱子肉，我自己也觉得原先讨厌的鼻涕越来越少了，关键是还变得孔武有力了。一年后，那些让我觉得莫大耻辱的外号已然离我远去，看着身体健硕、干干净净的我，人们似乎忘记了那些曾经让我羞愤不堪的绰号了。

自强，是大自然中一个很神秘的概念，任何生物都是沿用这一条件在自然环境中进步，若是自暴自弃，就势必弱小，结局就是理所当然地被强大所淘汰。

唯有自强，才能把握自己的命运；只有自身一点点地强大起来，进步起来，才可以离我们自己想要的东西近一点点。

自强不息，就是需要人们在困厄的时候，勇于向命运挑战，向逆境挑战，不屈服，不妥协，不消沉，不退避，并有勇气去战胜它。人类不断前行的历程，就是在不断战胜困厄的同时，不断战胜自己，逐步走向强大，走向今天的文明昌盛。所以有：

有志者，事竟成，破釜沉舟，百二秦关终属楚；

苦心人，天不负，卧薪尝胆，三千越甲可吞吴。

第一节 自强又如何

一个人是否自强不息，对于个人来说，是个体现价值的问题；对于家庭来说，是个引以为傲，还是引以为憾的问题；对于团队来说，是多个帮手，还是多个包袱的问题；对于社会来说，是个推动，还是阻碍前进的问题。

所谓自强不息，其实就是不断地进德修业，就是厚德载物。

自强不息的结果，其实就是进步。

一、怎么才算得上自强

曾国藩说："人无一内愧之事，是天君泰然，此心常快足宽平，是做人第一自强之道，第一寻乐之方，守身之先务也。"做什么事都问心无愧，对父母尽孝，对朋友尽义，对事业尽忠，就会一辈子都活得坦然，活得轻松，活得有模有样。否则，就会活在良心的不安和自责之中。

什么是自强？依我看，从现实的实际出发，立足现实，面向未来，向理想的目标靠近，不断进步，也就是自强。

这应该包括两个方面：一是所作所为符合时代发展的趋势；二是此时的自己无论在观念上、感觉上，还是行动上，都比彼时的自己稍稍好一点。

1. 进步看得见

美国著名作家和教育家海伦·凯勒说过："我的任务是练习，练习，不断地练习。失败和疲劳常常将我绊倒，但一想到再坚持一会儿就能让我所爱的人看到我的进步，我就有了勇气。"

海伦·凯勒在 19 个月大时因为一次高烧而导致失明及失聪。自强不息的意志让她没有沉沦，她学会说话，坚持自学，并从哈佛大学毕业。她完成了一系列著作，如《假如给我三天光明》《我的生活》《我的老师》等。她毕生致力于为残疾人造福，建立慈善机构，1964 年荣获"总统自由勋章"，次年入选美国《时代周刊》评选的"20 世纪美国十大英雄偶像"之一。马克·吐温赞誉她为 19 世纪中除拿破仑以外最杰出的人物。她去世后，因为她坚强的意志和卓越的贡献感动了全世界，各地人民都开展了纪念她的活动。

判断自强的标准，就是看是否有显著的进步，不但自己能感觉到、看得到，别人也能明显地看到。

我们都见过竹子的生长，不管多么坚硬的泥土，它都能破土而出，而且到一定时候，不管条件多么恶劣，每天都能长出一节，每天都能给人带来欣喜。

这就是自强，这就是进步的感觉。

2. 向好的趋势转化

自强的另一个衡量指标，就是有向好的趋势，看是否是向好的一面转化，是否是向有利于推动社会发展的方向转变，看是否符合大众的世界观、价值观。

就拿我们司空见惯的树木来说，健康的树，树叶一定是向着太阳，向上生长的，即使枝干被折断了，或者正受到病虫害的折磨，只要活着，树叶依旧保持着向上的姿势。

内心强大比什么都重要，承认自己的平凡，但是努力向好的方向发展。你可以迷茫，但不能虚度。要明白，人须自强与自立，方可无忧。我们走过的每一条路其实都是必经之路，只是我们永远无法借别人的翅膀飞上自己的天空。无论什么时候，我们都要做人生中的向日葵，始终面向太阳，无论在什么样的境遇中，我们都应该努力成为更好的自己，只有这样，才能成就更好的未来。

3. 有良好的状态

自强还有一个不可忽视的因素就是：自己是否有良好的状态。因为这样做起事来才会有积极的态度，也才会以积极的心态影响他人。

我们判断一个生命，首先感受到的就是他的状态，植物生机勃勃，动物炯炯有神，人要神采奕奕。这样活着才有滋味，才有价值。

二、干吗非得自强

生命的法则就是优胜劣汰。时代的趋势就是不断前进的,不管我们愿意与否,都必须被时代裹挟而行,弱小的势必就会成为阻碍,结局不是被抛弃,就是被践踏。

1. 自强就能掌握命运

自强者离不开坚定的意志和坚强的毅力。自强者的勇气,不仅表现在轰轰烈烈的事业当中,更多地表现在平凡平静的生活中,这是一种日积月累的考验。遭遇冷落泰然处之,穷困潦倒雄心不泯,受到误解心平气和,这才是自强者应有的精神底蕴。

困苦是一个人在人生中不可避免的遭遇。人生不是因为为所欲为而自由和幸福,而是因为克服困难和战胜自我而自由和幸福。人唯有自强不息,才能真正品味到生命的意义和充满活力的人生。

只有顺应时代的潮流,不甘堕落,才能将命运牢牢地掌握在自己手里,这一点,无论对于个人来说,还是对于团队来说,都是如此。

我常常想,如果当年我不是玩了命地考取大学,现在就一定还在家务农,也许有个朴实的老婆,也许有几个嗷嗷待哺的孩子,也许会随着"民工潮"进城打工……

虽然也可能不那么劳心,甚至有点安逸,但那不是我要的生活。

2. 自暴自弃将被命运左右

人的命运是靠自己把握的。如果对自己的境遇不满意,那就努力改变。不满足,才能进步。原地踏步的结果,只能是被越来越多往前涌动的人流推着走。

自暴自弃的人一般存在四个方面的问题:行为上——他们被动,犹豫不决、无助;情绪上——他们很悲哀;身体上——他们的睡眠、饮食都受到干扰;认知上——他们认为生命是没有希望的,他们认为自己一文不值。

我曾经在北京、广州,都遇到过孩提时的小伙伴,很多人当年都比我聪明,家境也都比我好,但他们仅仅是一时半会怕吃苦,不努力,安于现状,就一直待在家里没动。现在村里基本没田可种了,依他们这个年龄,又没有城里人所需要的专业技术,只能是做家政之类的临工度日……完全是一种不思进取、安于现状、混吃等死的状态。

现实永远是不公平的,承受力脆弱的人甚至要通过自我矮化来寻求平衡。这种优胜劣汰很残酷。一个人如果自己都不拿自己当回事,那就彻底完了。身材、长相、存折、亲爹，都治不了心病。以大学生为例，一次逃课可以算是偶然行为，不值得学校和老师深究。但行为重复多次，就是习惯，习惯不断发展，就成了直觉，认为自己理所当然不该去听课，最后变成这个人本性当中的一部分，并很容易折射到其他事情上。

三、不进则退，真的吗

很多人不太愿意冒险，舍不得放开手中的一切，因为打破的结果是个未知的 X，现在拥有的是实实在在的 ABC。

残酷严峻的现实是，一切弱小的、落后的东西，终将被无情地抛弃，这是事物发展的规律，谁都改变不了。不自强也就不能前进，于社会来说，于人来说，于己来说，都是怯弱，都是退步。

1. 进步是相对退步讲的，没有在原地踏步的人

生活很丰富，世界很精彩，大家都急着赶路，每个人都在队伍中占有自己的位子，如果原地踏步，势必会被后面的人所超越。

一些人喜欢安于现状，乃是人的惰性使然。可能他们觉得安于现状也有好处，就是容易满足，即所谓自得其乐吧。

荀子《劝学篇》云：不积跬步，无以至千里；不积小流，无以成江海。骐骥一跃，不能十步；驽马十驾，功在不舍。锲而舍之，朽木不折；锲而不舍，金石可镂。

时间是个常数，但也是个变数。勤奋的人无穷多，懒惰的人无穷少。时间也是最客观公平的，它从不多给谁多一分一秒，勤劳者能让时间留下沉甸甸的果实，懒惰者时间给予他们皓发满首，两手空空。

2. 若不进步，就会被进步的人所抛弃

大家都有在人潮涌动的地方出没的经历，当一波又一波人潮涌来时，这时最安全的方式就是随人潮一起涌动，如果稍有停滞，就会有被后面的人推倒的危险，结果很可能就是被蜂拥的人群践踏，非死即伤。

这个世界更新速度太快，尤其是互联网时代，瞬息万变，我们总是能在不经意间充满惊喜与感叹，因为这世界的一些人永远不满足于现状，永远在寻求下一个突破口，当想象力被一次次刷新的时候，活在当下的你，又是否明白这么一个亘古不变的道理——人生在于不断突破进取。

这样的时代太美好，怕你会就此沉溺，怕你抱着人生苦短、及时行乐的想法活在当下，每天重复着同样的事情，固于三点一线，你不必为一日三餐犯愁；你

不必去忧国忧民，关注民生。你更不必为了读万卷书去行万里路，活在自我世界的时候，你还幻想着可以策马奔腾，对酒当歌。生活舒适到舍了追求，有一天你也会是无所求，你主动将自己归于平淡，美其名曰追求平凡，可是，你知不知道？平凡也是要你付出行动的，你所要的不过是平庸，当你终于把生活过成一种习惯时，你会适应它的风平浪静，你会无比自豪地满足现状，这一生都不会有过坏过好的期待，唯一剩下的只是日复一日重复每一天的生活，然后数着时间，内心惶恐地在等死的降临而已，那人生就真的白活了。

做事业也是一个道理。弱小并不可怕，可怕的是"破罐子破摔"，自己不努力，别人想帮也帮不上。

在现实的环境里悠然自得，这是一种比堕落沉沦还要可怕的生活态度，如果可以，人生不要风平浪静的可怕，偶尔泛起微波也未尝不是美好，有一个明确的信仰或是目标，不断指引前进，让人生的轨迹不断小幅度地更改，欣赏着不同的风景。科鲁兹说："你是你梦想路上的唯一高墙，越过去，全世界都能看到你的光亮。"

是的，别蜗居在自己的世界里怡然自得，请随时铭记并时刻提醒自己：这个世界一直在期待你的那一星半点儿的光亮，挣脱出"现状"走向你的挑战，生命的意义贵在"折腾"。

第二节 选择，与自强不息的人在一起

每个人在社会上都不可能独立存在，必然会有各种各样的人聚集在周围，而正是这些人影响着你，也决定了你是进步还是退步。

就个人来说，想进步，最简单的方式就是跟自强不息的人在一起，这样才能受到身边这些进步人的影响和带动。

司马光编撰的《资治通鉴》中《晋书·祖逖传》一章有这样的记载："祖逖，东晋人也，有大志，常欲光复中原。后与刘琨俱为司州主簿，情好绸缪，共

被同寝。中夜闻荒鸡鸣，祖蹴琨觉，曰：此非恶声也！因起舞庭中。后渡江，募士铸兵，欲扫清中原。"

祖逖是东晋人，他年轻时就胸怀大志，常常希望能够收复中原失地。后来他与刘琨一起担任司州的主簿，两人交情很好，常常共被而眠。夜半时听到鸡鸣，祖逖踢醒刘琨，说："这不是令人厌恶的声音。"于是起床练剑。渡江以后，他招募勇士，铸造兵器，打算将胡人逐出中原。

经过长期的刻苦学习和训练，他们终于成为能文能武的全才，既能写得一手好文章，又能带兵打胜仗。祖逖被封为镇西将军，实现了他报效国家的愿望。

这是中华民族著名的"闻鸡起舞"的故事，我在这里不谈祖逖，说说祖逖的小伙伴刘琨，他也是历史上大名鼎鼎、成就一番大业的人物，是晋朝政治家、文学家、音乐家和军事家。假如当初刘琨不是跟富于进取精神的祖逖，而是跟着懒惰随性、自暴自弃的别的什么人，或许刘琨也成不了什么大气候，也不过就是一个庸庸碌碌的小市民罢了，沉落在历史长河里，像浮萍飘转沉浮，名不见经传。

一、跟对人，跟谁？这是个问题

"近朱者赤，近墨者黑"是众人皆知的道理，与什么样的人在一起，就会受到什么样的影响。感染也好，传染也罢，在一起的时间久了，终将会成为相似的人。

1. 跟自强的人在一起

我们乡下有句俗话："跟好人学好样，跟着巫婆学跳神。"

要想进步，那最好的结果就是跟一个不甘于落后的人在一起，最好跟一个完全靠个人的努力拼搏出来的人在一起，因为这样的人不但经验更有可借鉴性，同时他们的奋斗历程也更容易激发你的热情。

有个"孟母三迁"的故事典型地说明了这个道理。

孟子年少时，家住在坟墓的附近。孟子经常喜欢在坟墓之间嬉游玩耍。孟母见此情景，就觉得这个地方不适合居住，于是就带着孟子搬迁到市场附近居住下来。可是，孟子又玩闹着学商人买卖的事情。孟母又觉得此处也不适合孟子居住，于是又搬迁到书院旁边住下来。此时，孟子便模仿儒生学作礼仪之事。孟母认为，这正是孟子所适宜居住的地方，于是就定居下来了。

2. 以成功的人为师

做人、做事是相辅相成的，只有在这两方面都成功的人，才可以堪称老师，不但能教导怎么做事，还能引导怎么做人。

每一位成功者，他迈向成功都会付出勤劳和汗水，他们身上往往具备以下十大特质：

（1）勤于动脑并善于钻研执着。

（2）擅长学习并注重知识更新。

（3）能够吃苦并做到决不言弃。

（4）擅长用人和做到求贤若渴。

（5）能够发现并积极把握机会。

（6）具有卓越的领导协调能力。

（7）具备超强出众的公关能力。

（8）不怕失败并坚持理想信念。

（9）用人不疑并保持心胸开阔。

（10）鼓励创新并激励创新人才。

值得注意的是，要严防个别披着老师外衣的"伪导师"。

在这件事上，可以把握一个原则：结交那些对成长有益的人，远离那些有着坏习惯的人。总之一句话：你能从他们身上找到一种你尚不具备，而社会又很需要的优秀品质。

3. 三人行必有我师

子曰：三人行，必有我师焉。

它包含了两个方面：一方面，择其善者而从之，见人之善就学，是虚心好学的精神；另一方面，其不善者而改之，见人之不善就引以为戒，反省自己，是自觉修养的精神。这样，无论同行相处的人善与不善，都可以为师。虽然"三人行，必有我师焉"，可以说是家喻户晓，可是人们并不是经常能够做到。人们常犯的一个通病，就是往往看自己的优点和他人的缺点多，看自己的缺点和他人的优点少，从这个意义上讲，重温"三人行，必有我师焉。择其善者而从之，其不善者而改之"，认真领会它的深刻内涵，并且努力去做，对我们做好事情还是很有意义的。

孔子就是一个非常谦虚的人，也是一个善于学习的人。他说三人行必有我师，在实际生活中他也是这样要求自己的。孔子跟老子学过礼，跟师襄学乐，入太庙，向身边的人讨教。

有一个叫项橐的孩子非常聪明，乡间无人不知无人不晓，而且声名远播，孔子也听说了这个神童，一直就想见，可是孔子在鲁国国都，项橐在齐国的南部，二人相距实在很远，一直无缘相见。

孔子带着学生周游列国到了齐国边境，想去看海，坐着子路赶的马车前去了。途中遇见几个小孩在路中间堆了一堆土，子路很生气，心想这谁家的小孩这么调皮，把路都给堵了，于是呵斥几个小孩，让他们让路。几个小孩根本不理，继续玩耍。子路一看就火了，就想动手，孔子一看赶紧叫住子路，心说你要是把小孩打了，传出去我的学生只会欺凌弱小，与我的面子上也过不去，于是孔子去问小孩，说你们为什么不给我们让路啊。

这时候项橐出场了，他就是这群小孩中的一个。

项橐对孔子说，我们筑的是座城，只听说车马绕城，没听说城让车马的。孔子听后是哭笑不得，见小孩可爱就让了小孩，绕土堆而过。

孔子见路边有一农夫，便上前询问以示自己的仁德，可是问的问题很古怪，孔子问农夫一天挥多少下锄头。我现在还疑惑不解，圣人孔子怎么会问出这么个愚蠢的问题来，看来人说孔子五谷不分四体不勤是有道理的。农夫只知道种地，谁还数着挥多少下锄头啊，顿时张口结舌，说不出话来。孔子见问不出什么，也就兴致索然，带子路离去。

等师徒二人看完了海回来，又路过这里，子路趁歇息的时候去问那个农夫，刚才我老师问你什么了。农夫回答说，他问我一天挥多少下锄头。子路也问，农夫就说你的马一天踏多少次蹄我就挥多少次锄头。子路听后很以为然，认为农夫很机智，回去就跟孔子说。

孔子纳闷啊，刚才他没说啊，就下车问农夫，农夫也不隐瞒，告诉孔子是他儿子说的。孔子顿时想起那个齐国神童来，当天便在当地住了下来，要找项橐说话。

孔子开始还不太相信一个七龄小童能有多大能耐，便心存轻视，可一上场就让项橐的几个问题给灭火了，几个问题一个也答不出来，项橐就嘲笑孔子说"孰为汝多知乎"。当时孔子恨不得地上有个缝好钻进去。要搁旁人这下可就真栽了，孔子还真拉的下脸，给项橐一鞠躬，口中称后生可畏，说是要拜项橐当老师。别说项橐没这个想法，即使有，他爸也不能让他这样干，旁边的农夫赶紧上来阻拦，连声向孔子赔不是。可是子路在旁边都看在眼里，心里对项橐也不很满意，孔子毕竟还是有学问，看出子路的面色不悦，马上出言教导子路，留下了"三人行，必有我师焉"的千古名言。

对于我们学习的人来说，一要有善于发现对方优点的眼光；二要虚心学习。其实"三人行，必有我师"这句话还告诉了我们一个深刻的道理，那就是：在我们的生活和学习中，我们每天都要接触许多人，每个人身上都有许多长处和优点，只要我们愿意去学习，其实每个人都可以成为我们的老师。

与成功者为伴，亦重视"三人行"。

要成功，就得靠近成功的人，但也不要忽视那些品德高尚的人。虽然他们做事上可能暂时还没有成功，但在做人上却堪称楷模。而这一点，又是成功必备的素质，所以他们是具备成功潜质的，只是因为这样那样的原因，还没能马上获得成功，但却可以给你很好的借鉴。甚至可以以他们为例，少走一些弯路。

二、走对路，怎么走有讲究

要成功，环境很重要。

赶路的人，最怕的就是走错路，这样白白地耗费了时间、精力不说，也会大大地挫伤锐气。

有个非常勤奋的青年，很想在各个方面都比身边的人强，但经过多年努力，仍然没有长进，他很苦恼，就向禅师请教。禅师叫来正在砍柴的三个弟子，嘱咐说："你们带这个施主到五里山，打几担自己认为最满意的柴火。"年轻人和三个弟子沿着门前湍急的江水，直奔五里山。

等到他们返回时，禅师在原地迎接他们。年轻人满头大汗、气喘吁吁地扛着两捆柴，蹒跚而来；两个弟子一前一后，前面的弟子用扁担左右各担4捆柴，后面的弟子轻松地跟着。正在这时，从江面驶来一个木筏，载着最后一个小弟子和8捆柴火，停在禅师面前。

年轻人和两个先到的弟子，你看看我，我看看你，沉默不语；唯独划木筏的小弟子，与禅师坦然相对。禅师见状，问："怎么了，你们对自己的表现不满意？""大师，让我们再砍一次吧！"年轻人请求说，"我一开始就砍了6捆，扛到半路，就扛不动了，扔了2捆；又走了一会儿，还是压得喘不过气，又扔掉2捆；最后，我只把这2捆扛回来了。可是，大师，我已经很努力了。"

"我们和他恰恰相反，"大弟子说，"刚开始，我俩各砍2捆，将4捆柴一前一后挂在扁担上，跟着这个施主走。我和师弟轮换担柴，并不觉得累，反而觉得很轻松。最后，又把施主丢弃的柴挑了回来。"

划木筏的小弟子接过话，说："我个子矮，力气小，别说2捆，就是1捆，这么远的路也挑不回来，所以，我选择走水路……"

禅师用赞赏的目光看着弟子们，微微颔首，然后走到年轻人面前，拍着他的肩膀，语重心长地说："一个人要走自己的路，本身没有错，关键是怎样走；走自己的路，让别人说，也没有错，关键是走的路是否正确。年轻人，你要永远记住：选择正确的道路，永远比跑得快更重要。"

但要想将路总是走对，怎么走，还确实是有一些讲究的。

1. 符合发展趋势

去一个目的地的路不只一条，所以赶路的人，往往要面临着两难的选择：看似好走的路，可能有很多陷阱在等着你；看似不好走的路，也许还反而更加安全。

这取决于发展的趋势。

像早些年中国大肆搞生产，挖煤的发了大财；

后来发展房地产，钢材紧俏；

再后来，各种形式的互联网商务来势汹汹。

现在环境污染，食品安全，促使人们首要关心的是自己的健康。于是，健康产业方兴未艾，而且还随着社会经济越发展，生活水平越高，市场需求越大，越受到市场青睐……

这是社会发展到一定时期的必然趋势，不是谁能够阻挡得了的。

2. 符合社会环境

脚下的路走得顺不顺利，与社会环境密不可分，合情合理合法尤为重要。

如果是非法，那即使再宽广的路，也会走得偷偷摸摸、忐忑不安。更可怕的是，这条路随时都有中断的危险。那结局就是：即使不被埋葬，也不得不退回重来。

比如，你要开个赌场，在美国的拉斯维加斯想开就开，在澳门开，就要取得特区政府批准，但在国内那是绝对不允许的，偷偷开一个试试，就是顶风作案，就要被关进监狱。

3. 专业技能及价值观

任何事，要想做不难，要想做好都不容易，所谓专业不专业，表面看起来都完成了，但完成的质量有差别，效果当然就是大相径庭。

要掌握一手绝活，就必须拜专业技术过硬的人为师，但也要考虑对方的价值观是否与自己相同。否则，再好的技术，再专业的本事，用错了地方，就会变成坑人的伎俩。比如，现在网络黑客大行其道，用来解决网络故障，造福于民；可用于谋取不正当利益，那危害也相当惊人，甚至会断送自己。

伟大的音乐家贝多芬以其自强不息的精神与悲苦的命运做斗争，以其非凡的音乐才华给我们人类艺术宝库增添了大量的经典音乐作品。

四道　自强不息　百炼成钢

《命运交响曲》是贝多芬最杰出的一部作品，它的主题是反映人类和命运搏斗，最终战胜命运。这也是他自己人生的写照。第一乐章中连续出现了沉重而有力的音符，贝多芬说："命运就是这样敲门的。"

贝多芬是世界著名的音乐家，也是命运最糟的一个。童年，贝多芬是在泪水浸泡中长大的。家庭贫困，父母失和，造成贝多芬性格上严肃、孤僻、倔强和独立，但他心中蕴藏着强烈而深沉的感情。他从12岁开始作曲，14岁参加乐团演出并领取工资补贴家用。到了17岁，母亲病逝，家中只剩下两个弟弟、一个妹妹和已经堕落的父亲。不久，贝多芬得了伤寒和天花，几乎丧命。贝多芬简直成了苦难的象征，他的不幸是一个孩子难以承受的。

尽管如此，贝多芬还是挺过来了。他对音乐酷爱到离不开的程度。在他的作品中，有着他生活的影子，既充满高尚的思想，又流露出对人间美好事物的追求、向往。

说贝多芬命运不好，不光指他童年悲惨，实际上他最大的不幸，莫过于28岁那年的耳聋。先是耳朵日夜作响，继而听觉日益衰弱。他去野外散步，再也听不见农夫的笛声了。从此，他孤独地过着聋人的生活，全部精力都用于和聋疾苦战。

贝多芬活在世上，能理解他的人太少了，而唯一能给他安慰的只有音乐。他作曲时，常把一根细木棍咬在嘴里，借以感受钢琴的振动，他用自己无法听到的声音，倾诉着自己对大自然的挚爱，对真理的追求，对未来的憧憬。他著名的《命运交响曲》就是在完全失去听觉的状态中创作的。他坚信"音乐可以使人类的精神爆发出火花"。"顽强地战斗，通过斗争去取得胜利"这种思想贯穿了贝多芬作品的始终。

1827年3月26日，一个雷雨交加的夜晚，音乐巨人与世长辞，那时他才57岁。贝多芬一生是悲惨的，世界不曾给他欢乐，他却为人类创造了欢乐。贝多芬身体是虚弱的，但他是真正的强者。

三、做对事，永续很重要

人们形容那些在某些方面天赋高的人，总喜欢称其为"有才"。而是否能够将才能转化为"才干"，务实的广东人对此有个很贴切的词——识得做。

所谓"才能"，有时只不过是块敲门砖，门开了，做成什么样子，那就得看个人自己的造化了。

1. 有永续经营的理念

企业经营的最高境界是永续经营。创建于1888年"百年老店"李锦记,它凭借严格的品质管理和强大的市场拓展能力,建立起一个蜚声海内外的酱料王国,畅销产品达60余种,分销网络遍布世界五大洲100多个国家和地区。真正实现了"有华人的地方就有李锦记产品"。

在李锦记的词典里,没有"守业"这个词,唯有创业,永远创业,才能保持健康持续的发展。

传承家业、永续经营是每一个家族企业的渴望。然而,有太多的失败案例似乎在道明将这个渴望变成现实有多么不易。李锦记可谓一个难得的中国家族企业成功案例,"永远创业精神"这个企业文化基因发挥着重要作用。在"创业"精神的指引和推动下,李锦记这个酱料王国中,没有什么是不敢想的,任何一个李锦记人也唯有通过不断的自我突破与创新,方能达成团队和个人目标。锐意改革和创新的策略,让李锦记既有百年品牌的深厚积淀和卓越产品,又能摆脱传统企业相对"故步自封"的束缚,在竞争激烈的市场中葆有旺盛生命力,不但将接力棒代代相传,更让这个金字牌匾越来越闪亮耀眼。

家庭过日子也一样,今天吃饱了,还得为明天做做打算,这样日子才能长长久久过下去。

经营工作也是一样。做短线,赚点快钱,今天好过了,明天却一天天走下坡路,直至无路可走;做长线,可能来钱的速度相对慢一点,但走的却是上坡路,一天比一天日子好过。

2. 厚积薄发

任何事情的发展,都有个积淀的过程。只有集聚了足够的力量,才能更好地释放力量。

我们要想让一座建筑永久站立,首先应该做的不是马上砌砖,而是无论如何先把基础打扎实了。

我们要想自己跑得快,那就得预先做好准备,活动开身体,憋足了劲,再乘势飞奔。

做事业一如开车,起步时只要保持匀速就好,逐渐加大油门,循序渐进,再远的目标也能到达。

我国西晋时著名的辞赋大家左思,他写旷世名篇《三都赋》就用了整整十年。为了把《三都赋》写好,无论是吃饭也好睡觉也罢,他时时刻刻都在构思这篇赋的语言文字、思想内容和艺术境界。为了能够及时地把自己突发的灵感记录下来，他无论何时何地都不忘带着纸笔，一想到有什么好的句子，就立马记下来。

苦心人，天不负，十载寒暑过去，左思终于完成了他名动天下、流传千古的《三都赋》。《三都赋》语言华美、文笔流畅，无论在内容还是形式上，都具有较高的艺术价值。文章一经问世，整个洛阳城为之轰动，大家竞相传抄，由于这篇文章较长，毛笔写字也费纸张，当然，最主要还是抄的人太多了（量大），顿时洛阳城的纸张变得供不应求，纸价暴涨，"洛阳纸贵"这个成语就是由此而来，真是我国古代文坛一件无比风雅的盛事。

左思用了整整十年才写了一篇足以让他流芳百世的文章，而我们现在的一些年轻人据说一个星期就能写本小说，真是了不得。所谓"台上一分钟，台下十年功"，任何成功者，都是付出了常人无法想象的艰辛才实现自己的人生和社会价值的。

有一位年轻的画家，他在刚出道时，三年没有卖出去一幅画，这让他很苦恼。于是，他去请教一位世界闻名的老画家，他想知道为什么自己整整三年居然连一幅画都卖不出去。那位老画家微微一笑，问他每画一幅画大概用了多长时间。他说一般是一两天吧，最多不过三天。那老画家于是对他说，年轻人，那你换种方式试试吧，你用三年的时间去画一幅画，我保证你的画一两天就可以卖出去，最多不会超过三天。

这个故事虽然结构和情节都非常简单，却告诉我们一个深刻而耐人寻味的道理：成功绝不是一蹴而就的，只有静下心来日积月累地积蓄力量，才能够"绳锯木断，滴水穿石"。

3. 每天做几件重要而又迫切的事

早些时候，有一个船主要造一艘大船，组织了一批工人选用木料准备开工。工人选木料时发现有一块木料无论是大小、质地还是外观都非常不错，唯一美中不足的就是上面有一个虫蛀的小窟窿。工人去请示船主这块木料要不要用，哪知船主很不高兴："那么大个船，那么大块木料，这么小个窟窿也要来问我？"工人吃了一脸灰，心里自是不高兴，回去再一琢磨船主的话，就把那块木料用上了。后来，船造好了，在海上航行几年后，不料小窟窿越来越多。有一次，船装满物品刚离港就遇到风暴，虫蛀的那块木板被浪头击穿了一个大洞，海水迅速灌进船舱，小小的窟窿，变成了大洞，最后毁了大船！

这个故事让人不禁慨叹，惋惜！在我们的工作中、企业管理中，是否也存在这样的小窟窿你却没当回事呢？

四道　自强不息　百炼成钢

首先，大事与小事是相对而言的，管理者要判断事情的轻重缓急程度而定；做好时间管理；其次，管理者通常事情较多时间较紧，这是可以理解的。但管理者没时间，不一定就是全因为去处理小事了，也可能是自己工作没规划好，时间管理不到位。

我觉得要防止一种主观上的错误倾向：认为管理者就是管大事的。似乎应该天天高瞻远瞩，战略挂在嘴边才是管理者，其实不然。

千里之堤，毁于蚁穴。有些小事也许暂时不会对企业产生多大影响，但如果不能发现并及早处理，迟早会坏了大事，这样的小事就是大事的前奏，而不是一个孤立的小事了。

古老的西方寓言说"丢失一个钉子，坏了一只蹄铁；坏了一只蹄铁，折了一匹战马；折了一匹战马，伤了一位骑士；伤了一位骑士，输了一场战争；输了一场战争，亡了一个帝国"，这充分说明了细节决定成败。

当然，作为管理者，既需要及时发现并处理好身边的"小窟窿"，同是又不能使自己被"小窟窿"包围而完全陷入其中，这就要求管理者本人必须是处于主动而不是被动。因此，我们要善于借助一些现代的管理工具，比如笔者在用的"今目标"就不错，所谓"工欲善其事，必先利其器"，要发现细菌当然得用显微镜。

常常听人抱怨自己最近如何如何了，忙得晕头脑涨。其实这就是不懂得合理地分配自己的时间的结果。

一个人的精力是有限的，无论生活还是工作，要做的事也确实很多，但什么事情先做，什么事情后做，却有讲究。

这方面，如果觉得轻重缓急把握不好，有一个时间管理的程序，可以帮助理清：

A. 重要，急迫。

B. 不重要，急迫。

C. 重要，不急迫。

D. 不重要，不急迫。

每天多做 A、B，少做 C，不做 D。

第三节 成功，进步一点一点

其实，无论是做事业还是做人，只要一直在进步，哪怕每天只有一点点，累积起来，也就是个惊人的数字。

一、自己与自己比，不断超越自己

一般人动不动就喜欢跟别人比，而且无所不比，比成绩、比结果、比地位、比职称、比权势、比财富等等，不一而足。

结果无非有两种：一种是自己强于别人，一种是自己弱于别人。前者往往使我们因为得意而骄傲自大起来；后者往往使我们变得不快、郁闷，甚至心生羡慕嫉妒恨。也就是说，不管哪种结果，都会让我们的内心变得不平静。

最可怕的是，在与人的比较中，我们不知不觉地就会丢失我们自己。

1. 生活累，源于攀比

生活中我们常常觉得很累，因为谁都想出人头地，落后就要被淘汰，就会活得很艰难。但平心而论，压力在有些人看来是负累，但有些人却享受其中的快乐。这其中的奥秘，就在于是否与人攀比。

人的内在，会有一些永远无法被充分满足的愿望，因为这些愿望有强烈的原始性与强迫性。一个在幼时愿望满足被严重阻碍的人，这种原始的愿望会更强大，由于愿望受挫导致的匮乏感会越加明显。

匮乏感是折磨人的，人一般是通过不断地去寻找最强烈的满足（以及其可能性），才能逃脱匮乏感的折磨。这种匮乏感既是人类成就背后的动力，又是人类（及其个体）痛苦的源泉。

攀比会不断地制造出痛苦，因此有些人放弃了攀比心，单纯地做好自己。只有心理健康的人才能做到这一点。有些人失败时的卑微感，以及成功时的成就感所产生的情感冲击特别强大（这来源于幼时的愿望受挫），与此相比，攀比的辛苦又算得了什么？

所以，关键是匮乏感以及背后那些未被满足的愿望。匮乏感明显的人很难满足于现实，那么，去努力奋斗以达成理想，是处理令人不满的现实（背后是对自己的不满）的途径，这些人的攀比心很强烈。但这只是一种心理防御，让人逃避面对自身的真相，这些人生活在谎言或幻想里，不敢面对内心的现实。

在心理咨询实践中，你可以不断地感受到人对于自身现实的排斥。人们害怕面对真实的自己，害怕看到自身的弱小、自卑、愤怒或贪婪，试图让自己继续生活在幻想中。对未来的追求让这些幻想有着继续保留的空间，但由于不敢直面自己，他们失去了自我整合的机会。

对于一个攀比心很强的人来说，如果有一天他能从平淡的生活中感受到乐趣、意义和价值，那么便能开始以平常心面对攀比了。这个时候他并非停滞不前了，而是开启了建设性的自我实现的途径，这是值得追求的人生境界。

这不由得使我想起了自己读中学时追赶学习成绩的一幕。

那时通过近一个学期的努力，我的学习成绩已经由全班倒数几名变成了前几名，但临近中考时却遇上了瓶颈，总在四五名之间徘徊，排名靠前的几个人怎么都追不上，这让我很是郁闷。

后来，我将以同学为追赶目标，调整到不与任何人比，只是自己与自己比，也不再关心自己在班上的排名，只要求自己不会做的题目一天比一天减少，每门功课的分数一次比一次都有提高就够了。

这样调整之后，立马感觉自己轻松了许多，中考前夕，我发现能找到的教辅书、模拟考题，我基本都能做，也不再惧怕考试的结果了。

结果，考试时还超常发挥，如愿以偿地考取了心目中的重点高中。

所以，千万别与别人比。人比人，气死人，人比人也害死人。

2. 心中无敌，天下无敌

任何事情，都有强于自己的，也有弱于自己的。

生命，从某种意义上说，就是强与弱的竞争。面对强于自己的对手，不嫉妒、真心赞美、虚心学习、设法超越；面对弱于自己的对手，也不要蔑视，更不能轻敌，一视同仁。

韩信为平民时，性格放纵而不拘礼节。未被推选为官吏，又无经商谋生之道，常常依靠别人糊口度日，许多人都看不起他。

淮阴屠户中有个年轻人侮辱韩信说："你虽然长得高大，喜欢佩带刀剑，其实是个胆小鬼。"又当众侮辱他说："你要不怕死，就拿剑刺我；如果怕死，就从我胯下爬过去。"于是,韩信仔细地打量了他一番,低下身去,趴在地上,从他的胯下爬了过去。满街的人都笑话韩信,认为他胆小。

汉朝建立以后,韩信被封为楚王,衣锦还乡。

对于当年侮辱了自己的恶少,韩信对部下说:"此人也是一位勇士。当年他羞辱我的时候,我岂非不能一剑杀了他?不过,杀了他并不能扬名天下,因为忍受下来,才有了今天。"说完这番话后,韩信下令,提拔这位恶少作楚国的中尉,负责都城下邳的警卫。

"心中无敌,则天下无敌",这是更高的天人合一的境界。纵然我们遇到的是人渣,也对他们表现出友好,而不是鄙视,这既是对他人的尊重,也是对自己的保护。

很多人从小就被教育,君子报仇十年不晚,对敌人要以牙还牙、以暴制暴,这样做固然畅快,但是我更喜欢化干戈为玉帛、化腐朽为神奇、君子以厚德载物的境界。无论他人散发出什么样的敌意,我们都不去对立,而是让心中无敌,以友好和爱去化解,相信结局一定会比相互敌对好得多。

对于每个人来说,自己就是自己最大的敌人,只有打败自己的人,才能真正称得上是"天下无敌"。

二、今天与昨天比,做最好的自己

要使自己进步,就要善于做自己的"检察官",每天反省自己的行为,哪些地方做对了,哪些地方做得还不够,是不是可以在某些方面再有所提高,还有哪些地方有需要改进的必要和可能。

1. 昨天、今天与明天

昨天是基础,今天是行动,明天是计划。

没有今天的努力,昨天就不会留下美好的回忆,计划的明天也就会跟着落空。做好今天,一定比昨天进步,也为明天有更好的表现做了铺垫。

我们都有过做学生的经历。每年的寒暑假对于学生来说,是个难得放松的机会。假期作业,厚厚的一叠发下来,我就注意到一个有趣的现象:那些平时成绩差的,总是先玩个痛快,快开学了,时间不够,干脆就拿起别人的抄;平时成绩一般的,先昏天黑地地赶完,然后再玩;而平时成绩好的,反倒是每天完成规定的量,不拖,也不刻意赶,学与玩两不误。

2. 完成今天的任务

每天都有每天需要做的事。

我们只有完成了今天的任务，才不至于给明天留下包袱。否则，就会累积得越来越多。不但容易造成为了应付而出现的马虎、草率，忙中出乱的情况，还会搞乱自己的节奏，破坏自己的情绪。

三、比业绩，更比心情

任何成功，都是由一个个具体而实实在在的业绩累积而成的，但一味地为业绩所累也不足取。因为，任何伤心、伤神的行为，除了平添烦扰之外，对于提高业绩都无济于事。

所以，即便是业绩短时间内还尚不够理想，也不要因此灰心丧气，慢慢来，笑着面对，因为收获一个好心情，才有提高业绩的可能。

1. 心情其实比业绩重要

做业绩的过程其实也是做心情的过程，好的心情是会传染的，客户被你感染了，一开心，也就愿意成全你。

两个推销员上街派单，目的是储备目标客户，留下客户的联络方式。

可一天下来，其中的一个宣传单派出了上千张，电话才收集到区区的几个；而另一个虽然宣传单才派出了100多份，电话却收集了近百个。其中的原因就是后者将此作为一件快乐的事情来做，与客户聊得开心了才派出宣传单，互留对方电话号码。

2. 好心情才有好业绩

一个好的心情，会让我们由衷地脸上挂着微笑，会让我们觉得精神抖擞。

心情好，脾气就好，别人看到的就是和蔼可亲，也就会更容易与人产生共鸣，那又何尝担心下一次不会有好业绩呢！

有位金牌推销员在谈到自己的窍门时，说自己就是觉得做这件事很开心。为有机会认识这么多人开心，为有机会向这么多人说话开心；自己说得好感到开心，自己说砸了也一样因为觉得好笑而开心。

客户也自然而然地会被他的情绪感染，即使原本并没有添置这件东西的计划，结果因为一开心就下了单。

四道 自强不息 百炼成钢

第四节 重承诺，守信用

一个人要在社会上生存，信用就像是血液对于人体一样重要，只有信守承诺的人，才能得到他人最起码的尊重，也更容易得到他人的帮助。

说到这里，有必要提醒一下：一个人如果真的想获得成功，就不但要对他人信守承诺，更要对自己信守承诺。

一、信用就是个人的存折

信用是日渐累积的过程，每个人的信用指数也都是会被传播的。

虽然我们目前限于这样那样的条件，还没有像西方一样实行全社会的信用等级制度，但至少在一定范围内，通过人与人之间的口口相传，也足以决定别人对你的态度，也必然决定了你成功的概率。

1. 守信用就是存钱

人的信用犹如一个空盒子，你必须往里面放东西，才能取回你要的东西；你放的愈多，得到的也就愈多。

按时赴约、说到做到、兑现承诺、答应完成的任务无论如何都要完成，答应人家的事就是板上钉钉的事……

很多时候，我们的个人信用都是靠自己平时这样一点一滴存储起来的，在你需要的时候，才可以"零存整取"。

孔子的学生曾参，春秋末期鲁国有名的思想家，孔子门生中七十二贤之一。他博学多才，且十分注重修身养性，德行高尚。一次，他的妻子要到集市上办事，年幼的孩子吵着要去。曾参的妻子不愿带孩子去，便对他说："你在家好好玩，等妈妈回来，将家里的猪杀了煮肉给你吃。"孩子听了，非常高兴，不再吵着要去集市了。这话本是哄孩子说着玩的，过后，曾参的妻子便忘了。

不料，曾参却真的把家里的一头猪杀了。妻子看到曾参把猪杀了，就说：

"我是为了让孩子安心地在家里等着,才说等赶集回来把猪杀了烧肉给他吃的,你怎么当真呢?"曾参说:"孩子是不能欺骗的。孩子年纪小,不懂世事,只得学习别人的样子,尤其是以父母作为生活的榜样。今天你欺骗了孩子,玷污了他的心灵,明天孩子就会欺骗你、欺骗别人;今天你在孩子面前言而无信,明天孩子就会不再信任你,你看这危害有多大呀。"曾参深深懂得,诚实守信,说话算话是做人的基本准则,若失言不杀猪,那么家中的猪保住了,但却在一个纯洁的孩子的心灵上留下不可磨灭的阴影。

2. 不守信用不是取钱,而是透支

一个人如果不守信用,哪怕只是偶尔有那么一两次不守信用的行为,那他先前无数守信用的行为,都会大打折扣,也必然就透支了自己的信用指数。

我有个熟人,喜欢信誓旦旦。要别人做事前说得不知道有多么好听,可事成后,就忘得一干二净。次数多了,他说话,人家就当是放屁。

《郁离子》中记载了一个因失信而丧生的故事:从前,济阳有个商人过河时船沉了,他抓住一根大麻杆大声呼救。有个渔夫闻声而致。商人急忙喊:"我是济阳最大的富翁,你若能救我,给你100两黄金。"待被救上岸后,商人却翻脸不认账了。他只给了渔夫10两黄金。渔夫责怪他不守信,出尔反尔。富翁说:"你一个打鱼的,一生都挣不了几个钱,突然得十两金子还不满足吗?"渔夫只得怏怏而去。不料,想后来那富翁又一次在原地翻船了。有人欲救,那个曾被他骗过的渔夫说:"他就是那个说话不算数的人!"于是商人淹死了。商人两次翻船而遇同一渔夫是偶然的,但商人得不到好报却是在意料之中的。因为一个人若不守信,便会失去别人对他的信任。所以,一旦他处于困境,便没有人再愿意出手相救。失信于人者,一旦遭难,只有坐以待毙。

人与人相处,是靠可信度来支撑的。做不到的事情,千万别信口开河。

只有那些说到做到的人,才能让人放心,别人才愿意与他合作共事。

二、对自己讲信用

有些人对别人往往很守信用,但却对自己常常失信,对自己要求自己做到的事情总是拖泥带水,马马虎虎。

看似无伤大雅,但养成了习惯,就容易让自己做起事来疲沓。

1. 重视承诺,建立信用品牌

对包括自己在内的所有人而言,每个人的名字就是每个人的品牌。

珍惜自己,就是首先获得了自己的一票支持,就是对自己有信心,就能千方

百计地将事情做好。

有件发生在我们家的事,给我的印象很深。

有一次,大嫂哄孩子,为了让孩子考试时有个好表现,就随口应承说:若孩子考了满分就杀鸡犒劳。想不到的是,孩子那次还真就考了满分,于是嚷嚷着要做妈的兑现承诺。大嫂对孩子的当真很是不满。

父亲知道了这事之后,二话没说,就把正生蛋的鸡杀了,炖给孩子吃。

后来就这事父亲还提过。父亲说:一个人说出的话就是钉在板上的钉,别以为孩子小,大人就可以随便说说,久了,不但失去了孩子的信任,孩子还会跟着有样学样,叫他以后还怎么在社会上混。

秦末有个叫季布的人,一向说话算数,信誉非常高,许多人都同他建立起了浓厚的友情。当时甚至流传着这样的谚语:"得黄金百斤,不如得季布一诺。"(这就是成语"一诺千金"的由来)后来,他得罪了汉高祖刘邦,被悬赏捉拿。结果他的旧部朋友不仅不被重金所惑,而且冒着灭九族的危险来保护他,终于使他免遭祸殃。一个人诚实有信,自然得道多助,能获得大家的尊重和友谊。反过来,如果贪图一时的安逸或小便宜,而失信于朋友,表面上是得到了"实惠"。但为了这点实惠他毁了自己的声誉,而声誉相比于物质是重要得多的。所以,失信于朋友,无异于失去了西瓜捡芝麻,是得不偿失的。

2. 不给自己讨价还价的余地

人有时也会自己跟自己做交易。做一件事,不做一件事,都讲条件。

这样的事情可能大家都或多或少地做过:一时因为受什么事情刺激了,决心改变自己。于是立马兴致勃勃地给自己拟订一份作息表,规定自己几点起床、几点睡觉。

但是第二天,闹钟响了。眯着惺忪的眼睛,嘴里嘟嘟哝哝,心里对自己妥协了。再睡几分钟吧!就五分钟、十分钟……索性从明天开始,明天一定……于是,关掉闹钟。

结果,这样一次次下决心,一次次跟自己讨价还价,自己一次又一次地失信于自己。

三、对人讲信用

对于一个人来说,如果出尔反尔的话,谁还会相信你?谁还愿意与你相处下去?对于社会也是这样,如果没有信用,就失去了公信力,人人自危,世界就会非常混乱。所以,讲信用应该无论对象、环境发生什么样的变化,都要认真对待。

1. 先不管别人讲不讲信用，自己先讲信用

讲不讲信用不但是一种行为，也以此反映出一个人的素质。

对信用看得重的人，都是一些很讲究的人，因此，在信用的履行上不应该有任何怠慢的行为。

自己先讲信用，其实也是给被别人树了个"立此存照"的牌子。其实，也是在信用方面把握了"市场先机"。

春秋战国时，秦国的商鞅在秦孝公的支持下主持变法。当时处于战争频繁、人心惶惶之际，为了树立威信，推进改革，商鞅下令在都城南门外立一根三丈长的木头，并当众许下诺言：谁能把这根木头搬到北门，赏金10两。围观的人不相信如此轻而易举的事能得到如此高的赏赐，结果没人肯出手一试。于是，商鞅将赏金提高到50两。重赏之下必有勇夫，终于有人站起将木头扛到了北门。商鞅立即赏了他50两。商鞅这一举动，在百姓心中树立起了威信，而商鞅接下来的变法就很快在秦国推广开了。新法使秦国渐渐强盛，最终统一了中国。

2. 对不讲信用的人，也可以不讲信用

在社会上生存，什么样的人都可能遇见。尤其是在一些利益相关的事情上，鱼龙混杂的情况也极为常见，所以，在讲信用方面自己也要多个心眼，因人而异，善于保护自己。

对于一些屡次不讲信用的人，也不必过于客气。一般人的观点是离这种人远一点，甚至直接将这种人清理出自己的视线。

我倒认为，其实远离未必是最好的选择，大可以同样的方式对待。

因为纵容这种人的结果，只会让更多的人吃亏，败坏社会风气。对于这种人本人来说，也是弊大于利，因为一时的侥幸心理，会让他一错再错，一定会在日后的生活中吃大亏，摔大跟头。

3. 条件变了，收回承诺，也是一种讲信用

有时候，情况发生了改变，那原先承诺的事情，也需要进行相应的改变，这非但不算失信，反而是一种更加负责任的守信用。

比如，承诺给人一支枪，但此人神经了，就要收回承诺。否则，酿成灾难不说，还容易引起对方的"得寸进尺""变本加厉""丧心病狂"。

第五节 敢于担当

敢于担当是一种责任、一种精神，更是一种能力，要成功，就必须具备这种基本素质。

有了担当，工作就不涣散，对人对事就会尽心尽力；

学会担当，才会使生活变得更加美好，更加温暖，更加充满希望；

勇于担当，就会敬畏人生的每一步，而且能做到全心全意。

有个寺庙，因获存一串佛祖戴过的念珠而闻名。念珠的供奉之地只有庙里的老住持和7个弟子知道。7个弟子都很有悟性，老住持觉得将来把衣钵传给他们中的任何一个，都可以光大佛法。

不想那串念珠突然不见了。

老住持问7个弟子："你们谁拿了念珠，只要放回原处，我不追究，佛祖也不会怪罪。"弟子们都摇头。

7天过去了，念珠依然不知去向。老住持又说："只要承认了，念珠就归谁。"但又过去了7天，还是没人承认。

老住持很失望："明天你们就下山吧。拿了念珠的人，如果想留下就留下。"第二天，6个弟子收拾好东西，长长地舒了口气，干干净净地走了。只有一个弟子留下来。

老住持问留下的弟子："念珠呢？"弟子说："我没拿。""那为何要背个偷窃之名？"弟子说："这几天我们几个相互猜疑，有人站出来，其他人才能得到解脱。再说，念珠不见了，佛还在呀。"

老住持笑了，从怀里取出那串念珠戴在这名弟子手上。

净空法师讲完这个故事，很是感慨："不是所有的事情都需要说清楚。然而比说清楚更重要的是：能承担、能行动、能化解、能扭转、能改变；想自己，更能想别人，顾全大局！这就是法。"

一、对自己负责

无论我们做什么,都要将自己的责任心放在首位,做什么事情也都一定要求尽到自己的责任。

一个对自己负责的人,对于工作,就会都做到尽心尽责;对于爱情,就会倍加珍惜,既珍惜你对别人的爱,也珍惜别人对你的爱;对于友情,就会珍惜每一次倾谈,每一次合作,每一次相聚,每一刻在一起度过的时光。

1. 认识自己,才能试着改变自己

对自己负责,就会尝试着从别人身上看清自己,准确地知道自己的优点与缺点,才能使自己向期望的样子转变。

一只玻璃杯中装满牛奶的时候,人们会说"这是牛奶",装满水的时候,人们会说"这是水",只有当杯子空置时,人们才看到杯子,说"这是只杯子"。

清朝初期的著名学者、史学家万斯同参与编撰了我国重要史书《二十四史》。但万斯同小的时候也是一个顽皮的孩子。万斯同由于贪玩,在宾客们面前丢了面子,从而遭到了宾客们的批评。万斯同恼怒之下,掀翻了宾客们的桌子,被父亲关到了书屋里。万斯同从生气、厌恶读书,到闭门思过,并从《茶经》中受到启发,开始用心读书。转眼一年多过去了,万斯同在书屋中读了很多书,父亲原谅了儿子,而万斯同也明白了父亲的良苦用心。

万斯同经过长期的勤学苦读,终于成为一位通晓历史遍览群书的著名学者,并参与了《二十四史》之《明史》的编修工作。

所以,要想改变别人的看法,首先就要认识自己。

2. 做自己的主宰

一个敢于负责任的人,不但要求对自己所说的每句话,做的每件事负责,还能适时把握自己的言行举止,并且不贪图安逸,不为外界因素和自己内心的变化左右,从而成为自我的主宰。

1920 年,有位 11 岁的美国男孩踢足球时不小心踢碎了邻居家的玻璃,人家索赔 12.50 美元。

闯了大祸的男孩向父亲认错后,父亲让他对自己的过失负责。他为难地说:"我没钱赔人家。"父亲说:"这 12.50 美元先借给你,一年后还我。"

从此,这位美国男孩每逢周末、假日便外出辛苦打工,经过半年的努力,终于挣足了 12.50 美元还给了父亲。

这个男孩就是后来成为美国总统的里根。他在回忆这件事时说:"通过自己

的劳动来承担过失，使我懂得了什么叫责任。"

3. 自律，自己管理自己

对自己负责，也包括即使在没人监督的情况下，也能自己管理自己，自己约束自己。

我的高中，是在离家十几公里的另外一个镇子上读的，所以，平时都住在学校。

一下子离开了家人的视线，少了烦人的监督和唠叨，多了份没人管的轻松，但新的问题也来了：我得自己安排好自己的学习和生活。

相对于我家所在的那个镇子，这个镇繁华很多，好看的、好吃的、好玩的东西也多了很多。要将自己的心思集中到功课上，我就必须处处约束自己，自己管理自己。

高中三年，我基本都能自己管好自己，只是在吃的问题上偶尔犯了点"小规"。那时，我每个月的生活费，家里都是一次性给我的，让我自己合理地分配。那又正是长身体的时候，特能吃，在学校饭堂吃完饭后才两节课就觉得肚子饿了。

学校门口就是街市，好吃的东西又多，月初的时候，偶尔花钱"解一解馋"，到了月底，就会出现"经济危机"，为此还真的就饿过一两顿肚子。

二、对他人负责

一个人要在社会上生存，就要与人打交道。如果你不肯对他人负责，就别指望他人对你负责。这样看来，要想使自己对他人负责的行为产生价值，首要条件还是要明白他人的需求所在。

1. 用正能量去影响他人

想要对人负责，就要将自己好的一面呈现给对方，因为你一个不小心流露出的负面的东西，很可能就会误导别人，也会在不经意间将别人带坏。

我们有时慨叹一个平日里挺好一个孩子，怎么说变坏就变坏了，其实很可能就是一段时间里跟坏了伴，坏习惯形成了恶习，最终导致了恶果。

一个真正充满正能量的人应该具备两个特点：对内，要善于接受正能量；对外，要善于用正能量去影响他人。

人都是社会的人。大自然真的很神奇，一开始就创造了男人和女人，就是说人类从一开始就体现着他的社会属性，因为有了男人女人就会繁殖，就会有不同的人组成一个整体，比如一个家庭、一个团队、一个国家，我们都是生活在这个整体中的，你的一言一行、一举一动都会在不经意间影响到别人。对我们自己来说，一方面要用我们积极的一面去影响人，鼓励人，给人正能量。另一方面，我们不能被别人的一些消极的思想所左右，一定要和这种人保持距离，对他们保持警惕。

2. 对他人的信任负责

人与人交往，受托是常有的事，这是别人的一份信任，千万不能辜负。

在这方面，印象中的父亲似乎格外讲究。

每次去镇上办事，父亲总是乐于帮村里人带回点东西，可奇怪的是，每次他都会对别人的东西更为上心，有时若是瓷器一类的东西，怕磕碰，干脆紧紧贴在心窝。

他的理由是：人家托你办事，这就是信得过你，若是辜负了，怎么对得起人，以后别人有事也就不会想到你了。

信任被认为是一种依赖关系。值得信任的个人或团体意味着他们寻求实践政策。卢曼给信任定义为："信任是为了简化人与人之间的合作关系。"

信任是良知与责任的一种共鸣，是人与人、心与心之间的依赖，是人与人之间的理解，关爱，支持。信任有五大围度：正直、能力、责任、沟通、约束。信任一个人有时需要许多年的时间。因此，有些人甚至终其一生也没有真正信任过任何一个人。但信任人也是有学问的。倘若你只信任那些能够讨你欢心的人，那是毫无意义的；倘若你信任你所见到的每一个人，那你就是一个傻瓜；倘若你毫不犹疑、匆匆忙忙地去信任一个人，那你就可能也会很快地被你所信任的那个人背弃；倘若你只是出于某种肤浅的需要去信任一个人，那么接踵而来的可能就是恼人的猜忌和背叛；但倘若你迟迟不敢去信任一个值得你信任的人，那你永远不能获得爱的甘甜和人间的温暖，你的一生也将会因此而黯淡无光。当两人能在战斗中把后背交给对方，那就是最高的信任。

3. 对他人的支持负责

对别人给予的支持，最好的方式就是将事情做到尽善尽美，这样才会让投给你支持票的人不至于失望。

有一年，一直做家庭主妇的母亲，竟然被全村人推举为当村里的治保委员。而我母亲一没力气，二没口才的，当时全家人都认为这一定是个别村民的恶作剧。

可她并不介意，反而乐颠颠地打趣自己这辈子好歹也做了个"官"。

但为了过这个"官瘾"，母亲当时还真是弄出不少奇葩事来。

每天一大早，一忙完家里的活，她就扛把扫帚、一个簸箕挨家挨户巡视，这家院门前扫扫垃圾、那家院门外理理东西，大家都一致认为她是弄不明白治保委员的职责才这么瞎忙。

可她却有自己的一套逻辑：邻里纠纷，多半是因琐事引起，也无非就是这家多占了一点那家的位置，那家垃圾不小心留在了这家的门前，互不相让，矛盾就大了；若是没有这些杂七杂八的事，也就清净多了。

有没有道理另说，但母亲"执政"的那段时间，村里的邻里纠纷事件较之先前也确实明显变少了。

三、对团队负责

团队是一个整体，一荣俱荣，一毁俱毁。

这就俨然抗击洪水时手挽手搭建的人墙，任何一个成员不负责任的行为，都有可能导致整个人墙崩溃。

1. 要有大局观念

清朝陈澹然《寤言二迁都建藩议》："自古不谋万世者，不足谋一时，不谋全局者，不足谋一域。"

这句话就是强调大局观对人进行分析决策行动的重要性，古今中外的那些对历史具有重大影响的伟人莫不是目光如炬、高瞻远瞩、放眼大局、雄韬伟略之人，这就是那些在时代浪潮中闪耀的伟人和平庸之辈的根本区别。

那什么是大局观？诗云"不畏浮云遮望眼，自缘身在最高层"，"欲穷千里目，更上一层楼"，"横看成岭侧成峰，远近高低各不同，不识庐山真面目，只缘身在此山中"，"问渠那得清如许？为有源头活水来"，"挽弓当挽强，用箭当用长，射人先射马，擒贼先擒王"。这些诗句大致体现出了大局观的内涵，即从纷繁事物和各种复杂关系本身跳出站在更高更大的宏观层面，多角度多层次多方面地认识问题，抓住问题的本质和解决的关键，制定总体战略指导实践。

诸葛亮出祁山与司马懿作战，司马懿坚守不出，诸葛亮为激司马懿出战，派人送司马懿一套艳丽的女装，意在嘲笑司马懿像个女人。司马懿的部将都请求出战诸葛亮，而司马懿为全局的胜利，忍下了这一暂时的屈辱，最终诸葛亮积劳成疾，蜀军撤退。

唐朝三拜宰相、统领文坛的名臣张说有一个宠爱的婢女，被门生偷偷地带走，张说想用法律来制裁他。门生说："先生难道没有紧急用人的时候吗，何必吝惜一个婢女？"张说觉得他的话很奇特，就把婢女送他，打发他走。此后就下落不明,后来张说遭受姚崇(唐朝陕州人,玄宗时拜相,封梁国公)的陷害,随时可能遇祸。这个门生忽然半夜临门,请张说将夜明珠进献给九公主,为他在玄宗面前说好话,才化解了这件祸害。

团队是有着共同承诺的一个整体,也需要共同来承担集体的责任,这是一种大局意识。个人再大的利益,也都不能凌驾于团队利益之上;个人任何行为,也都要符合团队的统一行为。即使个人有点自己的"小九九",那也必须不影响团队正常地开展工作,也必须服从团队利益这个大局。

2. 要有协作意识

如果把团队比喻成一台机器,那每个人就是这台机器上的一个零件,各有所长,各有各的职责,不但要善于发挥自己的那一份作用,也要懂得如何与作为其他零件的成员配合,只有彼此密切协作,才能使团队这台机器运转性能良好。

以前我们有个经销商,自以为自己能力超强,总喜欢自己单打独斗做市场,结果常常拼得头破血流。他将自己的团队经营得也是每个人都各自为战、一盘散沙。每个人都做得很辛苦,总是要费了老大劲才做出一点点业绩。后来,他调整了策略,重视团队建设,团队共同做市场。结果,第二个月开始,不但业绩翻番,而且,大家也都觉得没先前那么累了。

小溪只能泛起美丽的浪花,它无法波涛汹涌,形成气势。海纳百川而不嫌弃细流,才能惊涛拍岸,卷起千堆雪,形成波涛汹涌的壮观气势和摧枯拉朽的神奇景象。个人与团体的关系就如小溪与大海的关系,只有把无数个个人的力量凝聚在一起时,才能确立海一样的目标,敞开海一样的胸怀,迸发出海一样的力量。因此,个人的发展离不开团队的发展,个人的追求只有与团队的追求紧密结合起来,并树立与团队风雨同舟的信念,才能和团队一起得到真正的发展。

3. 要有服务精神

淡漠的服务意识所产生的恶果有:企业信誉的缺失、个人被社会的唾弃、遭雇主的解聘……服务意识必须存在于我们每个人的思想认识中,只有大家提高了对服务的认识,增强了服务的意识,才能激发起我们在服务过程中的主观能动性,使之成为一种本能和习惯。

强烈、主动的服务意识,能充分展现你的个人才华、体现你人生价值的观念,由此让你得到社会的认同和人们的尊重。精神上的荣誉是无价的,它会让你愉悦和倍感信心。因为你有了以公司为荣耀、以雇主为中心的服务意识,你得到了实际的经济价值,所以它会让你和你的家庭衣食无忧,更能进一步提升你的生活品质。

互相帮助，是团队最重要的特性，也是团队每一个成员亲和力的最好体现。团队每一个成员的存在都是为团队服务的，换句话说，团队请你来，就是看中了你能为大家提供服务。所以，团队每一个人都要自觉自愿地为团队服务，都要自觉自愿地为团队其他成员服务；而团队以及团队的其他成员，又反过来为你服务。

第六节　培养自强品格

自强，其实是一种习惯，没有谁是天生具备的，都是日积月累的结果。

对于任何想有所作为的人来说，就应该在日常行为中有意识地塑造自强的品格，培养自己的上进心。

一、总给自己立个标杆，不断超越

每个人都有与生俱来的多种能力和潜力，只是有些人通过坚持不懈的学习和努力，把它发挥了出来；更多的人却是因为懈怠，或者不懂得给自己立个标杆，疏于超越别人，懒于超越自己。结果，让自己的种种才能白白荒废掉了。

1. 给自己定具体的指标

想要超越自己，就需要给自己下达指标，让自己的目标在指标面前变得清晰。并且，立即行动。

我就读的高中是在离家20里地的另外一个镇子。去学校的路很远，平时住校，周末回家，周一再回学校。为省下路费，每次我都是选择步行，就一个人，孤独，甚至恐惧，都是常有的事。

为了减少一路上的枯燥，我将这20里路以一定的地标分成十几个等份，然后一个人背着书包和水壶，沿着河堤一段一段地开始征服。

起初，确实觉得有点远。倦了，就翻出书本边走边看；累了，就坐下喝口水，欣赏一下沿途的风景，看水面的鸭子嬉戏，看树上的鸟儿蹁跹……那段时光，可以说，每一段地标都是我心中最美的风景。

回家的时候是傍晚，越往前走天色越暗，但看见熟悉的每一个路标，我就知道离家更近了一点，直到看见家里泥垒的，被熏得有点发黄的小烟囱了，飘出淡淡的烟，就知道母亲在做饭了，似乎远远就闻到了那个"熟悉的味道"。想到一家人都在等着我，这时步子就会不知不觉地加快，脚步也格外轻松。

去学校的路上，我一般会趁着天蒙蒙亮的时候出发，边走边顺便背下几个英语单词，每一段路标，给自己设定一定的任务量，完成了这个量，再向下一个地标挺进；这一段的工作量快完成了，学校也快到了。

直到远远地终于看到建筑屋顶的琉璃瓦了，也就知道这所有着百年历史的学校就在眼前了，那里有我需要拼搏的地方。

那时候的大学录取率，只有区区的百分之几，不想落选的话，只有玩命地拼上去，只有像走路一样，一点一点地进步，才能离自己的目标更进一步。

2. 自己给自己打气

再有毅力的人，也会有气馁的时候。当一件事失败的次数超过心里底线的时候，就会产生疑虑，就会泄气。这时，除了需要他人的鼓励之外，还要学会给自己打气，让自己不断地处于亢奋之中。

我第一次闯荡北京的时候，很多天都找不到合适的工作，身上带的有限的几个钱也很快就花光了。

这时亲戚朋友都劝我还是规规矩矩回家乡教我的书实在，我也想到过要放弃，但心有不甘，所以只有不断地告诉自己"下一家一定可以"，以此来给自己打气。

终于有一天，心一横，我找到一家公司的老板，跟他说，我不要工资，只要他包吃包住，我只拿业务提成就可以了。

老板见到有这么便宜的劳动力送上门来，就很高兴地答应了。

后来的事实证明，我当初的这个决定是英明正确的。

3. 学会奖励自己

生，容易；活，容易；生活，不容易。在人生的长河中，每个人都不可能过得一帆风顺、风平浪静，即使没有惊涛骇浪、狂风暴雨，小挫折小磨难也是不可避免的。

在到达终点之前的我们还有一大段路要走，如果我们在途中不幸倒下了，那不是很遗憾吗？所以，学会奖励自己是很重要的一件事，即便这奖励有多么的微不足道，它也仍会成为照亮我们前方道路的一盏指路明灯，带领我们走向成功。

四道 自强不息 百炼成钢

对自己感到迷茫时，对理想感到迷茫时，对未来感到迷茫时，我会觉得一切都像是雾里看花，朦朦胧胧，看不真切。我像是处在一间弥漫这浓浓白雾的房间，什么也看不到，白雾阻挡了我的视线，触及眼底的也只有那满满的白色。我很无助，我不知道该怎么办，我不知道该往哪个方向走，我很彷徨。

这时，我需要奖励自己一本书，一本蕴含哲理能救我脱离苦海的书。"书中自有黄金屋，书中自有颜如玉"，这句话的确不错。我从浩瀚的书海中观看他人的故事，他人的理想，他人的执着，他人的辉煌。思绪开始清明，脑袋开始清醒，心中的团团疑雾随着我的一遍遍阅读而渐渐消散。不久过后，我的心又变得如往常般清明，一切疑问都解开了，我坚定地迈开脚步，走向属于自己的那一条星光大道，我将不再迷茫，不再彷徨。

奖励自己一本书，让它成为自己的一份慰藉，让它确立自己前进的方向，即使不能，它也能成为我的一份参考，一股动力。

做事，也不能太苦逼。适时地奖励一下自己，使自己焕发更大的积极性，也很有必要。

吃一点平时爱吃又舍不得吃的东西，买一件平时心疼买的衣服，玩一趟心仪好久的游戏，来一场说走就走的旅行……

让自己的身心在满足中保持亢奋，这样做起事来的效率更高，创造出来的价值也必然会更大。

只要适合自己，只要在自己的能力范围内，常常奖励自己是非常有意义的一件事。多奖励一下自己，多犒劳一下自己，人活得那么辛苦，不就是为了奖励自己在未来过得幸福吗？

奖励自己真的很有必要，它会卸下你身上的重担，使你重获动力，轻装上阵，迈向成功的道路。

二、拼搏到感动自己

大多数人并不是害怕努力，而是没有坚持的耐心。

我们无论做什么，在事情还没有定论之前千万不要放弃努力，直到自己真的无能为力了；努力拼搏，做到回过头来，还能让自己为自己感动为止。

1. 全力以赴与尽力而为

努力的首要条件是想法与行动一致。因为想法如果不同，结果便会不同；努力程度不一样，结局也会不一样。这里存在着"全力做"与"尽力做"的问题。并且，有则寓言故事可以让我们深受启发。

一天猎人带着猎狗去打猎。

猎人一枪击中一只兔子的后腿，受伤的兔子开始拼命地奔跑。猎狗在猎人的指示下飞奔去追赶兔子。

追着追着，兔子跑不见了，猎狗悻悻地回到猎人身边。

猎人骂猎狗："你真没用，连一只受伤的兔子都追不到！"

猎狗很不服气地回道："我尽力而为了呀！"

再说兔子带伤跑回洞里。它的兄弟们都围过来惊讶地问它："那只猎狗很凶呀！你又带了伤，怎么跑得过它的？"

兔子说："它是尽力而为，我是全力以赴呀！它没追上我，最多挨一顿骂，而我若不全力地跑我就没命了呀！"

2. 享受每一个过程

有这样一个人，他从小到大都是一名失败者，失败永远陪伴在他的身边。他感到上天的不公平，于是，他决定去寻找上帝，询问上帝：成功是什么。

这个人翻山越岭，来到河边，见到一位老翁，就走过去问："老人家，成功是什么？"那位老人就回答他："成功就是能每天都钓到鱼，对我来说那就是成功。"

这位年轻人继续他的旅途，他渡过了河，来到了森林中，遇见一个正在赶路的中年男人，就问他："成功是什么？"那个中年男人就回答他："成功就是每天都能捕获野兽，那就是成功。"

他听了，就继续赶路。这个人穿过了森林，也穿过了沙漠，来到沙漠边缘，找到了上帝，问："成功是什么。"上帝很慈祥地回答："成功是生活，成功是经验，成功是汗水，年轻人，不要执着于成功，而应享受成功的过程。"年轻人听了，顿时明白了，就辞别了上帝，回家去了。

到家之后，他将旅途上的所见所闻写了下来，出了一本书，他凭借着这本书，终于获得了成功。

不断地追求进步，也并不是独自享受进步所收获的成果，其实，过程也是如此美丽。

为什么我们集中注意力看一部有意思的电影，不会想睡觉，不会觉得饿，也不会觉得头昏脑涨？这是因为，我们能够从中得到乐趣。

工作也是如此，其实你的头脑可以更清醒、更有效率。只要你愿意做的，只要是做你喜欢做的事情，多久你都不会觉得累。因为那是一种快乐，是一种享受。

3. 自己被自己感动，才算尽力

感动了自己，才能感动别人。

感动的前提是：自己的心灵真正地有所触动。因为，只有感动了别人，才容易获得别人无私的帮助；只有感动了自己，才能够让自己获得超凡的能量。

一件事情没达到预期的效果，我们总安慰自己说自己尽力了。

但平心而论，自己有没有为此触动？自己有没有被自己感动？

如果还没有这种感觉，那就是努力还不够，还需要下更大的决心，还需要尽更大的力气。

三、爱可不可以重来，再不疯狂就老了

"再不疯狂就老了"，因为青春，我们可以毫无顾忌地抛下很多，去行走，去远方。无所畏惧地拼一次，过自己想要的生活，活出自己的辉煌。

我喜欢浪漫，叛逆，张扬的青春，我欣赏这种华丽的决心和不顾一切。

我渴望每一天都会有不同的风景，不同的冒险，哪怕居无定所。我也曾计划着要去很多向往的地方，可是始终没有勇气迈出第一步，而时间也等待不住我的犹豫。我的青春呢，就在自己的犹豫不定中显得平凡、渺小、苍白。

多年以后，青春不在。我该用怎么的心情来回忆自己的青春呢，如果现在还不疯狂？

人，有时是需要一点真性情的。人的一生总要疯狂一次，无论是为一个人、一段情、一段旅途，或者一个梦想。

爱情是一种运气，相守是一种坚持。幸福是平平淡淡的细水长流，再不疯狂我们就老了，趁还有爱的能力，尽情享受吧。

茫茫人海相遇，所有人都是平凡的存在。唯一不同的，就是擦肩而过的悸动，所以，爱就爱了，谁都别矫情。青春就那么几年，用一段时光，换一生回忆，真的，值得！

要想生活事业爱情获得梦想中的成功，有时候疯癫一点也未尝不可。这在别人眼里，可能会有点不符合年龄的古怪，但对于时刻保持自己的激情，还是很有必要的。

1. 疯狂地面对一切

人生在世，有很多事情是无法回避的。比如，爱情，常常让人忘乎所以，不顾后果，甚至近乎疯癫的程度。

为见她一面，在街角苦苦守候一周的事有之；

为博她开心，砸掉积攒了一年的存钱罐给她买生日礼物的事有之；

为赴一次约会，在瑟瑟的寒风中等待一夜的事有之。

……

如果将这种疯狂的劲头带入工作，带入事业，又会如何呢？

1832年，林肯失业了，这显然使他很伤心，但他下定决心要当政治家，当州议员。糟糕的是，他竞选失败了。

在一年里遭受两次打击，这对他来说无疑是痛苦的。

接着，林肯着手自己开办企业。可一年不到，这家企业又倒闭了。在以后的17年间，他不得不为偿还企业倒闭时所欠的债务而到处奔波，历经磨难。为此他改变了很多，唯一没变的就是参加竞选州议员。

1835年，他订婚了。但离结婚的日子还差几个月的时候，未婚妻不幸去世。这对他精神上的打击实在太大了，他心力交瘁，数月卧床不起。

1836年，他得了精神衰弱症。

1838年，林肯觉得身体良好，于是决定竞选州议会议长。可他，还是失败了。

1843年，他又参加竞选美国国会议员，但这次仍然没有成功。

林肯虽然一次次地尝试，但却是一次次地遭受失败：企业倒闭，情人去世，竞选败北。但他从没有设想自己"要是失败会怎样？"

1846年，他又一次参加竞选国会议员，最后终于当选了。

两年任期很快过去了，他决定要争取连任。他认为自己作为国会议员表现是出色的，相信选民会继续选举他。但结果很遗憾，他落选了。

因为这次竞选他赔了一大笔钱，于是他申请当本州的土地官员。但州政府把他的申请退了回来，上面指出："做本州的土地官员要求有卓越的才能和超常的智力，你的申请未能满足这些要求。"

接连又是两次失败。在这种情况下，换作一般人都会自认"倒霉"，或者觉得自己"真不是那块料"。然而，林肯没有服输。

1854年，他竞选参议员，还是失败了；两年后他竞选美国副总统提名，结果，又是被对手击败；又过了两年，他再一次竞选参议员，但还是失败。

可林肯就是林肯，他始终没有放弃自己的追求，他一直都在做自己命运的主宰。

终于在1860年，林肯如愿以偿地当选为第十六任美国总统。

2. 疯狂地挑战自己

人生也是一个不断向自己挑战的过程。只有近乎疯狂地突破了自己，才能看到理想中的自己，才可以过上自己真正想要的生活。

每个人身上都蕴含着极大的潜能，都能够获得成功，只要敢于激发自己的潜能，不断挑战自己的极限，就会有成功的那天。

不断挑战自己的极限，超越自己，你认为能，你就能做得到。世界上最伟大的事都是由人做出来的。如果我们认为一件事不可能，行不通，通常是我们对事实认识不够，经验不足或是软弱退却。只要你肯改变，只要你有决心，你就能做成不可能的事，并发现一个伟大的自我。

挑战自己的极限就要勇敢地尝试，莎士比亚说："我们的疑虑使我们害怕尝试，它是心灵的叛徒，出卖我们可能获得的成功。"

如果你真的去尝试，你就能够实现自己的愿望。那些你现在认为曾经把你打败击倒的事情，都可以处理，克服。仅仅只要去尝试就行了，只要你去尝试，你就学到了所有成功的秘诀中最重要的一项。

在这里，我想与大家分享一个青春年少的故事。

十年前的一个周末舞会，有个男生被一个秀发披肩、亭亭玉立的女生吸引。正当他犹豫要不要邀请她跳上一曲时，同班的一群男生已经怂恿着将他推到了她的面前。

女生大方，又不无挑战似地主动向男生伸出了手。

但当男生搂着她的腰，两个人在舞池面对面站着，等待音乐的时候，他竟然发现：自己比她还要矮出半个头，加之瘦小，俨然缠在大树上的一株藤蔓。

女生似乎也意识到了这个配比的滑稽，不禁扑哧笑出声来："我比你还高呐！"一副小时候与小伙伴比高矮时得胜后的神态。

这一幕来得太突然，男生有点猝不及防。稍稍愣了一下，他不愠不恼地说："是吗？那我迎接挑战。"后面四个字稍稍有点重。

女生无语，歉意地笑，躲过他的目光，但却有点紧张地捕捉来自他的信息。就见他下意识地挺直了腰板，轻描淡写地说："把我所发表过的文章垫在我的脚底下，我就比你高了。"

三年后，这个"高女生"成了那个"矮男生"的妻子。

3. 疯狂地享受过程

不看重结果，不在乎输赢，尽情地享受过程，才是一种真正的胜利，也是一种人生的乐趣。把胜负看得淡一些，把胜利让给别人，是一种善良和智慧。胜负乃兵家常事，我们无须过分在意，学会享受过程，在这些过程当中得到收获和成长，就是一种胜利，赢过自己比赢过别人更有价值。

爱，无论是爱事业，还是爱人，有时过程比结果更为美妙。恰恰也就是在这种欲罢不能，欲语还休的过程中，我们才一次又一次地体验到了自己的那份心动，也实实在在地换来了自己的那份收获。

很多人都想成功，却很难成功，为什么呢？因为他们不懂得贴近生活，收集在生活中的经验和智慧，没有付出汗水，所以，就不能成功。

尽管如此，虽然我们每一个人都渴望成功，但是不应该执着于成功，而应该学会享受成功的过程，从过程中找到乐趣，这才叫作真正意义上的成功。

有一个人经常出差，经常买不到列车的座票。可是无论长途短途，无论车上多挤，他非但不会觉得枯燥、烦闷，反而能从中找到乐趣，也总能意外地找到座位。

他的办法其实很简单，就是耐心地一节车厢一节车厢找过去，顺便观察南来北往的人群。这个办法听上去似乎并不高明，但却很管用。

每次，他都做好了从第一节车厢走到最后一节车厢的准备，可是每次他都用不着走到最后就会发现空位。

他说他享受找座位的过程，而且像他这样疯了一般找座位的乘客实在不多。经常是在他落座的车厢里尚余若干座位，而在其他车厢的过道和车厢接头处，居然人满为患。

生活就是这样有趣：如果你只接受最好的，你就一定会得到最好的。

其实，无论做任何事，如果我们近乎疯狂地享受过程，自信、执着、富有远见、锲而不舍，那沿途所有的一切都是风景，也就会让我们握有一张人生之旅永远的"座票"。

每次在公园散步，我都会很小心，人家以为我是流连于风景，其实我是怕踩着蚂蚁。

这源于我孩提时嘘唏不已的一幕。

一次，我放学后在操场玩耍，突然发现脚下一块被人丢弃的馒头渣在晃动，我蹲下来仔细一看，原来是一群蚂蚁在底下搬动它。

一点一点地移动着，但前面有根竹竿挡住了它们归穴的路。

有一只蚂蚁带领其他蚂蚁往上爬，可是，竹竿很滑，馒头渣掉下来了。

于是，它们又重新搬起馒头渣，继续往上爬，依然掉了下来。

就这样，一次，两次，三次……它们毫不气馁、百折不挠地爬呀爬，过了好一会儿，终于把馒头渣搬过了竹竿。

做事业不也是如此吗！总有困难在前面阻碍，但如果我们不畏惧，并且勇敢地克服，越过去，你就会发现：原来一切都不过如此。

四道 自强不息 百炼成钢

五 道

开采无限潜能　办法总比困难多

第一节　潜能是什么

第二节　爱的力量

第三节　如何激发潜能

第四节　团队的力量

第五节　梦想、理想、目标及行动

> 思考得越多，得到的越多。因为思考可以释放能量。通过思考，你能比从前做更多、更出色的工作，获得比现在更丰富的知识。你会从亲身体验中了解到：在积极或兴奋的状态下，你可以完成相当于平时三到四倍的工作量而不会感到丝毫疲倦。精神上的疲惫比实际身体上的疲劳更让人厌倦。所以，当工作成为一种享受，你便会永无止境地奋斗下去。
> ——无名氏

论起爬树技术，我一直都觉得小时候的自己属于身手不凡的。但不知道怎么回事，那些年在与小伙伴们的爬树比赛中，我一直都是输多赢少。

一群孩子在一起比赛跑步，我往往也是最后的那一个。

一直想弄明白，这是为什么？

这个答案用不了多久，还是被我自己发现了。有好事、急事的时候，就快；没啥事的时候，就慢。

譬如，几个同伴同时看见了树上鼓噪着翅膀鸣叫的知了，那我爬得比谁都快，因为谁抢着了就是谁的。

在草丛中奔跑着抓蚂蚱这一类的事，我也是出了名的快。因为抓着后可以就烤着吃，这也算是一道美味。

当然，感觉到有危险出现的时候，也快。

一次路过邻村，被一条大狗疯了一样地追，我风驰电掣地狂奔，然后站在树杈上得意地看着冲我狂吠却无可奈何的狗，但我却不记得自己是怎么爬上那么高的树的，而且印象中我似乎就从未那样快过。

还有一次是夜间，与十几个伙伴一起看完电影回家，路过坟地时，突然最后面的人大叫一声往前跑。

人群一下子就炸开了锅，都不顾一切地各顾各地跑，我也本能地跟随大家一起，撒丫子往前猛突狂奔。

当时我原本是走在倒数第二位的，等大家都平定下来之后，我才发现：自己居然不知不觉地跑到了第一。

还有这样一个故事说明潜能的强大爆发力：一个农民和儿子开着小货车进城拉货，半道上车翻了，儿子被沉重的货车压在底下，在前不着村后不着店的野外，一时半会儿找不到人帮手，眼瞅着孩子有生命危险，这个农民连滚带爬不顾一切冲过去，一下子用手带肩将货车抬高了离地足足有半米的距离，孩子毫发无损地得救了。农民在一旁心有余悸地抽烟，心里纳了闷了：我的力气平时也就至多能够对付一百来斤的东西，抬起的小货车至少四五百斤以上，今天好似神助，竟然抬起了几百斤的重物，真是奇了怪了。

其实这个农民瞬间小宇宙爆发，因为儿子是他至亲之人，他用爱唤醒了他身体内的潜能，结果是潜能救了他的宝贝儿子。

科技发展至今，世界上还是有许多事物都因为无法破解而成为千古之谜，于是一些相信有外太空生命的人，就将这一切都归结于外星人所为。其实答案可能就在人体本身，众多的研究结果都显示：人体中尚未开发出来的能力，其实远远超过我们已知的能力。

这就是现在人们乐于谈论的潜能问题，也是成功不可忽视的一个极为重要的因素。

其实我们平时表现出的能力只是露出水面的冰山的一角。在水下没有表现的是冰山的绝大部分，那就是我们人类潜藏的巨大能量。而在水下的冰山是我们没有开发的能量。

科学研究表明，潜能如大海中的冰山，只有3%左右浮在水面上，有97%左右深藏海中而未被开发。（如下图所示）

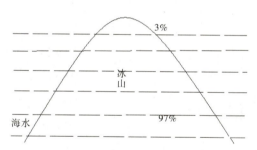

所以，我们究竟有多强大，连我们自己也未必知道。

据俄罗斯的专家研究所得，一个人只要用潜能的50%，就可以精通四十几个国家的语言，还可以得到十个以上的博士学位。

那潜能要如何开发呢？

有一个酒鬼，喝得烂醉如泥，走到坟墓旁边，不小心掉进一个准备隔天放棺材的大坑中，怎么爬也爬不出来。心想：算了，明天再爬吧。

不一会儿，他听到一个声音，原来另一个酒鬼也掉下来了。前面的酒鬼打算静观后面的酒鬼如何爬上去，岂知后面的酒鬼也是烂醉如泥，爬了几次还是爬不上去。前面的酒鬼看了不忍心，进出一句话："老兄，你就别费力气了。"没想到后面的酒鬼听了这句话，一下就蹦上去了，他心想："这里怎么会有声音，莫非见'鬼'了!"

每个人都有无限的潜能,尤其遇到危急的时候,平时弱不禁风的人,一下子力气倍增;平时拙于言谈的人,遇到挑衅,也会针锋相对。

人的潜能就像能源藏在海底、埋在深山里,需要开发才能显现出来。根据专家研究报告,人有无限的潜能,但平时使用者,只是几万分之一而已。所以现在社会上流行脑力开发、心灵开发、幼儿开发等各种开发潜能的课程。

开发潜能,首先要肯定生命的价值,我们每个人的生命都有无限的价值,切不要以为自己只有五尺、六尺之躯,能有多少能力?能有多少作为?其实生命里面有无限的可能,即使小小一个平民百姓也能逆转乾坤,有时小兵也能立大功。所以我们要肯定自己,相信自己可以为国家社会做出很大的贡献,为自己成就很大的事业。

其次,人要勇于面对现实,有的人经常慨叹世态炎凉,人情冷暖,觉得很难在社会上立足,觉得现实太残酷了。其实只要我们以一颗平常心处世,只要我们把自我潜能发挥出来,只要我们做好自我的价值评估,然后勇敢地面对现实,必能有所作为。

第一节　潜能是什么

一个人在特定情况下所焕发出来的能量,有时连我们有限的科学都无法解释。因为这种能力平时总是以一种形式隐藏起来,只有在特定的情况下才会被激发并被利用起来,而且瞬间消失。等我们反应过来,想复制的时候,却怎么也无法做到。

太史公司马迁《史记·李广将军列传》就记载过这样的历史事实:"(李)广出猎,见草中石,以为虎而射之,中石没镞,视之石也。因复更射之,终不能复入石矣。"

李广外出打猎,看见草里的一块石头,以为是老虎就向它射去,射中了石头，箭头都射进去了，过去一看，原来是石头。接着重新再射，始终不能再射进石头了。

"李广射虎"的故事证明了人在危急情况下，能够超水平发挥自己的潜能。潜能是无限的。

一、能力的"潜"与"露"

所谓潜能，现在通用的解释就是：人类存在，但却未被开发和利用的能力，奥妙就深藏在我们每个人的潜意识当中。

佛经中：有八识：①眼识，②耳识，③鼻识，④舌识，⑤身识，⑥意识，⑦末那识，⑧阿赖耶识。

①—⑥为"六识"，对应"六尘"：色、声、香、味、能、法尘；"六根"：眼、耳、鼻、舌、身、意根。

第七识⑦为转化识，第八识⑧叫阿哪意识，是在前七识循环往复活动基础上形成的习气、习惯。这些习气习惯潜藏人心灵深处，不断地，而且不觉察地影响人的生活与工作。犹如仓库一样，装种子用。（如下图所示）

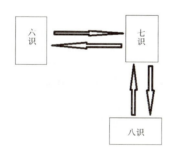

我们可把第七识、第八识称为潜意识。

潜意识不识好与坏。

六识传达某种能量，通过转化识到第八识（仓库），像种子一样在第八识生根、发芽、生长，又通过转化识到达六识，发挥相应的作用。

什么样的人能够开发自己的潜能呢？我觉得至少要具备以下若干元素：

（1）首先必须具备非常好的心理因素。

（2）有稳定的人格特质，不偏激，不猜忌，有积极向上的生活态度。

（3）有坚韧不拔的意志力。

（4）有超越常人的认知能力和卓尔不凡的感觉能力。

（5）各种潜能皆来自你内心深藏的心理潜能。

1. 潜能是人类生存最重要的本能

我们常常会对一些古代的记载、传说中一些有神奇力量的人物心生质疑，因为按照现代人的理解是无法做到的。

对此，我一直都持相信的态度，因为古代的生产力水平低下，没有太多工具，所有的事情都需要通过人自身的努力来做，也要靠自身的力量才能生存，潜能也就理所当然地被激发出来了。

2. 潜能受主观控制

在常规情况下，潜能处于休眠状态，但如果执意要做一件事情，神经系统就会自动下达命令，所产生的效果也是令人瞠目结舌的，并且久了还会形成记忆。

一个人在高山之巅的鹰巢里捉回一只幼鹰，带回家里，放在鸡笼里，与家里的鸡一起啄食、嬉戏、休息。它以为自己是一只鸡。

这只幼鹰渐渐地长大，羽翼丰满了，主人想把它训练成猎鹰，可是由于终日和鸡在一起，它已经变得和鸡一样，根本没有飞翔的愿望了。

主人试了很多种办法，都没有效果，最后把它带到山顶上，一把将它抛了出去。

这只鹰像石头似的，直掉下去，慌乱之中拼命地扑打翅膀，终于飞起来了。

3. 潜能蕴藏了宇宙法则

人类的潜能是循着宇宙的规律运行的，因为过去所得到的所有最好的生存信息，都蕴藏在潜意识里，只有将自身运行的频率与宇宙运行的规律调到一致，才能将潜能调动出来。

因此，只要懂得开发这种与生俱来的能力，几乎就没有什么实现不了的愿望。

《道德经》四十二章："道生一，一生二，二生三，三生万物，万物负阴而抱阳，冲气以为和。"中国古代神话中的"盘古开天辟地"已说明这个问题。因为绝对宇宙的无始无终，也就是没有开始和结束，这个说法只是用现在人类的思维来说明，因为本来"无"的思维现代人类还不能理解。无的境界只能意会，无法言传。由上看出虚空生无限的心识，无限的心识的心之息推动无限能量运作，无限的能量变化，影射和幻化为无限的物质。无限心识，无限能量，无限物质一直不停地相互运动和变化，不停不息，如此的变化形成复杂的多维度多时空的绝对宇宙，我们地球人类不过就只存在于其中一段时间和空间内。

有两位年届70岁的老太太，一位认为到了这个年纪可算是人生的尽头，于是便开始料理后事；另一位却认为一个人能做什么事不在于年龄的大小，而在于怎么个想法。于是，她在70岁高龄之际开始学习登山。并在随后的25年里一直冒险攀登高山，其中几座还是世界上有名的。就在后来她还以95岁高龄登上了日本的富士山，打破了攀登此山的最高年龄纪录。

她就是著名的胡达·克鲁斯老太太。

二、潜意识的有或无

每个人都具备天生的潜意识，只要神态清醒，这种潜在的意识和能量，就一直存在，只是我们一直没有刻意去发掘而已。

潜意识内，也聚集了人类数百万年来的遗传基因，按一定层次排列的信息，在特定的条件下就会被释放。

人类的潜意识是聪明绝顶的，但是我们的意识封闭了潜意识。当我们将潜意识和意识的通道打通时，我们会很自然地避开绝大部分伤害到你的人和事。人分为三种：醒着的人，做梦的人，醒着的做梦人。大多数人都属于第三种。我们能做的事情，也只是尽量让自己醒着的时间长一些。但是醒的时间长，比较容易得到幸福，就像我们说的："当一个人的行为举止显性思维与潜意识里的'我'一致性越高的时候，这个人在生理上就会越有满足感和幸福感；反之则越缺乏。"

1. 潜在意识，是一个超维空间的世界

人的潜在世界，是超越三度空间的。这一点，我们不难从一些诡异的照片和影像中得到答案。

潜意识被激发，具备这样几个特征：

特征一：重复，通过多次重复来刺激潜意识记忆。

特征二：不辨真假，潜意识没有能力辨别真假，所有指令照单全收。这也就产生了我们改变自己思维的方法。

特征三：喜欢有音律的东西，例如：听到别人唱或者播放一首歌时，自己也会不自觉地哼唱起来，这就是潜意识在作祟。

特征四：喜欢图画，以及有色彩的东西。

特征五：对有感情成分的东西偏爱有加。

特征六：在放松的时候最容易进入潜意识。

2. 潜意识一经开启，将解读宇宙密码

人的潜意识一经开启，将和宇宙意识处于同一轨道。这样，我们就能看见肉眼看不见的东西，听到耳朵听不到的声音，闻到鼻子闻不到的气味，做到平日里做不到的事情。并由此开始，解读宇宙的密码。

科学最新发现，有一种我们看不见的能量——吸引力，一直引导着整个宇宙规律性的运转。

正是因为这种能量的作用，地球才能够在46亿年的时间里保持着运转的状态；也正是因为它的作用，太阳系乃至整个宇宙中，数以亿计的星球，都能相安无事地停留在各自的轨道上安分地运行。

这样一种能量引导着宇宙中的每一样事物，也引导着我们的生活。

3. 潜能和宇宙意识产生共鸣

一旦人的潜意识与宇宙的意识产生共鸣，那么，宇宙资讯就会以图像方式浮现出来，人类心灵感应等一系列能力，也将一一出现。

这种情况，我们每个人都或多或少地经历过。

平时爱睡懒觉，但如果第二天需要赶早班机或者早班车，即使不上闹钟，也会在那个点上自动醒过来。

三、潜能有多重要

我们经常会出现这样的现象，有些事做之前觉得很难，甚至怀疑自己的能力，但做着做着，就会发现并非开始时想象的那样，也会惊讶于自己所表现出来的能力。这其实就是人体潜能在起作用。

所以，对于大多数人来说，只有在努力过后，我们才会发现，自己其实比想象中的自己要优秀许多。

1. 谁都可以开发自己的潜能

任何人不论智商的高低，环境的好坏，也不论自己的期望值多么的高不可攀，只要懂得善用自己体内潜在的能力，就一定可以实现自己的愿望。

譬如世界上存在一些"白痴天才"，也有称他们为"雨人"，虽然日常生活不能自理，但他们却具有某种特殊才能，像斯蒂芬、"中国雨人"周伟。还有电影《阿甘正传》中患有先天智障的小镇男孩福瑞斯特·甘，他的自强不息的精神，打动了无数观众。

这在一些先天智障者的身上反应尤为明显，他们看似样子"呆傻"，有些甚至连自己的日常生活都不能自理，但却有着惊人的天赋，或者异乎寻常的记忆力、视觉识别力、感官能力、音乐能力。

令人感到诧异是，他们绝大多数并没有受到过太系统的训练，称得上是真正意义上的天才。

2. 自己的潜能需要自己驾驭

潜意识如同一部万能的机器，任何愿望都可以办得到，但还是需要有人来驾驶它。

而这个人不是别人，就是我们自己。只要我们有心控制，那么就只需要让积极的愿望或暗示进入潜意识就可以了。这一点，即使在一个小孩子身上都会体现。

一个平时很懒的孩子，在特定的时候会变得格外勤快；一个看起来很柔弱的男孩子，在一个自己喜欢的女孩子面前，也会表现出惊人的能干。

3. 潜能是在"需要"中训练来出的

一颗潜水艇水雷弹，其力量之大，可以把巨舰炸成粉碎。但是普通的"击撞"，是不能引爆它的。

孩子们可以任意把玩，把它抛掷，把它拨转，把它当作各种玩意，弹壳或许会洞穿寻常居舍的墙壁，而仍不爆发其巨大的炸力，必须将它放入巨口炮中，以巨大的压力，把它放射出去，遇到一尺来厚的军舰上的钢板的阻挡，然后它恐怖的炸力，才能全部爆发开来。

每个人对于自己最大的才能，最高的力量，总不能完全发挥，除非大责任、大变故，或生命中的大危难的训练，才把它催唤出来。

在垅亩间，在制革厂工作，转运木材，做店员，在镇市中做短工，这种种境遇，都不足以唤起格兰特将军的酣睡着的"伟人性"；甚至连西点学官学校，连墨西哥战争不能把它唤起。假使美国没有南北战争的爆发，则格兰特将军的名字，必然埋没无闻，必不能流传后世。

在格兰特将军的生命中，是有着大量之动力在，然而却需要南北战争的大"击撞"，去引发它，寻常的境遇不能激发他的酣睡着的力量，不能燃起他的生命炸药。

耕田、砍木、做铁路职员、做测量员、做州议员、做律师，其至连做国会议员，这种种境遇，都无足以燃起林肯的生命火药。只有把国家危急存亡的重任放在他的肩头，这位美国有史以来最伟大的人物的生命炸药，这才由此爆发出来。

历史上有许多伟大的人物，除非到了除自己的勇气与耐心以外一切都已丧失，到了大祸临头，驱使他们入于绝地，而不得不谋求死逃生时候，否则决不能发现他们的真面目。

4. 发挥潜能，创造奇迹。

潜能是产生感情的地方，是记忆的仓库。当我们的五官停止活动时，就是它的功能最为活跃的时候。

潜能一旦得以发挥，就能更好地帮助我们解决问题，获得创造性灵感，很多事做起来也就会相对轻松许多。

【反复】

比如反复下达这样的指令：我一定要开辟这个新市场。

开发利用潜意识自动思维创造的智慧功能：有不少人苦思冥想某一问题，结果却在睡梦中，或是在早晨醒来，或在洗澡时，或在走路时，突然就从大脑里蹦出了答案或灵感。

【暗示】

不断地想象、不断地自我确认、不断地自我暗示。

假设你想要成功，就念"我会成功，我会成功，我一定会成功"；

假设你想赚钱，你就念"我很有钱，我很有钱，我一定会很有钱"；

假设你想要让自己的业绩提升，就告诉自己，"我的业绩不断地提升，不断地提升，我的业绩一定会不断地提升"……

第二节　爱的力量

什么叫爱？爱就是慈悲之心、奉献之心、向善之心、仁义之心。

潜能的开发，源自于深切的爱。

只要我们对一件事情有足够的热爱，并且不去想负面的因素，而选择有积极性、正面性、建设性的因素。那么，潜能就会不离不弃，我们也就可以左右自己的命运。

爱的力量让人上进拼搏，让人劳碌奔波，让人义无反顾，让人冬日温暖如春。

爱的力量，威力无穷，可以让将军疆场扬鞭、马革裹尸，也可以让君王沉迷酒色、一毁江山；可以让浪子回头，也可以让人们毁于尘埃、变成齑粉。

爱是一种无形的力量，人人都可以感受得到，但个中感受各有千秋。爱可以使自己抛弃一切，也可以迸发出远超自身能力的力量。我们可以为一个人一份爱付出，努力，放弃，拥有。

一、爱，是一切力量的源泉

有时我们会觉得郁闷，很多看起来似乎不容易做到的事，但却神奇般地做到了；很多看起来觉得很容易做到的事，却最终怎么也做不到。

这一切的原因不是别的，都是因为有爱。爱，不仅使人出现异乎寻常的举动，更是一切力量的源泉。

爱是阳光，是暖流，是一切的力量。你可以失去一切，唯独不能失去爱。随着时间的推移，当你以为事业是全部的时候，你可能会经历爬得越高摔得越重的痛楚，这时候唯有爱可以支撑你，只有爱和爱你的人能够让你坚强。爱是化解矛盾的最佳方式。那些越来越好的人，是因为他们心中有爱，脸上有阳光，眼角有微笑。心中有爱的人就像一个巨大的能量源，温暖并照亮周围的所有人。爱弥漫在空气中，是你生长的养分。年龄会增加，皱纹会加深，唯有爱会越来越深沉浓郁。心中有爱的人最幸福。

1. 一切皆因有爱

每个人都多多少少地经历过爱情。如果你很爱对方的话，这时不但能力会得到超常的发挥，而且行为也会发生巨大的改变，变得能干，变得善良，变得快乐，变得激情四溢。

这其实就是爱激发了潜在的力量，是爱萌发了善良的种子，在爱面前，纵使野兽也会变得温柔，恶魔的心肠也会变得柔软。

爱、希望和耐心是幸福之源。爱换来爱，爱让希望添上翅膀，使内心永远充满活力。爱即仁慈、宽厚，爱即坦率、真诚。一切美好的东西都源于爱。爱是光明的使者，是幸福的引路人。爱是"照耀在茫茫草原上的一轮红日，是百花丛中的绚丽阳光"。无数欢快的念头都从爱的呼唤中潮潮而来。暖意融融的欢快幸福之中总有爱的精魂。爱是无价的，但它并不花费任何东西。爱为自己的拥有者祈神赐福，一个心中拥有爱的人，幸福总会伴随他，爱与幸福是不可分割的。因为爱，痛苦会化为幸福，伤心的泪水也会化作甘泉。

2. 爱，就没有什么不可以

一个正在被爱滋润的人，一个心中有爱的人，所焕发的能量是难以用平常的标准予以解释的，在爱面前，一切皆有可能。

五道 开采无限潜能 办法总比困难多

我们总喜欢调侃影视剧中的那些英雄人物，即使身负重伤，也要完成任务才肯牺牲，或者牺牲之前，一定要说出重要情报、重要话之类的桥段。

其实，现实生活中，这样的例子并不鲜见，临终的老人，直到见到挚爱的亲人才撒手人寰。亲人的爱，唤醒了昏迷多年的"植物人"……

二、爱，从来就没有标准答案

尽管爱的出发点不同，性质也有差异，男女的性爱，骨肉的亲爱，连襟的关爱，事业的挚爱，团队的笃爱，动物的宠爱，但归根结底，由此引发的力量却是一样的。

每个人，爱的方式有很多种，爱的程度也有所不同，即使是同一个人，面对同一对象，也会因为环境、心境的不同，而有所差异。

爱，虽是可遇不可求，却可以通过培养来达到爱的境界。

一个国王有3个儿子，他很疼爱他们，但不知该传位给谁。最后他让3个儿子回答如何表达对父亲的爱。大儿子说："我要把父王的功德制成帽子，让全国的百姓天天把你戴在头上歌颂你。"二儿子说："我要把父亲的功德制成鞋子，让普天之下的百姓离不开你，让他们明白，是你在支撑着他们。"三儿子说："我只想把你当作普通的父亲，永远放在心里。"最后国王把王位传给了三儿子。爱的位置不在嘴里，不在头上，不在脚下，只在心中，在我们时刻关爱他人的细小行动中。

1. 不忍之心

孟子《公孙丑章句上》曰："人皆有不忍人之心。"

看到苦难、灾难而生出的一种同情，想帮助的冲动叫不忍之心。

一个心中有爱的人，是不忍心看着自己喜欢的人和事，朝着他认为不好的方向发展的。尤其对教书育人的老师来说，就更是如此。

下海之前，我有过几年从教的经历。自己亲身体会到，越是自己喜欢的学生，对他们的要求就越是严厉。

他们有段时间不求上进了，你比谁都揪心；他们的成绩下滑了，你比谁都着急；他们若是犯了什么错，你会比自己犯了错还要难受。

现在想想，其实不为别的，就是不想看着这么棵好苗子被他自己生生地毁掉。

2. 奉献之心

苏联著名教育家苏霍姆林斯基指出："对人来说，最大的欢乐，最大的幸福是把自己的精神力量奉献给他人。"

一个心中有爱的人，也不会斤斤计较自己的得失，一定会利用一切机会，创造一切可能，无怨无悔地付出。

以前做教师时，我常常要为备课和批改作业而加班，从来不会关心是否有加班费，是否能吃到宵夜这样的事，只是觉得自己做了这份工作，就应该尽到自己的本分。

3. 向善之心，让爱宽广

古罗马哲学家奥勒利乌斯认为："善的源泉是在内心，如果你挖掘，它将汩汩地涌出。"

一个心中有爱的人，也一定有颗向善之心，也愿意善良地对待一切。

我所居住小区的一处墙根边，常常坐着一个老婆婆，经营她的缝缝补补兼着小鞋摊的小生意，维持生计。

她脾气好，手艺也好，价格又不贵，逢到她不忙的时候，见熟人路过，会笑意盈盈地问鞋跟不跟脚，要不要再补些胶之类的话。

见到我们一家人经过，她还会特别地和我孩子说话，满脸的慈祥。

就连她擦的鞋也要比别家擦得光亮些，我发现是因为她舍得用鞋油，又肯下力气，不会偷减哪道工序。还特地备了一块干净抹布把供客人坐的小板凳擦擦干净，尽管或者只是象征性的动作，却也让人心里暖暖的。

三、爱越深，潜能越大

从1938年开始，哈佛大学阿列·博克（Arlie Bock）教授觉得，整个研究界都在关心"人为什么会生病/失败/潦倒"，怎么没有人研究下"人怎样才能健康/成功/幸福"？

经过持续76年的研究，哈佛团队得出了一个惊人的结论："温暖亲密的关系是美好生活的最重要开场。"

说白了，那就是：人生成功的关键和钥匙是"爱"。

一个人在一件事情上的潜能，可以发挥到怎样的程度，取决于他对这件事热爱的程度。只有在强大的爱的力量冲击下，潜能才能得到充分的发挥。

1. 潜能需要爱激发

日本曾经发生了这么一件事，一位外出采购的母亲，看见自己年幼的女儿正在阳台玩耍，因为见到妈妈回来兴奋得忘乎所以，竟然从阳台上跌落下来。

这时，做母亲的竟然扔下手里的东西，飞奔楼下接住了女儿。

事后，研究人员觉得此事无法理解，因为当时小女孩落地的时间只有 6 秒，而这位看上去单薄、文弱的母亲，却一口气狂奔了 65 米。这个速度，甚至毫不逊色于奥运会百米冠军。

媒体报道了这件事，很多人都不相信。于是让这位妈妈再试验一次，不过不是用女儿，而是用一只与女儿体重相同的枕头。可试了几次，都是跑不到一半距离枕头就掉到了地上，一次也没接住。

后来，又找到奥运冠军来试验——结果同样接不住枕头。

最后还是心理学家的分析更能让人信服，因为女儿是单身妈妈唯一的精神支柱，母女情深，是母爱让她发挥了生命中的最大潜能，正是这种由爱爆发出来的能量使她拯救了自己的女儿。

2. 潜能需要爱相伴

我们在借助潜能达成某件事时，爱也必须不离不弃，千万不要因为爱打了折扣，进而影响到潜能的发挥。

如果爱消失或者减弱，也会对潜能的发挥产生直接的影响。

一位母亲由于与丈夫感情不好，就经常将自己的怨气发泄在孩子身上，并常常对孩子使用诸如"你瞎了吗？这样的东西都看不见？"或者"你聋了吗，我讲的话你都听不进去？"这一类的话。

久而久之，这位孩子也就在心里植入自己比其他人低能的潜意识。

长大后，这位孩子果然在视觉和听觉上出现了严重的心理障碍，或者是听不清充足的音色，或者是看不全充足的颜色。

大家都知道，我大学毕业后在中学做过一段时间的物理老师。我认为上述道理对学生也一样：没有教不好的学生，只有不会教的老师。那些所谓的差学生，其实只差一双拨响他们心弦的手和洋溢着爱的光辉的眼神，去关切、爱护、鼓励、鞭策他们，去激发这种爱的潜能。

3. 爱的时候，才知道自己究竟有多能

爱是什么？爱是鼓励，是你一次次的被生活折磨的体无完肤时，仍然让你相信你的人生会绽放光彩。爱是支持，是你一次次的失败后，仍然比你还坚定地认为你能够成功。

很多男人在爱情面前表现出了超乎寻常的能力，这一点毋庸置疑。但却有人说爱情中的女人智商为零。

真的是这样吗？有一个现象不得不让我们感到惊讶，原本众人眼里文弱的女子，一夜之间就变成了女汉子，细究原因，竟是因为爱情。

很大意义上来说，人都是被逼出来的，不光是爱情，其他爱也是一样。

世界上没有做不到的事情，因为，当我们做一件事情的时候，是内心一种强大的力量在牵引着我们，如果做不成功，只是因为我们心未尽到。一句话，是我们爱得还不够深沉。

所以，可以这么说：一个人对一件事情投入的爱有多少，也决定了其在这件事上发挥的潜能有多大。

第三节 如何激发潜能

潜能是指人具有的但又未表现出来的能力。这种能力我们称之为"潜力"，也包括人原来表现过但后来不常使用或根本就没有使用而忘却了的能力。这种能力一旦表现出来，常被人称为"奇迹"。

譬如人脑由 140 亿个脑细胞组成，每个脑细胞可生长出 2 万个树枝用来计算信息。人脑"计算机"状的树突，用来计算信息。人脑可储存 50 亿本书的信息，相当于世界上藏书最多的美国国会图书馆（1000 万册）的 500 倍。

人脑神经细胞功能间每秒可完成信息传递和交换次数达 1000 亿次。

处于激活状态下的人脑，每天可以记住四本书的全部内容。

人的每只眼睛有 1.3 亿万个光接收器，可吸收 5 个光子（光能量束），可区分 1000 多万种颜色。

作为人体的一部分，潜能一直以能量的形式存在着，这种能量既不会消灭，也不会创生，它只会从一种形式转化为另一种形式，或者从一个物体转移到另一个物体。

而在转化或者转移的过程中，潜能的总量又始终保持不变。

主动应用有效的方式开发、激发自身的内在潜力，去完成一个连自己都认为不可思议的任务或目标。如危机时刻急中生智，智慧会突然千百倍地迸发而出，绝处逢生。

潜能的动力深藏在我们的深层意识当中，也就是我们所说的潜意识。

关键的关键，还是如何将其激发出来的问题。

一、自我暗示

激发潜能最简单的，也可能是最有效的方式，就是自我暗示，自己告诉自己，自己给自己下达命令。

自我暗示也有很多种方式，每个人都不妨根据自己的情况，或者当时的心境加以运用。

1. 情绪暗示，让温暖融化

自我暗示，最常见的一种方式就是——情绪暗示。

"心理暗示"这一术语来自西方的心理学，指用含蓄、间接的方式，对人的心理和行为产生影响。心理暗示往往会使人不自觉地按照一定的方式行动，或者不加批判地接受一定的意见或信念。

人的心理活动分为意识和潜意识两部分。意识活动是我们能够感受到的那部分心理活动，就像浮出海面的冰山一角；而大部分心理活动我们是意识不到的，即潜意识活动，像海面下的冰山。潜意识虽然不为我们所知，却蕴藏着巨大的能量，时时刻刻影响着我们的认知、情绪和行为。意识和潜意识，使用着不同的信号，如果两者能够融合在一起，其产生的心理能量是不可估量的。

心理暗示，通俗地说就是通过使用一些潜意识能够理解、接受的语言或行为，帮助意识达成愿望或启动行为。调动潜意识的力量，也就是在开发我们自己的潜能，其中最常用的方法就是进行积极的自我暗示。"飞人"刘翔在起跑前经常要对自己说一些积极的话，鼓励自己；2004年雅典奥运会上爆出冷门获得奥运冠军的网球选手李婷、孙甜甜，其成功也得益于心理教练对她们进行的积极心理暗示。积极的心理暗示往往能够激发人的"小宇宙"，达到平时难以一见的效果。比如，要想使自己快乐，就可以反复地提醒自己：我是快乐，快乐是我！

早上，睁开眼睛就默念几遍，出门前对着镜子也这样念几遍，那这一整天都会沉浸在快乐之中；晚上睡前也这样念几遍，定当一夜好梦。

2. 能力暗示，请激情出马

自我暗示的另一种方式是——能力暗示。

英国BBC实验室的安德鲁·雷尼教授和同事测试了有哪些心理方法能帮助人们在一款游戏中提高分数。这份超过4.4万人参与的实验表明，激励方法在激发潜能方面的确有作用。

这项复杂的研究测试了自我能力暗示激励方法是否对任何任务有效。在任务的每个部分，那些利用自我激励方式告诉自己"下次我能做得更好"的人，表现要好于参照组。尤其在以下4个方面分数提高明显：结果激励（告诉自己，"我可以超越自己最好成绩"），过程激励（告诉自己，"这次我可以反应更快"），结果意象（想象自己在游戏中正超越以前的最好成绩），以及过程意象（想象自己在游戏中反应速度比上次更快）。

这多用于每次办事的路上，对自己说：我是优秀，优秀是我！那办事过程中的发挥就会格外出色，预定的目标也就很容易实现。

有这样一个穷小子，有一天心血来潮地立志要成为百万富翁，于是他每天出门边跑业务，边自言自语地将"我要成为百万富翁"这句话重复上千遍。

几年后，他果然成了百万富翁。这个人，就是美国钢铁大王卡内基。

3. 状态暗示，让感觉说话

发掘自己的潜能，经常给予自己积极的暗示，有利于提高自己的信心和勇气，能帮助我们发掘潜能。由于缺乏信心和勇气、自卑、懒惰、安于现状、不思进取，自我埋没的现象也是相当普遍的。如果我们能多给自己一点刺激，多给自己一些积极的暗示，多一点信心、勇气、干劲，多一分胆略和毅力，就有可能使自己身上处于休眠状态的潜能发挥出来，创造出连自己也吃惊的成功来。

自我暗示，还有一种方式就是——状态暗示，让良好的感觉帮助自己成功。比如：我现在感觉棒极了！以此让自己以一种良好的状态去做事。

每次上台演讲前，我也会在心里对自己说"现在状态太好不过了！""气氛真是美妙之极！"之类的话，给自己提气，让自己以最好的状态站在讲台上。

简单归纳一下：情绪、能力、状态，都是决定成功与否的重要因素，只要不断地这样自我暗示，这些内容就会输入自己的潜意识，进而根深蒂固，并且化为行动时的强劲能力。

这在心理学上的解释就是：念叨什么，就会来什么。

二、外在刺激

来自外在的力量，也会成为激发潜能的动力。尤其是自己在乎的人所给予的压力或者动力，更是可以让我们不知不觉地将自己的潜能发挥到极致。

1. 危机时，潜能可爆发

人在处境受到威胁时，所产生的能量，往往连自己都觉得不可思议。危机能够激发出潜能，促使我们在成功的道路上向前飞跃。然而面对危机，真正的智慧并不在于在危机中抗争，而是利用危机，把危机转化成激发潜能的良机，化害为利，在危机中崛起。

"破釜沉舟，百二秦关终属楚。"秦末巨鹿一战，面对被秦军歼灭的危机，项羽破釜沉舟自断退路，背水一战，被置于绝境中的将士们只有死战才能有机会保全性命。项羽正是利用危机激发了士兵们的潜能，绝地反击，战胜了数倍于己的敌人，把危机转化成了前进的动力。

人类社会已经发展到"竞争"时代，现实生活中处处存在着竞争的危机，危机面前，我们没有退路，我们只能全力以赴才能战胜危机，创造辉煌。"若不竭尽全力地跑，可就没命了"，可见，危机激发潜能，引领我们在困难中奋力前行。

我有一个远房的表哥，在对越反击战中被弹片炸伤了背部的下半截，被救下来手术后，命算是保住了，但下半身已经瘫痪，医生也判定他这辈子只能在轮椅上度过了。

这轮椅一坐就是20年，表哥终日借酒浇愁。

有一天，他从酒馆出来，照常摇着轮椅回家，却碰上了三个劫匪抢他的钱包。他拼命反抗。

被触怒了的劫匪竟然放火烧了他的轮椅。

求生的欲望竟然让我的这位表哥从轮椅上跃起，一口气跑了一里多地。

事后，他才发现自己原来是可以走路的。

危机是能够激发潜能的重要力量。我们要积极地看待危机，把危机转化成为成功的机遇；利用危机，树立危机意识，借助危机爆发潜藏的能量。

2. 思考制约潜能

潜能的激发是一种直觉产生的本能，如果想得太多，反而不易得到发挥。

思虑过多伤脾，脾为纯阴而生阳，收水谷之气化血而藏于肝，肝统一身之血，脾虚则易肝血不足，同时，脾土也是推动肝木化心火的动力，木火畅达则多喜悦之情，脾虚则肝木无力化火，曲而不直易怒，眼睛多干涩，近视，充满负能量。

而且，思虑太多，人会瞻前顾后、患得患失，人会变得优柔寡断、胆小如鼠，身体都不会好，何谈潜能的发挥？

像上面提到的那位拼死接住掉下阳台孩子的母亲，她之所以能在极短时间内完成了一系列不可思议的动作，离不开潜能的爆发。这是不顾一切的本能。

我那位坐了20年轮椅的亲戚，面对危险所迸发的逃生本能，也是一种在特定情况下的本能反应。

现实生活中许多东西之所以问题严重、之所以落伍，关键在于有许多陈旧的观念始终在脑子里制约着我们，控制着我们。因此我们要变，要前进，就必须首先从观念着手，将那些陈旧的观念转变为崭新的观念，否则，一切将无从谈起。因为观念犹如一粒种子，又仿佛是水之源，木之根，是一切的初始。种子出了问题，后面一定问题严重；种子是优良的，就等于开了个好头，后面就大有希望。

思虑过多，则会让诸多陈旧的观念束缚制约我们的行动，让我们一辈子限定在前人的框框内，一无所成，更谈不上潜能的发掘了。

3. 希望，可以开采潜能

潜能的开采，往往也是要靠希望予以支撑的，只有不断地让自己对某一东西有所盼头，才能一点一点地得以呈现。如果一个人没有目标，缺乏动力，生活浑浑噩噩，犹如大海浮舟。绝望进入心中，就会盘踞成长，一颗消极的思想种子就会生出消极的果实。

有这么一个故事，说是有一老一小两个相依为命的瞎子，每日里靠弹琴卖艺维持生活。一天，老瞎子终于支撑不住病倒了，他自知不久将离开人世，便把小瞎子叫到床头，吃力地告诉他说自己在琴里藏有一个可以重见光明的秘方，只是要在他将第一千根琴弦弹断的时候才能取出来，否则就不会灵验。

小瞎子流着眼泪答应了师父。老瞎子含笑离去。

一天又一天，一年又一年，小瞎子用心记着师父的遗嘱，不停地弹，将一根根弹断的琴弦收藏着，铭记在心。当他弹断第一千根琴弦的时候，当年那个弱不禁风的少年小瞎子已到垂暮之年，已经是备受人们敬重的音乐家，同时也变成一位饱经沧桑却衣食无虞的老者。他按捺不住内心的喜悦，双手颤抖着，慢慢地打开琴盒，取出秘方。

然而，别人告诉他，那是一张白纸，上面什么都没有。

老瞎子骗了小瞎子。泪水滴落在纸上，但他笑了，因为他突然明白了师父的良苦用心，虽然是一张白纸，但却是一个没有写字的秘方，一个难以窃取的秘方。只有他，从小到老弹断一千根琴弦后，才能领悟这无字秘方的真谛。这秘方不就是希望之光吗！是在漫漫无边的黑暗摸索与苦难煎熬中，师父为他点燃的一盏希望的灯。倘若没有它，他或许早就会被黑暗吞没，或许早已在苦难中倒下了。

就是因为有这么一盏希望之灯的支撑，小瞎子才坚持弹断了一千根琴弦。他渴望见到光明，并坚定不移地相信，黑暗不是永远，只要永不放弃努力，黑暗过去，就会是无限光明。

三、不断行动

潜能是不会自动到来的，只有在行动的过程中，才能出现意想不到的潜能。所以，不断行动，是保证潜能出现，必要的，也是唯一的条件。

1. 消极制约潜能

有研究表明，一个人相信自己能或不能，结局就会迥然不同。

如果认为自己能够做到，事情就会如其所愿；如果认为自己不能，事情也会如想的一样难以完成。这是因为内心导向激发的潜能不同所导致的结果。

哲学史家冯友兰讲过一个故事："一小儿走路，为一石所绊倒，此小儿必大怒而恨此石。但一成人为一石所绊倒，则并不怒，不恨此石……其所以如此者，因小儿对于此石无了解，以为此石有意和他捣乱，所以恨之。而成人对石有了解，知石是无知之物，绝不会有意与他捣乱，所以并不恨之。"

这是一个什么道理呢？——对于事情背后的道理有了解，进而不为事情所累，才能想得开、看得透，才不至于因外界的环境刺激而被动地做出消极的反应，害得自己拥有无谓的烦恼。这也是冯先生强调的一个重要的心态修炼方法——以理化情。

不是没有阳光，是因为你总低着头；不是没有绿洲，是因为你心中一片沙漠。未来学家佛里曼在《世界是平的》一书中说，"21世纪的核心竞争力是态度与想象力，而保存我们最好的想象力必须是心怀谦卑"。佛里曼的预言告诉我们，积极的心理态度已经成为新世纪比黄金还要珍贵的最稀缺的资源，是个人和企业决胜大未来的最为根本的心理资本，是职场和市场最核心的竞争力！

在我们的身边，或者我们自己或多或少就有一些消极心态的影子。一个人一旦被消极的职业心态所支配，他对事物永远都会找到消极的解释，并且总能为自己找到抱怨的借口，最终得到消极的结果。接下来，消极的结果又会逆向强化他消极的情绪，从而又使他成为更加消极的人。拥有消极心态的人总是在关键时刻怀疑自己，并将自己的消极情绪传染给他人；永远悲观失望，抱怨他人与环境；常常自我设限，让自己本身无限的潜能无法发挥；整天生活在负面情绪当中，不能享受人生固有的乐趣。

消极制约潜能。所以，永远不要在心里认为"我不行"。

2. 行动，开采潜能的秘籍

行动力是指愿意不断地学习、思考，养成习惯和动机，进而获得导致成功结果的行为能力。

富于行动力的人往往具备超强的自制力,同时能够去突破自己,实现自己想做而不敢去做的,或者是自己认为自己能力不足的事,制订好计划就一定要下定决心去实现,行动力对个人而言就是自制力,对个人团队而言就是领导力。具有行动力的人,行为的主动性高,具备一定的冒险精神,倾向于在不断尝试、在"做"的过程中学习和提升;对工作的未知因素没有畏难情绪,不怕困难和挫折,相信自己。

潜能获得最大限度的开掘,超强的行动力不可或缺。

潜能,常常表现为临场发挥,或者紧急情况下的灵机一动。

孩提时光,大家也许都有这样的经历:自己做错了事情,想找一个借口为自己在父母的面前开脱。可是一开始会怎么想也想不出来,直到到了父母的跟前才能找到一个好的借口,而且常常还很完美!

虽然这种做法不一定对!但潜能在行动中的作用,由此可见一斑。

3. 不断行动,才能将潜能发挥到极致

人类的潜意识具有超越一般常识,几乎可称之为全然未知的超意识能力。例如,人类的直觉、灵感、梦境、催眠、念力、透视力、预知力等都是潜在能力的具体表现。而这种能力一直就秘藏在我们的脑里,是一种超越时间、跨越空间,与无限境界相联结的能力。有人常以奇迹或"超能力"来解释某种神奇的力量,其实指的就是潜意识的力量,任何人只要懂得开发这股与生俱来的能力,那么几乎没有达不到的愿望。

人类的本性中,有一种强烈的倾向,就是希望能彻底变成自己想象中的样子。爱默生说:"一个人的个性,便是他整天所想要做的那一种人。"佛经也说:"我们一切的表现,完全是思想的结果。"可见思想具有决定命运和结局的力量,这是一个普遍的真理。

许多成功的人物之所以能够实现他们的梦想,主要是因为他们将渴望和思想具体化、形象化,他们具有按照成功来思考问题的习惯。他们心理所想,行为所做的都是朝向成功,因而最后都成为事实。英国小说家毛姆曾说:"人生实在奇妙,如果你坚持只要最好的,往往都能如愿。"每一种希望与渴慕,只要付诸实际的行动,持之以恒,百折不挠地加以贯彻,迟早都会梦想成真。

所有的潜力,都是从行动中慢慢成长起来的,越勤于行动,就越是能调动潜能。

因为我们在行动中,才可以使自己的潜力上升。

有时，他人的一个眼神、一句话、一个不经意的动作，也可以引发你的潜能在一瞬间爆发。

不论遇到什么事情，只要勇于付出，勇于行动，不放弃，那么你的潜能就会被激发，从而对任何事情都有信心。

第四节 团队的力量

团队的共同目标，是激发个人潜能的有效动力。

共同目标，更能够产生动力和活力。所以，对团队而言，实现共同目标的最直接方式，就是把团队成员的个人意愿，凝结成团队意愿。

一、积极参加团队活动，跟着团队一起进步

活动，是团队日常行动的一部分，有利于提高团队的凝聚力，也是相互学习，共同提高的有效途径。

团体是一个整体，做事大家一起做，遇到困难大家一起解决，每个人都有不同的思考方式，只有集合大家的智慧，才能把事情做到更好。

1. 齐心协力聚潜能

如果把每个成员比作一棵树的话，团队就是树林，周边环境就是旷野，风霜雨雪，任何情况都有可能发生。

仅靠一棵树的努力，是无法抵御风沙的肆虐与暴风雨的袭击的，而一片茂密的树林却能有效抵御风沙与暴风雨。

秋天，我们常常可以看到一群群大雁，排成"一"字形或"V"字形，展翅南飞。每年需飞行几万公里，一天内就可以飞越几百公里的距离。是什么样的力量支持他们创造了这样的奇迹？这就是团队的力量，团队合作不仅使他们能够日行百里，还能够帮助他们节约体力，鼓舞士气。此外，领队的大雁疲倦了，感到力不从心时，会自愿让出其位，能者居之。这样的团队，还有什么困难能够打

倒他们呢？在这里，团队精神的力量，大雁给我们做出了最好的诠释，它是我们迈向成功的关键。

2005年春晚的经典节目《千手观音》，这21名来自无声世界的聋人在集体荣誉感的激励下，团结一致、自信乐观、积极向上，用整齐划一的舞蹈表达着心灵的语言，静穆纯净的眼神，娴静端庄的气质，婀娜柔媚的千手，金碧辉煌的色彩，脱俗超凡的乐曲……美得令人窒息，炫得让人陶醉。当她们心灵相融的时候，爆发的是无坚不摧的力量。光与影，梦与手绽放出博爱四射的神圣之美。那一刻，人们震撼了，人们沸腾了！人群爆发出热烈的掌声，这掌声绕梁不绝，迂回在人类的天地间。事实再一次证明，拥有了团队精神，生命在自然里创造奇迹；拥有团队精神，人类将在宇宙的长波里飞向太空；同时这个事例也告诉我们，团队的成功是建立在和谐团结的基础之上的。一个优秀的团队需要的不仅仅是某个素质和能力均好的成员，而且要求所有人能团结一致、齐心协力，这样才能取得成功。

每次看龙舟比赛，我都会生出无限的感慨，几十人，甚至上百号人，都坐在那么窄窄长长的"木板上"，要做到不翻船况且不易，何况每个人还要竞速划桨。

答案就是：通过击鼓让他们齐心协力，有节奏地努力向前，这时候，每个人的潜能也都汇聚起来了，才形成这样最强大的力量。

2. 协调发展出潜能

俗话说：三个臭皮匠，赛过诸葛亮；众人拾柴火焰高。

牧师请教上帝：地狱和天堂有什么不同？

上帝带着牧师来到一间房子里。一群人围着一锅肉汤，他们手里都拿着一把长长的汤勺，因为手柄太长，谁也无法把肉汤送到自己嘴里。每个人的脸上都充满绝望和悲苦。上帝说，这里就是地狱。

上帝又带着牧师来到另一间房子里。这里的摆设与刚才那间没有什么两样，唯一不同的是，这里的人们都把汤舀给坐在对面的人喝。他们都吃得很香、很满足。上帝说，这里就是天堂。

同样的待遇和条件，为什么地狱里的人痛苦，而天堂里的人快乐？原因很简单：地狱里的人只想着喂自己，而天堂里的人却想着喂别人。

在一个团队里，如果成员没有团队意识，各行其是，那么，团队的目标将永远无法实现。只有增强团队意识，大家密切配合，团结协作，才能使我们焕发出无限的生机和活力。

工作中，即使一个人的才智出众、能力超群，但是如果不能凝聚周围人的力量，那也很难成就大事。

我自己开车，或者坐车时，都很容易联想到团队。一个正在执行任务的团队，不正像是一辆在道路上行驶的汽车一样吗？

仅凭一个轮胎的努力，一辆汽车无法在道路上飞奔；四个轮子即使都使劲发力，若协调不好，汽车也难以上路。更何况还要在高速公路上以 100 公里的时速疾驰……

3. 抱团取暖显潜能

众人拾柴火焰高。对于一个团队来说，有事一起扛，有难一起帮，唯有彼此付出，大家才能相互发挥各自的潜能，将其转化为更为强大的力量，才能一起进步，共同发展！

歌德说："不管努力的目标是什么，不管他干什么，他单枪匹马总是没有力量的。合群，永远是一切善良思想的人的最高需要。"

我们现在所处的时代，对团结与协作精神的渴求比任何一个时代都显得迫切和重要。我国的古人早就认识到了团结协作的重大作用。荀子曾说过一句名言："每一个凡人，其实都可以成为伟大的禹。"凡人成为伟大的禹的条件是什么呢？这就是今天要讲的团结协作精神，大家聚拢起来抱团取暖。不管在古代还是在现代，不论在东方还是西方，许多现实的事例证明，无论是一个国家还是一个团体，甚至一个部门，如果仅仅依靠领导的殚精竭虑而没有员工的积极参与和响应，这个团队就不是有效的团队，仅仅依靠某一个或某几个所谓的精英人士孤军奋战，而没有大军团的协作与支持，这个团队也是注定要失败的。

每每看到电视里播放的南极企鹅的镜头，我都会热泪盈眶。

在那么恶劣的环境中生存的企鹅，一个个又看似那么柔弱，单个的话，谁也扛不住。没有东西可以遮风挡雪，靠的就是相互挤在一起，用彼此的身体抵御严寒，抗击风雪……

二、为完成团队目标而努力

团队目标，是以实现团队整体利益为前提的。同时，若团队目标对成员而言具有足够的重要性和吸引力，也能够激发团队成员的无限潜能。

1. 对团队绝对忠诚

忠诚和执着，是一个人成事的根本。

对团队忠诚，才能在态度上高度重视自己的工作，才能在行动上认真完成自己的工作。

潜能最忌讳的就是三心二意，并且常常对一个人的执着白眼相加。

团队力量来自忠诚，在一个团队中，每一个人都优秀到了不可替代的程度，那么，这个团队就是世界上最优秀的团队。忠诚于团队，最大的受益者，还是你自己。正如裹成一团的"蚁球"，每一只蚂蚁忠诚于团队，最终使团队得以成功趟过湍急的河水，而这种忠诚也是确保自己不被洪水卷走的唯一办法。一个没有忠诚的团队，就是一盘散沙，自然没有力量可言。

所以，对于团队成员来说，只有对团队绝对地忠诚，任何情况下都不离不弃，才能使自己的潜能在团队里得到更加充分的发挥。

2. 竞争与协作

竞争与协作不是水火不容的，而是相互依存，不可分割的关系，社会生活既需要竞争，也离不开协作。协作中不能没有竞争，没有竞争的合作是一潭死水，当在协作中竞争，竞争才能更好地实现目标；竞争中也不能没有协作，没有协作的竞争是孤独的，孤独的竞争是无力的，当在竞争中协作时，协作才能更加有效，才能共同进步与发展。

协作是为了更好地竞争，竞争也是为了更好地协作，没有竞争就没有发展，没有协作就没有进步，只有把竞争与协作相互结合才能适应时代的发展，单有协作精神或单有竞争能力是不够的，因此，我们既要有竞争意识，也要有合作意识。在竞争中协作，在协作中竞争，力求双赢和多赢。

较之于单打独斗、孤军奋战，相互竞争、协作配合，不仅可以唤起一个人的激情，也更能够激发一个人的潜能。

据经销商反映，他们团队中有个成员，个人能力超强，月月业绩都在团队中遥遥领先。于是他的内心开始狂妄自大起来，一度还疏于参加团队的活动，自己单枪匹马地做市场。

结果才三个月就顶不住了，每月业绩还不到原来的三分之一，又不得不回到团队。

奇怪的是，回到团队后，他个人的业绩又恢复到了原来的水平，甚至还连续两个月超过了自己的历史最高纪录。

3. 切勿掉队

要使自己的潜能在团队中得到充分的发挥，那步伐也得与团队同步。一旦稍不留神掉了队，潜能也会像海绵一样，吸收不到团队的水分，慢慢就会干涸了。

天鹅、梭子鱼和虾，不知什么时候成了好朋友。有一天它们发现路上有一辆装满好东西的货车，它们决定一起拉走。于是大家赶忙套上绳索，使劲拉。结果大家拼尽全力，也没拉动车。按常理，以它们共同的力量拉动这辆车一点问题都没有，那为什么没拉动呢？

原来，天鹅是拼了命地朝天上拉，弓着腰的大虾是向后拖，而梭子鱼是朝着池塘的方向拉。究竟谁对谁错？反正，他们都使劲了。

从团队角度来说，"步调一致才能得胜利"。在团队合作中，首先要解决的问题是"步调一致"的问题，像"动物拉车"寓言描述的那种状况发生在团队身上，必将使得团队一事无成。

任何人、任何事，都是相互联系、无法独立存在的。工作也一样，它需要大家的相互协作与配合。一个团队要有超强的执行力，首要条件就是达成共识，同步协调。只有方向一致，才能产生最大的能量。

当整个团队在快速向前迈进的时候，如果有谁稍有迟疑，就会因为掉队而拖了团队后退，跟不上团队的节奏，也感受不到团队的气氛。这样必然导致自己郁郁寡欢，而自暴自弃的结果就是自己淘汰自己，即使团队有情，也会被竞争激烈的市场所淘汰。

三、全心全意为团队服务

所谓服务，就是指满足别人期望和需求的行动、过程及结果。

团队是相互依存、相互服务的一个大家庭，只有每个人都将服务当作一种本能和习惯，才能发挥团队最大的作用。

1. 做好自己，配合他人

作为团队的一分子，每个人除了展现个人才能之外，还要有强烈的服务团队意识，从而最大程度地发挥自己的作用。

服务团队，不仅仅是服从命令这么简单，还要想团队之所需，知道团队要什么，下一步该干什么；不仅仅是做好属于自己的本职工作，还要热情、周到、主动地配合好团队中其余同事的工作；同时，还要以团队为家，关心集体，无私奉献。

2. 以团队利益为最高准则

个人利益和团队利益从根本上说是一致的。

一方面，个人利益是团队利益的基础，没有个人利益的实现，就没有团队利益的充分发展；另一方面，个人利益又依赖于团队利益，团队利益是满足个人利益的保障和前提，是个人利益的集中体现。

任何个人利益，都不能超越团队整体的利益；一切个人利益，都必须服从团队利益。

如果把团队比作一口锅的话，那个人就是一只碗，"锅里有了，碗里才有"。

个人好了，整体不一定好；但整体好了，个人绝对不会差。

三只老鼠结伴去偷油，可是油缸非常深，油在缸底，它们只能闻到油的香味，却喝不到油，老鼠很焦急。

突然，一只老鼠想出一个很棒的办法，它提出三只老鼠一只咬着另一只的尾巴，吊下缸底去喝油。大家经过讨论取得了一致的共识，并决定轮流喝油。有福同享啊，谁也不能独自享用。于是，第一只老鼠最先吊下去喝油，它在缸底下想："油只有这么一点点，大家轮流喝多不过瘾啊，今天算俺运气好，第一个下来喝油，不如自己先喝个痛快。"加在中间的第二只老鼠也在想："下面的油没多少，万一让第一只老鼠把油喝光了，俺岂不是要喝西北风吗？我干吗这么辛苦的吊在中间让那小子独自享受呢？我看还是把它松开，干脆自己跳下去喝个痛快！"最上面的老鼠也在想：油就那么少，等他们两个吃饱喝足了，哪还有我的份呀，不行，必须立即做出决断，于是最上面的老鼠就放开了中间这只老鼠的尾巴。它们争先恐后地跳到缸底，浑身湿透，一副狼狈的样子，加上脚滑缸深，它们就再也没有跳出来。

所以，"小我"必须服从"大我"，这不仅仅是个集体荣誉感的问题，还牵涉到每个人的具体利益，因为只有团队强大了，自己才能有更大的发展。

3. 帮助他人，等于关心自己

帮助别人，快乐自己。送人玫瑰，手有余香。

现在有专家学者倡导在团队中创建"兄弟文化"，很有点江湖侠士的味道。

我倒认为，团队本来就是一个利益共同体，帮助也是互为因果的关系。这样，也才能和谐相处。不仅在工作中能够肝胆相照，而且还能在生活中互相取暖。

有个很经典的故事：

一个瘸子在马路上偶然遇见了一个瞎子，只见瞎子正满怀希望地期待有人带他行走。于是，瘸子走上前说："一起走好吗？我不能独自行走，也是一个需要帮助的人。你看上去身材魁梧，力气一定很大，那么你何不背着我，这样我就可以给你指路。你坚实的腿脚就是我的腿脚，我明亮的眼睛也就成了你的眼睛。"

于是，瘸子将拐杖握在手里，趴在了瞎子那宽阔的肩膀上。两人步调一致，实现了一人不能实现的效果。

约翰是一个推销员,向一农场主推销自己新出的收割机。到达农场后,他才知道已经有10多家的推销员来推销过了,但都被拒绝了。尽管如此,他还是满怀信心地向农场主驻地走去。快到驻地的路上,他无意中看到花圃里有一棵杂草,便条件反射地将杂草拔掉。他这一毫无意识的动作碰巧被出门的农场主看见。

他见到农场主后,刚说明来意,农场主就挥手打断说:"不用介绍了,您的机器我要5台,请尽快交货。"

他很吃惊地问:"我非常感谢你订我的货,但我的机器您都没见过,就如此痛快决定要5台,到时不会反悔吧?"

农场主说:"我的确需要这5台收割机,货到马上付款。至于为什么没见过您的机器就决定要,其实你的行为已经明白地告诉我,你是一个乐于帮助、诚实可信、有责任感的人。"

所以说,助人就是助己,帮助别人成功,往往助己也能够获得成功。

四、团队训练唤醒潜能

团队训练不仅仅是营造团队文化的途径,还能够有效地开发团队成员的潜能,提升和强化个人心理素质,激发团队精神,增强团队凝聚力,从而认识自身潜能,增强自信心,增进对集体的参与意识与责任心。

通常可以尝试通过以下几种方式,予以实现。

1. 训练会议

没有完美的个人,只有完美的团队。团队要完美,就必须学习,学习对于企业来说,并不是一件可有可无的事情。一个企业要通过学习,才能取得进步。同时,学习也不仅仅是领导层的事情,而是全员共同的工作习惯。

任何能力、习惯,都是训练的结果。所以,一个好团队,一定是一个学习型的团队,是由相互互补的人才组成的团队。

像我们熟知的讲座、研讨会、分享会、座谈会,都可以很好地起到训练的目的。

2. 拓展活动

拓展活动首先拓展训练贡献了个人,熔炼了整个团队,其次拉近了员工与领导的关系。拓展训练的目的在于把空洞的"团队精神"四个字化为现实,融化了人与人之间的寒冰,融合团队,营造企业文化氛围,加深员工对企业文化的理解,增强对公司整体目标的认同感,增强员工的自信心和意志力,改善自身形象，创造良好的沟通环境。

拓展活动并非体育加娱乐，而是对正统教育的一次全面提炼和综合补充。

不一定要搞得很复杂，只要能起到强化团队的协作意识，提升每个人的心理素质，培养每个人良好习惯的效果就行。

可以举办一些改善自身形象，克服心理惰性，磨炼毅力方面的比赛。也可以解答一些启发想象力与创造力，提高解决问题能力的习题。还可以做一些认识团队的作用，改善人际关系，强化配合能力的游戏。

3. 培养人

团队的学习培训能够协调团队成员关系，促进成员之间的合作，从而更好、更快地达到组织的目标。随着管理科学的不断发展，它将得到更深层的发展，继续焕发新的活力。

没有经过训练的员工是公司最大的负债，因为他们损失的业绩、营业额是无法用金钱来衡量的。

所以，培养团队成员，也是团队每个人义不容辞的责任。

像我们日常的一对一帮扶、个别谈心、个别辅导、手把手示范、集体学习等等，都是很好地培养团队中新手的方式。

五、激励、表彰会议刺激潜能

我们大多数人的体内都潜伏着巨大的才能，但这种潜能酣睡着，一旦被激发，便能成就惊人的事业！

一般来说，一个人的才能源于他的天赋，而天赋又不大容易改变。但实际上，大多数人的志气和才能都深深潜伏着，必须要外界的东西予以激发。志气一旦被激发出来，如果又能加以持续地关注和教育，就能够发扬光大，否则终将萎缩而消失。因此，如果人们的天赋与才能不被激发、不能保持、不能得以发扬光大，那么，其固有的才能就要变得迟钝并失去它的力量。

爱默生说：我最需要的，就是有人叫我去做我力所能及的事情。拿破仑、林肯未必能做的事情，但我却能够做，这只要尽我最大的努力，发挥我所具有的才能。

事实证明，善于利用激励表彰，也是调动人体潜能的有效手段。

大张旗鼓地表彰先进、树立楷模，对受到表彰的人来说，是一份鼓舞，对未受到表彰人来说，也可以起到鞭策的作用。

激励、表彰会议，也有利于营造浓烈的团队气氛，并起到这样几个作用：一是打造团队凝聚力,强化集体荣誉感;二是强化榜样的力量,赞美促进动力,比较看到差距,竞争产生危机意识;三是有利于更好地制定目标、计划,安排行动。

对一个团队来说,只有不断地鼓励和刺激每一个成员,让每个人都充分展现自我,最大程度地发挥个体潜能,团队才会迸发出如原子裂变般的能量。

第五节 梦想、理想、目标及行动

目标、行动、理想和梦想,这是我们现在听得最多的词,我们也为此探讨过多次了。其实,我们很容易就会混淆这几个词语的概念。对大多数人来说,这几个问题其实就等于一个问题,通俗地说,便是"你想干什么?啥时做?"

一、目标调动潜能

设置适当的明确目标,不仅可以激发人的潜能,还能达到调动人积极性的作用。一个人只有知道了要做什么,能够做到什么,才会努力去做。

心理学家曾经做过这样一个实验:组织3组人,让他们分别向着10公里以外的3个村子进发。

第一组的人既不知道村庄的名字,也不知道路程有多远,只告诉他们跟着向导走就行了。刚走两三公里,就开始有人叫苦;走到一半的时候,有人几乎愤怒了,他们抱怨为什么要走这么远,,何时才能走到头,有人甚至坐在路边不愿走了;越往后,他们的情绪就越低落。

第二组的人知道村庄的名字和路程有多远,但路边没有里程碑,只能凭经验来估计行程的时间和距离。走到一半的时候,大多数人想知道已经走了多远,比较有经验的人说:"大概走了一半的路程。"于是,大家又簇拥着继续往前走。当走到全程的四分之三的时候,大家情绪开始低落,觉得疲惫不堪,而路程似乎还有很长。当有人说:"快到了!""快到了!"大家才又振作起来,加快了行进的步伐。

第三组的人不仅知道村子的名字、路程，而且公路旁每一公里都有一块里程碑，人们边走边看里程碑，每缩短一公里大家便有一小阵的快乐。行进中他们用歌声和笑声来消除疲劳，情绪一直很高涨，所以，很快就到达了目的地。

由此得出了这样的结论：当人们的行动有了明确目标的时候，并能把行动与目标不断地加以对照，进而清楚地知道自己的行进速度与目标之间的距离时，人们行动的动机就会得到维持和加强，就会自觉地克服一切困难，努力达到目标。

二、理想开采潜能

人的潜力是无穷的，它能够做到的事情你和别人永远都无法知晓，但是，当你亲自动手尝试过之后，你才会察觉到自己的这种能力。

理想，是一粒种子，需要你去播种和培育，然后才会开花结果；理想，是一张白纸，需要你去描绘和上色，才能够成为一幅美丽的画卷；理想，是一片荒芜的土地，需要你去开垦和改造，最终建成自己想要的模样。任何想要一蹴而就的理想，都是不现实的。只有插上理想的翅膀，人的潜能才会获得最大限度的开掘。

理想是一个人的追求。拥有这样一种"追求"的人，多半同时拥有一种"出人头地"的念头，正是这样，他们才愿意不管不顾地孜孜以求。

罗斯福总统的夫人在本宁顿学院读书的时候，打算在电信业找一份工作，以补助生活。

他的父亲为她引见了自己的一个好朋友——当时担任美国无线电公司董事长的萨尔洛夫将军。将军热情地接待了她，并认真地问："你理想的工作是什么呢？"

她回答说："随便吧。"

将军神情严肃地对她说："没有任何一类工作叫'随便'。"

片刻之后，将军目光逼人，以长辈的口吻提醒她说："任何成功的道路，都是理想铺出来的。"如果一个人没有自己的理想，就好比在黑暗中远征。想清楚了要成为什么样的人，才知道自己应该朝哪个方面去努力。

年轻的她茅塞顿开，之后无论做什么都以将军的话来激励自己、严格要求自己，以至于日后成为美国第一夫人。

三、梦想激发潜能

世界上有取之不尽的宝藏吗？有！而且近在眼前，那就是你自己。我们每个人的生命中都蕴藏着巨大的精神财富——潜能，在适当的时候，采用适当的方式，这种潜能就能发挥无穷的力量，创造出一个又一个惊人的奇迹。

只要你抱着积极的心态开发你的潜能，你也会像他们一样，有着用不完的能量，走向成功，成就伟业。

任何伟大的人，伟大的事业都源于一个伟大的梦想。而这样的梦想有一股不可思议的力量催生你的潜能，释放你积极的心态。福特12岁时梦想制造一部"能够在公路上行走的机器"，这个想法深深地扎在他的脑海中，为此，他倾注了毕生心血，历经24年，最终实现了自己的心愿。

可见，一个追求卓越的人不仅是梦想的拥有者，更是梦想的实践者，具有生生不息的实践勇气。同样，你想成为顶级推销员，你就会研究成为顶级推销员的全部素质，并把这些素质和自己的努力结合在一起。这时，你会不断审视自己与他们的差距有多大，用他们的眼光总结每一次销售的失败与成功。于是，梦想被切割成一个个小目标，阶段性地去完成，在一步一步努力中，你会发现你的潜能正得到发掘，梦想也越来越接近真实。

梦想是人生有了遗憾和伤痕需要填补和修复的一种愿望。不仅可以在精神上，而且还可以在行动上激发每个人的潜能。

美国耶鲁大学进行过一次跨度达20年的跟踪调查。

这所大学的研究人员对参加调查的学生们提了一个问题："你们有梦想吗？"90%的学生回答说有。

研究人员又问："如果你们有了梦想，那么，是否把它写下来呢？"

这时，只有4%的学生回答说："写下来了。"

20年后，耶鲁大学的研究人员跟踪当年参加调查的学生们。结果发现，那些有梦想并且用白纸黑字写下来的学生，无论是事业发展还是生活水平，都远远超过了另外的没有这样做的学生。他们创造的价值超过余下的96%的学生的总和。

那么，那96%的学生都在干什么呢？研究人员调查发现：这些人忙忙碌碌，一辈子都在直接或间接地帮助那4%的人在实现他们的梦想呢。

四、行动释放潜能

无论是梦想、理想还是目标，最终都要归于行动。没有具体的行动作保障，那就是白日做梦、胡思乱想、一片迷茫。唯有行动，才能使我们的潜能得到充分的释放。

我认识这么一个女子，她儿时爱画画、爱摄影，也喜欢写诗，大人们都夸她有才，她也梦想自己有一天能够成为一个画家、诗人。但长大后她却没有为此做点什么，因为她觉得自己当时所在的地方是一个相对闭塞、落后的国营农场，要成功实在太难。索性在18岁那年，就草草下嫁给当地一所小学的校长。

婚后她先后生下两个儿子，丈夫在当地很有地位，也很体贴疼爱她，从不让她沾一点家务，她也一直过着衣来伸手、饭来张口的养尊处优的生活。她很知足，早把儿时的梦想抛到九霄云外去了。

本来这样滋润的日子可以平平淡淡持续下去了，直至一场车祸改变了命运。那是20世纪80年代初，丈夫成了当地第一个买摩托车的人，可因为一次漫不经心的疏忽，丈夫连人带车撞上了前面停靠的一辆装满钢筋的货车……

几个月的抢救下来，丈夫的命算是保住了，可头部被切除了三分之一，脑壳硬是用一块巴掌大的硅胶代替，时不时地还会犯癫痫。

由于这场事故自己负全责，家中为治病疗伤落得个一贫如洗。连平日里帮助操持家务的婆婆也因为受不了打击去世了。

没有了收入来源，没有人帮助做家务，而两个年幼的儿子和一个半死不活的丈夫需要她一个人照料。

在痛哭了一场之后，她一夜之间变得能干了，不但操起了所有的家务，进小学当了教师，还开起了当地第一家照相馆。之后，还一直学习、进修，成了在全国都有一定影响力的摄影家、硬笔书法家、演说家。

听过她故事的人，都觉得一个弱女子，既要赚钱养家，又要照顾两个嗷嗷待哺的孩子和生活不能完全自理的丈夫，还能锲而不舍地实现自己的梦想。怎么做到的？

对此，她的解释是：每个人体内都储藏着巨大的潜能，只有行动时才会被释放；在一切都绝望之后，生活只能倚靠自己，只有对自己狠一点，才能活出最真实的自己。

有时候感到憋屈郁闷，我就会就近找一座山，独自一个人攀登到一座山峰上，面对着悠长的深谷沟壑，大吼几声：我——来——了！让自己洪亮的声音震荡峡谷。

待过了几十秒，或者一两分钟后，耳边便会响起远处传来的阵阵回声："我来了"，"我来了"，"我来了"……

恰如一串音带回放，声音既像自己，而又不像自己；既像一个人在喊，又像好几个人、几十个人、千百个人在同时呐喊。

每每总是听得荡气回肠，十分有趣。

所有的焦躁烦闷，也一定会在那一刻烟消云散。

正确思考 圆满就好

第一节　太极的传说
第二节　太极思维是种立体思考方式
第三节　跳出三界外
第四节　有两把刷子
第五节　正确的思考
第六节　止于圆满

> 凡善于考虑的人,一定是能根据其思考而追求可以通过行动取得最有益于人类东西的人。
>
> ——(古希腊)亚里士多德

家里有本老书,缺了书皮,里面的纸张黄得已经发黑了,一直被父亲视为珍宝。

听父亲说这本书的来历很不一般,应该是老祖宗留下来的,传了多少代也不清楚,他亲眼所见就已经是四代了,所以才一直带在身边,即便在那些毁书的年代,父亲都小心翼翼地将祖辈留下的宝物妥善珍藏,不为别的,就是相信老辈人愿意一代一代传下来的,指定就是好东西。

父亲说他自己不但从这本书里认识了不少字,还从里面学到了做人、做事的处世之道。

怀着好奇的心理我接触这本书。第一次翻阅,虽然对书里平时少见的繁体字、佶屈聱牙的古文、玄妙的图案符号似懂非懂,但隐约觉得很神奇,于是就当是功课累了换换脑子的一种消遣,一直都有偷偷学。父亲不但不怪罪我,反而耐心地给我讲解里面的东西,甚至我们爷儿俩经常会为里面的一些问题进行争论。

我也试着按照里面说的东西给一些遇到迷茫的同学算结果、运气之类的事情,一算一个准,于是有了些名气,也有了一些影响力。凭着这点小手艺,我这个"乡巴佬"甚至还有几个同学有意无意地"巴结我",平时有什么好吃的、好玩的、好用的东西,都喜欢与我分享。一段时间里,我俨然成了学校能掐会算、呼风唤雨的"小诸葛"。

其实,只有我自己知道哪有那么神奇,只不过就是将从那本书中学到的一点东西现学现卖而已。

很多年之后我才知道,父亲的宝贝书叫《易经》,算不上什么稀罕物件,现在随便去一家书店就能买到。但也可能正是早年的这段经历,我对《易经》始终有着浓烈的兴趣,以至于现在还依旧爱不释手。

财富出自思想。

物质和精神,是人类生存的两大基本条件。物质财富能够使人活着,精神财富可以让人活出质量。而面对日益市场化的形势,竞争日益加剧,精神财富越来越起主导性的作用,也决定着一个人财富的多寡,所谓思路决定出路!也是这么个道理。

我一直认为,动物与人类的区别在于人类善于思考,而人与人的区别,其实就是思考方式的区别。一个人，不管是想取得更多精神财富也好，还是想取得更多的物质财富也好，都离不开正确的思考。这就要求我们不偏执，客观、全面地看问题。

"两难、兼顾、圆满"，这是中华文化的六字真言，是中华文化的精髓之一。

人生往往处于两难之中。因此，需要正确的思考去兼顾，最终达到圆满的结果，这才是中华人。

而立体思考才是正确的思考。正确的思考，目的是让事情有个圆满的结果。

太极思维是球面思维，是立体思维。对于我们更好地认识自然、认识自己，更好地获得财富，都有极大的帮助。只要我们稍微花点心思研究一下，就会发现：茫茫宇宙间，几乎所有的问题，都可以从中找到答案。

第一节 太极的传说

《太极图》是中华民族先哲留给我们的极其珍贵的精神财富。

仅仅从"太极"字面上，我们就基本能够了解个大概：太者，大也，小也；极，至也；太极者，至大无边，至小无限也。既包括了至极之理，也包括了至大至小的时空极限，放之则弥，卷之退藏于心。可以大于任意量，也可以小于任意量，而不等于零或无。（如下图所示）

太极阴阳鱼图

简单归纳起来，就是：阴阳。

一、太极想表达什么

太极其实就是提供了一种思考方式：阴阳。

世间万物，人分男女、物有雌雄，自然从天上到地下，从实物到抽象，一切事物均以阴阳相对又相合的形式存在着。

阴阳之间的关系：

（1）阴阳对立。没有阴就没有阳，反之亦然。

（2）阴阳互根。有阴就有阳，反之亦然。

（3）阴阳统一。阴是阳，阳是阴；阴中有阳，阳中有阴。

（4）阴阳消长。阴消阳长，阳消阴长。

（5）阴阳变化。阴可变阳，阳可变阴。

翻译成现在的话就是：

（1）没有你就没有我，没有我就没有你。

（2）有你就有我，有我就有你。

（3）你是你，我是我，我中有你，你中有我。

（4）你强我弱，你弱我就强。

（5）你可变成我，我可变成你。

【注】太极没有五行，但可以生五行。

五行顺位生：金生水，水生木，木生火，火生土，土生金。

五行隔位克：金克木，木克土，土克水，水克火，火克金。

（如下图所示）

二、太极的作用

太极的运用几乎可以涵盖到与我们生活中的方方面面，对于我们认识自然，认识自己，认识社会，都有极大的帮助。

如果我们掌握了太极思维，不仅有利于事业，还有利于工作、生活、家庭，甚至爱情。

1. 解释宇宙起源

要回答宇宙的起源，就等于回答"是先有蛋，还是先有鸡？"的问题一样，直到现在，科学家还为此争论不休。

其实太极早已经给出了答案：宇宙是阴阳构成的一个综合体，循环往复，无穷无尽。在此基础上，"时间无尽永前，空间无界永在，质量无限永有"。

《道德经》的"道生一，一生二，二生三，三生万物"是《易经》本体论思想的再次呈现，二者的思想是共通的。只是《道德经》不同在于：它把《易经》的思想进行了更抽象化的提炼，直接将《易经》本体论思想用形而上的数字表达了出来。

另外，老子的"一二三"等数字并不实指任何具体的意象，而仅代表"道"在变化过程中所必经的步骤和层次。所以，"一"指的是居于第一层的"两仪"，"二"指的是居于第二层的"四象"，"三"指的是居于第三层的"八卦"，"三生万物"指的是八卦相荡，则天下万物尽在其中。综上所述，"道生一，一生二，二生三，三生万物"的正确翻译应该为：道的第一次变化生出了阴阳两仪；第一次变化引起第二次变化，这个变化生出了老阴、老阳、少阴、少阳；第二次变化引起第三次变化，生出了一乾、二兑、三离、四震、五巽、六坎、七艮、八坤；第三次变化接着引起了蝴蝶效应般的无穷变化，最终生出了万事万物。或者，直译成这样也可以：道生出了它的第一次变化，第一次变化引起了第二次变化，第二次变化引起了第三次变化，这第三次变化最终化育了万物。

道是宇宙万物的本源，无始无终，无边无际，无形无相，无名无状。

2. 揭示自然规律

太极阐释了宇宙的起源及其自然规律。对于我们全面地了解自己，了解生存的环境，都有着极大的启示。

（1）自我调整、阴阳平衡规律。

一切生物的生命过程总处在不断的自我调整之中。

比如，人的呼吸、休息、饥餐、渴饮、穿衣、运动……都是生命太极自我调整的具体体现。

（2）阴阳相待、包容、和谐、稳定规律。

太极只有在阴阳相待、平衡、圆融、合二为一的条件下才能成立。

相待是平衡的基础，包容是和谐结合的条件，圆融相合是圆满的前提。满足上述条件，太极才能稳定、正常地发展。

【注】相待：二者均有，不一定相等，阴阳是动态平衡。

（3）阴阳消长、自然转化规律。

自然事物是始终处于变化之中的；是渐进发展，并相互转化着的。

阳盛阴衰，阴盛阳衰，看在哪些方面，也都是暂时的，视条件不同而相互转化。

（4）太极自然生成规律。

事物有生必有灭，新老交替，周而复始。

任何旧事物的消亡，即象征着另一新事物的诞生。但是，任何新事物的生成，都必须满足阴阳平衡、包容合一、圆融稳定的基本条件。

宇宙中万事、万物、万象，都是这样周而复始地循环运动变化着。

3. 指导人类活动

"乾道变化，各正性命。"人与动物最大的区别就在于：人，具有极强的反省能力，能够自觉、自律、自我改善。

人的身体是这样，活着，靠的是人体器官的运转，器官与器官的运转，器官与天体的运转，只有频率达到高度的同步，才不至于生病，才能够益寿延年。

人的思维也是一样，不能与自然规律相逆，不能超过器官的负荷，否则也要出问题。

对于我们自身来说，所做的一切都应该不违背自然法规，对于自己，维护一份尊严，保持一份尊贵；对于他人，维持正直诚恳，保持善良宽容。无论世事如何变化，但只要凭自己的良心做人和做事，就无怨无悔。

（1）洞悉规律，顺应变化。

人与人之间的区别不在于肚子里喝了多少墨水，拿到多高的学历，拥有多"牛"的职称——最本质的区别就在于是否能够"达人心之理，见变化之朕"。换句话说，是否能洞悉人心所思，顺应事物变化规律。

就像我们做游戏，如果你精通规则，便可步步抢先，有恃无恐；如果对规则不熟悉，就只能劈头盖脸地胡闯乱撞，侥幸也闯不了几关。

（2）了解自己，又不受自己牵绊。

每个人之所以存在，都必然有他独特的优点，也难免有无法掩饰的弱点。有时，缺点就可能隐藏在优点之中，就像孔雀开屏的时候绚丽耀眼，但其实，难看的屁股，也就暴露在众人面前了！

在这个世界上，每个人都有趋利避害的本性！即使是那些经常做高尚善事的人，也具有其"自私"的理由。

所以，正确地了解自己，不但善于扩张自己的优点，也善于抑制自己的缺点。让优点无限制地放大，为自己创造利益；同时，也不要让缺点阻碍了自己的发展。

（3）人与人相处，和而不同。

通常，人们都喜欢把一些在人际关系上受欢迎的人，称之为"情商高的人"。

所谓情商，其实不外乎就是了解人性，知道人喜欢什么，不喜欢什么，怎样做才能让人更舒服。

天下没有完全相同的两件东西，对于有独立思维的人来说，就更是如此。

所以，聪明的人一旦发现别人的观点与自己的观点不同的时候，不是刻意地要求别人一定要与自己一致，而是灵活地允许大家保留各自的观点，只在一些原则的问题上达成一致，其他的只要不影响任务的执行，大可任其保留，这叫"和而不同"。

三、太极的现实意义

虽然现代科技的发达，改变了我们很多的习惯和做事风格，但太极所蕴含的道理却越来越被人们所认识，并由此确立了立天之道、立地之道、立人之道三纲领，也就是人们津津乐道的"三才之道"。

1. 人与自然

人类命运中的重要组成部分，就是人的生存与发展问题。

生命究竟是怎么一回事？各种生命体之间维持怎样一种关系才算合理？有什么样的力量或者方法可以使各生命体之间维持一种最佳的状态，从而使各个生命都能够最大程度地发展，并且成为互为利益的有机体？

面对这林林总总的一系列问题，怎么办呢？太极有方法吗？有，那就是：和谐共存。

2. 人与社会

人生是不是真的有命运？人的运气究竟从哪里来？注定的命数可不可以通过

一定的方法改变？有什么办法排解可能到来的劫难、灾祸？有什么办法能够使福气、幸运永存？

这些问题，无论是普通百姓，还是伟人，都免不了要思考。即使是所谓的"无神论者"，在这方面也同样脱不了俗。

人的命运就是衣食住行，太极告诉我们：人与社会建立一种阴阳关系，才是和谐稳定的，即遵从平等、独立、自由且自律的生活，社会才会欣欣向荣、蓬勃发展。

3. 人与人

人际关系是我们生活中的一个重要组成部分。倘若搞不好人际关系，将对我们的工作、生活及心理健康造成不良的影响。

只有相互尊重他人，帮助他人，信任他人，才能拉近人与人之间的距离，实现人与人之间和睦共处。

由此说来，人与人也是一太极，相处之道也应符合太极原理，合则共存。

太极的"平衡""和谐"思想，融入生活，能使人保持平和的心态，豁达、圆通地面对工作、家庭、事业、人际关系等方面的种种问题。

甚至有人由太极的原理联想后，不无戏谑地对东西方文化下结论，认为：西方的文化象征是十字架，所以西方总是不断向外扩张；中国的文化象征是太极图，阴阳两极在一个圈子合作、共存。

但无论如何，我认为，太极图中的阴阳既相依又消长，却又合二为一成为整体的思想，直到今天，仍然具有很强的实际意义。掌握得好，无论对于我们的生活、工作，乃至事业，都会有很大的帮助。

第二节　太极思维是种立体思考方式

宇宙间万事万物万象，都应以阴阳的眼光去看待；世界上任何事情的好坏，都应该以自然为标准去评判善恶。这就是太极的思想，也被称为太极思维。

这也是目前所说的，全世界普遍认为最为客观、最为全面的"立体思考"方式。

一、以阴阳眼光看世界

世界是矛盾运动的，任何一件事物都有好的一面，也有不好的一面。

这就如太阳有升有落，月亮有阴晴圆缺，风雨雷电有利有弊；植物有向阳的一面，也有背阴的一面；人有示人的一面，也有不便于示人的一面……都是一个道理。

如果我们只是简单地将某一事物归类，不仅不能反映事物的真实情况，弄不好还会因此误导我们，使我们不知不觉地"步入歧途"。

二、以自然标准评善恶

现在世人都习惯以自己的立场评判善恶，这不但不符合自然规律，也难免出现偏颇，更有可能出现顾此失彼的情况。

自然法则：

（1）没起点，没终点，循环往复。

（2）有序运动。

（3）无中生有。

（4）无善无恶，无好无坏。

（5）天地不仁，和谐共存。

三、象、数、理，说明宇宙人生

"象"指的是看天文，看地理；"数"指的是一切有定数；"理"是指道理。

而任何形式的"占卜"都是有条件的，占卜的目的，不是告诉我们结果，而是指出有这样一种可能性作为参考。

1. 宇宙秘密是数

宇宙间的一切事物皆有定数。如：人的寿命；

木星绕太阳一周是12年。

2. 数以象示

象是数的形象表达。

月绕地行，地至何处亦随之而行。每日行13度10分有奇，故每月有盈亏之别，阴历每月一朔一望，月初则全晦，历2、3日成弯形，再4、5日见其半，再

7、8日见其盈，至是又渐渐亏缺以至于晦。当全晦时，即：月在日与地之间，日月同一经度，是为"朔"；离朔7日余而距日90度时，日在月后，渐见其半面，是谓"上弦"；月与日正对面为180度，日月又同一经度，地在日与月之间，月球之受光面完全向地球，故光圆而为"望"；离望7日许，距日亦90度，日行于月前，又仅见其半面，是谓"下弦"。

由此，也构成晦朔弦望。

农历每月初一是朔日，这天的月亮叫朔月；农历每月十五是望日，这天的月亮称为望月，也称满月。所以，看到月亮，即知十五最圆。

有经验的相师，看到一个人即知多少岁驾鹤西游。

3. 象中存理

天下万象，万理同源，万物纷繁，大道至简。

不论如何大伪似真，大谬似理，也不论如何"假作真时真亦假"，都可以从一些具体象中找出其道理。

比如，我们看到男人、女人，无论怎么变都有其相同的共性，也可以从不同的个体，发现其个性，就能找出差异化的东西。

动物身上也是一样的，从个性即知不同的狗、狼等，看象即知性（理）。

4. 天人合一

天人合一，最根本的就是在时间和规律上，遵守同一个规律。

每个人都是一个小宇宙，当人体的小宇宙，与自然的大宇宙十分吻合，毫无偏差的时候，也就是天人合一的最高境界。

四、放下两端，在中间行走

世间事，最难的其实还是做人。太强了，容易招致嫉恨；太弱了，又难免引来欺凌。

尤其是现在社会的多元化发展，我们看到的仅仅是一些表象。

与其这样，那我们不妨恪守中道，只要坚持原则、不偏不倚，做到无过无不及。

在处理矛盾时善于执两端用中，折中致和，追求中正、中和、稳定、和谐；同时，加强自我管理，顺应自然规律，时刻保持克制和正气，保持自我心态的和谐、与环境的和谐，就能因时制宜，与时俱进。

1. 任何话都不要说绝

在日常生活中，需要我们总结的道理太多了，其中一点就是我们无论处于什么样一种状况，都不要把话说绝，给他人留点余地，也给自己留一点空间。但现实生活中，却常常有人犯这样低级的错误。

把话说绝了，就失去了真正的朋友，朋友是心的交流，把话说过头了，朋友就会与你绝交。

把话说绝了，团队中就没有你的位置了，一个人要有成就，就离不开团队，团队中都没有你的位置了，你还能成功吗？

把话说绝了，就堵住了人生的前途，说话是一门艺术，话说得好，帮助你的人就多，那么，你的前途将是一片光明。

人啊，要有口德，要积口德，有话得好好说，很多时候，都是祸从口出。人生路上，不能把话说绝了，我们慢慢学习说话的艺术，你我都得努力。

曾经有个著名的教授，为了显得自己水平有多高，在某个电视节目中就某次海湾地区发生的战争妄加推测，结果事情发展的结果与其预估的方向大相径庭，弄得自己灰溜溜下不了台不说，还在网友中落得个"大忽悠"的绰号。

一个销售员为了完成交易，就将自己的产品说得神乎其神，导致消费者期望值过高，即便原本有很好的功效，因为离消费者的期望值还有一段距离，也就对这款产品，甚至同品牌的其他产品，也失去了信心。反而得不偿失！

2. 任何事都不要做绝

做任何事，都不要不管不顾地只图自己舒服，而不考虑他人是否好受。既要给他人留一点可以缓冲、可以施展的空间，也要方便他人可以对此事予以对接。更重要的是，要给自己留点空间才好收场。

据说英国有个著名的雕塑家，他的手艺远近闻名，作品非常优秀，经常获奖。一天，一个雕像爱好者向他请教秘诀，雕像家毫不隐瞒地说："其实也没什么神秘的独家机巧，做到以下两点就行了：一是把鼻子雕大一点，二是把眼睛雕小一点。鼻子大了，还可以往小里修改；眼睛小了，还可以扩大。如果一开始鼻子就小了，就再也无法加大了；眼睛一开始雕大了，也就没办法改小了。"雕像爱好者听后如醍醐灌顶。

其实，为人处事也是一样。如果你一开始就把自己的退路切断了，那么你就没有回旋的余地了。我们应该在最开始的时候，就给自己和他人都留下一些回旋的余地，不要总是咄咄逼人，把别人逼到死角，话不可说满、事不可做绝。只有这样，你才能行动自如，别人也才会更自在。否则，那样最后吃亏的也只会是你自己。

3. 任何思考放弃两个极端

世界上的人总是两个极端，大多数人都不能独立地思考，要么坏人，要么好人，要么黑，要么白，非此即彼。我们考虑问题时，也不要简单粗暴地认为要么这样，或者就是那样。容易走极端。其实，任何事情的发生、发展，都未必像我们看到的那样，看到的也未必是真实的。

人性善恶问题为中国传统哲学之重大命题，千载各家学说争议纷纭。

《三字经》开头四句就说："人之初，性本善。性相近，习相远。"其中前两句语出《孟子·滕文公上》："孟子道性善，言必称尧舜。"什么是"初"？就是"始"的意思。所以，"人之初"是指人刚生下来的时候。什么是"性"？就是与生俱来的东西。"性"的本义就是如此。"习"是后天环境的影响。任何人，不管他父母是什么民族、种族，也无论他的父母是贫贱还是富贵，是好人还是坏人，其与生俱来的"性"都像是素练白绢，没有颜色，没有善恶的痕迹。这就是"性相近"的意思；而人既生之后，环境影响各异，性随之而变，如素绢白练沾染了各种颜料，逐渐变得差异越来越大，有了善恶的区别。这就是"习相远"的意思。从"性相近也，习相远也"可以看出，其实孔子是把性和习明确分开的：先天为性，后天为习。

人与生俱来的东西有两个方面，一是形体容貌即所谓肉体，二是情志欲望即所谓精神。性从"心"，故特指精神而言。后世谈论争辩人性，也都是特指精神而言。而精神包含广泛：一是知识智能，二是情绪，三是意志，四是品质志趣，五是脾气性格。知识智能，是就真伪是非而言的；情绪，是就喜怒哀乐而言的；意志，是就抵御外界摧折诱惑所体现出来的差异而言的；品德志趣，是就人面对外界摧折诱惑时的取舍态度以及社会对人的言行的道德评价而言的；脾气性格，是就刚躁柔静而言的。显然，知识智慧、情绪、意志、脾气性格都无法说它们是善是恶。因此，人性之"性"，并非指全部精神，而是特指人的品德志趣而已。

所以，人是亦善亦恶、时善时恶的鲜活的生命。

五、时间、空间及其他

任何事情，要想取得好的效果，就一定要注意"时、位、中、应"。

时——是"时机"：做任何事都要讲究时机性，如果时机不成熟则不可以做。时，也可作势讲，时则可以等待，势则可以造势。

位——是"场合"：说话做事都要考虑自己的位置，是否可以说，是否可以做。

中——是"合适":如果时机成熟、位置适当就是中;反之,则不中。

应——是"反应":中则可以做,即是应;否则为不应。

1. 做事的时位中应

时,是不可人为的,不可能用意志去转移它,只有"等",我们要做的只是"势",合时了就应该"造势";时不对,机会就不是最好的。

位,是可人为的,但是如果"位"定得不好,过高或过低都不会太有收获,所以"定位"是非常重要的,不要自以为是,也不应自卑,要量力而行,按照自然法则去做事,位要定好。

中,完全是前两者的配合决定,"中"是成功,如果"不中",就要有所"反应"了,就是及时调整。

应,就是调整。

2. 做人的时位中应

人们的行为应符合"时"与"中"这两个概念,恪守"时行时止"。要求人的行为与天地人万物的运动变化产生协动、发生共振,在顺应性的相通相协的一致性中,顺畅地实现人的存在。

"中"指中庸之道:在天地自然之道正中运行,既不太过,又不过及。

"应"就是做出与时势一致的调整:

识时之义:察觉时机的来临,重视来到身边的机会。

知时之行:知道时机来临时,如何抓住机会。

用时之机:把握、利用来到身边的机会,不要因错过而后悔。

待时而动:一旦时机到来,立即作为、行动。

观时之变:能够看到时机的变化,并随着它的变化对自己的行为做出调整。

时行时止:在恰当的时机开始,恰当的时机停止,在与天地万物相通相协中,顺畅地实现人的存在。

第三节 跳出三界外

茫茫宇宙，浩瀚无际，单凭人类现有的智慧，所知实为九牛一毛。

人是自然的产物，在六道中轮回，也必然受制于欲、色、无色这"三界"之惑。

欲界，追求物质和生理享受的。

色界，追求精神和心理享受的。

无色界，超越了物质世界的束缚所得到的自由状态。

虽然每个人无论如何都跳不出"三界"，但心可以。只有淡化生死，淡化轮回，心胸广大，彻底忘我，才能在三界来去自如。

一、天地不仁

老子《道德经》第五章："天地不仁，以万物为刍狗；圣人不仁，以百姓为刍狗。天地之间，其犹橐龠乎？虚而不屈，动而愈出。多言数穷，不如守中。"

意思是：天地无所谓仁与不仁，就把万物看作草扎的狗。

圣人不仁，把百姓当草扎成的狗。

天地之间啊，难道不像一个大风箱吗？

虚时（风）不穷竭，动时愈出。

多说则容易黔驴技穷，不如守中。

世间万物皆是一般，无高低、贵贱、尊卑、优劣之分，不以好为好，不以恶为恶。世界不是善意的。也不是恶意的。世界是无意的。

天地什么都不管，让宇宙万物万事万象顺其自然发展。

换句话说，不管万物变成什么样子，那是万物自己的行为（包括运气），与天地无关，天还是干天的事，地还是干地的事，一切犹如随风入夜、润物无声，天地最是自然不过的。

1. 自然无吉凶

天道无吉凶，吉凶是站在"我"的立场上而言的。比如：树死了，天地不悲；人死了，天地不哭；等等。

2. 万物相生相克

宇宙万物都是"相互滋养、相互制衡"。

五行中的"木、火、土、金、水"就是相生相克的关系。

五行的相生关系，是指相互之间可以滋生、促进和助长的关系。木生火、火生土、土生金、金生水、水生木。古人形象地将其称之为"母子关系"。

五行的相克关系，是指相互之间的制约、克制和抑制的关系。木克土、土克水、水克火、火克金、金克木。

五行之间相生相克，相互促进又相互制衡，进而维持系统的动态平衡。请大家注意，这里强调的是平衡。也就是说，无论是相生，还是相克，至少各项之间实力没有绝对突出的，因此平衡得以维系。

比如，地球表面的地形、气候、水文、生物、土壤等要素之间，都是相互关联、相互制约和相互渗透的，并以此构成了地理环境的整体性。

生物之间也是一样。

比如："螳螂捕蝉，黄雀在后。"

比如：我们玩的游戏"石头、剪刀、布"。

又比如：我们人类种树，浇水施肥，待其长大再砍掉作木材；人死后尸体腐烂，滋养了自然。

我们的身体健康也是一样，荤素、果蔬、五谷杂粮皆须注入体内，营养均衡，器官才能运转平衡。

3. 生态链

地球上所有的生命，都是彼此相连、一环扣一环的。

事物也是。一种事物，总是与另一种事物相联系，彼此如链条般密切相关，如果其中一条断了，就可能导致结构的不平衡。

我们熟知的食物链，大鱼吃小鱼，小鱼吃虾，虾吃泥土，而这些生命又滋养了泥土等。

生态链当中有一个数量、能量传递递减的规律。处于最底层的生命的数量要比上一层高，每高一层，数量将会更少。同样，能量也是如此，最底层的能量总和，比上一层的能量要大，这个比例一般为10%左右。当对于底层的数量与能量有大概的估算之后，就只能这个链条大概能够延伸多少级，或者是某一级的量级大概有多大。

消费平衡是维持生态系统平衡的很重要的条件。生态系统中的生产者、消费者和分解者之间的关系在能量守恒的情况下才可能得到稳定发展。鹿是草食动物，如果没有鹿的天敌——狼的存在，鹿就会在一定时间内大量繁殖，这会导致森林中的植被被迅速食用，而这些绿色生产者不能在短时间内恢复供给，于是会造成其他各种草食动物的减少，最严重的是可能会导致有些食草物种的灭绝。而狼的存在就限制了鹿的数量，也就使森林生态系统中生产者和初级消费者间达到能量平衡。

社会，也是一个生态系统。工作上：员工有上级，上级有领导，领导也要关注员工的意见……产业也是：制造商，下游有供应商、原料生产商，上游有经销商、分销商、消费者，消费者再将意见反馈给制造商……这样，假如其中一环出了问题，也会导致其他环节发生问题。

二、吉凶悔吝

《周易正義·系辞上》（孔颖达疏）："系辞焉而明吉凶，刚柔相推而生变化。"

系辞所以明吉凶，刚柔相推所以明变化也。吉凶者存乎人事也，变化者存乎运行也。

"是故吉凶者，失得之象也。"由有失得，故吉凶生。

"悔吝者，忧虞之象也。"失得之微者足以致忧虞而已，故曰悔吝。

"变化者，进退之象也。"往复相推，迭进退也。

"刚柔者，昼夜之象也。"昼则阳刚，夜则阴柔，始总言吉凶变化，而下别明悔吝、书夜者，悔吝则吉凶之类，昼夜亦变化之道，吉凶之类，则同因系辞而明；变化之道，则俱由刚柔而著，故始总言之，下则明失得之轻重，辨变化之小大，故别序其义也。

人文世界是复杂的。但概括起来，一切现象，不外乎就是"吉、凶、悔、吝"这四种形态。

吉与凶，或称好与坏；悔，就是后悔，也可以说成是烦恼；吝，就是困难、是悭吝。

我们人类认为的吉凶，好的或坏的，没有绝对的，而是根据人类本身利害的需要；我们得到，便觉得是吉，失去便觉得是凶。

这是人站在"我"的立场说的。其实，天地间哪有什么吉凶，如果没有我的立场的话。

1. 吝则凶，悔则吉

易曰：吉凶悔吝，生乎动！

人生的一切，任何一件事，一动就有吉有凶。

凡事一动，吉的成分占四分之一，坏的成分占四分之三。（如下图所示）

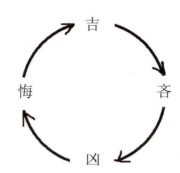

吝：找理由、吝啬。

悔：忏悔。

2. 人生无须预测

谁都说不清自己的未来会怎样，谁也不知道明天等待自己的是什么。但不努力，结局显而易见，一味等待，天上也不可能掉馅饼。

在遇到忧、悔、吝的时候，是可以解决的。

怎么解决？就是我们平时常说的，只要我们自己能做到：遇吉不找理由，不吝啬，兼济天下，则可持泰保盈；遇凶时忏悔、检讨，则可逢凶化吉。

3. 人生是场修炼

每个人来到这个世界，都不是一件简单的事，也不可能轻轻松松地了此一生。

所谓苦乐人生，就概括了人生在世，苦中才有一点点的乐趣，不光是生儿育女，也不光是吃喝拉撒，而是要不断地完善自己，这样才不枉活一回。

其实，人生就是一场修炼。修炼好了回到始祖身边（天帝身边），修炼不好即轮回修炼。所以，无论吉凶都是人生的一种修炼方式，应以平常心待之。

4. 人谋鬼谋

人谋：是人的努力。

鬼谋：就是命运、机缘之类的东西。

三分天注定，七分靠打拼！

其实，人之吉凶，除了人的拼搏努力外，还有如运气、机会等看不见的

"鬼谋"的东西在起作用。

三、上下求索，永无止境

人生最大的意义就是总有新的追求。物质上是这样，精神上就更是如此。

这也就是为什么有些人的钱已经几辈子都用不完了，还要努力奋斗；有些人已经被誉为大师了，还不见有一丝懈怠。

这是因为他们不但以此实现自己的价值，更重要的是，他们把一切都看作修炼，并从中找到了乐趣。

1. 跳出三界外：无我

无我境界也称无我境地，是只有心无旁骛、心无杂念、富有经验的人才能达到的至高境界。

佛将"欲界、色界、无色界"称为三界，概指与我们每个人密不可分的物质、精神、自由。

作为人，谁都不能逃离凡尘，但是人也不必太世故。该出世时当出世，该了心时亦了心，该无我时就无我。当然，也不是脱离现实，而是站在对方的立场，甚至是第三者的立场上，来看待各种纷争。这样，就可以不把烦恼放在心上；这样，才会有更高、更有乐趣的境界。

无我境界是一种至高境界。我心一切皆已成空，即为空者乃称为无。"我的心已完全化为无，空即为无。"这不是经过思考后再行动，而是靠身体的实际经验，无意识地进行反击，并运用所见识过的其他人的绝招。只有超越了自身极限的人才能达到这个境界。

2. 办好三界事：有我

王国维在《人间词话》中把艺术境界分为"有我之境"与"无我之境"两种，并做了简略说明，他说："有有我之境，有无我之境。'泪眼问花花不语，乱红飞过秋千去'，'可堪孤馆闭春寒，杜鹃声里斜阳暮'，有我之境也。"

王国维的"有我之境"就有把个体境界拓展成宇宙境界，把自然境界变为理想境界。且那种感慨悲壮之情的投入更显示诗词中的主体地位，达到真正的"有我之境"。"境非独为景物也，喜怒哀乐亦人心中之一境界。故能写真景物，真感情者，谓之有境界。"真情投入，情动而无变，才能达到"有我之境"。

人是食人间烟火的，在实际生活中，也需要"有我之境"来支撑。

我们要生活，就需要一定的物质基础作保障，也需要一定的精神需求作支撑，但更为重要的是在获取物质与精神的过程中，还能保持自己的一份自由。

任何以牺牲自由为代价获得的任何东西，都是得不偿失的，甚至可以说是可悲的。

所以，我们在无我的状态下，追求自己想要的东西的同时，也千万不要忽略了有我的奋斗。

只有上下求索，永无止境，才是"无我"境界中的"有我"。

第四节　有两把刷子

在日常生活和工作中，太极的运用极其广泛，知晓其中原理，悟出其中道理，使用其中技巧，无论在做人方面，还是做事方面，都会有极大程度的提高，也会增加成功的概率。

说起来，成功不外乎就两点：一是做事成功，二是做人成功。如果做人不成功，做事成功就是暂时的；如果做人成功，做事不成功也是暂时的。

所以，要做事，先得学会怎么做人。

一、一阴一阳之谓道

事物都有阴阳两个方面、两种力量，相辅相成，不可偏废，构成事物的本性及其运动的法则。

如果我们了解并且在日常的生活、工作中运用阴阳规律，就能快速地适应当今这个瞬息万变的世界，也会让自己在做人、做事方面，更加得心应手。

1. 真话不能乱说

说真话，要视对象和场合。有时我们说的是真话，可能并无恶意，仅仅是想反应一下真实的情况，或者就是发发牢骚，但也可能产生不良的后果。

面对皇帝光溜溜的上身，人们为什么不敢说真话？也许是怕皇帝龙颜大怒，把他们关进大牢，或者就地处决。

不敢说真话，首要原因是恐惧，害怕承担后果，逃避惩罚。当一个人意识到自己说的真话可能遭到惩罚或评论时，恐惧心理足以压倒"真诚""坦白"等心理，从而不可避免地会撒谎或沉默不语，以免受责罚。

"逢人且说三分话，未可全抛一片心。"对不明真相的人说真话，可能会被理解成另外一层意思，只会给自己平添一些麻烦；对有些别有用心的人说真话，他就可以抓住你的一两句话整你、害你，无疑是你自己害了自己。

2. 说话要点到即止

世事难料。所以，有些话也不能说得太满、太死，尤其是批评人之类的话，点到即止最好。

就算是朋友开玩笑也是一样，说得太明显了，很容易就会伤害到人家，让人家没有面子，难以下台，自己也会为此陷入尴尬。

说话要有轻有重，言多必失。在外面要有人询问再去多讲。不要轻易接别人的话，要先明白别人说的什么，再去接下话，总之一句，言多必失，少说多做为上策。至于点到即止，这个是说话的尺度。怎么样把握？要看对待什么人？站在什么位置？一定要摆好位置，然后才可以发言。什么火候？要看你的对方是谁，是你的家人、还是朋友、还是上司、还是兄妹？不一样的人要有不同的态度和表现。有的是姿态，有的是亲近，有的是力度，有的是维护。

3. 吹牛时要务虚，不要务实

总听人说，谁谁谁，最爱吹牛。

我倒认为，一个人吹牛时，要看他是务实还是务虚。如果是务虚，并没有什么明显的、实质性目的，只不过是为了让当时的场面轻松一点而做的调侃，顶多算茶余饭后的一点谈资，有时，甚至可以调节一下当时沉闷的气氛，也是种智慧。

德国的米希豪森男爵堪称"吹牛大师"。

他去打猎时，在森林中发现一只毛皮绚丽的狐狸，用枪打太可惜了，于是老米退下子弹，将缝衣针装入枪膛，只一枪就把该狐狸的长尾钉在了树上。他从容下马，取下鞭子抽打狐狸。狐狸无计脱身又忍受不了疼痛，竟从皮囊里飞跑而出。"就这样，我得到了一张完整的狐狸皮。"他说。

猎人们听到此招，无疑都要羞愧难当。

另一次，他在和土耳其人作战时，连人带马陷入泥塘，而且越陷越深。老米在绝望之中，生出智谋，他用腿夹紧马肚子，然后扯住自己的头发，一使劲，连人带马拔出泥塘。这是名副其实的"自拔"。

还有一次，他被恶狼盯上，面对血盆大口，毅然将手伸进狼嘴，揪住其肚肠一甩，使狼的里外翻了一个个儿。狼的外皮变成了内瓤儿，没法咬人了。

觉得有趣的同时，不得不佩服"吹牛者"的智慧和想象力。

当然，吹牛如果务实的话，那后果也的确会害死人的。

"大跃进"年代，全国各地"大炼钢铁"，以至于很多人家响应号召，纷纷将家中做饭的锅也化作铁水充数。那时各地还争着放粮食"高产卫星"，亩产万斤、十万斤、二十万斤。牛吹出去了，就得打肿脸来充胖子，以口粮交公粮，以至于让很多人有了挨饿的记忆。

4. 听其言，观其行

孔子曰："始吾于人也，听其言而信其行；今吾于人也，听其言而观其行。"（《论语·公冶长》）

孔子意思是："以前我对人的态度是，只要听到他说的话，便相信他的行为；今天我对人的态度是，听到他说的话，还要考察他的行为，才能相信。"

社会复杂，心口不一的大有人在，说的一套，做的一套。

生活中，不乏这样披着外衣的人。

有的人，当众说得冠冕堂皇、振振有词，背后做得却是极尽龌龊、肮脏的勾当。

有的人，你求他办什么事，他当面答应得很爽快，还显得很仗义，转身就丢到一边，即使日后问起，也找出这样那样的理由搪塞、敷衍。

所以，我们评判一个人，千万不要仅仅只听他的几句言论，就简单地下结论，还要看他的实际行动。

二、做一个出手不凡的人

我们在做一件事情上所表现出的才能、本领，除了善于发掘自己的潜力外，很大程度上还取决于是否符合自然的规律。

尤其是与高手过招，只有顺应天地的规律，才可能做到不同凡响。

1. 守正用奇

正：就是正道、原则；奇：就是奇招、办法。

要想成功，就要在处事做人方面打破常规、开拓创新，敢于并善于"奇思妙想"，使方式方法"奇形怪状"。

可诡秘、可巧妙、可临机而行、可随机应变，用与众不同的技巧、途径谋事，用异常规则取胜，攻其不备，出其不意。

顺便提醒一句：用奇，一定要秘而不宣哟！

2. 太阴太阳

要成功，也要善于将阴与阳巧妙地运用。这里的阴，也可以理解为实招；这里的阳，就是通常意义上的表象。

在通常情况下，大的谋略，一定隐藏在大的表象之下。比如，我们熟知的瞒天过海、暗度陈仓等，就是很好的运作例子。

3. 机不可设，设在不中

任何机会都是稍纵即逝的。所以，当时机出现时，也不能等一切条件都完备了再出手，过分完备，就会贻误战机。

机会不能假设，一切视具体情势而为之。

三、有强大，有办法，才有智慧

无论是做事方面，还是做人方面，我们都应该承应"天道"，理解"人道"，体会"事道"。

这不是认命，更不是无为，而是要求我们每个人，都按照这个规律好好地应用。

1. 内心要强大

"打铁还得自身硬"这句话，常用来形容人的内心强大！

我理解的内心强大，是更柔和客观地看待世界，是对内心柔性的追求，海纳百川般的淡定与包容。韩信接受胯下之辱是内心强大；刘邦赴宴鸿门是内心强大；乔布斯重回苹果说出"PC时代苹果已经输了"是内心强大。内心强大并不仅仅是落后奋起战胜对手，还应该包含着无力挽回时的从容与认错，一种勇于面对现实的勇气。年轻的我们认为世界就是自己，见过世界以后，才真正理解了"顺势而为"。

我觉得，用于做事，也是一样。只要自己心里足够强大，那遇见再大的对手也会不甘示弱，也就不会惧怕任何困难。

所以，我们在任何情况下，都要保持一份自信。

2. 办法要无穷

小时候，每当家里遇到难题，父亲总爱说一句话"活人，总不能让尿憋死"。

这话现在听来虽然有点糙，但当时就是这句话，却能激励我们全家老少七嘴八舌地出主意、想办法。

也怪！经这么一折腾，不管多大、多难的事，最后总能找到一个解决的好办法。

其实，任何一件事情，做事的方法都有很多，一种方法行不通，不妨用另外一种方法试试。可能表面看来很难的事情，换一种思路，解决起来反而会极为轻松。

为什么有些人很聪明？他们遇到问题时的思维方式与我们差别在哪呢？

第一，聪明的人对"难"更钝感，这意味着他们可以更轻松地面对陡峭的学习曲线。

第二，他们可以更长时间地保持清晰的思维，专注地思考。

我曾细问过很多次中间思考的过程，最后的感触就是聪明的人只需要最基本的一条引理就可以脚踏逻辑凌空而起，而我需要一条实在的梯子。

第三，他们见过更本质的东西，或者说他们习惯于把握更本质的东西。

最后的状态就是，他们稳稳站在常识之上，靠着强大的吸收能力和清晰的逻辑，一骑绝尘，直至肉眼不可见。

聪明的人在他们的脑海中有一个更科学、精密、高效的"抽象地图"，这个地图里面存储的不是地标、边界、线路，而是概念、知识、事实和程序。他们跟普通人的最大区别就是——既拿着一张信息又多又全的好地图，又特别会从这些地图中高效提取与组合信息。

在我看来，真正的聪明人应该具备以下素质：

（1）对事物有极强的好奇心，并愿意与有好奇心的人惺惺相惜。

（2）能在一件事情上极为专注。

（3）有极强的概括和拓展能力，并善于对不同的人用不同的方式解释同一个事件。

（4）用发展的眼光看问题，会不断修正对事物的印象。

（5）大多数人在骨子里争强好胜，但也更愿意臣服于事实。

（6）在讨论问题时，会提前确认好口径和立场，这使得他们之间更容易达成共识。

（7）往往能包容事物的多样性。

（8）鲜见低质量的社交。

（9）很少因为自己的身份产生优越感，这使得能在特定问题上能虚心向比自己层次低的人请教。

（10）善于在不同的人面前展现截然不同的个性。

3. 智慧要积累

什么叫智慧？智慧就是本事。

谁都不是生而知之的。任何智慧,也不是一拍脑袋就能获得的,这得靠平时多积累,学得多、看得多,用时当然就会多。

　　智慧的来源之一,就是你个人经验,你从个人经验中得到启示。换句话说,善于从个人经验中得到启示的人,就叫作智慧的人。

　　《警世贤文》勤奋篇说:宝剑锋从磨砺出,梅花香自苦寒来。

　　除此之外,还得多修炼,有意识地训练自己多换几个角度,养成自己区别于他人的独立的思维。

　　我们乡下有句俗话:脑子不用,久了就会生锈。

　　只有勤奋,累计智慧,做起事来,才不至于在节骨眼上"掉链子"。

第五节　正确的思考

　　地域和文化背景的不同,导致人的思维模式也存在着一定的差异。现在普遍的观点是将思维分为线性、平面、立体三类。

　　"线性思维"不分好坏,一律服从;"平面思维"只有对与错两种选择,非此即彼;"立体思维"是综合时间、空间、地位等因素而进行的一种思维模式,注重实事求是,讲究和而不同。

　　中国人的思维方式,就是"立体思维"的结果。重视时中,追求圆满。又被称为"太极思维",或者"易经思维"。

一、思维的三种类型

　　以产生的作用分,三种思维方式各有所长,也适合不同角色更好地发挥。

1. "线性思维"方式——执行

　　"线性思维方式"的特点是"一根筋",认准了就直筒筒地心无旁骛。所以,更符合一般员工的需要。

　　我初次带团队时,有十几个人,他们中有的之前有过相关的工作经验,有的基本上从未涉足过类似的工作，文化程度也是差异很大。

我简单地给这些人讲解了我的思路之后，并演练了详细的工作流程，就将工作布置下去，让他们务必按照流程开展工作。

一段时间后，我发现一个奇怪的现象：那些文化程度低一点的，之前也未涉足过类似工作的人，业绩普遍较好，而那些自恃以前做过，或者文化程度高的人，反而业绩表现平平。

最后，我终于找到了答案：原来是那些"自恃才高"的人爱耍小聪明，不愿完全按流程操作，总想着法子来一点"另辟蹊径"。结果聪明反被聪明误。

2. "平面思维"方式——表达

"平面思维"的方式推崇"二选一"，特点是条理清楚、逻辑性强。所以，非常适合在表达中运用。

比如：在介绍产品时，说使用的优点，不使用的缺点；在介绍方案时，说这么做好的结果，不这么做坏的后果。

对于任何会议上的发言也是如此。抛出观点、叙述过程、估算结果、预测可能出现的风险，以及相应的规避风险的策略，最后得出结论、阐明观点。

3. "立体思维"方式——思考

"立体思维"具备一种宏观的、全面的视角。它是决策者的思考方式。

最常用的就是对相关的数据、信息、资料，进行横向的、纵向的比较和分析，从而得出可能使用的方法，并比较各种方法而选取其中最简便、最经济、最切合自身实际，风险系数最小的方法。

立体思维法也叫整体思维法或空间思维法，是指对认识对象从多角度、多方位、多层次、多学科地进行考察研究，力图真实地反映认识对象的整体以及这个整体和其他周围事物构成的立体画面的思维方法。

立体思维要求人们跳出点、线、面的限制，有意识地从上下左右、四面八方各个方向去考虑问题，也就是要"立起来思考"。

古代印度的合罕王，打算重赏国际象棋的发明者——宰相西萨。西萨向国王请求说："陛下，我想向你要一点粮食；然后将它们分给贫困的百姓。"

国王高兴地同意了。

西萨说："陛下，请您派人在这张棋盘的第一个小格内放上一粒麦子，在第二格放两粒，第三格放四粒……照这样下去，每一格内的数量比前一格增加一倍。用麦粒摆满棋盘上所有64个格子，我只要这些麦粒就够了。"

所有在场的人都觉得西萨很傻，连国王也认为西萨太傻了，但国王还是答应了西萨这个看起来微不足道的请求。

于是，国王派人开始在棋格上放麦粒，一开始只拿了一碗麦粒。在场的人都在笑西萨。随着放置麦粒的方格不断增多，搬运麦粒的工具也由碗换成盆，又由盆换成箩筐。即使到这个时候，大臣们还是笑声不断，甚至有人提议不必如此费事了，干脆装满一马车麦子给西萨就行了！

不知从哪一刻起，喧闹的人们突然安静下来，大臣和国王都惊诧得张大了嘴。因为他们发现，即使倾全国所有，也填不满下一个格子了！

事实上，你如果计算一下就会发现，最后一格的麦粒是一个长达20位的天文数字！这样多的麦粒相当于全世界两千年的小麦产量。国王当然是无法实现这个诺言的。就这样，西萨不仅显示了自己的智慧，而且为贫困的百姓争取到了足够多的粮食。

西萨的思维方式就是典型的立体思维。

二、透过现象看本质（由阳思考阴）

我们无论看事还是看人，只有通过对事物的表面现象进行分析，才能探究其内部规律。因为很多人和事，表面看起来五花八门，但其本质，却存在着极大的不同。

1. 看事

看事既要看到事物好的一面，也要看到可能导致不利的一面，以便提前做出预判，从而及时、有效地予以化解。

甲去买烟，烟29元，但他没火柴，跟店员说："顺便送一盒火柴吧。"店员没给。

乙去买烟，烟29元，他也没火柴，跟店员说："便宜一毛吧。"最后，他用这一毛钱买了一盒火柴。

同样的目的，不同的方式，成败差异就在于：甲给店主的感觉是在一件商品上赚了钱，在另一件商品上亏了钱；而乙给店主的感觉不过是在一件商品上少赚了一毛钱而已。

同样，这种心理还表现在商家买一送一的促销花招上，顾客认为有一样东西不用付钱，赚了。

所以说，变换一种方式，往往能起到预想不到的效果。

2. 看人

我们看人，也是如此。不要随便给人"贴标签"，也不要轻易下结论。多观察，多体会，因为人毕竟是有不同侧面的……

孔子的一位学生在煮粥时，发现有肮脏的东西掉进锅里去了。

他连忙用汤勺把它捞起来，正想倒掉时，忽然想到，一粥一饭都来之不易啊！于是便把它吃了。

刚巧孔子走进厨房，以为他在偷吃，便教训了那位负责煮食的同学。

经过解释，大家才恍然大悟。孔子很感慨地说："我亲眼所见的事情也不确实，何况是道听途说呢？"

推销工作是一件组织性质的生意，因为人多，人事问题也多。我们不时会听到是非难辨的话，如某人攻击某人，往往令人分不清真假，影响信心。

因此，要想准确地判断一个人，就需了解此人行为的前因后果，不要轻易相信谣言，也不要简单地给人下结论，才不至于辛辛苦苦建立的事业，因为自己的草率毁于一旦。

有一个厨子以擅长做鱼而出名，味美汤鲜，香而不腥，他的儿子私下里偷偷记下了他做菜的配方，却总做不出他的味道，终于有一天垂头丧气地向他询问。厨子听闻意味深长地笑了笑，告诉儿子明日一大早陪他一块儿去市场赶集。早市热闹非凡，厨子挑鱼的时候非常耐心，总是要自己把鱼捞起来认真观察，他的儿子不解，厨子抓着手中的鱼给儿子看，微笑说：看到这只鱼的眼睛了吗？这是一只宁死不屈的鱼。

人的品性在会识人的面前，总能够透过眼睛让人看到。一身精神，具乎两目。

诸葛亮《知人》提出了自己的识人七法："间之以是非而观其志，穷之以词辩而观其变，咨之以计谋而观其识，告之以祸难而观其勇，醉之以酒而观其性，临之以利而观其廉，期之以事而观其信。"

诸葛亮的知人的标准是：

向对方提出大是大非的问题，看他的志向、志趣有何特点。

"变"指的是应变能力。选人用人不应是本本先生，更不能是郑人买履的"郑人"。

向对方提出方方面面的问题，让他思考相应的计策，从而考察对方的见识，同时看他的谋略是否深远，见识是否独特，不失为识才的一种好方法。

通过棘手的事情来考察对方的勇气。通过一起饮酒来观察对方酒后的言论及性情。

给予机会，甚至是把重要岗位交付予某人，然后考察他是否清正廉明。

与对方商定某事，看他能否说到做到，是否讲信用。

此七观可概括为：志、变、识、勇、性、廉、信。

曾国藩《冰鉴》说："有弱态，有狂态，有疏懒态，有周旋态。飞鸟依人，情致婉转，此弱态也。不衫不履，旁若无人，此狂志也。坐止自如，问答随意，此疏懒态也。饰其中机，不苟言笑，察言观色，趋吉避凶，则周旋态也。皆报其情，不由矫枉。弱而不媚，狂而不哗，疏懒而真诚，周旋而健举，皆能成器；反之，败类也。大概亦得二三矣。"

曾国藩的原文解释为白话就是：常见的情态有以下四种：委婉柔弱的弱态，狂放不羁的狂态，怠慢懒散的疏懒态，交际圆滑周到的周旋态。如小鸟依依，情致婉转，娇柔亲切，这就是弱态；衣着不整，不修边幅，恃才傲物，目空一切，旁若无人，这就是狂态；想做什么就做什么，想怎么说就怎么说，不分场合，不论忌宜，这就是疏懒态；把心机深深地掩藏起来，处处察言观色，事事趋吉避凶，与人接触圆滑周到，这就是周旋态。这些情态，都来自于内心的真情实性，不由人任意虚饰造作。委婉柔弱而不曲意连媚，狂放不羁而不喧哗取闹，怠慢懒散却坦诚纯真，交际圆润却强干豪雄，日后都能成为有用之才；反之，即委婉柔弱又曲意谄媚，狂放不羁而又喧哗取闹，怠慢懒散却不坦诚纯真，交际圆滑却不强干豪雄，日后都会沦为无用的废物。情态变化不定，难于准确把握，不过只要看到其大致情形，日后谁会成为有用之才，谁会沦为无用的废物，也能看出个二三成。

"他家兼论形骸，文人先观神骨。开门见山，此为第一。"由神知心，神之清浊，是否心神合一，而非矫揉造作，是识人的重点。

三、站在未来看现在

人想问题，通常有三种方式：

第一种是站在过去看今天，只有回忆力，只有埋怨、遗憾、回忆，然后自满。这是一种比较容易犯错误的思维。

第二种是以现在判断现在，也就是说从别人那里看到的东西来判断我今天做的对不对，只是一个横向比较和判断，不够前瞻。

第三种是站在未来安排今天，就是思考趋势。站在未来的某个时点，然后看到未来那个时候发生的所有的变化和可能发生的变化，以及必然发生的变化，再决定我们今天哪些事情要做，哪些事情不做，着眼未来，发现规律，按照规律去安排自己的事情。

只有这样,才能把握趋势,领导未来。

大富翁阿曼德·哈默就能够站在高处,适时调整自己的战略,取得生意上的巨大成功。1931年,美国正在进行总统选举。哈默经过分析,认定罗斯福会获胜。哈默知道,罗斯福嗜酒如命,他如果当了总统,美国1920年所公布的"禁酒令"就会被废止。("禁酒令"规定:自己在家里喝酒不算犯法,但与朋友共饮或举行酒宴则属违法。)哈默考虑,一旦"禁酒令"被废止,各种酒类的生产量将会大幅提升,其中威士忌会最受欢迎,而威士忌是需要专用白橡木桶来进行贮存、运输的。哈默知道,俄国的白橡木产量很大,于是他打通进货渠道,很快在新泽西州建立了一个现代化的酒桶加工产,取名为"哈默酒桶厂"。哈默在操作这一系列事情的时候,大选尚未进行。当他的酒桶厂建好的时候,正好是大选结果揭晓、罗斯福获胜的时候。当他的酒桶厂批量生产的时候,正好是罗斯福废止"禁酒令"的时候。这时候,生产威士忌的厂家很多,各酒厂的产量也随之直线上升,但成问题的是需要很多酒桶。哈默早已把酒桶准备好了,但大规模生产酒桶的只有"哈默酒桶厂"。于是,"哈默酒桶厂"的盈利,大大超过了各个酒厂。

在这个案例中,哈默之所以判断"禁酒令"一定会被废止,是经过了对宏观形势、市场需求、决策者的爱好与心智模式等多方分析的。这便是站在未来看现在的典型案例。

当你能够忘记你的过去,看重你的现在,乐观你的未来时,你就站在了生活的最高处。当你明白成功不会显赫你,失败不会击垮你,平淡不会淹没你时,你就站在了生命的最高处。当你修炼到足以包容所有生活的不快,专注于自身的责任而不是利益时,你就站在了精神的最高处。

第六节　止于圆满

无论做人，还是做事，我们都希望能够圆满。

但实际上，我们往往处于两难的境地，想守着什么，又不愿放弃什么；想兼顾的东西越多，所能兼顾的可能越少。因为，无论事物，还是人心，都充满了无尽的变数。所谓圆满，只是一个相对的概念。

人生，是一个过程，一段路，这个过程最大的魅力在于它的不确定性，谁也无法提前预知自己的人生会是怎么样的。从呱呱坠地那天起，我们开始认识这个世界，努力地感受，努力地成长，那段日子很少去思考什么是圆满的人生，因为人生才刚刚开始。成年后，我们踏入社会，开始人生的另一个阶段，有的人在前半段打好了基础，走得顺一些，有的人在前半段没做好的要在第二个阶段拼命弥补，可能顺了也可能还是没顺，一不留神一半的路已经走完了，直到这个时候大多数人才会认真地思考自己到底想要什么。无论前半段是否圆满，都希望在人生的后半段能画上一个圆满的句号，不枉来这世间走过一遭。圆满是自己对自己人生的评价，做了自己该做的，做了自己能做的，做了自己想做的，无论这个过程中别人的评价如何，对自己来说就算圆满了。

圆满的意思是指没有缺陷、漏洞，使人满意。

追求人生圆满实为不易，犹如浩渺的太平洋，望洋生叹；犹如漫无边际的沙哈拉大沙漠，望沙生畏；犹如高耸入云的喜马拉雅山，望峰却步。那是因为圆满这个命题有着诸多解，N个答案，一言难尽。倘若我们静下心来，以辩证的观点去解读，以一个凡人的眼光去看待，以切身的经历去体会，也许并非难事。

《论语·子罕》："子在川上曰：逝者如斯夫！不舍昼夜。"说的是时间像流水一样不停地流逝，一去不复返，感慨人生世事变化之快在短暂的生命旅途中。

人们从一无所知，到不同程度地认识这个世界，要走过漫长的道路。无论是风霜雪雨，还是苦辣酸甜，无论是荆棘丛生，还是鲜花满地，无论是经历坎坷，还是一帆风顺，都试图使人生最终有个圆满的结局，或某事物某愿望达到一个阶段性结果。正所谓：人过留名，雁过留声。

人生圆满，是一个美好的夙愿，也是一种信仰追求。我们渴望在享受物质幸福生活的同时，也希望在精神上有追求的目标。这就与圆满这个话题联系起来了，尽最大的努力使自己成为一个有益于社会的人，哪怕是一个平凡的人，不被人说三道四就好。

在现实社会中，人生这个"圆"就很难画。难就难在人的思维走向，以及事物的不确定性。社会有真善美和假恶丑，你是向左走，还是向右走，还是左右摇摆，取决于是非辨别能力，更取决于个人综合素质。我们要遵守法律和社会道德规范这个"圆规"来画好人生这个"圆"，争做一个遵纪守法的好公民；我们要借助加强修养这个"圆规"来塑造形象这个"圆"，争做一个品行兼优模范；我们要借助良知底线这个"圆规"来修正和弥补残缺不齐的这个"圆"，做一个知错就改的有益于社会的人。

做人做事要尽善尽美，尽力而为，力求功德圆满。否则，将带着自己制作的枷锁进入坟墓，或者在自己编制的谎言中作秀，或者在遗憾中苟且偷生。一个人这一辈子会遇到很多困难和问题，也会面临许多选择，甚至是生与死的考验，是迎刃而上，还是回避矛盾；是踏实做人，还是作风漂浮；是光明正大，还是不择手段，其结果是不一样的。

圆满是人们追求的终极目标或阶段性成果的一种愿望。它就像一棵大树，从育种育苗开始，就要精心的培育，还要经受风霜雪雨的洗礼；它就像高楼大厦，打好地基是前提，保质保量是根本；它像是航海之舟，没有舵手不行，没有船员不行，没有航海知识不行，缺一不可，否则难以到达理想的彼岸。

一、无可无不可

孔子在《论语·微子》说："虞仲、夷逸，隐居放言，身中清，废中权。我则异于是，无可无不可。"

这是孔子在评论历史人物时说的一句话。意思是说，历史上有的人持这样的生活态度，按这样的方式生活，另一些人持另一种生活态度，按另一种方式生活，我跟他们都不一样，我既可以这样，也可以那样。孔子在这里要表述的是，我秉持一种生活理念，追求一个政治理想，这是不能变的；至于具体的生活方式，是可以改变的，可以这样，也可以那样，关键是要适应时间，地点，环境。

表面上看来，孔子的态度与时人不同，实则体现了人生的大智慧，值得我们好好学习。

"无可无不可"是孔子的一句名言，也是至今中国对外文化的一张名片——儒家经典。意思是：什么都不可以，什么也都可以。

引申开来就是：

没有什么话不可说！没有什么话可以说！

没有什么事不可以做！没有什么事可以做！

关键看时机，看对谁说，看对谁做。关键的关键，还是要伺机而动。

二、修"我"，不修"我的"

"我"与"我的"，一字之差，反映的却是两个截然不同的境界。

"我"：

（1）知：认识。

（2）情：性情。

（3）意：意志。

（4）以上"三合为一"的精神力。

"我"是真的。

"我的"：

荣誉、妻子、儿子、房子、车子、票子等。

"我的"是虚的。

大凡成功者，天天修"我"；而失败者，则天天为"我的"而奋斗。

三、阴阳不测之为神

宇宙之所以不灭，是因为阴阳相互作用；世间万物之所以生生不息，是因为掌握了阴阳规律；人类之所以不断发展，是因为懂得阴阳平衡。

对于个人，阴阳平衡，就能获得最好的状态，就能发挥最大的能量，就能实现最大的价值。

做事，如果阴阳平衡，就会顺利，就会圆满，就会不断产生新的灵感，就能焕发无穷的动力。

做人，如果阴阳平衡，道路就会顺畅，就能获得广泛的支持。

1. 人生修炼五气

正气、灵气、骨气、匪气、霸气，这是一个渴望成功的人必须具备的基本素质。天生并不具备，非得靠日积月累的修炼才能获得。

（1）正气。

有正气的人，才能做大事，才会赢得信任，并因此拥有真正的朋友和同事。

正气足，则邪不压正。因为，苍蝇从来不叮无缝的蛋。

正气是一种自尊，也是一种威严，是"不怒自威"的象征。不仅来自于内心，也会反映到仪表、眼神、举止、处事等方面。

一身正气的人受人尊敬，一身邪气的人受人鄙视。

但正气不是装出来的，是长期修炼的结果，是对人、对己负责的表现。

同时，正气还是一种公道、正派的标志，也是客观、公正的代名词。

司马迁《报任安书》："人固有一死，或重于泰山，或轻于鸿毛。"

后人有赞誉包拯的楹联："一身正气冲天地，两袖清风鉴古今。"

民族英雄文天祥有《正气歌》流传于世，也有"人生自古谁无死，留取丹心照汗青"那样浩气凛然的诗句，至今为人们所津津乐道。

（2）灵气。

《黄帝内经》："昔在黄帝，生而神灵，弱而能言，幼而徇齐，长而敦敏。"

灵性、神性其实就是生命，是生命的高级形式，是生命的核心，也正因如此，自然哲学的核心乃是生命哲学。

心灵的求索之路本身就是修炼，生活本身就是修炼，而所谓成仙其实就是了悟智慧的状态，换一种说法，叫作精神的炼金术，把自己的心灵炼成纯纯的精金。这种寻求是第一人称的寻求，所以说是"内求"，是寻找"真我"。

一个人的灵气，泛指他所具有的文化底蕴和思想内涵，以及由此所产生的直觉、悟性。

和有灵气的人在一起工作、生活，会感到愉快、惬意，因为这种人不会使你感到无聊；和没有灵气的人共事，会使你感到窒息、苦闷。

灵气是善于学习、善于观察、善于总结、善于创新的结果。没有谁是生而知之的，只有学而知之。

（3）骨气。

《论语·子罕》里有："军可夺帅也，匹夫不可夺志也。""岁寒，然后知松柏之后凋也。""不降其志，不辱其身。""志士仁人，无求生以害仁，有杀身以成仁。"

《孟子》云："富贵不能淫，贫贱不能移，威武不能屈。"

王勃《滕王阁序》写道："老当益壮，宁移白首之心？穷且益坚，不坠青云之志。"

人生在世，必须活得有骨气！骨气是什么？骨气是一种不屈于他人的精神，是一种折不断，压不弯的精神，是一个人人格的体现，有时甚至是一个国家国格的标志。晏子出使楚国，不从"狗洞"（小门）入，义不受辱；陶潜不为五斗米折腰，辞官归隐；李白不愿"事权贵"，"天子呼来不上船"。

有志者事竟成！有志之人立志长，无志之人长立志。

志气是一种理想、方向、目标、精神，也是一种自尊、自爱、自警、自醒；志气还是一种信心、恒心、耐力，也是一种人格、道德标准。

太顺利的人不容易长志气，自强不息的人最容易长志气。

由于外因推动而产生的志气是短暂的，内因爆发而产生的志气是长久的。

和有志气的人共事，会有精神动力、有人生愿景；和无志气的人共事，会得过且过、虚度人生。

（4）匪气。

匪气并非占山为王的土匪吃喝嫖赌、杀人越货、欺男霸女、胡作非为的顽劣习气，而是做事具备一种土匪那种天不怕、地不怕的勇气和冲天豪气，敢做敢当的义气，也叫狼性。像狼一样嗅觉敏锐，有危机感、远见卓识与事先谋篇布局、周密筹划。也要像狼一样持续进攻，有不屈不挠的进取精神、奋斗精神。说白了就是：自信、突破、果敢，以及能够担当重任的能力。

面对各色各样的人，要不卑不亢。轻松自然，察言观色，巧妙应对，勇于突破。面对复杂多变的局面，要果断处置。该出手时就出手，及时采取措施，排除隐患，把握良机。

大凡成功者，任何时代都应该具备匪气。在农业社会，文人是成功者，李白的匪气是仗剑走天涯；战争年代，将帅是成功者，麦克阿瑟的匪气就是老兵不死；商业社会里，商人是成功者，他们的匪气就是用财富成为时代的强者。一个年销售额达 1000 亿的叫华为的公司墙上挂的标语是："败则拼死相救，胜则举杯相庆。"

匪气，是一种活力，可以不遵守世俗规则，可以用强权团结一帮人，它拒绝唯唯诺诺地活着，它也是不甘心当弱者的野蛮。古人云：慈不带兵，情不立事。

（5）霸气。

古人有：匹夫一怒，血溅五步，帝王一怒，伏尸百万。

我若成佛，天下无魔；我若成魔，佛奈我何。

若天压我，劈开这天；若地拘我，踏碎这地；我等生来自由，谁敢高高在上。

岳飞《满江红》:"壮志饥餐胡虏肉,笑谈渴饮匈奴血""待从头,收拾旧山河,朝天阙。"

李清照一弱女子也发出"生当作人杰,死亦为鬼雄。至今思项羽,不肯过江东"的呐喊。

要想真正成为出类拔萃的人物,要想成就一番霸业,首先要在心中装满霸气。刻苦修炼"内功",只有练就了一身过硬的本领,具备良好的心理素质,才能够在平凡中成就不平凡。

相信自己能成事,你才可能真的成事。如果连想都不敢想,那你永远无法取得成就。

有霸气的人才敢"异想天开",才敢放开手脚去拼搏闯荡,才能创造出惊人的成绩来。

2. 神形兼备,气定神闲

宋·苏洵《心术》:"为将之道,当先治心。泰山崩于前而色不变,麋鹿兴于左而目不瞬,然后可以制利害,可以待敌。"意思就是泰山在眼前崩塌但是脸色不变,麋鹿突然出现在身边但眼睛不眨。遇事镇定自若,从不受外界影响。

这是一种气定神闲,也是一种坦荡的胸襟。人一生如此短暂,凡是成大事业者,必须具备此种气质。

《世说新语·雅量》记载,谢安派弟弟谢石、侄子谢玄率领区区数万东晋将士与前秦苻坚号称百万大军在淝水展开一场关系到国家存亡的鏖战时(即为历史上著名的以少胜多的战役淝水之战),谢安却怡然自得与客人下着围棋。棋局进行中,从前线派来的信使到了。谢安接过信看完,什么话也不说,继续下棋。客人询问谢安,前线战事究竟如何?谢安回答:"小儿辈大破贼。"他的神态举止,和平时没有任何区别。

这才是应泰山崩于前而面不改色的大将军,临危不乱才能成大事。

我们说这里的"形",指的是外壳,也就是表现形式;"神",讲的是内核,也就是精气神韵。

对于我们每个人来说,"形"不过是躯体,"神"才是灵魂;"形"不过是载体,"神"才是思想。

一个人,只有体态和精神都十分优秀,既形似,又神似,既有外形,又有神韵,栩栩如生、活灵活现、形貌神情,才称得上是真正意义的形神兼备。

我们在形容一个人的状态时,总说"精气神"。一个人身体是否健康,看血色；一个人精神是否健康，看气色。也是这么个道理。

　　人生的整个过程就像磨刀，生存的目的和价值就在于努力不懈地付出、脚踏实地地行动，兢兢业业地求道，以提升心性，修养精神，使自己能够带着比出生时更高层次的灵魂离开人世。

　　追求成功，就是一个练内功的过程，它注重内部修炼，崇尚的是"如何征服自己"。征服了自己之后，那么，征服别人就相对简单了。

　　人生就如同战场一般，而自己正是这场仗中的主角。人生的旅途本是多彩多姿的，生命是由欢笑和泪水编织而成，就像电影中的人，不论是主角、配角或是临时演员，只要尽力，把戏演好，最主要还是自我突破，挑战自己。

　　古希腊伟大的哲学家柏拉图曾说过："征服自己需要更大的勇气，其胜利也是所有胜利中最光荣的胜利。"人生的旅程中，自我挑战才能前行，把挑战当成一把锐利的刀剑，无须惧怕地斩去旅程中的荆棘，且把挑战也当成指南针，失败当垫脚石，为自己的人生谱出一串串美妙的音符。

3. 能阴能阳而不为阴阳所拘，才是神

　　人们总喜欢将那些无所不能的人称为神，但其实，如果我们掌握了阴阳的规则，并加上平时在做事、做人方面反复修炼，即使一个再普通不过的人，也能成为一个无所不能的神。

　　所谓人生，不过就是一个修炼的过程，而修炼，又有"知、行、得"之分，即物质、精神、灵魂三层境界。

　　"修炼三部曲"是：

　　（1）梦：儿童，"独上高楼，望断天涯路"。

　　昨夜一夜西风，碧树尽凋，西风肃杀。独自登上高楼，凭栏远望，不见斯人，百感交集，无限惆怅。

　　即入门前茫无头绪，不知所措，求学无门的疑惑、彷徨和痛苦。

　　这是一个"知之"的过程，为自己、为知、为理想，喜欢的过程。

　　立下宏大旷远的大抱负，此为"知"之大境界。

　　（2）醒：自然人，"衣带渐宽终不悔，为君消得人憔悴"。

　　人消瘦了，衣带越来越宽松，我始终不曾懊悔，为了思念心中的"她"，我宁可自己容颜憔悴。

　　即为叩门时以苦作舟、以勤为径、上下求索的执着与忍耐。

　　这是一个"好之"的过程，为家庭、为己、为事业，孜孜以求的过程，追求到痴迷的程度。

为实现远大理想而坚忍不拔，此为"行"之境界。

（3）醉：大善人，"蓦然回首，那人却在灯火阑珊处"。

在千百群中寻找一个，却总是芳影皆无，已经没有什么希望了，突然眼前一亮在一角残灯旁侧分明看见了"她"。

这是功夫到处，灵犀一点、参透真谛、已入门中的喜悦与释然。

这是一个"乐之"的过程，为社会、为人、为爱情，出神入化、无招胜有招，阴阳不测之为神。

功到自然成，此为"得"之境界。

两难、兼顾、圆满。

所谓人事，无论是人，还是事，往往处于两难之中。

思考兼顾之策，能最终圆满才好。

我们的视线是有限的。

从我们的卧室往外看，我们看到的只是自己的家；

从家门口往外看，能看到日常生活的小区；

登上高楼，或者爬上高山，顶多也就能看见整个城市。

但如果我们闭上眼睛，静心聆听，就能听到整个世界的声音。

一个人心有多大，世界就有多大，他取得的成功也就会有多大。

当有一天，你屹立山巅，放眼四海，心里能装下一个地球，那你就真的成功了！

七 道

行善 君子不立于危墙之下

第一节 善者，自然也
第二节 善不积，不以成名；恶不积，不以败身
第三节 积善之家必有余庆，积不善之家必有余殃
第四节 积善，其实是积累良好的人际关系
第五节 积善，是趋吉避凶的良方
第六节 行善妙方"三昧"

> 德行善举是唯一不败的投资。
> ——（美）亨利·戴维·梭罗

小时候，我家里虽然穷，但坚毅的母亲眼里从未流露出一丝半点忧愁和悲叹，更没听到她对生活有任何的抱怨。相反，记忆中的她反倒是以助人为乐，并不厌其烦地教育我们做人要有善念、要有善心；要多做善事，做善事的人有善报，老天爷都会保佑。

我那时虽然与同龄的孩子一样，在性格上有一点点的叛逆，有时也很顽劣。但母亲在这件事上的喋喋不休，也早早地就在我的心里烙上了深深的印记，那就是：持续做好事，做善事，累积善行，功德无量。

这种观念深深印在我的脑海中，以至于我不仅仅对人，对自然也是这样。虽然那时跟着小伙伴做过不善的事，但我也不管不顾地很认真地做过几件懵懵懂懂的善事。

我曾经为了照顾一个正孵蛋的鸟窝，足足每晚在树下守了半个月的夜；也不止一次地前往芦苇丛、草垛旁，给水鸟们投喂过食物。甚至有几次不顾大人们的呵斥，毅然打开田间的水渠，以便使那些因为干涸来不及逃生，几乎快要渴死的小蝌蚪，得以重现活力……

当然，那段时间我做得最多的事，还是帮助那些看起来有些弱小的蚂蚁，我喜欢看它们忙忙碌碌的样子。夏天时，如果发现它们正被太阳困住，我还会多此一举地拿片树叶之类的东西给它们遮遮阴。

现在想想，这些事很微不足道，甚至有点可笑，但却让我养成了不轻易伤害他人，尽可能提供帮助的习惯，虽然有时预期的好结果并没有如期到来，但我对此无怨无悔。

通常人们总习惯于将"行善"与做"好人好事"画等号，其实不然。所谓善，就是自自然然地说话、做事，以不伤害他人为最高原则。

人类活动，一切应以自然为标准评判善恶。

第一节　善者，自然也

何为善？何为恶？这是一个千古以来始终争论不休的问题，自打人开始有思想起就不断地思考，即便到现在依旧没有一个统一的认识。

一般的普世价值观认为：众人所恶为恶，众人所爱为善。

但我认为，这不够全面，依我之见，自自然然说话、做事为善，这是目前相对来说最为贴切的解释。比如，强奸为恶犯法，通奸虽不是善，也有悖世俗的人伦道德标准，但不算是犯法。

《两只狼的交战》一文深刻地揭示之间的道理，体现了人生的哲理与智慧。一位年迈的北美切基罗人教导孙子们人生真谛。他说："在我内心深处，一直在进行着一场鏖战。交战是在两只狼之间展开的。一只狼是恶的——它代表恐惧、生气、悲伤、悔恨、贪婪、傲慢、自怜、怨恨、自卑、谎言、妄自尊大、高傲、自私和不忠。另外一只狼是善的——它代表喜悦、和平、爱、希望、承担责任、宁静、谦虚、仁慈、宽容、友善、同情、慷慨、真理和忠贞。同样，交战也发生在你们的心灵深处，所有人的内心深处。"听完他的话，孩子们静默不语，若有所思。过了片刻，其中一个孩子问："那么，哪只狼能获胜呢？"饱经世事的老者回答道："你喂给它食物的那只。"

每个人都有光明面和阴暗面，关键我们选择的是哪一面，只有我们选择的那一面才能代表真正的我们。两只狼相斗，一只善，一只恶，你喂食的那一只会胜为喻，告诉你在善恶之中，你用心培养的那一项才会在你心中占有一席之地。这也正是中国谚语"种瓜得瓜，种豆得豆"要告诉你的道理。

一、自自然然说话

人靠嘴巴摄取食物生存，但嘴里吐出来的恶语毒言也最伤人。俗话说：良言一句三冬暖，恶语伤人六月寒。

一句好话，能使人感到春天般的温暖；一句恶语，也能让人感受隆冬般的寒冷。

然而人与人之间交往，就得说话。啥是好话，啥算坏话？好话何时会变成坏话，坏话怎么说会变成好话？个中的度怎么把握？个中的道道又该如何领悟？这些个问题不搞明白，一个人即使本事再大，也很难获得成功。

1. 说话必须应时

通常来说，不管说什么，首先要做到的就是把握时间，有些话在什么时间点上说，趁着什么时机说，起到的效果就大不相同。

比如：人家正忙着，你却说出很重要的话需要人家做出答复，这时人家没有闲暇顾及这些，也没有时间考虑，效果理所当然地要打折扣。

又比如：人家正为一件事情生气呢，或者对某件事情耿耿于怀，你却不知底细地"哪壶不开提哪壶"，这就是自讨没趣。

2. 说话注意场所

有些话，在什么场合说，所起到的作用也大相径庭。

比如：在公众场合谈有一定私密的话题，或者在雅致的场所谈不雅的事情，抑或在行进过程中谈相对庄重的问题，不仅不合时宜，也很难取得预期的目的。

3. 说话看身份

要使所说的话得到好的回应，达到预期的效果，就要视听者的年龄、性别、身份不同而采取不同的说话方式，这就要求我们说话时要针对不同的对象拿捏有度，要适时地掌握分寸。

一般来说，听者是什么人就尝试着说什么话，什么该说，什么不该说，什么时候说，什么环境说，都要有所讲究，也要极其清楚。千万不要说得兴奋就忘乎所以，眉飞色舞，套用一句我们乡下的话：都不知道自己姓啥了。

司马迁《史记·陈涉世家》记载：陈胜王凡六月。已为王，王陈。其故人尝与佣耕者闻之，之陈，扣宫门曰："吾欲见涉。"宫门令欲缚之。自辩数，乃置，不肯为通。陈王出，遮道而呼涉。陈王闻之，乃召见，载与俱归。入宫，见殿屋帷帐，客曰："夥颐！涉之为王沉沉者！"楚人谓多为伙，故天下传之，夥涉为王，由陈涉始。客出入愈益发舒，言陈王故情。或说陈王曰："客愚无知，颛妄言，轻威。"陈王斩之。诸陈王故人皆自引去，由是无亲陈王者。

现代史学家这样解读这一段太史公言：陈胜称王后，其思想逐渐发生演变，与群众的关系日益疏远。比如早先和陈胜一起给地主种田的一个同乡听说他做了王，特意从登封阳城老家来陈县找他，敲了半天门也没人搭理。直到陈胜外出，拦路呼喊其小名，才被召见，一起乘车回宫。因是陈胜的故友，所以进进出出比较随便，有时也不免讲讲陈胜在家乡的一些旧事。不久有人对陈胜说："您的客人愚昧无知，专门胡说八道，有损于您的威严。"陈胜便十分羞恼，竟然把"妄言"的伙伴杀了。当年所说的"苟富贵，勿相忘"的话早抛到了九霄云外。自此以后，各位陈王的老朋友都自己离开了，从此再没有亲近陈王的人了。

这样的分析不无道理，但何尝不是陈胜贫寒时的故旧老友说话做事不分场合，不看对象的身份，没有给后来发达显贵的朋友留面子而招致杀身之祸呢？

还有一个故事更有意思。

古时候，有三个从小一起长大的伙伴，他们叫张三、李四和王五。他们家里都很穷，常常被饿得头昏眼花。

一天，他们实在饿得慌。于是来到了草滩上，去别人家的地里偷了一些芋头，洗干净放在罐里煮起来吃。

随着水温的升高，罐里的芋头散发出诱人的香味。他们馋涎欲滴，肚子的空城计唱得更响了。他们跃跃欲试，随时做好吃的准备。

可不巧的是，两头牛打架，殃及池鱼，其中一头牛把罐子踢翻在地。这三个哥们连忙伸手去抓煮熟的烫芋头，慌忙地塞进嘴里。他们被火熏黑的脸以及抢吃的场面非常的狼狈。

时光如流水，十年河东，十年河西。

张三混好了，当了太守，相当如今市长的级别。

李四走南闯北做生意，赚了不少钱，也见了很多世面。

王五在家种田地，日出而作，日落而息，辛辛苦苦，却穷得没有衣服穿。

李四听说张三当了大官，来到他府上做客。

张三得知儿时的伙伴李四来访，于是大摆宴席，山珍海味，羊羔美酒，亲自和他一起痛吃酣饮。

李四想起陈年往事，不无感慨地说：三哥，想当年，牛将军造反，罐将军打败，我们兄弟立马出梅花枪。

张三说：是啊，是啊，来，喝酒，喝酒，为以前艰难岁月的患难真情干杯。

旁边张三的下属们听了，觉得张三和他以前的兄弟南征北战，才创造出这么多丰功伟绩。

王五听说李四在张三府里大鱼大肉，酒足饭饱，也去张三府里讨点酒喝喝。

张三依然热情地亲自接见了他。

酒至半酣，王五感慨往事：三哥，那时我们好惨哦，好不容易偷点芋头在罐里煮熟，没想到碰到两头该死的牛打架，把我们的罐都打翻了，我们三个连忙用手抢落在地上的芋头吃，被烫得半死。

张三一听，脸色大变，勃然大怒：你假冒我的兄弟，我根本没有这样的兄弟，拉下去，给我打四十大板。

王五被打得一瘸一拐地回去，还弄不明白为什么被打。

4. 不唱"高调"，不走极端

总听人说：某某某喜欢"唱高调"。意指爱说一些极端的话，有意拔高自己，标榜自己有多正、多能、多神。给人的感觉就是"不接地气"。

但凡事物都有"极好""极坏"两端。一个人说话太极端，别人听着不舒服，自己也没法圆场。

善于说话的人都是"见人说人话，见鬼说鬼话"。视听者的情况而定，不走极端，既不做神，也不做鬼，做个鲜活的人。

《战国策·触龙说赵太后》。说的是赵太后刚刚执政，秦国就急攻赵国，危急关头，赵国不得不求救于齐，而齐国却提出救援条件，是让长安君到齐国做人质。溺爱孩子、缺乏政治远见的赵太后不肯答应这个条件，于是大臣竭力劝阻，惹得太后暴怒，"有复言令长安君为质者，老妇必唾其面"。面对此情此景，深谙说话艺术的左师触龙并没有像别的朝臣那样一味地犯颜直谏，而是察言观色，相机行事。他知道，赵太后刚刚执政，缺乏政治经验，目光短浅，加之女性特有的溺爱孩子的心理，盛怒之下，任何谈及人质的问题都会让太后难以接受，使得结果适得其反。所以触龙避其锋芒，对让长安君到齐国做人质的事只字不提，而是转移话题。先问太后饮食住行，继之论及疼爱子女的事情，最后大谈王位继承问题。不知不觉之中，太后怒气全消，幡然悔悟，明白了怎样才是疼爱孩子的道理，高兴地安排长安君到齐国做人质。

其实说话技巧再高，它高不过"理"字。言论一定要合理，要让别人能接纳领受，要有信用，要令人无懈可击。触龙的话之最终所以能够让赵太后欣然信服，愿意安排长安君到齐国做人质，关键在于他能够在动之以情的基础上，以理服人。谁不疼爱自己的孩子，爱孩子就要为孩子考虑的长远一些，就要让孩子有立身之本，不要仅仅依靠权势、父母。站在客观事实的角度，触龙步步诱导，旁敲侧击，明之以实，晓之以理，全部对话无一字涉及人质，但又句句不离人质。迂回曲折之中尽显语言奥妙，循循善诱之余凸现事情必然。

二、自自然然做事

要将一件事情做好，说难也不难。不需要刻意去要求自己怎样怎样，要求别人如何如何。只需要按事物固有的规律，顺势利导就行了。

1. 顺势而为

古人云：君子顺势而为，君子谋时而动，顺势而为。

老子《道德经》说道："上善若水。水善利万物而不争，处众人之所恶，故几于道。"意思是最高的善像水那样，水善于帮助万物而不与万物相争，它停留在众人所不喜欢的地方，所以接近于道。

世界上最柔的东西莫过于水，然而滴水穿石，它却能穿透最为坚硬的东西，没有什么能超过它。上善若水，顺势而为，才是王道和正道。水可以流淌到任何地方，滋养万物，也处于深潭沟壑当中，表面清澈而平静，但却深不可测。它源源不断地流淌，去造福于万物却不求回报。

很多事情不是人能够凭自己的意愿所能改变的，要顺应事情本身的发展方向，不必去强行地改变。颐养水一样的心性，水都是往低处流的，或者缓慢或者急促，有时候会遇到岩石，有时候会遇到暗礁，但是无论怎么样，最终会汇成大海成就它的博大。

所以，做人也要像水一样，能够轻松适应各种各样的环境。如果前面是高山，就绕过去；如果前面是平原，就漫过去；如果前面是张网，就渗过去；如果前面是闸门，就停下来，等待时机。所以，我们既要尽力适应环境，又要努力改变环境，实现自我，多一点韧性，能够在必要的时候弯一弯、转一转，太坚硬的东西容易折断。所以只有那些懂得变通、有一些柔韧弹性的人，才可以克服更多的困难，战胜更多的挫折。人生难免会遇到各种各样的问题，所以像水一样随性显得尤为重要。一样的问题发生在不同的事情上，解决的方法也许会不尽相同。聪明的人就会因时制宜、因地制宜，找准解决的办法。做到外圆内方、大智若愚，方能纵横于世间。

三国时期的刘备，在被逼无奈的情况下投靠了曹操。但是曹操却怀疑刘备存有野心，所以对他处处提防，总想找个借口将刘备除去，以解决心腹大患。刘备深知曹操的用心，想出了很多装傻充愣的办法，逃过了曹操的谋害。一次，曹操宴请刘备，席间谈起了谁是世间英雄的话题。刘备列举了很多的名人，都被曹操一一否决了。于是刘备小心翼翼地问曹操心目中的英雄是谁。曹操哈哈大笑，他说：是我曹操和你刘备。刘备一听大吃一惊，以为曹操窥知自己并不安分的心思，吓得筷子掉在了地上。当天正好赶上雷雨天，刘备的筷子掉下去的时候，刚好响了一声惊雷。曹操见刘备惊慌失措的样子，随即问他是怎么回事，刘备流着冷汗说是被雷声吓的。从那之后，曹操放松了对刘备的戒备，他觉得一个对雷声都那么恐惧的人是难以成就大事的。刘备抓紧时机，积蓄力量，终于成就了一支可以三分天下的势力。如果当时刘备没有急中生智，想出那么个借口来敷衍曹操，说不定会有人头落地的可能，三分天下自然也就不可能了。所以要像水一样做人，无论什么样环境都能因时、因地制宜，随机应变、适应并发展壮大。

像水一样地尽量往低处走，让着别人，遇到利益和名声时尽可能地往后退，这并不是消极，而是选择另一种方式，给自己留下更大的空间、最大的余地。有时候选择退让并不代表你的懦弱，而是另一种宽厚和博大。

做任何事都要顺势，包括形势、趋势、情势，总之是事态发展的大方向。这样才能因势利导、乘势而上，也容易收到相应的效果。

从前，山上的庙里住着一个老和尚和一个小和尚，这两个师徒在山上住了很多年。

老和尚老了，为了让小和尚早日成熟，于是有一天，老和尚就给小和尚一个碗，让他到山下端一碗水上来。

小和尚下山去端水，因为担心水洒出来，因此小心翼翼地紧盯着碗里的水上山，生怕撒出了一点，可水还没有端到半山腰就已经洒完了。

连着几回都是这样，于是小和尚只好上山如实禀报老和尚。

老和尚听小和尚将经过细说之后，告诉小和尚，你上山的时候眼睛不要光盯着碗里的水，不要指望一点不洒出来，而最终忽视了你最应关注的路。你只要用心看路，将很小一部分精力放在水上就可以了。

小和尚依此去做，果然成功地将大半碗水端了回来。

老和尚对小和尚说：将眼睛放在碗中，就会忽视路的变化，水撒了自然是难免的，结果是什么也做不成。要做成大事就一定要眼盯大的方向，而不理会小的波动。

启示：只要上山的路（趋势）走对了，泼出一点水没什么，任务总是可以完成的。

2. 尽职尽责

每个人都有自己的职位，每个人都有自己的做事准则。社会上每个人的位置不同，职责也有所差异，但不同的位置对每个人却有一个最起码的做事要求，那就是做事做到位。只有做事做到位，才能提高工作效率，才能获得更多的发展机会，才能成为一个称职的员工。

用心工作是提升自身价值的前提，同时也是干好本职工作的基础。有时候我们在工作中犯一些低级错误，并不是我们掌握的知识和技能不够，而是没用心去做。有个佛家故事：一个小和尚整天撞钟，照他的理解这种机械单调、简单重复的工作，谁都会。不到半年，方丈却宣布调他到后院劈柴挑水，原因是他不胜任撞钟之职。小和尚不服气："我撞的钟不准时、不响亮？"方丈语重心长地说："你撞的钟很响，但钟声空泛疲软，没有什么力量，因为你心中无'钟'。钟声不仅仅是寺里作息的准绳，更为重要的是要唤醒沉迷的芸芸众生，达到激浊扬清，心灵空明的境界。为此，钟声不仅要响亮，而且要圆润、浑厚、深沉、悠远。心中无'钟'，即胸中无佛。"胸中无佛，自然也就体会不到撞钟工作的神圣，同样也就干不好这项工作。

我读初中那阵，当我努力想提高学习成绩之后的一段时间，效果并不明显。父亲知道后，没有直接表态，而是将我带到院子里的一块石头面前，让我搬起它，父亲告诉我：只要拼尽全力，你就一定可以搬起这块石头。但我用尽了吃奶的力气，最终还是没能搬动那块石头。我沮丧地告诉父亲：我已经拼尽全力了。

父亲硬说我还是没有尽力，他说：我在你的旁边，你都没有寻求我的帮助。他接着解释说：做任何事都要尽职尽责，就是要想尽一切办法，用尽所有可用资源，灵活对待自己将要完成的工作。

3. 不走极端

成功最大的敌人，其实还是"走极端"。

就做事而言，什么叫"走极端"？

对于生命来说，有一点小矛盾就杀个人才是极端，一件事办不好就"自杀"才是走极端；对于工作来说，跟领导过不去，长期没理找理，长期小错误不断，就是走极端；对于事业来说，做不好还听不进建议，业绩上不去还不肯学习，就是走极端。

走极端的结果就是：尽管勤勤恳恳、任劳任怨，但小极端给自己增加了许多障碍，还怎么可能有好的业绩表现。

避免自己走极端的措施是"见人做人事，见鬼做鬼事"，处处灵活应变，时时自我反省。

做人做事不要走极端，对人对事要留有余地做人，实在应为自己的失败买保险。你平时怎样待人，将决定你失意时别人怎样待你。你失意时别人怎样待你，也决定了你的失败能妙手回春还是一败涂地。

有只狐狸惊慌失措地跑进一个村落,喘得上气不接下气,四肢发软,特别狼狈。一只站在枝头上的鹦鹉看了,便问道:"狐狸先生,您这是怎么了啊?"狐狸一脸惨淡,气喘吁吁地说:"后面有一大群猎犬在追我!"鹦鹉听了心急地大叫:"哎呀!那你赶快到村口那位薛大婶家里躲一躲吧。她人最好,一定会收留你的。"狐狸一听:"薛大婶?不行,前两天我偷了她鸡舍的鸡,她不会收留我的。"鹦鹉想了想,又说:"没关系,石樵夫的家离这里也不远,你赶快跑去他那儿躲起来呀!"狐狸却说:"石樵夫?也不行,几天前我趁他上山砍柴时,偷吃了他女儿养的金丝雀,他们一家正痛恨我呢!"又说:"那么,你去投靠庄大夫吧,他是这村里唯一的医生,非常有爱心,一定不忍心看你被抓的。"狐狸尴尬地说:"那个庄大夫吗?上次我到他家里,把他存的肉片给吃得一干二净,还把他院子里种的郁金香给踩烂了!我没脸再回去找他。"鹦鹉无奈地问:"难道这个村里都没有你可以信赖的人了吗?"狐狸回答:"没有,我平时常得罪他们啊!"鹦鹉摇摇头,说:"唉,那么我也救不了你了。"最后,这只平日里耀武扬威的狐狸,就这么被猎犬给抓住了。

没有人一生可以永远一帆风顺,没有人可以保证自己永远高枕无忧。即使一个人平日再风光,再得意,有一天也可能面临各种失败与危机,当你失败时,你有朋友可以扶你一把吗?你身旁的人会热心地伸出援手,抑或冷漠地袖手旁观呢?做人,实在应为自己的失败买保险。你平时怎样待人,将决定你失意时别人怎样待你。你失意时别人怎样待你,也决定了你的失败能妙手回春还是一败涂地。当然,你不必做一个是非不分,四处迎合的老好人,但下回当你情绪中的"我"准备大发雷霆,刁难他人时,不妨给自己踩下刹车,别把话讲死,别把事做绝了!否则下回当你有求于人时,你将变成那只求助无门的可怜狐狸。

三、以达到"我"与"他"之合适关系为善

人性向善。人与人之间的关系其实是很微妙的,即使你对一个人很好,但如果你的一个不经意的举动、一句话,甚至是一个眼神,让对方认为你"不善",那也会对你有所忌惮。

做人,善念产生吸引,恶念招致排斥;做事,善念就会顺利,恶念即使一时得逞,终究是要还的。

1. 以结果为最高原则

成功人注重结果,失败人寻求原因。

一件事情做得好与坏,无论历经了多少风雨,付出了多少辛劳,没有一个好

的结果，人们依然不会看中你。因为你的结果并不是大家想要的，虽然你的过程很努力。

就像我们吃饭一样，不是为了吃而去吃，吃只是过程，吃饱才是结果。也就是说，只有吃饱才是最重要的。这就是结果。

爱迪生在发明电灯的研究过程中，有这么一个难题，即灯丝用什么材料更安全，更持久，当时他和助手试验了上千次，使用了各种不同的材料，竹棉、石墨、钽等等，但每次都不尽人意，最终他找到了最合适材料——钨。当时有人问他，前面数以千计的试验是否都白做了，但是爱迪生说：前面上千次的失败，让我发现了数千种不能作为灯丝的材料。

由此可见，爱迪生是个同样注重过程的人。但这并不代表他不注重结果，因为没有对结果的执着追求，也就没有那一盏明亮的电灯，也就没有我们今天的这个世界了。时至今日，大家都没有忘记他对世界文明所做出的巨大贡献。

2. 以合适为最高目标

公鸡登上一堆沙土，在上面刨了个不亦乐乎，它忙忙碌碌地想找点食物，最后却翻出了一颗珍珠。公鸡说："这个宝物尽管光彩夺目，对我却毫无用处，还不如找到一颗麦粒，用它来填饱肚子。咱们庭院里的鸡鸭羊猪，都喜欢吃麦粒，要这珍珠干什么呢？我用不着佩戴这个宝物，也不想用它来打扮自己，就让人们去把它当作宝贝吧！"说罢，公鸡把珍珠丢到一边，继续去翻找它的麦粒。

为什么公鸡放弃价值更高的宝物而选择麦粒？因为对它来说，要填饱肚子，没有比麦粒更合适的了。

人与人之间的交往，说难也不难，既要互相吸引，又要保持一定的距离。

互相吸引，决定了你们的关系是否有继续发展下去的可能性；而保持良好的距离，又决定了你们是否能够长时间地继续下去。

分寸的把握十分重要。如果把握不好，很容易造成人与人之间的冲突和矛盾。

与家人或情人之间的合适度：无条件地信赖、尊重、帮助，各自保留一定的个人空间，不过分地干涉与己无关的所有事情。

与朋友或是一般人群的合适度：在朋友需要的时候，给朋友意见和建议，在朋友有难的时候，全心全意地帮助他们，不干涉他们的任何事情。

与上司、老板、同事的合适度：不要曲意逢迎，更不要视而不见。热情、随和、亲切地对待他们，如果可能的话，和他们保持普通朋友的关系。

与不熟悉或不太熟悉人的合适度：做到热情友好地对待，就行。

3. 实现善的方法无限多

我们总说要"与人为善",其实善,也并非要求我们一定要帮多少人,捐多少钱,而是体现在日常行为的方方面面。

善念,最简单、最直接的方式就是换位思考。看到别人有难而抱以同情,看到别人倒霉而不幸灾乐祸。

善行,就是行善的具体行动。在他人有难处时,给予些力所能及的帮助;在他人需要支持时,及时提供一些有益的援助。对自己来说,不过是举手之劳,但对他人来说,却是鼓舞,是向上的动力。

善言,多说别人感到温暖的话,多说一些让别人感动的话,多说一些使人奋进的话。有时可能就是简单的一两句话,却可能让人原本冰冷的心,瞬间感到仲春般的温暖;有时可能就是一个善意的建议,却改变了人一生的命运。

以善制恶,也是行善的一种方式。对于恶的东西,可能就是你的一句话、一个举动,甚至一个眼神,就可能制止了一场恶行,也可能因此使得一个人弃恶行善。

与之相反,违逆自然就为恶,比如强奸、抢劫等等。

一般总结归纳下来,不外乎是以下九种行善的方法:

(1) 与人为善。

就是怀有善心,以善心仁慈对待世界一切。

(2) 爱敬存心。

以真诚真爱对待一切人、事、物。"敬"是恭敬、谨慎、细心,对人、对事、对物,爱敬存心。

(3) 成人之美。

人家有好事,我们要帮助他、成全他,不能破坏。此人是恶人,但是他做的事是好事,即"偏中正",我们也要帮助他。不能对人要对事,此事对社会有好处,对大众有好处,就应当给予帮助。人虽然不善,但我们要常常辅导他,尽心尽力去帮助他,使他的善行能有所成就。

(4) 劝人为善。

特别劝导有能力、有机会的人,他们有能力、有机会行善,错过非常可惜。没有机会去创造机会,比较困难;创造机会也必须有创造机会的条件,否则也是做不到。所以认识机会,掌握机会,这是真正的智慧。

(5) 救人危急。

人在有急难、危险之时,不论他是好人、恶人,是恩人、冤家,不能见死不救，一定要救援。

（6）兴建大利。

自己有能力，自己一个人做；没有能力，就集合大众的能力来做。利益社会大众的事情太多，什么是真正的大利，当下真实的大利莫过于教育，教育是根本。因此，兴办教育就是功在当代、利在千秋的大利。

（7）舍财作福。

世间人不肯舍财，就是有顾虑，担心舍了之后生活没着落，其实有舍才有得。

中国从前供的财神是"陶朱公"范蠡，很有智慧。范蠡非常懂得处理财务，他帮助越王勾践打败吴国之后，就退隐去做生意，没多久就发财了。发财之后就捐出去，捐赠完了，再从小生意做起；没多久又发财了，发了之后又散，三聚三散。他懂得聚财，更懂得散财。所以范蠡为后代人尤其是生意人所景仰。

（8）敬重尊长。

现在社会上有很多人不重视孝道、师道，我们要为社会大众做好榜样，念念不忘父母师长的恩德，这是存心厚道。不但不忘，还要有行为表现，对父母、师长要尽到孝养的责任。生命得之于父母，慧命得之于老师，对父母、老师之恩，恩人之助怎能轻易忘记？

每当逢年过节，我都会送一份供养给我小学的老师、中学时代的老师和曾经有恩于我的人，即便太忙，有时候做不到太周全，我都会打个电话去问候一下。礼物或问候虽然很微薄，但他们感到很温暖，因为我在真诚地惦记牵挂他们。

（9）爱护环境。

地球是我们共同的家园，是我们赖以生存之所，我们应该加以保护，像是对自己的身体一样爱惜。否则，长此以往，我们的后代就会面临更为艰苦恶劣的环境，我们人类就进入了一个互害的死循环，这肯定不是我们愿意看到的。

第二节 善不积,不以成名;恶不积,不以败身

行善,不是一时的心血来潮,也不是一时半会的举动,而是应该贯穿一生的事情。

当量变达到一定程度必然引起质变。平常看起来,做一点善事似乎没啥,但日积月累就会形成一个人的心性,并影响到价值观、世界观,也决定了做人、做事的态度,势必也影响一个人成功的概率。

怀有仁爱之心谓之慈,广行济困之举谓之善,慈善是仁德与善行的统一。

一、多做善事,让自己声誉卓著

有益的事,不但是自己兴趣所至喜欢做的,还要有利于他人,有利于社会。

一个人如果做的事都是有利于他人的利益,必然会受人拥护;相反,如果一个人做的事侵害了他人的利益,人家不反对才怪呢!

1. 善念成就善事

不要小看善念,有时我们会认为这不过就是想想,也用不着大惊小怪。但正是这样不经意的念头,不但会像和煦的阳光一样,带给我们温暖,而且还可能因此成就一件大事,甚至改变一个人的一生。

曾经读过这样一则小故事:

有一位得道高僧,住在深山中继续修行。有一天,高僧见月色很美,就趁着月色到林中散步。不料,他回来时,发觉自己的茅舍正在遭小偷的光顾。高僧怕惊动小偷,一直在门口等待,他知道小偷在他这儿不可能找到任何值钱的东西,早把自己的外衣脱掉拿在手上。找不到任何财物的小偷离开时,在门口遇到了高僧。高僧说:"你走这么远来探望我,总不能让你空手回去呀!夜凉了,你穿上这件衣服走吧。"说着,就把外衣披在小偷身上。小偷低着头走了。

第二天,这位得道高僧看到他披在小偷身上的外衣被整齐地叠好放在门口。

在人生的旅途中，我们会遇到不少误入迷途的人，让我们像故事中的禅师那样，用一颗善良的心去唤醒他们心中的良知吧。

"二战"中的一天，欧洲盟军最高统帅艾森豪威尔在法国的某地乘车返回总部，参加紧急军事会议。

那一天大雪纷飞，天气寒冷，汽车一路疾驰。

在前不着村后不着店的途中，艾森豪威尔忽然看到一对法国老夫妇坐在路边，冻得瑟瑟发抖。于是，立即命令停车，让身旁的翻译官下车去询问。一位参谋急忙提醒说："我们必须按时赶到总部开会，这种事情还是交给当地的警方处理吧。"

"如果等到警方赶来，这对老夫妇可能早就冻死了！"艾森豪威尔执意下车询问。

原来这对老夫妇是去巴黎投奔儿子，但是汽车却在中途抛锚了。在茫茫大雪中连个人影都看不到，正不知如何是好呢。

艾森豪威尔听后，二话没说，立即请他们上车，并且特地先将老夫妇送到巴黎儿子家里，然后才赶回总部。

此时的这位欧洲盟军最高统帅没有想到自己的身份，也没有俯视被救援者的傲气，他命令停车的瞬间，也没有复杂的思考过程，只是出于人性中善良的本能。然而，事后得到的情报却让所有的随行人员震撼不已，尤其是那位阻止艾森豪威尔雪中送炭的参谋。

原来，那天德国纳粹的狙击手早已预先埋伏在他们的必经之路上，希特勒那天认定盟军最高统帅死定了，但他哪里知道，自己精心等待的对手为救人于危难而临时改变了行车路线。

后来，历史学家评论道：艾森豪威尔的一个善念躲过了暗杀，否则第二次世界大战的历史将被改写。所以，人为善，福虽未至，祸已远离；人为恶，祸虽未至，福已远离。

2. 善事无拘大小

刘备临终前对儿子刘禅如是说："勿以恶小而为之，勿以善小而不为。"

再大的事情，也是由小事累积成的。即使只是在我们眼里毫不起眼的小水滴，一不小心最后也能注满一个大水塘。

做善事也是一个道理，有时看似很小，也就是个举手之劳的事，却能解决大麻烦。

有一个小区，入口的地方一只路灯坏了没人修理，所以很长一段时间里，大家都是摸着黑走路，磕磕碰碰的事时有发生。几乎每个晚上都能听见过路者骂爹骂娘的声音，弄得邻里间的关系都很是紧张。

一个雨夜，有个外人经过时，不慎滑了一跤，但他没有骂娘，而是爬起来后，在附近的商店里买了只灯泡换上。

自此，小区的人不用摸黑走路了，夜里也再听不到骂爹骂娘的吵闹声了。

3. 善，成就人

《孟子》云：君子莫大乎与人为善。

与人为善，其实就是与己为善。你向着别人说话，别人也会向着你说话；你为别人着想，别人也才肯为你着想，那么人与人之间就会有一种融洽快乐的气氛。

如果能做到这样，那么，即使人与人之间原本存在一点点矛盾，也会随之烟消云散，即使原本封闭的心门也会为此自动打开。那相应而来的利益，还会远吗？

秦穆公非常喜欢马，曾不惜重金，收罗了几匹名马养在宫中。有一天，一匹白色的骏马不见了。秦穆公急忙亲自带人沿着马的踪迹去找。一直找到一处山谷里，只见一群山民正围着篝火烤着马肉。秦穆公一眼就认出旁边草丛里扔着的马皮，正是自己丢失的心爱的白骏马。

那些山民知道情况后，个个吓得面如土色。

可是，痛心至极的秦穆公很快恢复了平静，反而笑着对那些闯下大祸的山民说："吃了骏马的肉，而不喝酒，会伤了身子的。"于是，吩咐侍从去皇宫取来几坛好酒，让山民们畅饮。

一年后的韩原之战中，秦穆公统帅的秦军陷入了晋军的重重包围之中。危在旦夕之际，突然一支队伍杀入重围解救……

最终，陷入绝境中的秦军反败为胜。

事后，秦穆公召见了那支赶来救援的奇兵。才知道正是一年前杀了他的骏马，他反而赐酒的那帮人。

二、损害他人，众叛亲离

生活中，总有一些人喜欢做些损害人的事，以别人的痛苦为自己的乐事，而自己还固执地认为"不过就是寻个开心"。久而久之，别人就会疏远。所以，要成事，就千万记得"勿以恶小而为之，勿以善小而不为"。

历史上留下骂名的隋炀帝杨广曾经是个根正苗红、才华横溢的有为青年，他开凿南北大运河,与秦始皇修筑万里长城一样,是名垂千古的伟大功业;创设进士科,正式确立科举取士制度,并且兴办学校,敦奖名教,统一经学,整理图籍,儒道佛三教并重,积极影响了中国古代思想文化的发展;营造东都洛阳,意在控扼山东,强化中央政府控制能力;掘长堑、置关防、修驰道、筑长城等大型工程,加强了国防;出塞北至草原牧场,驯服突厥,被尊称为圣可汗;亲临青海,击破吐谷浑,于其地设置郡县,并且西出玉门关,经略丝绸之路。

杨广即位后,立即调动人民的积极性,挖掘潜力,准备多快好费地建设封建主义的新隋朝。一时间隋朝上下成了巨大的建设工地,一派热火朝天的大生产景象。隋炀帝主持建设的主要工程项目有:洛阳西南规模宏大的显仁宫(所用的木料在江西砍伐,一根大木料需要两千人搬运);洛阳西郊方圆200多里的皇家花园(里面有人工湖,湖中堆起蓬莱、方丈、瀛州三仙山,山上面建有亭台楼阁);开凿五千里京杭大运河;开通连接洛阳到长安的壕沟;筑长城千余里;修驰道几千里;修建大兴城;等等。这些还不算什么,隋炀帝觉得大好河山不看可惜,所以热衷于公费旅游:一会东巡扬州,一会西访青海,还三次发兵去讨伐看不顺眼的高丽,结果遭到惨败,导致士兵死伤无数。

隋炀帝的所作所为,早已超出了人民的承受能力,在他统治的十多年间,前后服劳役、兵役的超过一千万人,而当时全国的人口仅为四千六百多万,结果导致农村的劳动力所剩无几,土地荒芜,民不聊生,各地反隋起义风起云涌,隋朝大厦将倾。公元618年,已经走投无路、众叛亲离的隋炀帝被部下绞死,繁盛一时的隋朝就这样灭亡了。

谥法上说:好内远礼曰炀;去礼远众曰炀;逆天虐民曰炀。当年杨广在阶下囚陈后主病亡后,一本正经地把他谥为陈炀帝,万万没想到的是,他自己死后被唐高祖李渊也毫不留情地追谥为隋炀帝。精明的隋炀帝为什么就不吸取近在眼前的教训而重蹈覆辙呢,历史光芒下照耀的人物总是让人无法揣测。

1. 不要轻视自己的恶念

奥地利著名心理学家、精神分析学派创始人弗洛伊德认为,人的本能有性和攻击欲望。

经常会听人说出一些自己邪恶的想法,别人指出来,他还不以为然地认为"我只是无聊时想想而已"。

像一位原本很受中国人喜欢的好莱坞电影女明星,在中国发生了"5.12汶川大地震"时说的一句不恰当的话,大致意思是这个国家人口多,才死这么一点点,似乎觉得比例太少。被国人视为"反人类""种族歧视",被同行排斥,再没人找她拍戏,也没人敢上她的戏。同时,她也被官方封杀,以致事情都过去快十年了,这个明星的影视作品还是一律严禁进入中国市场,由此她也遭受了一般明星所没有遭遇到的经济上的巨大损失。

另外一个相反的例子:护法战争期间彭德怀元帅当探子,被北洋军抓起来毒打。他事后承认,当时每天晚上他都想:第二天再打我就招(他通过许多老朋友打探情报,他要是招了,会有不少人完蛋)。但每天早上他都坚持了下来。最后北军抓不到凭据,就把他放了。彭德怀算不算好汉?当然算。因为他忍住刑讯的苦痛,竭力克制自己出卖伙伴们的欲念,也是恶念,虽然出卖行为可以换来不再遭受肉体上的折磨,但他咬咬牙扛过去了,所以他是一代英雄。

其实,一个人的恶念就像是微不足道的火花,如果不及时扑灭,也就可能烧掉整座森林。

我们讲邪恶想法的普遍存在性的同时,要学会与邪恶同行,与魔鬼共舞,这和心理学理论中强调"和问题共处"是一样的。而且当我们在行动上选择做一个好人,不把邪恶想法去实现的时候,我们要学会自我欣赏,自我表扬,因为每个人都面对了这样的困境,有些人被这种困境打败了,而你我没有,你我就是好人。

2. 不要轻视自己的恶行

有些人平时喜欢搞一些恶作剧,觉得这样做不过就是"图个乐""没什么关系",并以此为能耐,觉得自己了不起,其实种下的种种恶,最终都会产生结果的。

有个孩子闲着没事,总喜欢从自家二楼的阳台上往下扔点燃了的花炮。

路人冷不防地被吓了一跳,躲在二楼的他看着人家惊慌失措的样子格外开心。

人家告诉家长,家长认为这不过是自家孩子淘气,"也就图个乐""没啥大惊小怪的"。可有一天,一位60多岁的大妈被这个孩子的"炮"炸得当场心脏病发作,没救过来。

原本素不相识的两家人对簿公堂。法院判定闯祸的孩子过失杀人,赔偿当事人80万元。结果,原本好端端的一个家,不但被迫卖了房,还欠下巨额债务,落得个倾家荡产的下场。

苏格兰哲学家托马斯·卡莱尔指出:神赋予我们恶的同时,也给我们征服恶的武器。施恶行者必遭惩罚。

3. 口恶伤人害己

俗话说，病从口入，祸从口出。

西方的谚语说：幽默来自智慧，恶语来自无能。

人的嘴虽然是用来说话的，可这话是不能乱说的，切忌尖酸刻薄，更不要口无遮拦，尤其是一些诅咒人、揭人伤疤、戳人心窝子的话，任何情况下都万万不要出口。

恶语给人们酿造的是苦楚，所以恶语相讥也是一种坏的操行。

儿时听长辈讲过一个这样的故事，他有个住东荆河下游的远房亲戚，哥几个处不好，为一点蝇头小利经常争吵，侄儿骂他伯父，被他奶奶听到，奶奶骂孙子"雷要劈你"。结果成了"诅咒"，三天不到，这个孙子果然在放牛回家的路上被雷劈死。大晴的天，日落时分，忽然天上一火链，一个炸雷从天上滚过，牛回来了，不见人，灯笼火把找着的时候还跪在路边的。

他父亲就认定儿子是被他奶奶骂死的，终身都不肯原谅。

图一时痛快，不留口德，往往留下的却是终身遗憾。

明朝末年，苏州有一位姓秦的书生，聪明好学，而且多才多艺，尤其擅长作诗词，他才思敏捷，可以即刻写成文章，缺点就是个性轻狂刻薄，说话不让人，得理不饶人。见人有缺点，就赋诗攻击对方，听到某人做事可笑，便把此事写成歌词。

有位邻居，男女之事上不检点，他知道后，当即写了十首《黄莺儿》的词调笑，内容绘声绘色，写得很露骨。这首词远近流传，因为这件事，他多次挨揍，当街被打，甚至被人剥掉衣服痛打。

还有一次，也是因为填词成歌，讽刺他人的行为，结果被人诬告吃官司。因为积重难返的恶习，他一直改不过来。到晚年时，他染上了重病，病好了不久就精神错乱，常常吃自己的粪便，又取刀割自己的舌头，幸好被家人发现，夺下他的刀。家人也没有办法，只能把他关在一间空屋子里头。他找不到刀，就一点一点嚼自己的舌头，再和着血吐出来。房间里发出一股难闻的臭气，让人作呕。而秦生自己却一点知觉也没有。有一天，他从窗户的缝隙当中看见一把劈柴用的斧头，就破窗而出，举斧把自己砍死了。

这是恶口的可悲的结局。秦生的问题出在哪里呢？就是人格刻薄，不宽厚不包容。一个人绘声绘色地描述他人的缺点、隐私，以此为乐，必定会引起对方的怨恨，况且把它作成诗歌，让千百人都知道，更是恶口大面积地放大，所以无形之中福报消尽。我们这条舌头如果用来劝人行善、注重因果，自己的口德会越修越好，相反用它来宣扬邪说、传播过恶，那便是罪孽深重。

三、少做恶事，避免损耗自己

生活是由无数小事组成的，没什么大事，但小事累积起来就成了大事。

偶尔做点恶事，也许看起来没什么，但光是那个念头都可能引起大的祸端。

有人总结了人们惯犯的《七宗罪》：

一宗罪，你说他背井弃家动离殇，判他三生烟火情断肠。

二宗罪，你说他轻负佳人沉暗香，判他一世隔岸遥对望。

三宗罪，你说他忘却红尘天涯浪，判他悔恨千年却不忘。

四宗罪，你说他征战沙场苦思乡，判他征魂归家把酒唱。

五宗罪，你说他为君描眉却凄凉，判他冷心无情人痴狂。

六宗罪，你说他温文笑颜扶心伤，判他永安极乐骨成双。

七宗罪，你说他留念过往言虚妄，判他轮回奈何行匆忙。

1. 不做恶事

善的定义是自然、合适。如果违背他人意志做事，即为恶事，如强奸、抢劫、盗窃等等。

当做不善事已经成为一种习惯时，再想改的话就不会是一件容易的事。

以前我们乡下有个人不务正业，专做偷鸡摸狗的勾当，被关进去几次，好不容易放出来了，好不了几天，又操起了行恶的营生。以致四十几岁就全身生满毒疮而死，甚至死后都没一个人愿意为他安葬。

2. 不做对他人有害的事

有些人可能一辈子也不曾做过什么犯罪的事、缺德的事，但却无意中做了很多对别人有害的事。比如，嘲笑别人，伤人自尊；又如，给别人起绰号，尤其是以别人生理缺陷，或者身体残疾而起的绰号。

其实，这样做远比打人骂人更伤人，很可能就会成为别人一生都挥之不去的阴影。别人也就理所当然地不会对他有什么好感，甚至心里对他恨得牙痒痒，若是他有事有求于人，更别指望别人相助。

第三节 积善之家必有余庆，积不善之家必有余殃

每个人都希望自己的家庭和睦、事业顺利、福寿延年。但上天是公平的，只有善良的家族才能得到福报。

一个不注重善行，不讲"德"的家族，不但不会有良好的邻里关系，而且做什么也都不会顺利，反而祸害三代。

一、行善，为家族积点福报

我们行善积德，并不仅仅是为了我们日后有个好的回报，同时也是为自己的家人积累福报，因为一个人的善恶报应，是会完完全全反映在家人，甚至整个家族上的。

1. 善心是修行的结果

通常我们喜欢把一个人的善心与心软联系起来，其实，两者有本质的区别。心软，往往表现为一时的行为，而善心，却是一个人长期修炼的结果。

善心靠修，否则活了再大年纪，也未必就有一颗善心。

曾经听星云大师讲过贵为二品高官的唐朝大诗人白居易的故事。

白居易去拜见一位禅师，询问佛学的重要之处。

禅师说："诸恶莫行，众善奉行。"

白居易很失望，说以为你悟道，很高深，原来就是做好事，不做坏事，3岁孩童都知道。禅师说：3岁孩子是知道，但是80岁老翁也不一定做得到。

每个人都要在世间生存，也都要去面对自己生命的几十年和人生的道路。虽然人的一生既平凡而又不平凡地活在自己有限的生命中，去面对自己的人生世界和自己的生活，但每个人都有自己的当下，也都有自己的未来，更有过往的烟云和生活中的酸甜苦辣，以及人的喜怒哀乐。所以说，不管怎样，人的一生都应该是满足的，苦也好、甜也好都不要太在意。因为，这都是人生的必然经历和生命

的流程。我们从自己出生那天起，就已经证明自己来到了世间，见到了自己亲爱的父母，以及兄弟姐妹和自己的亲人。同时，也在他们的呵护和关怀下长大成人，也得到了人生的回馈和快乐的成长。但等我们每个人长大成人以后，都要经历生活的苦辣酸甜，也要去面对自己人生的一切，包括所有的追求和理想，成功与失败，这都是我们生命的真实过往，我们在人生中拼搏，在生活中锻炼。同时，这也让我们每个人去感悟着生活中的美好。对人生理想的追求使每个人在生活中，去磨炼着自己的意志，也使每个人的心里都深深地体会到生活的艰辛和岁月的沧桑，每个人在生存的过程中，都得到了真实的体会和时光的锻炼。人生的一切过往烟云，使每个人都在成长、都在进步、都在体会、都在感悟，也都在体验着生活的各种滋味，也使每个人真正懂得了人生的乐趣，懂得了怎样去面对自己的未来。

《三字经》说：人之初，性本善。当我们生下来的时候，本性都是很善良的，也都是很单纯无邪的。但往往等我们长大成人以后，红尘的诱惑和世间的干扰，让我们原来的本性，在生活的私欲中丧失了真我。也使我们在生活中变得自私自利，去追求自身的欲望和心灵的满足。使自己的心性和内在的善良偏道偏行，去自私地追求自己想要的一切和人生的未来，丢失了自己的善心和心灵的本真，而变成了利欲熏心的贪念小人。

在我们的生活中，善心待人是一种最重要的礼仪和良心的呈现。如果作为一个人连善心都不能有的话，那么何为人子之心？更谈不上忠孝仁义和善良慈悲了。而善心的修行和人心的境界，就是要超脱自己的凡心和凡念，去做一个真正的好人和善心做事的人。佛说：善恶之中才分境界，慈悲之中才见真人，这就是超越凡心的境界和忠孝所为。我们修行向善的人，更应该心中善良、无私无欲和无我无心地去面对每一个亲人和朋友，这才是善良的境界。因此，善心做人是人性的基本，善心做事是崇高的境界，如果我们在人生的道路上和修行的过往中，不能去悟到和看透，就等于我们修行的心性还没有开悟。如果修行的境界未达到自己和他人的预期，更遑论先贤所指向的标准。

2. 善，是可以传染的

善事做得越多的人，德行越高。

听一位医生朋友讲过这么一件事。

他们医院有一次接收了一个患血癌的囚犯，会诊后认为他的病情需要做骨髓移植。尽管他是罪犯，但基于人道主义，仍然必须让他接受治疗。于是去国家骨髓库里配对，居然配对到了。

由于患者是恶性的刑事犯，他们心里也不是很想救他，所以在告知捐赠者受捐者的身份时，特意提示对方：你可以说"不"！如果说不，这件事就算了。然而，令人惊奇的是这位捐赠者说："我愿意。哪怕是即将枪决的死刑犯，只要他还有活着的一天，只要用得着我，我还是愿意。"

于是，医院只好为那位囚犯做骨髓移植。移植后的囚犯反应极为良好，当他知道捐赠者清楚他是犯人还慷慨地捐赠骨髓时，非常感动，于是开始悔悟。

从此以后，这个受捐骨髓的囚犯在监狱里奋发图强，后来刑满释放后考上卫生学校。从卫校毕业后，他申请来这家医院当骨髓移植的男护士。现在他已经在医院服务很多年了，主要的工作就是向所有病患者解释什么是骨髓移植。由于他亲身经历过骨髓移植，现身说法比一般医护人员说明的效果还好。

由此我们可以看到，善心的流转竟有这么大的力量——一个善念捐赠了骨髓，不但救了一个生命，还救了一个人的心念，使他改恶从善，世界上因此少了一个罪犯，多了一份安定的力量。

3. "吃亏是福"这句话对吗

人与人交往，最怕的就是吃亏。

有时，明明让人占了便宜，自己还不能生气，但正所谓吃大亏得大福，不吃亏不得福。

表面看起来吃亏的人是有点损失，而其实他也从中获益不少。

总有些人怕吃亏，所以到处捡便宜，只要有捡便宜的心，就可以直接断定这个人没有前途。所以教育孩子时，一定不要培养他捡便宜的习惯，要教他在一点一滴中付出的习惯，因为宇宙的规律就是等价、等值的交换。人只要能奉献，内在就会生出一种伟大的力量，当你觉得自己很伟大的时候，还要别人赞美干什么呢？如果一个人总是去计较，总是觉得怎么样才能让自己舒服，那自然会越活越渺小，只有奉献的人生才会越来越美好。

永远不要亏欠来到我们身边的任何人，不管是什么原因都不要亏欠别人，因为一旦亏欠就亏欠了我们的前途，所以宁愿吃亏也不亏欠。

东汉时期，有个在朝官吏叫甄宇，为人忠厚，遇事谦让。有一年除夕，皇上赐给群臣每人一只活羊。由于这批羊有大有小，分配时，负责人犯了愁。大臣们献策，有人主张把羊杀掉，然后均分，有人主张抓阄……这时，甄宇说：分只羊有这么费劲吗？我看大伙儿随便牵只羊走算了。说完，他率先牵了最瘦小的一只羊回家过年。而后众大臣纷纷效仿，羊只很快分发完毕。此事让甄宇获得满朝文武的赞赏，最后传到光武帝耳中，后来在群臣的推荐下，甄宇得到朝廷的重用。

在分羊一事中，甄宇看似吃了亏，实则是最终的人生赢家。我们常说"吃亏是福"，但在越来越精于算计的现代人眼中，早已不以为然，只把这句话当作口头禅，自我安慰，生活中、与人相处中，还是以自己利益为重。然而，占小便宜会让你吃大亏。

以前物质紧缺的时候，我们村里邻里之间借米、借鸡蛋的事情时有发生，也因此常常为借与还的多少、大小、优劣，产生一点不愉快，所以家中尤其是粮食一类的东西一般是不愿意外借的。

只有我母亲例外，因为她借人家东西，还时总要比借时多出一点点。

有人说她好傻，她听到议论也总是笑笑。

后来遇上了自然灾害，各家都几乎揭不开锅的时候，偏偏我母亲总是能借到粮食。而且远近熟悉她的人，没有一个不说她好的。

母亲教给我们最多的一句话就是：人与人交往，以让人家多占一点为原则。吃得亏的人，才能消受得起福。

据《左传·宣公十五年》记载，原来，晋国大夫魏武子有位爱妾祖姬，无子。魏武子生病时嘱咐儿子魏颗说："我若死了，你一定要选良配把她嫁出去。"后来魏武子病重，又对魏颗说："我死之后，一定要让她为我殉葬，使我在九泉之下有伴。"等到魏武子死后，魏颗没有把祖姬杀死陪葬，而是把她嫁给了别人。其弟责问为何不尊父临终之愿，魏颗说："人在病重的时候，神智是昏乱不清的，我嫁此女，是依据父亲神志清醒时的吩咐。"

晋军获胜收兵后，魏颗见到一个老人为他结绳，让他俘获杜回，当天夜里，老人托梦说：我是你所嫁出去的女子的父亲，你用了先人发给你的好的命令，没有让我女儿陪葬，所以我结草抵抗杜回来报答你！

魏颗没有将父亲的小妾陪葬，在一般人看来貌似吃了亏。但他却获得了丰厚的回报。

这也是我们生活常用的成语典故：结草衔环。

二、小恶，也会祸及家人

有些事，虽然算不得什么坏事，但挺损人的，不但给别人造成了不痛快，自己也捞不着啥好处，还一不小心可能把家人也无端地牵连了进来，甚至给家人带来祸端。

譬如人们都需要钱，都想发财，这一个普遍的规律。但古人早就讲过，发财有方，取财有道，是你的财跑不掉，不是你的财，你用不道德或者非法的手段得到了，总有一天会遭到惩罚。如某人利用诈骗的方法去骗别人的钱财，虽然骗到了钱，结果坐牢，罚款，出凶灾，付出了多几倍的钱。如有一人利用工作之便，贪污了十万元，结果每天担惊受怕，身体健康急剧恶化，突发急病，反倒用去更多的钱。还有的女孩子，利用自己的肉体，今天和这个老板睡觉，明天和那个老板睡觉，结果不仅自己得了性病，花了很多的钱，而且给父母亲和家人带来无穷的灾难。这都是恶有恶报的结果。恶报中，特别是忘恩负义的人，恶报来得快，灾来得大。

1. 嘴巴太碎，家人蒙羞

说人闲话，传人绯闻，自己图一时痛快，毫无意义地给自己增加麻烦不说，家人也会无缘无故地卷进来，被迫承担骂名。

以前我们有个女同事，背后喜欢议论人，对别人的事说长道短。结果总是见着她被人叫出来当面对质，有时甚至与人对骂，弄得正常的工作经常被打断，而且人家一急，连着她的家人，甚至八辈子祖宗都翻出来骂。

弄坏别人心情的同时，自己也常常搞得不痛快。

更冤枉的是她的家人，原本与此毫不相干，结果也无端"躺枪"，还因为他们家有这个经常惹祸的"长舌婆"丢了面子，搞得人前抬不起头来。

《菜根谭》中写道：使人有面前之誉，不若使其无背后之毁；使人有乍交之欢，不若使其无久处之厌。

或许现在我们可以这样理解这句话：

既要让别人当面感受到如沐春风，更要在别人背后懂得恰到好处的沉默。既要让别人初识便有相见甚欢之感，更要在长期交往中把握分寸而不让人讨厌。

所以，不该说话时不说，该说话时好好说，不仅是为人处世的教养，更是结交朋友的修养。

2. 馊主意，害人害己

当一个主意被论作是馊主意的时候，大都是因它的目标和结果背道而驰，而且既害人又害己，所谓"搬起石头砸自己的脚"。光害人，是坏主意；到头来纯是自己倒霉的，是蠢主意。馊主意有这么几种报应：没害成别人，倒害了自己的；先害别人，后害自己的；出主意和听主意的一块儿倒霉的；想害人家倒帮了人家，想帮人家倒害了人家的；想赚便宜倒吃了亏的，诸如此类。

有些人总想表现自己的聪明，尤其是在老板或者上级面前显示自己，出一些会伤及他人的馊主意，结果害人害己。

以前我们有个同事，以为只有自己能，总喜欢在老板面前告黑状，甚至出一些馊主意。结果坑了别人的同时，也害了他自己。

原先我们的业务人员每天按规定出去谈业务是不用返回来打卡的，因为这样省去了大量途中的时间，可以腾出更多精力做业务。结果，他向老板反映个别业务人员偷懒，早早就溜回家去了的现象，建议以后业务人员下班也必须要赶回公司打卡。

老板采纳了，但首先从他开始。因为老板觉得能这样想的人，最可能这样做。于是他弄得自己每天多出两三个小时消耗在路上，工作效率大受影响。

原本只是想提醒一下注意别人，结果人家最先防备的就是你。自己打碎自己的牙齿，还得自己往肚子里咽。

3. 摔倒别人，绊倒自己

有些人一时占了上风，就趾高气扬，不给人台阶下，甚至绞尽脑汁地扳倒别人，以便自己能够顺理成章地上位。

职场上、官场上，这样的例子不胜枚举。

我有个熟人，在一个工程项目中担任经理，上面还派了一个书记协助他工作。

项目实行经理负责制，这个书记无异于就是个闲职，但他偏偏认为自己也是干工程的料。所以一直想削尖脑袋往经理位置上钻，于是开始暗中收集与自己搭档的项目经理的"黑材料"。

终于，让这位当书记的逮着一个机会，并如愿以偿地将经理拉下了马。

不曾想，这位当经理的也不是省油的灯，也将这位书记的"黑材料"一并抖落了出来。

最终，双双被开除职务，并身陷囹圄都成了阶下囚。

结果双方都是损人不利己，下场令人扼腕叹息。

有这样一个寓言：从前，有一只青蛙看着自己的老鼠邻居很不顺眼，总想找个机会去教训教训它。

有一天，青蛙找到老鼠，劝它到水里去玩。老鼠不敢，青蛙便说有办法保证它的安全，可以用一根绳子把自己和它连在一起。于是老鼠终于同意试一试。

下了水之后，青蛙便大显神威，它时而游得飞快，时而潜入水中，把老鼠折腾得死去活来。老鼠最后被灌了一肚子水，泡涨了漂浮在水面上。

空中飞过的鹞子正在寻找食物，很快便发现了漂浮的老鼠，于是就一把抓了起来，相连的绳子自然把青蛙也带了起来。在吃掉了老鼠之后，意犹未尽的鹞子把嘴又伸向了青蛙。在被鹞子吃掉之前，青蛙很后悔地说："没想到把自己也给害了！"

三、不欠"孽债",才能安康

古语:莫道因果无人见,远在儿孙近在亲。

一个人儿女平安、幸福、有前途,就是他在行善,为儿女积下的"福分";反之,自己这辈子欠下了"孽债",即使自己侥幸逃脱,那也会让子女不得安宁。

1. "孽债"好欠,债难还

欠什么债也不要欠下孽债。

总听做长辈的骂那些做了坏事的晚辈是"孽障",因为做坏事虽然可能满足自己的一时所需,但也由此欠下了"孽债",终究是要还的。

曾经有一位酷爱画画的上海知青到我们那插队,在一次出外写生时与一位漂亮的姑娘一见钟情,并私定终身。后来,上海知青回城了,答应稳定下来后,迎娶这位姑娘去上海居住。

谁知上海知青这一去就杳无音讯,而之后不久这个姑娘就发现自己怀孕了,并不顾家人的反对生下了孩子。在众人歧视的目光中,娘俩苦苦熬着日子。十几年后,孩子也生病夭折了,受不了打击的姑娘就疯了。

30年后,已是知名画家的那位上海知青受邀来写生,得知了姑娘与她分别之后的故事,老泪纵横,并执意要见见当年自己心爱的姑娘。

当年那个令自己倾心的美丽姑娘已变成一个满头白发,浑身邋遢、恶臭难闻的疯老婆子了。当得知自己的孩子也因病无钱医治,死了。画家更是痛心疾首,只是一个劲地说:罪孽啊!报应啊!

原来返城后的知青过得并不幸福。结了三次婚,也没留下一个孩子,如今也是孤家寡人。

画家回上海后,终日郁郁寡欢,不久也就得了一种奇怪的病,死了。临死前,留下遗嘱,将自己所有的财产和字画,留给那个自己深深爱过、抛弃过、亏欠的姑娘。

可这一切来得太晚了!对于一个疯婆子来说,又有什么意义呢?

2. 即使自己幸免,子孙也难以逃脱

道经云:"以常清常静心为善业根,以不善心为恶业根。心常清常静,故世界常清;心污秽故,世界污浊。"

《太平经》解承负诀中指出:"凡人之行,或有力行善,反常得恶,或有力行恶,及得善,因自言为贤者非也,力行善反得恶者,是承负先人之过。"就是

说明人一旦做了善行或恶行，将来会留其后世成承五祖。由于一般人愚痴，认为做恶事无人知道，只要没有受到法律的惩罚，他就会若无其事。但道教的承负观认为善恶到头终有报，至于什么时候产生呢？只是时间的问题，有可能自己承担，有可能是来生的子孙，乃至承负三千岁。

一个人欠有"孽债"，即使自己侥幸逃脱，那也会殃及子孙。这都是恶有恶报的结果。特别是那些忘恩负义的人，恶报来得快，灾也来得大。

以前我们镇上有个姓卜的人家，是早年从安徽一路要饭过来的，镇上人看着可怜，就东家省一口西家省一口地接济过，并允许这家人留下来。

可这两口子没一个善茬，别人家的鸡跑他们家菜地里，硬是活生生地拧断腿。他们家的鸡跑别人家地里糟蹋，人家就是向鸡扔了块石头驱赶，被他们家的人看见了，硬是全家人轮番在别人家门口骂上三天三夜。

这家的男人还特别喜欢以坑人为乐。那时，我们那一带到了秋天路旁总会有堆着的油菜秆，他就把路中间挖个大坑倒上水盖上油菜秆，在一旁躲藏等待有人掉入陷阱，曾有不少人上过他的当，扑通一下掉入坑里溅起些水来扑湿了一身，他却在一旁笑得肚子疼。

他家的女人更会使坏，一次不知哪里搞来一件黑皮马甲，她把马甲反过来让里头的毛朝外，晚上披在头上到人家的门口去吓唬人，她趴在地上抓人家的门，人家一开门她便抓人家的脚，当时就把一个姑娘吓晕了，半天才醒过来，却还不知是谁干的。就因为那一次惊吓，造成那家的姑娘终身未育。

曾经有受害人气不过找他们家理论，他们居然认为这是自己聪明，还嘲笑别人"自己不长心眼"。

当时，几乎全镇的人都要求镇政府惩罚这家忘恩负义的人。可这家人做的这些缺德事在当时又够不上犯罪，再讨厌也没辙。这家人自此也变本加厉地起来。

不过，这家人最终还是没能逃脱惩罚。20年后，这个坏事做绝的家庭竟然相继有五个后代得恶病死亡，其中这家的长子更是被一种莫名其妙的病折磨了整整两年，最终还是因为实在忍不了疼痛自己上吊死的。

人善人欺天不欺，人恶人怕天不怕。那些恩将仇报，坏事做尽、做绝的人，临了临了，吃亏的还是自己。

第四节 积善，其实是积累良好的人际关系

一个人做事是不是热心，做人是不是善良，其实别人是一清二楚的，也容易以此为标准决定与他的亲疏关系，也会以此决定给予他多大的帮助。

人与人相处，只有怀一颗热情的心，做一些善良的事，才能有益于他人，无愧于己心。做起事来，也会顺顺当当的。

一、善良，成就人

在别人顺利的时候，对别人付出多少，都未必让人记得；在别人有难的时候，即使一个小小的善举，都可能让人铭记终身。

知世故而不世故，这才是最善良的成熟。

1."救人于难"最容易让人感怀

一个出生贫苦的男孩，为了积攒学费而挨家挨户地推销产品。这天傍晚，他奔走了一整天，又累又渴又饿，可身上只剩下几毛钱。他决定向一户人家讨口饭吃。可是，当一位天使般的姑娘打开大门时，他有点不知所措了。他不好意思张口要饭，只求姑娘给他一口水喝。姑娘看出了他的疲惫和饥饿，微笑着给了他满满一杯牛奶。男孩饥不择食地喝完牛奶之后，不好意思地说："我应该付给您多少钱？"姑娘仍旧微笑着对他说："您不用付钱。妈妈经常教导我们：施以爱心，不图回报。"

泪水涌上男孩的眼眶，他轻轻地说："那么，就请你接受我由衷的感谢吧！"

其实，男孩本来是打算退学的，如今这个女孩的举动让他改变了主意，他觉得自己浑身充满力量。

若干年后，有一位来自小城的女人得了一种罕见的重病。当地的医生束手无策，只好把她送到大城市去请专家们会诊治疗。一个有名的医生参加了会诊，当他看到病历上记载的家庭地址时，他马上直奔病房。来到病床前，他一眼就认出

了：这位病人就是当年给了他满满一杯牛奶的天使。

经过艰辛的努力，手术成功了，女人渐渐康复。这位医生要求把她的账单送到他的办公室，他付清了所有的费用。

女人坚持要知道她应该付多少药费，可是当账单送到她手上时，她又不敢看，因为她确信：这笔费用将会花光她所有的积蓄，或许，还不够。最后，她还是鼓起了勇气，颤抖着微微翻开了厚厚的账单，末尾的签字吸引了她的目光，她不禁轻声读了出来：医药费——满满一大杯牛奶。

2. "暖心"的结果就是牵手

20年前，浙江一个老板的妻子，在一个晚上，把自己的钱包丢在医院里。老板焦急万分，连夜去找。因为钱包里不仅有10万元现金，还有一份十分重要的合同。

当老板赶到那家医院时，清冷的医院走廊里，靠墙根蹲着一个冻得瑟瑟发抖的瘦弱女孩，在她怀中紧紧抱着的正是妻子丢的那个钱包。

原来，这个叫张雨欣的女孩，是来医院陪病重的爸爸治病的。相依为命的父女俩家里很穷，卖了所有能卖的东西，还是凑不齐手术费。

晚上，无能为力的张雨欣在医院走廊里徘徊，竟意外地捡到一个包，当时周围空荡荡的只有她一个人。

张雨欣回到病房，当她打开那个捡来的包时，父女俩都被里面成沓的钞票惊呆了。那一刻，她心里明白，用这些钱可能治好爸爸的病。

爸说："丢钱的人一定很着急。人的一生最不该做的是贪图不义之财，见财忘义。"

虽然老板尽了最大的努力，张雨欣的爸爸还是抛下了孤苦伶仃的女儿。

被老板收养的张雨欣，读完了大学就协助老板料理商务，渐渐地成为老板离不开的助手，以致老板在很多事情上都要征求她的意见。

多年后，这位老板临危之际，留下一份令人惊奇的遗嘱：

在我认识张雨欣父女之前我就已经很有钱了。可当我站在贫病交加却拾巨款而不昧的父女面前时，我发现他们最富有，也是他们使我领悟到了人生最大的资本是品行。

我收养张雨欣既不是为知恩图报，也不是出于同情。而是请了一个做人的楷模。有她在我的身边，生意场上我会时刻铭记：哪些该做，哪些不该做；什么钱该赚，什么钱不该赚。这就是我后来的业绩兴旺发达的根本原因，我成了亿万富翁。

我死后，我的亿万资产全部留给张雨欣继承。这不是馈赠，而是为了我的事业能更加辉煌昌盛，我深信，我聪明的儿子能够理解爸爸的良苦用心。

富翁在国外的儿子回来时，仔细看完父亲的遗嘱，立刻毫不犹豫地在财产继承协议书上签了字：我同意张雨欣继承父亲的全部资产。只请求张雨欣能做我的妻子。

张雨欣看完富翁儿子的签字，略一沉吟，也提笔签了字：我接受先辈留下的全部财产——包括他的儿子。

3. 善意的谎言，也是行善

"善意的谎言"是人们对事物寄托的美好愿望，是人们善良心灵的对白，是人们彼此之间相互安慰的一丝暖意，是人们心底里流露出来的一种柔情……谁也不会去追究它的可信程度，即使听到善意谎言的人明知道是谎话，也一样会去努力相信，不会觉得说谎者的虚伪，有时还要从心里感激呢。

一架运输机在沙漠里遇到沙尘暴而迫降，但飞机已经严重损毁，无法恢复起飞，通信设备也损坏，与外界通讯联络中断。9名乘客和1名驾驶员陷于绝望之中。求生的本能使他们为争夺有限的干粮和水而动起干戈。

紧急关头，一个临时搭乘飞机的乘客站了出来说："大家不要惊慌，我是飞机设计师，只要大家齐心协力听我指挥，就能够修好飞机。"这好比一针强心剂，稳定了大家的情绪，他们自觉节省水和干粮，一切井然有序，大家团结起来和风沙困难做斗争。

十几天过去了，飞机并没有修好，但有一队往返沙漠的商人驼队经过那里，搭救了他们。几天后，人们才发现，那个临时乘客根本就不是什么飞机设计师，他是一个对飞机一无所知的小学教师。有人明白真相后就骂他是个骗子，愤怒地责问他："大家命都快保不住了，你居然还忍心欺骗我们？"小学教师说："假如我当时不撒谎，大家能活到此刻么？"

曾经有一位乡村教师，他撒了一个谎说自己可以给学生预测未来。你将来可能成为数学家，他能当作家，那一个具有艺术天赋……在老师的指点、熏染、鼓励和塑造下，孩子们一个个变得勤奋刻苦，懂事好学起来。

几年后，大批学生以优异成绩迈进了大学的校门，小村也因此闻名遐迩。

人们都以为这位老教师能掐会算，可以预知未来。

其实，老师的良苦用心，只是将一个美丽的谎言种植在了孩子的心里，犹如将一粒种子播进土里。

果然，美好的愿望最终都枝繁叶茂，开花结果了。

二、成功的秘诀在于：多行善事

人生总是有得有失。当一个人的付出超过回报，就容易取得某种心理优势，可以得到等值的精神愉悦。问心无愧，悠然自得，知足常乐，这本身就是一种难得的幸福。

反之，当一个人所得大大地超过了付出，甚至不劳而获时，就很容易陷入某种心理劣势，甚至惶惶不可终日。其中不择手段谋利者，还可能一生不得安宁。

在苏格兰一个穷苦落后的荒郊里，有一个名叫弗莱明的老农夫。一天他在田间耕作，突然听到附近沼泽地里一阵撕心裂肺的呼救声，他急忙朝呼救声的地方跑去。他看到一个小男孩拼命地在泥潭里挣扎，当时烂泥已经没到小孩的胸部，他不断呼叫救命。老农夫奋不顾身跳入沼泽地，迅速救出了原本可能会死的小男孩。第二天上午，一辆华丽的马车停在老农夫家的茅舍门口，从车上下来一位风度翩翩的绅士，老农夫迎上去。绅士见到他说："我是昨天你救的小男孩的父亲，今天我是来感谢你的，我想好好报答你的恩情"。老农夫说："不，不，我不要你的任何报答。"此时从屋子里出来一个小孩，他就是老农夫的儿子——亚历山大·弗莱明。绅士对老弗莱明说："这是你的儿子吗？"老农夫自豪地回答："是的。"绅士说："那好，我让他和我儿子一样接受同样好的教育，如果他有和你同样好的美德，以后将成为你我骄傲的人。"

亚历山大·弗莱明在伦敦受到极好的教育，毕业于圣玛莉医院医科大学。并发现盘尼西林（青霉素）。几年后绅士的儿子得了严重的肺炎，最后还是盘尼西林救了他的命。

这个被父子二代人救了命的男孩就是后来大名鼎鼎的英国首相——温斯顿·丘吉尔。

1. 为自己积点福

我们见着一些孩子或者老人，慈眉善目的，总喜欢说他一脸福相。

福从何而来？就在于一个善字。不做对人有害的事，多做对人有益的事，好好为自己积点福，久而久之，就会体现在一个人的脸上。别人喜欢你，尊敬你，也让自己的生命进入一个良性循环之中呢！

以前我们村有个聋哑老太太，见人就叽里呱啦一通招呼，别人听不懂，但从她笑成一条缝的眼神，感觉到她只是出于热情。

发现谁家的饭烧煳了，她比谁都急；谁家打孩子了，她必定过来劝架；突然下雨了，谁家的衣服忘记了收，她一定会第一时间前来帮忙……

小孩子嘛，最喜欢给人取外号。但对于这个明显有身体缺陷的哑婆婆，却始终没有。

后来老人病了，几乎全村人都去看过她。

老人走了、埋了。按理，小孩子都怕经过坟地，但也怪！她的坟墓，却是孩子们经常约定聚集的地方。

2. 为家积点福

但凡行善向德的人，不仅可以得到上苍的眷顾和保护，其家人也会沾上他的福气，得到别人格外的关照。

我有位远方亲戚，平日里不但吃素，喜欢做些放生之类的事，并且为人非常热情，谁家有个红白喜事之类的事，不用招呼，他一定会第一时间赶来帮忙。所以，要是有人说他不好的话，一定会有人主动出来维护。他家虽然过得算不上富足，但个个都健健康康、顺顺利利的。

早些年，村里人时兴去外地打工，他的几个孩子也随了大流。大儿子与几个人去山西挖煤，结果只有他一个人平安无事地回来了。一次矿难，同去的几个人都埋在了矿下，他那天感觉有点不舒服就没去，逃过一劫。

二儿子原本在县农机厂上班，早几年单位效益不好，改制了自己出来办了个汽修厂，一直发展很稳定，现在省城经营一家汽车4S店。

两个女儿一个嫁到了南方，一个嫁到了国外，都过得很幸福。

他们两口子更是过得舒坦，一辈子没绊过嘴，现在双双年纪都过九十了，五世同堂。去年，据说一家人从世界各地赶回来团聚。好家伙，上百口人。个个都没有什么大病大灾的，令人艳羡不已的同时，也唏嘘不已。

三、大格局，才有大发展

现在人动不动就喜欢说格局，好像说的格局越多，才显得自己胸襟越宽，胸怀越大。

决定你能站多高、走多远的，是你思想的高度与深度。

仰望天空时，什么都比你高，你会自卑；俯视大地时，什么都比你低，你会自负；只有放宽视野，把天空和大地尽收眼底，才能在苍穹泛土之间找到你真正的位置。无须自卑，不要自负，保持自信。

所谓格局，就是指一个人的眼界和心胸。只会盯着树皮里的虫子不放的鸟儿是不可能飞到白云之上的，只有眼里和心中装满了山河天地的雄鹰才能自由自在地在天地之间翱翔！金钱物质固然重要，可是一个心中只装得下饭碗的人也不会有什么出息。人生的格局决定了结局,别去羡慕别人的叱咤风云,要想有成就,那么现在就先提升你的人生格局。

什么是大格局?依我看,"大格局"就是为众人谋福祉。你为多少人谋福利,就决定了你的格局有多大。格局越大,你的人际关系就越好。

1. 大格局所产生的容量无法预测

个人的发展往往会受到这样那样的局限,其实"局限"就是凡事总从自己的角度考虑问题,格局太小,为其所限。

要想谋大事,必先布大局。对于人生来说,我们首先要学习的不是技巧,而是所作所为如何与大众的利益挂起钩来,布一盘为大众造福的大局。

所谓"格局",有文雅的阐释,如曾国藩在谈到如何将事业做大时有这样一句名言:"谋大事者首重格局。"

所谓"格局",也有俚俗的说法,如:"再大的烙饼也大不过烙它的锅。"就是说,你有多大的锅才能得到多大的饼。

所谓"格局",还有理论性的定义:格局即一个人的道德、意志、认知三大方面素质品格水平的高低。

在职场上,有多少人是输在格局上。

我很少看到在职场上能把心思放在自身修养上的人。职场,是一个人的修行,你的收入,就是你的修行与价值的真实反映。

有时候,南郭先生还能沾点平台的光芒滥竽充数,但这种行为终会露馅。

我看了太多浑浑噩噩的人,他们不停地横向比较,同事偷懒我为什么不能偷懒,同事拖拉我为什么不能拖拉,不知道公司裁员,同事出门要饭是不是也跟着去要饭呢?

很多人把工作看成计件奖赏,今天我在这待了多久,你给我多少钱,我能换多少吃的,就是这种很原始的折合方式,所以老板为什么要设置打卡机,为什么要查岗,就是因为这样的员工到处都是,接着员工和老板斗智斗勇,将宝贵的精力消耗在这种毫无意义的事情上。

刘邦和项羽,刘邦出道前只是个村主任级别的干部,项羽则是楚国大贵族,祖上是战国名将项燕。从军事领导力上看,项羽远胜于刘邦;从兵力配置上看,项羽手下强将如云,整体实力也优于刘邦;从智囊团上看,两者有张良、范增,也不分伯仲。所以,若综合三方面而言,项羽的楚军是远远强过刘邦的汉军的,但为什么最后自刎乌江的不是刘邦,而偏偏是项羽呢?

刘邦自己说过"我文不过萧何、治国不如张良、行军布阵不如韩信,但三人皆为我所用"。再看看项羽,手下像范增、英布这样的谋士名将如云,连刘邦的大将军韩信当初都只是他麾下做饭和看门的,但项羽最终还是一败涂地。只因他不像刘邦那样胸怀广阔,单单为一个名义上的"西楚霸王"而惹得众诸侯心生叛意、倒戈相向。并且比刘邦小气吝啬,还事事以自我为中心,刚愎自用,范增屡次进谏,但最后还是在鸿门宴上放走了刘邦,最为严重的是他竟对已缴械投降的近三十万秦军实行坑杀,使他的威信声誉瞬间被葬送。

最后项羽落得个垓下被围、霸王别姬、乌江自刎的悲惨下场,而刘邦开创了延续几百年的大汉王朝,成为千古一帝。

可见,格局不同,结果不同。

大境界,才能有大胸怀;大格局,才有大作为!

2. 大格局所导致的变化令人惊讶

拥有大格局者,因为心里装着普罗大众,有为人民谋福祉的胸襟,就不会因为周边环境的不利而妄自菲薄,更不会因为自己的能力不足而自暴自弃。

一棵石榴种子的三种结局:

放到花盆里栽种,最多只能长到半米多高;

放到缸里栽种,就能够长到一米多高;

放到庭院空地里栽种,能够长到四五米高。

人生所能到达的高度,往往就是人们在心理上为自己选定的高度。那些总想着自己家"一亩三分地"的人,犹如花盆里的石榴,充其量也就只图个自己安稳;那些心里装着大众的人,所能到达的顶峰不可估量。

3. 如何放大自己的格局

曼德拉说:如果天空是黑暗的,那就摸黑生存;如果发出声音是危险的,那就保持沉默;如果自觉无力发光的,那就别去照亮别人。但是,不要习惯了黑暗就为黑暗辩护;不要为自己的苟且而得意;不要嘲讽那些比自己更勇敢热情的人们。可以卑微如尘土,不可扭曲如蛆虫。

格局是一个人对自己人生坐标的定位,想要放大自己的格局,我们只要能够调整心态,站在不同的位置感受一下就行。

看一个人能否达成愿望,要看他能否克服欲望;看一个人能否成就大事,要看他是否注意小事。看一个人是否成功,不是看他赢了多少人,要看他成就了多少人;看一个人的结局,要看他有多大格局。

如何放大自己的格局,大致可以从以下几个方面入手:

(1) 有为大众谋福祉的胸襟,让自己的想法与大众的利益紧密结合。

（2）优化知识结构，这是充实大格局的内在支撑力。

（3）大格局不是冒进，但不排斥冒险。

（4）大格局需要大平台，从空间上完成对格局的突破。

（5）整合社会资源，从人脉上完成对格局的突破。

（6）扬长避短，从强项上完成对格局的突破。

思路清晰远比卖力苦干重要，心态正确远比现实表现重要，选对方向远比努力做事重要，做对的事情远比把事情做对重要。成长的痛苦远比后悔的痛苦好，胜利的喜悦远比失败的安慰好！

为大众谋福祉是骨骼，知识和技能是内力，合适的平台和丰厚的人脉是羽翼。

如果我们能够心里装着大众，充分利用能够调动的一切资源，让自己的每一天都处于一个上升的阶梯上，那么，无论大格局，还是大发展，离我们就都不会遥远了。

第五节 积善，是趋吉避凶的良方

先哲说过：凡为善而人知之，则为阳善；为善而人不知，则为阴德。阴德，天报之；阳善，享世名。

一个喜欢行善的人，他的行为是有温度的，他的思想是有能量的，他的语言是有感召力。

一个德行好的人，就连鬼神也会对他敬畏仰慕三分，即便一不留神，遭遇了，也会自觉自愿地给他让路。

一、积善可以化险为夷

一个善意的举动，不仅可以让自己心安，有时还能让自己化险为夷。

一士兵遭敌军突袭后逃到山洞，敌军开始搜索，他躲在洞中祈祷自己不被发现。

突然胳膊被狠狠咬了一下,原来是只蜘蛛,刚要捏死,心生怜悯,就放了。

不料被放跑的蜘蛛爬到洞口织了一张新网。

当敌军追到洞口时,见到新织的蜘蛛网,料想洞中无人就离开了。

士兵才得以逃过一劫。

二、积善可以驱灾避邪

世间有很多灵异的现象,用我们常规的思维是无法解释的。

如果一些晦气的事总是驱之不去,那民间就认为这是上辈子行善不够所导致的,化解的办法只有行善。也只有行善这一种方式,才能祛除邪气、化解灾难。

以前我们村里有个女人,忽然发现自己映在灯光下的影子越来越不像自己,再仔细观察,自己的身体移动,影子也随着动,倒是很和谐。只是那影子头大如斗,手和脚的样子都钩曲着,看上去好像鹰爪子。

她越看越觉得自己像个奇形怪状的恶鬼。

她失声大叫别人来看,别人又看不出什么异常。

从此以后,每当夜间灯下,她的影子都会呈现出这么一种形象,想破脑袋也想不出是什么原因。

这种事搞得她惶惶不可终日,不知如何是好。

镇上一位私塾先生得知了这件事之后,嘱咐她做三件行善的事。一是去市场买些野生的青蛙、泥鳅、黄鳝之类的动物放生;二是给废砖厂那里的几个流浪者添置衣被;三是将乱葬坟前小路的几个积水坑填平。

她照做了。

从此以后,先前那些稀奇古怪的情况,就再也没有在她身上出现过。

三、心中的"鬼"驱尽,就是一个善人

滚滚红尘,纷扰世界。我们之所以活得太累,是我们每个人的心里都住着一个"鬼",违背自然,恶也。

这个鬼就是:自私、贪婪、任性、虚伪、慵懒等被尘世纷扰的东西。

其实生命所需要的并不是太多,而我们付出的总觉太多,得到的总嫌不够。

如果我们每个人都能够主动清除自己身上的恶魔,一切按照自然的法则办事,以不伤害他人的利益为最高准则,那就是一个大善人,也为社会、为人类、为子孙积善行德。

所以，心正则性和，行慎则行端。心静能避邪，心浮易沾腐。

我在读高中之前并不完全明白这个道理，只觉得行善无非就是多做好事，少做坏事，以致做出过解救小动物之类有点幼稚的事情来。

即使父亲不止一次地告诉我"善就是遵循自然，就是不自私，就是不伤害"这些基本道理，我还是没完全理解。

直到我自己辞职下海经商后，跌过几个跟头，才渐渐明白父亲当年对我说那些话的良苦用心。

因为我发现：凡是自以为聪明做的事，最后反而都没能成功；凡是考虑自己越多的事，自己反倒得到越少。相反，顺应自然规律做的事、多为他人着想的事，倒是一件一件地都办得很顺利，自己想要的最终也都能一一地予以实现。

第六节 行善妙方"三昧"

说起行善，道理谁都懂，也都能说出一大通的道理来。

但具体怎么做，还是有一定讲究的，弄不好，很有可能好心好意换来的并非好的效果，甚至很有可能适得其反。

先贤说过：做善事，力能为者，认真为之。不能为者，亦当发此善心，或劝有力者为之，或见人为，发欢喜心，出赞叹语，亦属心之功德。

一、布施，心里无私

我们总听到人们说布施，就是对需要帮助的人，舍予财物和恩惠。如：佛教之布施，天主教之布道。

布施也不一定要用钱财珍宝去布施，你心地善良，可以用说好话布施；你心里面有丰富的力量，可以用为人服务来布施。即使你不会说好话，没有力量为人服务，只要人家做好事，你心里随缘欢喜，随喜也是布施。

每个人心里都有随喜、随心、随口、随力的功德宝藏，所以，我们应该把储蓄在我们自己心田里的宝藏，随时布施，这才是致富之道。

无论受施者，还是布施者，心里无私，才是真布施。

过去有一个小女孩，父母双亡，沦为乞丐。

有一天，她到寺院去拜佛，看到很多的信徒打斋供众，当下生起一念随喜的好心；但是摸摸口袋，身上只有一个铜钱，是过去在垃圾堆上捡到的，就把它拿出来布施。大和尚知道了，亲自来为她上堂说法，为她诵经祈福。

这个贫穷的小女孩离开寺院以后，走到一棵大树下休息，不久就睡着了。这时皇后刚逝世不久，国王心里烦闷，和大臣出外郊游、打猎，见到树下发光，向前一看，是一个犹如仙女下凡般千娇百媚的女孩，非常欢喜，就把她迎回宫里，立为皇后。

本来是一个贫穷的女乞丐，一下子贵为皇后，她心想："这必定是我布施所得到的功德、福报。"因此，为了感恩图报，她就从宫里带了财宝，要到这个寺院里去作大布施。

途中，她心想："当初我只布施一个铜钱，住持大和尚就亲自来为我诵经祝福，今天我再到寺院去大布施，这个大和尚不知要如何重视我呢？"

但是当她来到寺院时，大和尚见都没有见她，只叫一个知客师为她诵经祝福。皇后不免感到生气、失望，后来知客师说："施主！上一次你来，虽是一个铜钱，但那是你的真心里全部所有，至诚恳切，那一个铜钱的功德无量无边，大和尚当然要为你诵经祝福。现在，你布施的财宝虽然多，不过，在我用心之下，不算很多，所以，由我为你祝福就够了。"

因此，说到布施，有时候同样的布施，但因钱财用法不一样，对方接受的心态不一样，而我们布施的出发心也不一样，功德就有胜劣之分了。

二、绝不违逆自然规律

所谓"道德"，凡是自然的规律叫"道"，顺应自然，不忤逆有悖自然，这叫"德"。

行善，珍惜当下，随缘顺便，既不违逆自然规律，又在处事、待人、接物上"止于至善"，这种真诚的爱心就是"至善"。

有位法官问道禅师：何为善？禅师说：以良心公正地对待每一个案子，就是最好的行善了。

一个人，如果能够体谅别人，站在对方的角度想问题，做别人所不敢做的事，就是难能可贵之善。

三、检讨自己

《荀子·劝学》："故木受绳则直，金就砺则利，君子博学而日参省乎己，则知明而行无过矣。"意思是说君子广泛地学习，并且经常把学到的东西拿来检查自己的言行，（遇到事情）就可以不糊涂，行为也就没有过失。他强调通过广泛的学习并随时审视自己的言行，达到一个智慧洞明、言行无咎的完美境界。

反省，是人站在更高的层次上，对整个人生乃至人类所走过的全部历程的洞察和解剖，是对人自身品行的检阅。

反省，是理性的表现，是智者的心态，是构想的梳理。

反省者的心境应清澈如泉水，皎洁如明月，淡雅如清风。一片澄明，才能清醒认识自己的方向，正确评估自己的言行，把握好追逐的全过程。任何狂妄自大，自命清高的心态，都与反省的定位格格不入，都与反省的目标背道而驰。

追求中常常反省自己，行走的道路才不会误入歧途；进取中常常反省自己，向往的天空才能深展广阔；为民中常常反省自己，公仆的风范才能站立起来；恋爱中常常反省自己，美丽的爱情才能争妍斗艳；婚姻中常常反省自己，幸福的结合才能固若金汤；友爱中常常反省自己，相遇的情缘才能地久天长。

一个懂得积善的人，不但处处让自己做一些顺应自然规律和人心意愿的事，还会每日三省吾身，检查、对照自己是否用心、用力，是否虔诚。

春秋时期，孔子的学生曾参勤奋好学，深得孔子的喜爱。

同学问他为什么进步那么快。

曾参曰："吾日三省吾身：为人谋而不忠乎？与朋友交而不信乎？传不习乎？"

曾子的意思是说：我每天都多次反省自身：替人家谋虑是否不够尽心？和朋友交往是否不够诚信？老师传授的知识是否复习了呢？

当然，要真正达到效果，还需要修炼。我们熟知的入定禅修之类的方式，就是很好的修炼方式。

不仅仅限于佛教，我们如果每天临睡前，能拿出十几二十分钟，一个人盘膝而坐，闭目冥想，控制自己呼吸的气息，不仅可以使身体宁静，还能使自己的思维澄澈空灵。

一次，在一个寺庵，我见一小尼姑正专心致志地在菜地里用手捉虫子。

那块地里种的卷心菜，已被虫子糟蹋得不成样子了，但小尼姑似乎并无愠怒,而只是用手里的一根小木棍将那些闯祸的小东西一只只耐心地"请"进玻璃瓶中。

我好奇地问她,准备如何处置这些捣蛋的家伙。

她的嘴努了努不远处的一片青草地,说一会在那放生。

我忍俊不禁地提醒她,这些小生命是以卷心菜为食的,放生青草地又让它们如何生存?

小尼姑莞尔一笑,然后很认真地对我说:出家人不杀生,也包括让生命自自然然地活着。

原来,善也就是自然,是与其他生物和平共处——随缘而已,善哉!善哉!

八 道

知忍　才现真功夫

第一节　享受寂寞
第二节　习惯孤独
第三节　抵御诱惑
第四节　懂得自律
第五节　保持缄默
第六节　成功靠熬，失败靠逃

> 忍耐之草是苦的，但最终会结出甘甜而柔软的果实。 ——（德）辛姆洛克

以前农忙季节，家里人都在忙田里的活儿，嫌年幼的我是个累赘，常常会把我放在几里开外的镇上表哥家住上几天。

我喜欢在表哥家住，一是他们家在我眼里就是城里，出门就是集市，稀罕事儿多；二是表哥肚子里满是乾坤，觉得他知道的事儿特别多，虽然才大我几岁，但天上地下的事，就没有他不知道的，并且啥事儿都能说得头头是道，应该算得上是我那时最崇拜最景仰的人了。

当然，表哥也有个在那时候我就觉得特别不好的毛病，就是喜欢耍赖。玩猜拳耍赖，练劈叉耍赖，就连我们一起去地里偷红薯烤着吃被人发现告到家里这样的事，也要赖在我头上，让我一人背黑锅。更让我肺都气炸的是，一次他尿了床，等第二天家里人发问的时候，他硬说是我干的，还冲我眨巴眼睛一个劲儿向我暗示。

为了能够继续在表哥家住下去，更为了不让表哥甩下我，和我绝交，不至于让儿时我的生活少了很多乐趣，虽然我倍感委屈，但每到他"栽赃"时，我也只好低着头紧咬着嘴唇忍气吞声。

因为他们全家人都把我当客人，所以，也没怎么责备我。但有一天，表婶当着我的面出门晒被子，故意把有湿漉漉尿渍的那一块抖给我看，仿佛是我展示我辉煌的"战绩"。那一幕，折磨了我好长时间，那时尚年幼的我，咬着牙忍下了，独自吞咽这份屈辱。即便今天，往日时光都成了过眼云烟，我依旧对这些记忆犹新。

那次事件之后的接连几天里，我每次都在茅厕里把膀胱里的尿抖干净了才敢上床睡觉。有时晚上被尿憋醒了，胆小天黑又不敢独自一人去外面的茅厕，索性夹着腿死死憋住，生恐一旦睡去了，不知不觉地在床上嘘嘘，甚至有一次还索性强忍着不断袭来的瞌睡虫，睁大着眼睛，盯着天花板，一直熬到天亮。

忍字好，忍字妙，
忍字心上一把刀。
君若忍，臣愿保；
父若忍，子行孝；
兄弟忍，永相交……
忍耐是成功者的一种品格。

八道 知忍 才现真功夫

忍耐，是人的一种情感，是一种自然的反应。同时，忍耐也是对人生的一种考验。

在忍耐中，万物会重新迸发生机；在忍耐中，个人会重新积蓄力量；在忍耐中，民族国家会重新崛起。

忍耐，在大多数时候是痛苦的，因为忍耐压抑了人性，忍耐的是心灵的痛苦和煎熬。但是，成功往往就是在我们忍受了常人所无法承受的一切之后，才出现在面前的。

除此之外，还要不厌其烦，不胜其烦。以心平气和的态度和状态对人对事，力求把每一件事情都做圆满。尤其是当一件事做得不够顺心时，烦躁、郁闷频频袭来的时候，更需要沉住气，这时最需要做的就是仔细地、耐心地、不动气地分析问题、解决问题。

从这个意义上说，一个人的忍耐力大小，也决定事业的大小。世上没有一个人让你成功，除了你自己。

忍一时风平浪静，退一步海阔天空。忍，是拨开云雾见到的太阳；是滋润干涸土地的雨水；是一双温暖的巧手，避免了矛盾的深化，抚平了也许会接踵而至的风波。

越王勾践面对亡国之耻，痛定思痛，卧薪尝胆，终成复国大业；音乐巨匠贝多芬淡然面对双耳失聪的人生噩运，告诫自己要扼住命运的咽喉，于是音乐史上《命运交响曲》的绝响，至今萦绕于世间。

"忍"是道，一条充满了智慧的艰辛的道，也是我们赖以成功的道。"小不忍则乱大谋"，西楚霸王项羽就是个典型。大兵压境，乌江河畔下，本可忍气吞声，忍一时之辱，逃出险境，可他一句"无颜见江东父老"便江边自刎、了却生的希望，与成功擦肩而过。若他忍下颜面含垢忍辱，结果未必输给流氓无赖出身的刘邦，"东山再起、卷土重来"也未可知。

战国时期，赵国大臣蔺相如奉命出使秦国，不辱使命，完璧归赵；又随同赵王赴秦王设下的渑池之会，以自己的勇敢、忠诚和智慧，使赵王免受羞辱和暗算，因之蔺相如颇受赵王器重，授予其国之大权。老将廉颇认为自己战场厮杀，刀光剑影，血肉横飞，而蔺相如不过是一介文弱书生，单凭三寸不烂之舌竟然位居其上，内心很是愤懑不平，三番五次告知于人："别让老子撞见他，碰到一定吐他一脸口水。"

蔺相如获悉此事后，为了国家利益，含垢忍辱，称病不去上朝，也尽量不与廉颇相见。即便是远远看见，也赶紧绕行走开。

蔺相如作为国家大臣,不去计较这些琐碎小事,处处以国家的利益为重,对老将廉颇采取忍让的策略,一次次化解了矛盾。以豁达大度、谦和忍让的优秀品质深深打动了豪爽耿直的廉颇。而回报蔺相如的克制隐忍的是廉颇的"负荆请罪",使得曾经的误解与怨气烟消云散,事情有了一个完满的结局,赵国也不至于因为两位股肱之臣的矛盾而陷于危险之中。将相和好,共同辅国,国家无恙。

第一节 享受寂寞

寂寞是种高处不胜寒的心境,是种曲高和寡的无奈。

成功者在寂寞中享受宁静,失败者在寂寞中哀怨叹息。

孤独不敢轻易忘却尚未与他人分享的神奇经历。

孤独还是环视四周,感觉大家都尊重你、爱你,却没有人真正喜欢你,仿佛这个世界最后只有你一人。

孤独这两个字拆开来看,有孩童,有瓜果,有小犬,有蝴蝶,足以撑起一个盛夏傍晚间的巷子口,人情味十足。稚儿擎瓜柳棚下,细犬逐蝶窄巷中,人间繁华多笑语,唯我空余两鬓风。——孩童水果猫狗飞蝶当然热闹,可都和你无关,这就叫孤独。

1992年,美国海军的声呐系统在太平洋北部水域侦测到了一头叫声奇特的鲸。有人把鲸鱼发出的声音诗意地称为"鲸歌",这是鲸群之间相互联络与交流的方式。普通鲸鱼的发声频率一般在15赫兹到40赫兹之间,但是,这头鲸的发声频率却是52赫兹,人们因此把它命名为52赫兹鲸。20多年来,52赫兹鲸从不与其他鲸鱼为伍,就这样孤身在无尽的海洋里游来游去。因为它是世界上唯一用这个频率唱歌的鲸,其他的鲸听不懂、甚至根本听不见它发出的声音。

这,大抵是这个世界上最孤独的鲸,然而也是这个世界最值得傲娇、最特立独行的鲸。

忍耐寂寞,是人生的一种淘洗,也是一种修炼。

一个能耐得住寂寞的人，不但不会被浮躁所左右，也不会被世俗冲昏头脑，更不会因此丢弃自己的志向，即使是面对纷繁复杂的局面，也能够保持自己一份自然独立，头脑始终是冷峻、清晰。

一、成功最喜欢敲寂寞的门

我们做事，很多情况下都需要一个人独自完成，这种时候的光阴，多半是要在寂寞中度过的。正因为如此，能不能承受寂寞，就成了衡量一个人定力的标尺。

所谓成功，也最喜欢在寂寞时刻不期而至。

1. 寂寞，不过是一种考验

大家有没有这样的生活体验：不知从何时开始，这世界变得越来越小，小得只装得下自己，不愿告诉别人自己的心情，也不想了解别人太多，就这样宁可让自己孤独，也让别人寂寞……心在莫名地悸动，有些酸涩的痛感，望尽天涯深处，是看不透的苍茫，在苍茫的时空里如幽灵一般飘荡，有些失落，有些懵懂，还有一些说不出的无奈和牵挂……

孤单的是人，寂寞的是心。面对寂寞，有的人能够听从内心的召唤，做出惊人的业绩，有的人却变得躁动不安，最终成了寂寞的俘虏。其实，越是焦躁越得不到。想要，只有平静下来，才能够听到内心真实的声音。

有位父亲丢了块表，他抱怨着翻腾着四处寻找，可怎么也找不着。

等他出去了，小儿子进屋，不一会就找到了。

父亲问怎么找到的。

小儿子说："我就安静地坐着，一会就听到滴答声，表就找到了。"

2. 寂寞，其实是一种智慧

寂寞让我们听不见彩虹出现的声音；听不见太阳落下的声音；听不见花开雪飘的惊喜；听不见风吹草动的危险；听不见野狼的嚎声、猎人的枪声、天使的哭声；我只听见寂寞在天际、在云端、在山间、在旷野、在草丛来来回回地游走奔跑！

然而，寂寞不是冷清，是一个人身处繁华却保持宁静，是一个人置身于荒凉却坚强无比。

如果说在荒无人烟的地方，忍受寂寞是一种无奈选择的话，那么，在喧闹的都市中寂寞却是自找的，身处浮躁却能从容，面对诱惑仍然保持淡定，不但不易，还体现出一种智慧。

如同大自然一样，智慧也有其自身的景象。智慧即是一间寂寞空屋，不繁花簇锦亦不金碧辉煌，只如蝉蜕一般在灰色的雨幕中微微闪耀着一星光华，于漫漫长夜中点燃了一豆灯火。

寂寞空屋，耐得住寂寞亦拒绝悲凉。蝉之生命有限，于阴暗潮湿的地下蛰伏数载只为了一个夏天。数千个寂寞长夜它们无言熬过，待到一朝羽化，便成为盛夏最出色的歌者。这时，它们的生命已然垂垂老矣。人之老年，免不了自怜自哀，忧伤慨叹，哪里来的心情唱什么歌呢？可蝉偏不。"乌发如银"的时节偏要日日欢歌，这便是生命的大气度。

寂寞空屋，可有形可无形，是一个人此生生命存在的证据。人之智慧便在这空屋中岁岁积淀，蕴于血脉的最深处。项脊轩，旧南阁子也。这是归有光的寂寞空屋。室仅方丈，容不下金银珠宝亦容不下繁华如梦，容得下的仅是那一份割舍不断的回忆。"某所，而母立于兹……"归有光在这里读书成长，身后有母亲嘘寒问暖的身影。空屋虽寂寞，此心却温柔，体察父母亲情，就是我们最平实的智慧感悟。

寂寞空屋，给高蹈以平实，给浮华不定的心灵以脚踏实地的依靠。史铁生活到最狂妄的年纪上忽然残废了双腿。他的世界，从此不再有欢笑嬉闹。他走进地坛，走进百代帝王家遗落下的那一间寂寞空屋。他看见叶上阳光、花间蜂蝶，他听见这世界繁华落尽，生命一如往昔的答案。"死亡是一个必然来临的节日"，史铁生如是说。他的生命于此一间寂寞空屋中褪去了年少气盛，褪去了高蹈与不切实际的幻梦，他拥抱敞开的生命之门，成为智者。

人活于世，往往被各种各样的幻光所眩惑，心灵与智性迷失在追逐所谓天堂的路途中。其实，"天堂不是一处空间，不是一种物质性存在，而是道路，是精神的坦途"。我偏居一隅，独拥这一方智慧的寂寞空屋，我已在天堂。

有一种寂寞，身边添一个可谈的人，一条知心的狗，或许就可以消减。有一种寂寞，茫茫天地之间余舟一芥的无边无际无着落，人只能各自孤独面对，素颜修行。

面对寂寞，有的人能够守望精神的底线，有的人却成了精神的囚徒。所以，有成功者，也有失败者。

3. 寂寞，也是在享清福

若夜色寂静，风会一直吹到那里。是否只要是月光眷恋的，它都不会轻易离去。树上的叶，随风的节奏，来回摇曳着，我听到的，是欢笑还是哭泣。在黑色中行走的人，不会缺少勇敢。可总也会害怕，害怕的总会是失去的。

一个人独处的时候，不管听歌还是看书，我都会静静地坐一个下午，感觉就像走在草地上，蓝天，白云还有花草香，那份远离喧嚣的淡然与宁静会让你的心美美的、暖暖的。

强者孤独的背后是辉煌的，弱者孤独的背后是凄凉的。

你们知道吗，孤独并不可怕，它——是我们人生的必修课。学会和它相处，将来对我们很有帮助，真的！孤独，并不是指自己心情压抑，或一些不好的情绪出现的时候，那种感觉只是空虚，寂寞，称不上孤独。孤独是一种状态，当一个人孤独的时候，他的思想是自由的，面对的是真实的自己。不管处于怎样的环境都能让自己安静，自得其乐。

或许刚开始，我对孤独的理解，是一种恐惧！身边的人都不喜欢你，做什么都是错的，让你对身边的人都抱有敌意。

第二次接触孤独，是一种寂寞！一个人吃饭，一个人上课，一个人干活，一个人行走在繁华的城市之中，似乎身边的人或事都与你无关。

第三次的孤独，是一种逃避！那时的我，因为想逃避一些我不想面对，或解决不了的事时就选择一个人。

而现在我喜欢孤独，我不再有恐惧，寂寞，逃避。它不再是我温饱后的无病呻吟，而是我忙里偷闲，闹中取静，默默感悟失去和得到，回味过去的时候。

每一次对孤独的新理解，都是在发生某些事之后，我很高兴我能接触它，而且在最后能正确地认识它。做自己的王，与孤独相伴，那——并不是寂寞！

人本来就是群居动物，谁也不是天生就能耐住寂寞，也包括难以排遣、无人理会的失落。有的人忍受不了这份失落，结果跌到地狱的深渊；有的人善于把握这份失落，并且能够从中参悟人生的真谛。

我曾经参加过一种内观培训。

在寺庙的一隅，一个完全隔离的环境里，整整十天，240个小时，每天凌晨4点起床，除了睡觉吃饭，就是禅坐。

没有任何娱乐活动、互动，不能阅读、不能书写，更不能有任何形式的言语、动作、眼神方面的交流。

说实话，每天早起、素食、持午（中午12点以后不能进食），这都不是事！权当作一次减肥，禁言才是最为要命的，一天两天不说话尚且不难，十天里，自己给自己能说话的嘴想说话的嘴巴贴上"封条"。"有"中体验"无"，"浊"中把持"净"，确实很痛苦，但却可以修炼自己的一份定力。

而恰恰是这份定力，却能够使我们不受任何外力的干扰，让我们在任何环境下都坚定地把持自己。这也是一种福气，称为享清福。

二、静以修身，才有大智慧

在尘世中生活，想要逃避世俗的干扰不是件容易的事，但如果想要自己不受影响，除了坚守自己之外，最好的方式就是保持觉悟，让自己的心在躁动中坚守。

每个优秀的人，都有一段沉默的时光。

你要相信，你生命里遇到的每个人、每件事，都有它的价值和意义。有些人教会你爱，有些事教会你成长，哪怕只是浅浅在你的路途中留下印记，也是一笔难能可贵的财富，至少在曾经某个时刻，你明白了生活，你懂得了自己。

每天告诉自己要努力，即使看不到希望，也依然相信自己。压力不是有人比你努力，而是比你牛叉几倍的人依然在努力。每个优秀的人，都有一段沉默的时光。那段时光，是付出了很多努力，忍受孤独和寂寞，不抱怨不诉苦，日后说起时，连自己都能被感动的日子。唯累过，方得闲。唯苦过，方知甜。

1. 寂寞中，品味生命的淡苦和清香

悠悠岁月，几番风雨，几番磨难。幽幽而逝，生命是终将荒芜的渡口，一生中会遇上很多人和很多事，真正能停留驻足的风景和人又有几个？个中滋味谁人得知？

山抹微云，苍柏翠微，亭台楼阁时乍现，烽火几起笑意涟涟。骊驹飞奔，秀岭添翼，君王情殇在何处？连理枝头，丝带飘飘，霓裳韵曲醉闲客。人生初见，两不相牵，那有此恨绵绵无绝期。伤情处，望银河迢迢，两星各牵一方，盈盈一水添新愁。空回首，多少蓬莱旧事涌心头。

再回首，往事涌心头。月朦胧，夜寂寂，华灯初上，万千灯火，可有一盏归我？曲悠悠，影绰绰，几缕清欢绕柔肠。景不同，人各异，千年往事一瞬间。

寂寞是一种宁静的状态，只有那些有心人，才能够在这种氛围里去咀嚼那份甘甜。

进入重点高中读书不久，我就发现自己与城里的孩子差距有多大了，班上大多都是城里孩子，而我是从乡下来的，成长环境不同，教育基础不同，生活习惯也不同。要融合到同学中去，我需要做出几个方面的努力。

首先是克服自己的自卑心理，同学多为有钱人家的孩子，而我是地地道道的穷孩子，起跑线不同，但终点是一样的，重要的是我们有各自独立的跑道；其次，克服盲目的攀比心，穿着上、伙食上、花钱上，自己觉得好就行；再者是努

力融合集体中去,以自己的学习成绩,为人处世赢得同学的尊重。

于是,课余时间,我也尽可能与他们一起打篮球、晚自习,甚至还学习了交谊舞。

尽管我很努力地缩短与同学之间的差距,并以较好的表现赢取了尊重,但寒门出身的背景还是会引起部分不怀好意的同学嫉妒,受欺、遭受不公的事情时有发生,甚至公开场合也免不了被嘲笑,甚至冷落。对于这一切,我一律采取隐忍的态度,反而以此激励自己。

除此之外,我还要抵御玩,抵御爱,努力将自己的心摁回书桌。抵御玩方面,我采取的方式是将枯燥的书本作为玩具,将解答繁复的习题作为乐趣;抵御爱方面,我将左前方那个美丽的侧面"女神"作为独特的风景,独占那份风景成了我最大的动力。

一段时间后,取得了很明显的效果。所以,那段时间,我不但没有因为玩、因为爱,而使学习成绩下滑,反而有所提高。终于,以全班突出的成绩取得了较好的高考分数,虽然为了减轻家里的负担,我最终选择了费用较低的师范,但在学校荣誉榜上仍然一直占有显著的位置。

古人书中的寂寞是金戈铁马,气吞万里如虎;是沙场秋点兵;是夕阳下,断肠人在天涯;是无言独上西楼;是梧桐深院,锁清秋;是月斜楼上五更钟;是杨柳岸,小风残月;是波心荡,冷月无声;是落花人独立,微雨燕双飞;是衰草连天,人何处;是弦断有谁听;是小园香径独徘徊;是酒未到,先成泪……

2. 寂寞中,体悟生活的厚重和朴实

仓央嘉措《问佛》。

我问佛:为何不给所有女子美丽的容颜?

佛曰:那只是昙花一现,用来蒙蔽世俗的眼,没有什么美可以抵过一颗纯净仁爱的心,我把它赐给每一个女子,可有人让她蒙上了灰。

我问佛:世间为何有那么多遗憾?

佛曰:这是一个婆娑世界,婆娑既遗憾,没有遗憾,给你再多幸福也不会体会快乐。

我问佛:如何让心不再感到孤单?

佛曰:每一颗心生来就是孤单而残缺的,多数带着这种残缺度过一生,只因与能使它圆满的另一半相遇时,不是疏忽错过就是已失去拥有它的资格……

所以,寂寞还是一份孤清,只有品尝了那份清淡如水的孤寂,才能够以此获得更大的效率。

我上高中的时候，因为家里经济条件不好，所以，一直都吃得很简单。多数情况下也就是在食堂打个饭，就着家里带去的母亲做的咸菜下饭。

虽然有点清苦，但那份香，现在每每想起都还有余味。

3. 最寂寞时，最觉悟

事实上从生到死只在呼吸之间、从迷到悟只在一念之间、从爱到恨只在无常之间、从古到今只在谈笑之间、从你到我只在理解之间、从心到心只在灵犀之间。当欢场变成空台，当记忆飘落尘埃，当一切是不可得的空白，人生将在无常中醒来！

我始终坚持认为人生在世，是一场盛大的旅行。从来处来向去处去，亘古不变一往无前。人本来是自由元素掺杂在宇宙万物之中，通达于天地人世之间。生是各种自由的元素因缘和合而成，死是生命存在的必然解构。

我始终坚持认为生命就是一场能量转换的过程，当生命结束能量归之于能量灵魂飘行在空中。灵魂和思想不会腐朽，因为有记忆的存在。如果要说生命会不朽，其实不如说宇宙是不朽的。宇宙以各种形态存在，生命就是其中一种。天人合一，万物一体。

越是身处繁华，越是会感受到热闹之后的落寞，因为我们什么都不缺的时候，想做一回真实的自己就变成了一种奢侈。

但如果有意识地回避，就会自己给自己撑起一个自由的空间，让心情尽情尽兴地生长。

上大学那阵，因为自卑，所以，我很少主动参加同学聚会。

这样也好，我每天的作息时间就变得极为简单，上课、吃饭、睡觉，空出了大把时间给我读书，不管是什么书，只要没读过的，一律要翻翻，这也成了我那段时间最享受的事。

这个习惯一直延续至今。每当寂寞来袭时，只要打开书，闻到淡淡的油墨香，我就会立刻神清气爽，就会觉得自己非常充实，也异常清醒。好的想法，妙的点子，也容易在这种时候从脑子里蹦出来。

三、寂寞是一种境界，让心自由翱翔

我们一面享受着寂寞带给我们的一份宁静，一面又企图摆脱它带给我们的空虚和烦躁。有时在它的暗示下，我们会去寻找新鲜、追求刺激，享受不枉活一世的乐趣。

可实际的情况却是：我们总试图人为地寻找外在的刺激，想以此来冲淡需要自己独自承受的寂寞,可结果却往往使自己更加寂寞。

有的时候,我们不一定孤单,却未必不寂寞。因为在熙熙攘攘的人群里,身边没有真正知心的人,却有旁人无法理解与安慰的心绪,缺乏精神寄托,多余的精力无处可去。幸福在身边,触手可及的地方,却犹豫地观望,甚至错失,没有衡量幸福的标尺,就在满足与欲求之间患得患失。人是太贪心吧,或者心界太高,寻找幸福,找到了又难过。

幸福长着一张怎样的脸孔,模糊而暧昧,抑或明媚而清晰?认不得那张脸,何处寻觅他的踪影?曾经以为可以停下了,不用再辛苦找寻了,到头来,却发现一切不过是一场俗不可耐的闹剧。甜蜜与疼痛,欢笑和眼泪,被一天又一天柔软的尘埃静静地覆盖,好像什么都没有发生过,过往安静地沉淀在时间的海洋深处。像歌里唱的那样"回忆和我都不爱说话"。每个人都行走在途中,伴着不同的人,经历不同的事,有交错,有两忘烟水里。

1. 驱散尘世的雾霾

寂寞就像现在城市中到处飘散的雾霾一样,不请自来,挥之不去,使得我们害怕独处、害怕寂静、害怕黑夜,甚至害怕内心的宁静。

虽然一个人要成功,需要独立,又需要配合;需要执着,又需要解脱。但更多时候考验的却是正视寂寞,利用寂寞的能力。

寂寞是什么?有人说寂寞是一种感觉,一种情绪;也有人说寂寞是一种个性的浓缩,是一种寂寞的悲哀,是一种欲盖弥彰的表现。我们说寂寞其实是一种心境,整天为世间的得失忙忙碌碌的人,根本不会体验到人生还会有一种东西叫寂寞;沉湎与浮躁和焦虑中的人,是无法体会到寂寞所拥有的那独特的滋味。只有平和而心静的人,才能体会到寂寞是一种难得的心境。拥有了寂寞的人,才能拥有真正的自我。灵感在寂寞中产生,创造在寂寞中萌发,思想在寂寞中闪烁,有了寂寞,才会有一些意想不到的收获。

我不是一个性格怪僻的人,甚至说,有时挺开朗、活泼、挺合群的。但是另一面,那就是安静。我们一直认为孤独是一乐趣,一种不同于朋友一起谈笑的乐趣,一种无法解释清的乐趣。当孤独的时候,你可以随心所欲,你不必去顾虑他人的眼神。这样的一份自在,足以令身心彻底的放松。而感受到这份自在,便已是孤独中的一大乐趣。

孤独,有时候更像一杯水,没有杂质、没有污染,是一种清静幽雅的美。当沉浸于孤独中的时候,没有了喧闹的杂乱,没有可以打扰到我的思绪,也不会因冲动而留下遗憾和后悔;沉浸在孤独中,能让自己平和、冷静、思考、稳重,让有一种超越世俗的感觉，让有一种聆听自己的心语，让有自己感受这不易察觉的美。

孤独的时间也是珍贵的，孤独的方式是各种各样的，体会孤独也是因人而异的，体会快乐的孤独感觉是被动的，是需要你去争取去领悟。懂得领悟孤独的人，就会体味人生中孤独所拥有的独特景致。

孤独的最高境界莫过于在孤独中创造，多一份孤独的快乐；一份无为的浪费，让生命的每一分每一秒不至于虚度。在孤独中拥有了自己的一切，你就会觉得你一点也不孤独，于是你就会明白，能够真正拥有孤独的人是世界上最为幸福的人。

其实，人在孤独的时候，总是在怀旧感受和品味曾经的种种，在这个时候，总是会想起曾经的故事，心情也就随之降到了冰点，悲伤的，挥不去的记忆就会填满整个心底。于是，悲哀着自己的悲哀，感伤着自己的情怀！孤独中的人可以寻找到自己最初想要的本真；可以感受到自己坚强的信仰；也可以感受到人生的悲喜与无奈；也会让你明白该如何去切换生活的态度。

2. 自己给自己造一片蓝天

在成功路上，需要世人的羡慕、需要朋友的喝彩、需要亲人的爱抚……有希望就会有恐惧，不满足就会带来寂寞。

一颗受控制的心，一颗被束缚的心，是无法打发寂寞的，更无法享受寂寞带给自己的宁静和清醒。但如果跨越了寂寞，心就能够看清一切事物，分辨一切事物，也能够接纳一切事物。

3. 舞动翅膀，才能到达更远的地方

当寂寞出现时，我们不妨让自己的心放空，没有情绪、没有想法，束缚我们的寂寞就会像压在我们心上的浊气一样被排出，气氛就会慢慢纾解和释放。

这种安息于自然，满足于自我状态下的心，会因为内觉的醒悟和绽放，而更能捕捉到宇宙间一切的美好。

第二节　习惯孤独

孤独指人际关系中没有知己，不被人理解而论，即：测不准原理。所有人都按一定规范、标准诉说个人，而很少有人问你需要什么？

批评指责是教训，赞美表扬是杀人不见血的刀，或者是企图心（想获得利益），故：相识满天下，知己有几人。

孤独让我无时无刻感到自己的渺小，天空的浩瀚，星空的遥远，夜的寂静，太阳的温暖。

孤独是人生中的必修之课，人都需要孤独独处，这个世界灯红酒绿，高楼平地起，有时候太繁华的世界会让我们内心走失，这个时候我们需要安静下来，与自己独处，孤独不是一件坏事，有时候在孤独里你会思考到很多平时吵闹环境想不到的道理。在孤独安静的时候看看书，写写信，反而会让自己的内心安静下来。

所以，成功者要习惯孤独，做个孤家寡人。

一、孤独时，最适合自己跟自己说话

现在我们都喜欢原生态的东西，未经雕琢、返璞归真，最接近自然，也最符合人体发展规律。

对于心境来说，孤独的状态，就是原生态的状态。当一个人不被他人理解，貌似形只影单的时候，也是倾听自己心声最好的时候，这时所洞悉的事物，其实也是最真实，最接近真相的时候。

很多时候，我们喜欢孤独，喜欢孤独的感觉，喜欢在孤独中独自享受。当孤独来临的时候，总是会用自己的方式去迎接：冲一杯浓浓的咖啡，细细地品味自己的心境，缓缓地敲打着自己心底的那份淡淡的思念；看着月色，欣赏那诗境中的圆月，皎洁的月光如轻纱般披在身上，灵魂被月光洗礼。有时沉醉，沉醉在这

孤独的回忆中。只是这样静静的夜晚，时间过得飞逝，每个人的生活需要这样的一种宁静，在那份宁静的孤独中，不必为生活中的尔虞我诈而烦恼，不再为日常生活中的压抑而苦闷，让心情在孤独中拥有一份独特的享受。

1. 和自己谈谈心

想真实地了解自己，就要时不时地跟自己说说话，尤其是遇见分不清是非的问题，遇见自己不理解的东西，就更需要与自己面对面地好好谈谈，倾听自己内心最真实的声音。

其实，这个习惯几乎每个人都有，只不过这属于个人私密，一般不会轻易示人。

我个人习惯在遇到想不通的问题时，或者在需要做抉择的时候，将需要整理的事情写在纸上，列出正反两方面的理由，并且将支撑理由的所有条件一一列出，综合比对、分析，最后得出我认为最客观、真实的结论。

2. 学会对自己道歉

一般人都知道在自己做对了的时候，在自己取得一点成绩之后，赞美或者奖励自己；自己做错了之后批评自己。却从不知道，也从未想过在误会自己的时候，给受到委屈的自己道个歉。

有时我们也会与自己闹点别扭，甚至与自己小吵小闹，这时不要忘记对自己说一声抱歉。

只有时不时地给自己道歉，才不至于使自己的心一直堵得慌，才能活出最真实的自己。

3. 跟自己有个约定

虽然每个人最信任的人都是自己，但自己也经常会受到一些客观因素的影响，从而对自己爽约。

我们不妨试试，在牵涉到重大问题，与自己利益攸关问题的时候，跟自己订立一个盟约，告诉自己要做什么样的人，告诉自己应当怎么做，要求自己必须按什么样的心态，什么样的标准，去完成每一件事情。

二、自寻孤独，就是向成功迈出了一大步

孤独不是故作姿态，孤独是一种心境，也是一种精神上的自我流浪。可以有效避免一些琐事缠身，以及人与人之间的是是非非。同时，宁静地享受一份真正属于自己的，不受外界干扰的、独立的思考。

1. 闲居时做回自己

当我们独处，别人看不到或者听不到的时候，不至于受到外界环境和人员太多的干扰。这时不妨任性一把，为所欲为地以自己最舒服的姿势，做最真实的自己。

不管以什么形式，用什么方式，怎么实在怎么来，只要是有利于更好地达到效果，怎么样都行，但也千万要把握一个原则——做自己最应该做的事情。

做自己，保留一份骨子里高尚的人格，只为那份最真的性情而坚守。

能掌握自己命运的人，也就是独立的人，才能称得上自己的主人。他们有自己的思考，更有自己的辨别能力，在一些事物面前，分得清轻重缓急。这种人，往往能提倡一种奋起自强的精神，无所顾忌地走自己的路。

敢追就是勇者，快乐就是自己，所谓忧愁，所谓烦恼，所谓孤独，所谓悲伤，全部都是自己给自己制作的垫脚石，只是有些人不过去而已。

经常有人说，路摆在你的脚下，看你如何去选择，如何去走。天下无论多少条路，都得靠自己去选择，自己去走。过去说，出身不由己，道路可选择，也就是提倡，自己做自己的主人，学会改变自己生存的环境，走自己所选择的道路。这一点，别人是永远无法替代的。

我们生在世界上，不是做消化粮食的机器，总要做点什么，但又不可失去自己原来的纯真。总而言之，做自己的自己，但会有能力在社会中站立。所以，我们不要看人看环境，一定要活出自己的风格。做自己的自己才是最棒的！

一步一步地走，这种方式看似缓慢且费力，似乎永远不会达到目的，但是只要你肯坚持，做真实敢拼的自己，你就会成为最后的胜者。在适当的场合适当的地点，合适地放下自己高贵的内心，和朋友一心相待，你会发现生活中到处都是阳光。

2. 慎独时最真实

《礼记·中庸》："道也者，不可须臾离也；可离，非道也。是故君子戒慎乎其所不睹，恐惧乎其所不闻。莫见乎隐，莫显乎微，故君子慎其独也。"

大体意思是："道，是不可分离的，而分离开来的东西，就不是道了。所以，君子在别人看不见的时候，在别人听不到的时候，也要谨慎自己的言行。"

大白话的意思就是：一个君子，就是自己一个人的时候也要注意自己的言行！

"慎独"作为修养方法，就是强调在没有外在监督的情况下始终不渝地、更加小心地坚持自己的道德信念，自觉按道德要求行事，不会由于无人监督而肆意妄行。

人生不总是被繁华，鲜花，荣誉和掌声所包围，当洗尽铅华之后，一直默默陪伴你的是落寞和空虚。寂寂中的我们，需要的是慎独慎行来从容面对，用微笑用淡泊来珍爱自己，善待生命，珍惜生命，享受生命，超越生命！在岁月的风霜雨雪中，去深刻地感受生命的醇厚绵长，让心境坦然，生命淡然！

慎独，不仅仅是一种自律，更是一种自我的内观过程，一种专业的体现，一种心态的修养，一种自我的反省，一种宁静致远的个人品格，一种追求自我内心净化、超脱的境界。

孟子曰："耻之于人大矣！为机变之巧者，无所用耻焉。不耻不若人，何若人有？"（《尽心》上）

孟子的意思是说："羞耻之心对于人至关重要！搞阴谋诡计的人是不知羞耻的。不以自己不如别人为羞耻，怎么赶得上别人呢？"

荀子云："不知荣辱无以为人。"也就是说一个人只有知荣辱、懂行止，才能在日常生活中做到有取舍、识大体、合规范、守道德。明辨是非、划清善恶、美丑的界限，并不难，难的是能不能做到"慎独"。

鲁迅先生也说过："我的确时时解剖别人，然而更多的和更无情的是解剖我自己。"《礼记·中庸》中言曰："莫见乎隐，莫显乎微，故君子慎其独也。"也就是说：于最隐秘的言行上最能看出一个人的品质，于最微小的事最能显示一个人的灵魂。《礼记·礼器》说："礼之以少为贵者，以其内心者也。德产之致也精微。观天下之物无可以称其德者，如此，则得不以少为贵乎？是故君子慎其独也。"

作为君子，有道德有抱负的人，人前和人后应该保持一致。慎独就是只有你一个人的时候也要和在很多人面前一样保持你的行为。因为古人认为人一旦放纵了，就是堕落。其次就是一个人的时候容易乱想，这个要求大毅力来控制。最终目的是内圣外王，其行如其人。

举头三尺有神明，慎独或许是君子和小人最大的区别。

我们可以让自己从委屈、不甘中沉淀下来，意守丹田，平心静气，暂时忘记所有纷争，暂时不为人事纠结，暂时不与自己较真。

在拥挤的地铁人群中傲立，静静地捧读一本书；

在喧闹的酒吧，偏坐一隅，细细品茗一盏茶；

在孩子们的嬉闹中，倾听记忆被轻轻撩拨之后的荡漾……

3. 宁静中得到升华

孤独是一种宁静之美，拥有了孤独，才能够完善自我，才能够使自己的思想得到升华，灵魂得到洗涤。每经历一次，都会让自己的心境上升一个台阶。

这里，我透露一个个人的小秘密。

如果有什么事情想不通，或者有事关重大的抉择，我一般都会"人间蒸发"一两天，选择偏僻的疗养场所或者农庄，断绝与外界的联系，一个人，默默地思考，静静地发呆。

每次，都会茅塞顿开。

一家著名公司的董事长经历了三次重大的公司危机均化险为夷，使企业屹立不倒，记者问他："您令公司转危为安的灵感来自何处？"他说："林中独步。"

你不够优秀，因为你不够孤独。我深有感触，有的时候，我们忙碌了很久却找不到解决问题的思路。是因为我们焦急的情绪和浮躁的心态掩盖了事物的本质，这让我们仅仅在表层着急忙碌，做了大量的无用功，收效甚微。

在更多时候，独处产生感悟。感悟产生灵感，灵感产生进步。我的很多工作灵感是在睡前躺在床上。在黑暗与沉寂当中让全身心放松下来，灵光乍现想出来的。每当此时，我就会拿起床头的手机或打开电脑或拿起身边的纸笔，记录下脑中瞬间闪过的灵感。然后马上电话通知我的团队成员，第二天他们就将这些灵感转化成非常精彩的工作创意，取得令人难以想象的好结果。这个习惯让我渐渐明白：彻底的思考常与彻底的孤独为伴。

三、测不准原理

这是量子力学中的一个定律，意思是宇宙万物是测不准的（总有误差），如果要测得准些（误差小些），那么好，请多测几次。

落实到人际关系上，不妨多从几个角度考察，以便更准确地把握自己，认识他人。

1. 对于自己，严防自己摆自己"乌龙"

想要了解自己不是件容易的事，有些人活了一辈子也未必了解自己，如果这时就轻易地给自己下结论，结果无意于将球踢进了自家的球门，使自己徒增懊恼，以至于在关键点上把握不好。

这一点，女同胞们体会最深。

有时候我们看上一件衣服，觉得怎么怎么好，突然又看见了另外一件，就觉得先前的那件并不咋地。后来又发现多件，当时觉得更好，可最终买回去，越穿越觉得还是第一眼看上的那件最合适。

《朝野佥载·周兴》记载：唐秋官侍郎周兴，与来俊臣对推事。俊臣别奉进止鞫兴，兴不之知也。及同食，谓兴曰："囚多不肯承，若为作法？"兴曰："甚易也。取大瓮，以炭四面炙之，令囚人处之其中，何事不吐！"即索大瓮，以火围之，起谓兴曰："有内状勘老兄，请兄入此瓮。"兴惶恐叩头，咸即款伏。

有人控告周兴谋反，太后（武则天）便令来俊臣审这个案子。（一天）来俊臣请周兴到家里做客，他们一边议论一些案子，一边相对饮酒。来俊臣对周兴说："有些囚犯再三审问都不肯认罪，有什么办法使他们招供呢？"周兴说："这很容易！（只要）弄到一个大瓮，四周堆起木炭来烧，然后叫囚犯进到里面去，他敢不认罪？"来俊臣于是吩咐找来一个大瓮，按照周兴的办法用炭火在周围烧着，来俊臣站起来对周兴说："有人控告你谋反，（太后命令我审问你）请老兄自己钻进这个大瓮里去吧！"周兴非常惊慌，当即叩头认罪。

这是大家非常熟悉的典故"请君入瓮"的来历，也是一桩自己作践自己、自己给自己设套、摆乌龙的典型案例。

2. 对于他人：拿捏不准，那就多来几次

人与人原本是不理解的，我们看到的往往只是表象，别人真实的情况是个什么样子，我们未必了解，但又总是以自己的判断对别人评头论足，于是产生误会。

理解别人是本能，就跟吃喝拉撒一样，人人都会。远古时代，比起恶劣的自然环境和武装到牙齿的野生动物，人类的个体是弱小的。无论采集，狩猎还是抵御外敌，群体总比个体力量大。理解其他个体的能力作为种群生存的必要条件之一，经过自然选择，被保留和加强。理解别人，对我们每个人来说，就像呼吸一样自然。

现代神经科学的研究发现，在人脑中存在一套"镜像神经元"系统。这套系统可以通过"别人的心理活动、别人的在外表现（表情、动作、语言等）、自己的在外表现和感觉器官接收到的信息、自己内在心理活动"的通道，一定程度上复制别人的心理活动。这就是"理解"的神经生物学基础。在出生前，这套系统是依靠写在基因里的编码塑造成型的，出生后除了继续按照基因的要求发育以外，婴儿和母亲的互动，作为强有力的在外因素，极大地主宰了这个系统的后续发展过程。再加上随后的各种人际交往的经历，共同造就了一个人是否有能力，有意愿，以及在哪个层次上可以理解别人。

我们需要重新定义"理解"二字。理解不光是对事情，对看法，对价值观

的知晓，更是对一个人情绪，情感的感同身受。很多时候我们感到难以理解别人，是因为我们太关注于找到那些我们熟悉的认同的观点，角度，想法和认识，而忽略了在每一个灵魂深处，情感的共鸣是最亲密，最真挚的体验。

明白了这个道理，你就能够轻易地理解他人了。

有些人动不动就喜欢给别人"贴标签"。

人家还没开口呢，就按自己的标准给人归类；

一件事情还没听到一半，就急于贸然下结论。

其实，如果非得有个判断不可，那就不妨试着多了解一些，次数越多，越接近真实。

3. 靠自己理解自己

古希腊神话故事：斯芬克斯是个狮身人面的女妖，她每天坐在忒拜城堡附近的悬崖上，向路人提出一个谜语"什么东西早晨用四条腿走路，中午用两条腿走路，晚上用三条腿走路？"过路人必须猜中，如果猜不中，就要被她吃掉。无数人为此丧生。

最后，一个叫俄狄浦斯的青年猜到了答案，斯芬克斯羞愧坠崖而死。这便是著名的"斯芬克斯之谜"，常被用来比喻复杂、神秘、难于理解的问题。

而谜底是人。

"人在'早晨'，在很小很小的时候，是用'四条腿'走路的，也即在地上爬；长大了就能够站立起来，于是'中午'就用'两条腿'走路了；到了晚上——老年，人会用一条拐棍来帮助自己走路，也就又变成了'三条腿'。"

在一切生物中这是唯一的用不同数目的脚走路的生物。脚最多的时候，正是速度和力量最小的时候。斯芬克斯之谜，是古希腊哲学家普遍认识人类的最高智慧——人。

我们必须反思、认识和理解自己！

我是谁？我是否有价值？我为什么要活着？我努力奋斗为的是什么？

生命的意义是什么？人生的目的是什么？

面对着这些千百年来哲人思想家不断追寻的问题，你是否感到困惑、无助？

"斯芬克斯之谜"永恒地吸引并考验、锻造着无数哲学、语言学、心理学、文学、美学等方面的思想者的智慧，千百年来，人们对它的阐释构成了一道人类自我意识和认知的亮丽风景。

俄狄浦斯的命运昭示我们：貌似成熟的少年理性，尚不足以战胜"斯芬克斯"——"现实社会"的"诱惑"与"恐吓"，必将导演人生悲剧；只有真正成熟的中年理性，才能够真正战胜"诱惑"——"富贵不能淫"和"恐吓"——"威武不能屈"，彻底斩断人生之悲剧！

俄狄浦斯的命运昭示我们：人，要认识你自己！人，应该认识你自己！人，必须认识你自己！人，能够认识你自己！

什么样的人才是最有智慧的？

马克思说："人们啊！唯有像苏格拉底那样知道自己的智慧实际上是毫无价值的人，才是最有智慧的。"

一般来说，一个真正认识了自己的人，是应该具有斩断"悲剧"命运，自己掌握自己命运的能力的。

成功者，往往都是孤家寡人。因为他们的理念超前，往往缺少听众，甚至受到误会。可越是这样，就越说明这个人没有随波逐流，没有浮躁，做回了真正的自己。

闻名于世、陷入千百万观众和崇拜者重重包围中的意大利影星索菲娅·罗兰也有孤独的时候。她说："在孤独中，我正视自己的真实感情，正视真实的自己。我品尝新思想，修正旧错误。我在孤独中犹如置身装有不失真的镜子的房屋里。"

这位艺术家认为，形单影只反而给了她与同自己灵魂坦率对话和真诚交往的绝好机会。孤寂是灵魂的过滤器，可以滋养内心世界。所以，她说："在孤独时，我从不孤独。我和我的思维做伴，我和我的书本做伴。对一个名人来说，热闹有时就是捧场，就是奉承。这对从事艺术创作是有害的。因为太热闹，脑子要发热，安静不下来。"

没有人承认自己一生会碌碌无为，但似乎又没有人心甘情愿地与孤独为伴。这个年代。很多人憧憬的东西都比较浮躁：金钱、俊男美女、地位、娱乐、周游世界等等。这些都是漂浮在表层的人类需求，很少有人会问自己内心深处最想要的是什么。

我非常赞同一种说法：真正优秀的人一定觉得自己是孤独的，他们也清醒地认识到自己的优秀来源于一份孤独。

万科的王石是孤独的，但是，中国地产第一品牌的形成应该得益于这份独守。同时王石以60多岁的高龄问鼎珠峰，成为中国企业家登山第一人。

张海迪是孤独的，这位坐在轮椅上的作家、学者以惊人的专注和坚守著书立说，写就了许多健全人从来不敢想象、对当代人影响巨大的作品，现在她担纲中国残联主席之职。

阿甘和许三多是孤独的,他们以三流的智商和特有的愚钝和真诚成就了很多聪明人用几辈子的累积达成了寻常人难以企及的成就。

世界上有三种人:人手、人才和人物。后两种人往往是孤独的,"人才"会承担一定程度的孤独,而"人物"则会享受当下的大孤独!

第三节 抵御诱惑

老子《道德经》云:"不上贤,使民不争;不贵难得之货,使民不为盗;不见可欲,使民不乱。是以圣人之治也,虚其心,实其腹,弱其志,强其骨,恒使民无知、无欲也。使夫知不敢、弗为而已,则无不治矣。"

意思是:不推崇有才德的人,致使老百姓不互相争夺;不珍爱难得的财物,致使老百姓不去偷窃;不显耀足以引起贪心的事物,致使民心不被迷乱。因此,圣人的治理原则是:排空百姓的心机,填饱百姓的肚腹,减弱百姓的竞争意图,增强百姓的筋骨体魄,经常使老百姓没有智巧,没有欲望。致使那些有才智的人也不敢妄为造事。圣人按照"无为"的原则去做,办事顺应自然,那么,天下就不会不太平了。

这种以极度的消极无为、完全的静止虚空的态度对待当今喧嚣繁杂的生活自然是非常不现实的。"无为之治"并不是脱离现实的乌托邦,也不是虚渺幻想中架设起来的空中楼阁,它必须具有现实中施行的可行性和合理性。

古往今来,多少人在巨大的诱惑面前无力招架,拜倒在其石榴裙下,身败名裂,落得个令人扼腕叹息的悲惨结局。秦时高居宰相大位的李斯,功绩巨大辉煌,罪过也,李斯是大秦一统天下的功臣,也是毁灭大秦帝国的最大罪臣,盖棺定论:李斯是中国历史长河中绝无仅有的一个功罪同等的政客谋臣。他贪恋手中的权势与赵高蝇营狗苟,矫诏杀死扶苏拥立胡亥为帝,最终被以谋反罪腰斩于咸阳,还连累李氏一门千口余人也悉数被斩。临刑前跟儿子哀叹:"牵犬东门,岂可得乎!"临死时不禁有了某种追忆、想象与向往:在老家上蔡东门外的荒野里，父子俩赶着猎狗，满世界地奔跑着撒欢着吆喝着狂叫着疯撵兔子，那该是一件多么快意的事情呀！

"战士军前半死生，美人帐下犹歌舞"的南唐后主李煜，终日沉溺于美酒佳人，大敌当前都在酒肉池林、吟诗作赋，醉生梦死，终而国破家亡，被封为违命侯，只能哀唱"四十年来家国，三千里地山河。凤阁龙楼连霄汉，玉树琼枝作烟萝，几曾识干戈？一旦归为臣虏，沈腰潘鬓消磨。最是仓皇辞庙日，教坊犹奏别离歌，垂泪对宫娥"。最终死于宋太宗赐予的牵机药。

汪精卫，少时也曾壮志满怀，曾是孙中山先生遗嘱的执笔人，也曾怀揣炸弹刺杀摄政王载沣，失败后面对死亡毫无惧色写下名重一时的慷慨悲歌："慷慨歌燕市，从容作楚囚；引刀成一快，不负少年头！"只可惜后来与自己的理想渐行渐远，最终沦为汉奸，背负千古骂名。

市场经济大潮中的我们，时时处处都面临着诸多诱惑，权重的地位是诱惑，利多的职业是诱惑，荣誉的光环诱惑，欢场的灯红酒绿是诱惑，甚至魅惑的美女、漂亮的时装、美味的大餐、华贵的珠宝、豪奢的大屋等等，都是诱惑，面对这些诱惑，我们该何去何从？难道用老子的"清静无为"去武装我们的魂灵，去抵死阻挡一切让自己快意的诱惑，自然，这些并不具备实际操作的价值。

外界诱惑之所以产生，一是因为情义，二是因为私欲。这也是容易受骗的两个因素。

大多数诱惑都是具有损耗作用的。想成功，就要经得住有可能损耗你的千奇百怪、五花八门、形形色色的诱惑。

一、最动心的时候，往往是危机要发生的时候

现代人很多都感到迷茫、空虚、无奈……心理空荡荡的，好像走到了人生的十字路口，前后维谷、左右为难，活又活不起，死又死不起。苦苦地寻找人生的出路与答案。路漫漫其修远兮，吾将上下而求索。其中一部分人直到人生的终点都在迷茫、空虚、无助之中，真是悲凉、悲伤、悲哀啊！

很多人都在问：这是为什么？如果你真想知道，今天给你一个明确的答案！这是由于人们心理负面的因素造成的。哪些是人们负面心理呢？概括起来就是：贪欲、仇恨、无知、傲慢、怀疑这五大因素。解决这人生五大难题的方法是：贪欲是痛苦的根源，给予是快乐的种子；仇恨是痛苦的根源，爱心是快乐的种子；无知是痛苦的根源，明理是快乐的种子；傲慢是痛苦的根源，谦让是快乐的种子；怀疑是痛苦的根源，诚信是快乐的种子。

当我们的心因为某件事或者某个人而蠢蠢欲动时，其实这个时候，也是危机最容易发生的时候。因为此时自己的心理防线，已经被强烈的私欲冲垮了。

1. "需要"和"想要"，与"应该要"

需要，是人本能的表现，如果只是为了维持生命，所求十分有限；想要，往往就会没有节制。应该要，是有目的的选择。

比如，十几二十元的快餐代表"需要"，上万元的宴席代表"想要"，而家常菜、工作餐则是根据具体情况的"应该要"。

一农夫想得到地主一块土地，地主就对他说：清早你从这里跑，跑一段路插一个旗杆，只要你在太阳落山之前赶回来，插上旗杆的地都归你。于是，这个农夫就不要命地跑呀跑呀，在太阳落山之前他是跑回来了，但已筋疲力尽，摔了个跟斗再也没有爬起来，累死了。这个故事从另一个角度告诉了我们：人其实需要的不多，而是想要的太多。这个农夫也许需要"一亩三分地"就能养活自己或全家，但他贪得无厌，想得到更多的东西，结果把性命也赔上了。

同样都是达到温饱的目的，但所产生的效果和反应的境界却迥然不同。

这样看来，想要是无边无际的，常常一受刺激就蠢蠢欲动，跃跃欲试。而"需要"是我们的常态，"应该要"却是我们为实现目标而采取的一种方式。

2. 延迟满足私欲

《论语》颜渊问仁。子曰："克己复礼为仁。"颜渊曰："请问其目。"子曰："非礼勿视，非礼勿听，非礼勿言，非礼勿动。"意思是说，颜渊向孔子请教什么是仁。孔子说："约束克制自己的言行和私欲，使之恢复到合乎礼的规范，这就是仁。"颜渊说："请问具体细目是什么？"孔子说："不合乎礼的东西不看，不合乎礼的言论不听，不合乎礼的话语不说，不合乎礼的事情不做。"儒家的思想核心就是一个字"仁"。

"克己"是对心灵的净化，克服自己的烦恼。"克己复礼"，就是克服自己的妄念、私欲、邪恶的思想。"克己复礼"也是克己复德，每个社会成员必须具有良好的道德品行。所以，儒家思想所主张的，并不是扼杀个人欲望，而是约束克制自身的言行和私欲。

人要维持生命就得获取食物满足自己的口福之享，即为吃喝拉撒睡这些基本为了生存的生理需求，也是人们本初的欲望，私欲的最原始的表现。因为"私欲"的原始动力来源于生存需要，所以，说私欲是人生存所伴随而来的，只要有人自身的存在，那么人的私欲将不可能消灭。然而，人的私欲并不单纯停留在这些最基本的生理需要，随着社会的发展，以及人类情感的不断丰富，让人们更加去追求更高级的私欲。于是追求生存的本能，也逐步演化成追求生活的丰富和幸福。所以私欲的本身，最初为生存来说是相对无私的，而此时的私欲只局限于原始的刀耕火种，或者是那些仍处于原始的部族。而随着社会生产工具的进步，特别是私有经济的产生，导致了私欲逐步走向自私化，甚至私欲泛滥成灾。

人最不容易战胜的，其实就是自己的私欲。

我的经验是：这时不妨有意识地延迟，因为私欲这东西，与许多事情一样，都有个峰值的问题，等这一阵子过去了，这份私欲也减轻了。

这其实也是一切人格修养的起步。一个人若是能够忍受自己的私欲，则内在自我约束的力量将随之更加强大，对自己的主动权与主控权也会一并提升。

所以，大凡成大器者，往往是那些在关键时候沉得住气的人。

3. 满足私欲，以不伤害他人为最高原则

《淮南子》："公道不立，私欲得容者，自古及今，未尝闻也。"私欲来源于人满足生存最简单的需要，这是人之常情，要正确看待它。

一说"私欲"，相信大多数人会避而躲之，一般说来它是贬义词，而私欲却是人类基因中蕴含的，与生俱来的本能，它是生命赋予的权利和义务。那么，如何定义私欲呢？在人类社会的自然法则下，人类的个体趋向于更有利于满足自己的方向，人类的这种趋向性特性，称为人类的私欲性。人类的私欲性产生的思想称为私欲。私欲性是激发人类积极向上发展的动力。没有私欲的人类社会将会是死水一潭，迅速地失去生命的活力。由此看来，私欲是人人都有的共性，也有积极的一面，而不是你所能遮掩得了的。

那么，回眸浩瀚的人类历史长河，有太多令我们心虔志诚的圣人，有太多令我们敬仰的伟人，还有现在抑或过往的，我们所尊敬的人物，更有我们生活中那些为人坦坦荡荡，虚怀若谷，做事为人令人钦佩的朋友。当然，他们都有私欲，可为何我们感受到的，都是正能量，而不是朝着有利于自己的方向发展呢？其实人的私欲涵盖两个层面，一个是来自精神层面，另一个是躯体的满足。犹如弗洛伊德的精神学中的主旨：本我，自我，超我。当精神的私欲主导着你的躯体，你便是向着本我，甚至超我的境界发展。心犹如一泓清澈的河水，用你的思想抑或你的人格魅力，引领和影响着社会及周围的同道人向着有利于大众的方向发展，此处的关键是怀揣仁义、公允、公道之心。反之，当精神世界已经腐烂，成为酒囊饭袋，本我的私欲已经膨胀，灵魂已被扭曲，驱使你行走的就只是躯体本能的欲望，与湘西恐怖的"赶尸人"的道具并无二致。此时的你，灵魂已被禁锢于狭隘的个人欲望中，你的所做、所想只能是带着自私的梦魇愧对于人。与那些在

人类历史中留下浓墨重彩一笔的人物相比，成了有碍于历史长河奔腾向前的冥顽不化的烂石，堆砌于河床中的污泥浊水。

人，都有各种各样的私欲，而自律是控制私欲的最为可行的一条途径。尤为重要的是：万万不可损害他人。

在生活里保持自律。晚上按时睡觉，每天准点起床，定时用餐，准时上班；只说应该的话；进食量能足够维持生命便可，不要暴饮暴食；做任何事情都要适度，不要成为不良嗜好的牺牲品；即使你的享乐是无害的，也不要整天迷恋这些享乐。否则，无异于慢性自杀。

在人际交往上也是如此。为图自己方便，不要给别人留下阻碍；自己求上进，不要踩着别人上位；自己求利，不以牺牲别人的利益为代价。否则，从小事说，势必成为孤家寡人；从大事说，成为人人喊打的过街老鼠。自己生生断送了自己的路。

这不禁使我想起一件至今都感到嘘唏的事。

曾经去一家企业参观，发现每个岗位都贴了一份"自律承诺书"，里面的内容也都是一条条列举了岗位的守则和流程之类，下面是每个承诺者的签名，大致的意思都是要求自律。没人监督，就让墙上的文字提醒每个人任何时候都不要忘记自己的承诺。

当时包括我在内的同行的几个人，都对管理者的智慧佩服得五体投地。

二、让诱惑成为别人的热闹

当我们无法抵御诱惑的时候，那最好的方式就是：有意识地转移目标，把诱惑留给别人。这就像是面对圈套里的诱饵，只要自己不想，伪装得再好，再诱人的圈套也拿你没辙。

朱自清在《荷塘月色》里说："最热闹的，要数树上的蝉声与水里的蛙声；但热闹是它们的，我什么也没有。"你有清净呀，还能享受一番看别人热闹之后的痛快！

如果热闹是别人的，或许你应该待在"寂寞"里。

多数中国人喜欢这样做生意：A 商家在某地开了一家超市；B 商家见状也在附近开了一家超市；C 商家也来凑热闹在几条街之外开了一家超市；D 商家不服又在附近开了一家超市……最后竞争起来，谁也没有好日子过。

犹太人这样做生意：A 商家在某地开了一家超市；B 商家在附近开了一个儿童游乐场；C 商家在附近开了一个停车场；D 商家在附近开了一家美食城……最

后这块区域形成了一个商业区,众商家互利共赢。

1. 以别人的成就激励自己

要抵御诱惑,可以化诱惑为激励。

对于别人取得的成就不去嫉妒,也不眼红别人一时的辉煌,心中只装着自己的目标,化别人成就为自己努力的动力。

我们可以将目标锁定为身边业绩做得出色的伙伴,也可以将目标锁定为一个喜欢的明星,甚至可以将目标定在已故或者现任的伟人身上。

以一切比自己出色的人为标尺衡量自己,以任何比自己优秀的人为榜样激发自己,才能更好地战胜自己。

赞美别人、肯定别人并不会让你变得不如人,相反地,如果你能看见别人的优点,就能学习别人的长处;能够看见别人的好,就能让自己变得更好;能够看见别人的美丽,才能让自己变得更美丽。

能够欣赏别人的成就、荣耀,是一种很美的心灵感动。

不会欣赏别人成就的人,内心不但没有被感动,反而还嫉妒别人的成就。看到别人得到了荣耀,或者是有了很好的成就,还会酸溜溜地说:"这有什么了不起。"

我觉得,这种人最没有出息。自己做不到,又不肯为别人鼓掌的人,永远都无法得到别人的认同。

如果,能够因为欣赏别人的成就,赞叹别人的能力,看到别人的荣耀、成功,心里就升起了"有为者亦若是"的感动,心想:这个人真是了不起,能够这般努力,完成了这样好的成果,这就叫作"见贤思齐"。

当我们赞叹别人的时候,同时,也会希望自己能够向他学习。当我们把值得感动的事,或者是感动的心情传递出去,这对于本身所处的生活环境、对自己、对当事人,以及对周遭的事物来说,都是一种很正面的心灵氛围。

2. 对付诱惑的最好办法就是——远离

人非草木,面对诱惑不可能无动于衷,尤其是诱惑足够大时更是难于抵御。生活中的诱惑无处不在、无时不在。

美食的诱惑、美服的诱惑、美妆的诱惑、美物的诱惑、美人的诱惑……既然能够构成诱惑,那一定是具备了一定的吸引力了,也可能是我们朝思暮想、梦寐以求的东西。

如果这种诱惑能促进你更好地达到目标,那么,就毫无疑问地抓住;如果这种诱惑有可能阻碍你达成目标,那正确的做法就是:离得远远的,看不见,不心烦;摸不到,不心动。

《苏武牧羊》唱道:

苏武留胡节不辱!雪地又冰天,苦忍十九年。

渴饮雪,饥吞毡,牧羊北海边。

历尽难中难,心如铁石坚。

夜坐塞上时,闻笳声入耳痛心酸。

心存汉社稷,旄落犹未还。

转眼北风吹,雁群汉关飞。

白发娘,盼儿归,红妆守空帏。

三更同入梦,两地谁梦谁。

任海枯石烂,大节定不亏。

终教匈奴惊心碎胆共服汉德威。

浩瀚的夜空,蓦然有一颗星星异乎寻常的明亮,划破了漆黑的天际,仿佛在喃喃低诉几千年前让人唏嘘喟叹的往事。每每听到《苏武牧羊》慷慨悲凉的词曲,想着冰天雪地里苏武手执节旄尽落的汉节,渴饮雪饥吞毡,执拗地用深陷的眼里里的炯炯有神的眼望着南方的汉庭,苦寒的漠北历时19年,苏武那颗滚烫之心从无一日有过改变,暗夜里灵魂激荡的我,禁不住潸然泪下。

晚唐温庭筠词颂苏武曰:"苏武魂销汉使前,古祠高树两茫然。云边雁断胡天月,陇上羊归塞草烟。回日楼台非甲帐,去时冠剑是丁年。茂陵不见封侯印,空向秋波哭逝川。"

当苏武持节独守北海时,单于高官厚禄、华屋美女加以诱惑,否则就是自然饥寒交迫相加。可是他用自己单薄的身躯中蕴含的毅力克制欲望,抵御着诱惑,漫无边际的等待,终于守住了那份矢志不渝的大义,为后人所称颂所感佩。恐怕此时,再美艳的诱惑也只得黯然失色。忠诚、坚贞、坦荡、浩气令到权位、美色、佳肴、生死所有的诱惑和威胁,在苏武面前全然暗淡无色。

苏子曰:"客亦知夫水与月乎?逝者如斯,而未尝往也;盈虚者如彼,而卒莫消长也。盖将自其变者而观之,而天地曾不能一瞬;自其不变者而观之,则物与我皆无尽也,而又何羡乎!且夫天地之间,物各有主,苟非吾之所有,虽一毫而莫取。惟江上之清风,与山间之明月,耳得之而为声,目遇之而成色,取之无禁,用之不竭,是造物者之无尽藏也,而吾与子之所共适。"(苏轼《前赤壁赋》)

苏轼说:"你可也知道这水与月?不断流逝的就像这江水,其实并没有真正逝去；时圆时缺的就像这月，但是最终并没有增加或减少。可见，从事物易变的一面看来，天地间没有一瞬间不发生变化；而从事物不变的一面看来，万物与自己的生命同样无穷无尽，又有什么可羡慕的呢？何况天地之间，凡物各有自己的归属，若不是自己应该拥有的，即令一分一毫也不能求取。只有江上的清风，以及山间的明月，送到耳边便听到声音，进入眼帘便绘出形色，取得这些不会有人禁止，享用这些也不会有竭尽的时候。这是造物者（恩赐）的没有穷尽的大宝藏，你我尽可以一起享用。"

"吾善养吾浩然之气"，为千古文人志士所传诵，只要做到非己之物莫取，非正义之利不谋，不断提高个人素质，不断加强道德修养，养天地"浩然之正气"，树立崇高理想，坚守高尚情操，诱惑在我们面前定会偃旗息鼓，失去它的魔力。

3. 小心亲朋好友的诱惑

世人交往要黄金，没有黄金语不真，一切都是利益而已。

现在媒体发达，对于外界的诱惑尚且能够抵制，但对于身边熟悉的人，却往往容易中招。

我有位熟人就被自己的亲人坑了一把。

做姐姐的要开网店，连续开了几家还不嫌多，于是就借弟弟的身份证多注册了一家，说哪天弟弟需要了就算弟弟的。

弟弟不忍对姐姐说不！又一想：姐姐帮自己打理好，再还回来，美事呀！就爽快答应了。

没多久，网店因为差评太多被永久关闭。

就这样，弟弟的身份证被列入了"黑名单"，以后再注册，也办不了××宝的网上银行业务，想自己开网店、网上购物都不可以了。

如果说人生是一条走不完的路，那么诱惑就是途中的荆棘，也可以是加速器，如果说我们是一棵不断成长的小树，那么诱惑可以是瓢虫，也可以是雨露，如果说诱惑是巨石，那么它可以是绊脚石，也可以是垫脚石。

三、发乎情，止于礼，君子好色而不淫

从私欲中突围，在诱惑中自律，这是古时衡量一个人是否真君子的标准。

现在网络发达，信息传输更加快捷，能勾起私欲、产生诱惑的东西就更多了。

"好色"往往成为个别所谓成功人士的标签。但能否自觉地抵御唾手可得的

性诱惑,也成为辨别一个人在成功路上呈现和把持"定力"的重要指标。

胡炳文《纯正蒙求》记载:"鲁柳下惠,姓展名禽,远行夜宿都门外。时大寒,忽有女子来托宿,惠恐其冻死,乃坐之于怀,以衣覆之,至晓不为乱。"

春秋战国时期,鲁国有位叫柳下惠的人,某次寒夜投宿城门,邂逅一饥寒女子一起住,柳下惠担心她受冻而死,用衣服裹着她,把她揽在怀里,到天亮他们之间没有发生任何事。

这便是至今为人们津津乐道的经典故事"坐怀不乱"的由来,形容男女相处时作风正派。

然而,从柳下惠的故事传开之后,坐怀不乱被人们认为是很高尚的品质,甚至是正常人不能做到的。

1. 别掉进自己的陷阱中

所有生物争来争去的其实无外乎两样东西:食物和性。食物是生存的物质条件,性是精神上得到欢愉的重要方式。

寻求性刺激,一半源于生理需求,一半源于虚荣心作祟。但伴随诱惑而来的往往是深渊,满足虚荣心的同时,也必然有陷阱在等着。

小时候,没什么东西吃,我就跟大孩子学了一门套野鸽子(斑鸠)的本事。找人做一安有机关的笼子,捉一只活的斑鸠,公母都可以,关在里面一层的笼子里(我们那叫"媒子")。

这只孤独的斑鸠觉得冷清了,就会以叫声呼唤同伴。叫声引来了一只野外斑鸠。一般在稍稍观察一下周围的环境后,野外斑鸠就会主动钻进门,踩到了踏板,外层的门关上了。

我们几个小伙伴也就可以将这只套来的野鸽子去毛后,裹上泥,在火上烤。熟了之后,如愿以偿地"打秋风"。

确实有点残忍。但对于少不更事的我们一帮小伙伴而言,不过就是一顿美味。现在想来,实际上,这只不幸的斑鸠也确实是为自己一时的性欲望,付出了生命的代价。

另外一个相反的故事得到了不同的结果。

一天,一头驴子掉进了猎人挖的陷阱里,同伴们听到了驴子的叫声都赶了过来,他们想尽了办法想把驴子救上来,最后,他们认定:驴子是出不来了,与其让猎人来抓它,不如把它埋在这里。于是,驴子们用自己的蹄子把土一点一点地推进陷阱里。驴子很快意识到发生了什么事,起初,它只是在陷阱里恐慌地大声哭叫。不一会儿,它居然安静下来。同伴们忍不住朝下看,眼前的情景让他惊呆了。每一次砸到驴子背上的土，它都做了出人意料的处理：迅速地抖落下来，然后狠狠地用脚踩紧。就这样，没过多久，驴子竟把自己升到了陷阱口。在场的同伴们都惊诧不已。

学习也是如此。各种各样的困难会如尘土一般落到我们的头上，要想从枯井里脱身逃出来，走向人生的成功与辉煌，办法只有一个，那就是：将它们统统都抖落在地，重重地踩在脚下。因为，生活中我们遇到的每一个困难，每一次失败，其实都是人生历程中通向成长、成才、成功的一块垫脚石。

2. 幸福与否，不取决于名利

西汉著名史学家、文学家司马迁《史记》说："天下熙熙，皆为利来；天下攘攘，皆为利往。"

名利，是千百年来人们尤其是读书人梦寐以求的东西。

名与利也会对我们产生很大的诱惑，一言九鼎的权力，山呼海啸的追捧，肆意挥霍的钞票……不能不说是一种幸福。

追求幸福，人之常情。但幸福的形式千差万别，获得幸福的渠道也千变万化。有些幸福的代价我们承受不起，这时，面对诱惑，最好的方式就是保持冷静。

小时候，大概是战争片看多的缘故吧！有段时间，我对当官的游戏特别入迷。

找到当"司令"的大孩子，受封个连长、营长、团长什么的官衔。

其实也就一张白纸写的牌牌，别在胸前，顶多也就管几个军阶比自己小的人。但却玩得很过瘾，甚至为了自己"升官"，不惜从家里偷出一两支老爸的香烟，贿赂大"司令"……

近年来，"幸福感"作为一个热门话题越来越为人们所重视。然而在现实生活当中，人们却总是奔跑在追求名利而非幸福的道路上，这是因为在无名无利的时候人们往往认为有了名利就能获得想要的幸福。

现在社会上求名争利，人们一切努力的目标都可以归结为丰裕的物质生活条件和社会名望。但是拥有这些的人真的就幸福吗？美国纽约罗切斯特大学的研究人员通过一项调查发现，真正的幸福与名利无关，在通常情况下幸福来自"精神上的满足"。调查结果显示，真正感到幸福的并非是那些名利双收的人，而是那些能实现"自我价值"的人。研究人员又把"自我价值"所包含的内容整理为：重视个人能力的培养、拥有亲情友情、热心于公益事业等。由此看出，有名有利并不等同于幸福，人们更应该追求的是思想精神境界上的满足感。

3. 学会修剪自己的邪欲

身心健康的人，自然会根据自己的需求、客观条件、他人的感受来调整自己的欲望水平，所谓君子素其位而行，不愿乎其外。健康者遇到客观条件带来的挫折时，适应力也比较强。例如面对邪恶和不公，会有恰当的愤怒，但不会流于意气之偏。面对命运的不幸，会感到沮丧，但不会真的被打垮。所谓乐而不淫，哀而不伤。一个身体健康的人，吃东西到饱的程度，自然就不愿意再吃了。如果一个人拼命地吃，甚至伤害了自己的胃，那应该是一种病。同样，一个人的欲望达到失控的程度（比如在成瘾的情况下，或者由于抑郁和低自尊感而不停地渴望性爱），都是一种身心失去健康的病态，需要治疗、恢复。

邪欲就像一个人体内生长的杂草，太茂盛了，会影响生长，使自己沦为欲望的奴隶。

现在社会上诱惑人的东西数不胜数。从天而降的大奖，免费派发的礼物……一不留神，就会中招。

但说到底，这其实也是我们抵挡不住诱惑，贪婪惹的祸。

所以，我们需要时不时地对自己的欲望进行修剪，别让它过于自由地伸展。

第四节　懂得自律

自律是什么？就是自我约束，就是自己管自己，就是一个人对自己的言行在无人监督的情况下，也能做到不越矩、不犯规。这不仅需要毅力，更需要定力。

所有自律的能力都不是天生的。这既反映了一个人的觉悟，更是一个人觉醒的标志，因为自律，某种程度上也打破了自己跟自己的"潜规则"。

一、自我克制是成事之本

人的所有习惯，都是日积月累形成的。不管是好习惯，还是坏习惯，要想改变都不容易，需要意志力，需要自我管理。

一个想成功的人，即使没有外力强迫，也要养成成功者的习惯。

1. 多想想由此引起的后果

当我们无法抗拒自己的某种愿望时，不妨想想由此导致的后果。

刚读高中那会，我也很贪玩，看到别人玩的时候，心也会痒痒地坐不住，更看不进书。

这时，我就会告诉自己再忍一下，让自己设想考不上大学将会出现的那种"面朝黄土背朝天""汗滴禾下土"、终日劳作的样子，以及考上大学后周围人赞赏、羡慕的样子，就很容易将自己重新摁回书桌前。

2. 给自己使点"精神胜利法"

当自己内心某种愿望太强烈，而又明知道这样的后果是自己所不能承受的时候，克制自己确实是件很残酷的事。

这时不妨学一学阿Q，给自己施点"精神胜利法"，让更大的想法取代这一个想法。

以前穷的时候，缺钱缺得厉害，又忍受不了那些家境富裕同学的显摆，我就会自己安慰自己：有啥了不起，我日后一定比这有钱，吃的用的穿的看的玩的，一定比这高级多少倍、贵出多少倍。

现在不缺钱了，见到那些玩限量版奢侈品显摆的，虽然知道自己的财富还没有上升到那个级别，就也会自我安慰：有啥吗！我只不过不屑于玩这些罢了。

二、时不时地给自己念点"紧箍咒"

大凡事情进行得比较顺利时，通常最容易犯的错误就是放任自流，这时候的人，对一切都会肆无忌惮、有恃无恐。

这时最好的方式就是给自己念一念紧箍咒，让自己的心受一点约束。

1. 模仿成功者的行为

大凡成功者，心里都很清楚自己要什么，而且也知道应该怎样做才更有效益。所以，根据自身条件，有选择地模仿成功者行事的风格，也许可以使自己少走一些弯路。

从小到大，我对自己最满意的，还是"跟大帮"的习惯。

大凡孩子们一起玩，都喜欢"宁做鸡头，不做凤尾"，而我偏偏就是喜欢"做凤尾"的那个人。我一旦决定要玩什么东西，一定是跟我认为在这方面玩得最好的一群人，千方百计地靠近，软磨硬泡地加入。

同龄的孩子觉得我这样让自己一直处于下风，不合算，但我却因为自己的这个习惯而受益匪浅。因为只有与某一方面一流的人在一起，耳濡目染，自己的水平才不至于差到哪去。

2. "喜欢"和"应该"

"喜欢"让人失败，"应该"让人成功。

喜欢和应该是一对矛盾体，喜欢的，让我们觉得舒服，应该的，让我们有所收益。但我们说话也好，办事也好，不都是为了取得预先的效果吗？

要想取得预先的效果，也很简单，就是多说"应该"的话，多做"应该"的事；少说"喜欢"的话，少做"喜欢"的事。

我们有个经销商，说话、做事总喜欢随自己的性子来，所以说起话来总得罪人，办事也总是磕磕碰碰的，她自己也为此苦恼不已。

后来她听取我的建议后，照着做了，即首先弄清楚说话、做事目的是什么，然后朝着有益的方面去做。之后，她兴奋地告诉我：效果很好。

3. 不妨自己吓唬自己

人一得意，往往就会忘乎所以，这时，危机也会乘虚而入。

遇到这种情况，可以试着自己吓唬一下自己，多想想坏的结果，就知道如何避免可能发生的危机了。

我以前一个女同事在这方面确实有过人之处。

如果她不想让自己熬夜，就讥讽明天的自己是"熊猫眼""黄脸婆"；不让自己贪嘴，就吓唬自己长"游泳圈"，变"大肥猪"。

所以，她总能在关键的时候，把持好自己。

三、管好自己，才能立威

颜渊问仁。子曰：克己复礼，为仁。一日克己复礼，天下归仁焉。为仁由己，而由人乎哉？颜渊曰：请问其目。子曰：非礼勿视，非礼勿听，非礼勿言，非礼勿动。颜渊曰：回虽不敏，请事斯语矣。（原《论语·颜渊》）

杨颜渊问仁德。孔子道："抑制自己，使言语行动都合于礼，就是仁。一旦这样做到了，天下的人都会称许你是仁人。实践仁德，全凭自己，还凭别人吗？"

颜渊道："请问行动的纲领。"孔子道："不合礼的事不看，不合礼的话不听，不合礼的话不说，不合礼的事不做。"

颜渊道："我虽然迟钝，也要实行您这话。"

曾经流行着一个段子很有意思：世上有三件事，一是"自己的事"，二是

"别人的事",三是"老天爷的事"。烦恼来自:忘了"自己的事",爱管"别人的事",担心"老天爷的事"。要开心很简单:做好"自己的事",不管"别人的事",别想"老天爷的事"。

《列宁与卫兵》是大家都很熟悉的小学课本中的故事:列宁进克里姆林宫时,卫兵洛班诺夫不认识他,一定要他按规定出示证件。与列宁一起来的那名随从想上前说出列宁身份,让卫兵立即予以放行,被列宁制止了。列宁掏出了证件,卫兵从证件上知道眼前这人就是列宁时,他脸红了,连声说"对不起"。列宁亲切地对他说:"你做得很对,任何人都要坚守制度。"列宁自然是遵守制度的楷模。

如果要使自己说的话有分量,自己在其他人面前有威信,也不难,就是首先管好自己。不乱想、不乱看、不乱说,以自己的所作所为让人钦佩,以自己的人格魅力征服他人。

1. 管住自己的大脑

灵秀飘逸的白云属于天空,清洌蜿蜒的河流山川属于大地,各具风情的四季美景属于季节:万物皆有归属。而一颗晶莹剔透的心是属于自己的。所以,如果我们左右不了其他,请管好自己的心!

管好自己的心,不让私欲填满心房。凡是人,多多少少有些自私的欲望,这本也无可厚非。可是,如果自私到眼里心中只有自己的利益,甚至为了一己之私而不惜以邻为壑。这种人看到的只有自己的一方天空,至于别人的天空是否风雨交加,他全然不会放在心上。这种人,为了私欲会不择手段,想尽一切办法得到自己想要的。最终,即使他得到了自己想要的一切,也会失去人间最珍贵的东西——信任、友情甚至爱情、亲情。

人的大脑是个最不听使唤的东西,动不动就受外在的东西影响甚至刺激,常常的表现就是做事只有三分钟热度,热度过后就容易变得厌倦。

这一点,女同胞们表现最为明显,见到商场门口一大堆人抢着买东西,尤其是衣服之类的东西,也跟着挤进去。

兴致勃勃地买下一件,回家后就束之高阁。

若干年后整理衣柜时才发现,有的竟然连标签都懒得撕开。

但是,要成功,就必须要放下三分钟热度,放空经不住诱惑的大脑,不让自己的任性影响自己做出正确的抉择。

2. 管住自己的眼睛

人的眼睛会摄入很多东西,许多光怪陆离的东西,都从眼睛进入,搞乱我们的心，搞乱我们的脑。所以，要想心清净，就要让眼睛尽量不要摄入光怪陆离的东西，减少头脑处理视觉信号的负担，这样容易保持清净，离开诱惑。

人的眼睛，总是会也受到一些新奇的东西吸引。见到街上打扮奇异的人，总经不住要打量一下；见到过路的美女，也经不住要多望几眼，其实也谈不上有什么特别的企图，只是那一刻过过眼瘾而已。

要成功，也要及时放开容易被任何事物吸引的眼睛。因为眼睛不听话，大脑就遭殃。

3. 管住自己的嘴巴

想表达，是人的通病。知道越多的人越想表达，能力越强的人也越喜欢表达。往往也就会因此招致灾祸，最小的损失也是为此浪费时间。

尤其是听到别人正在谈论你熟悉的话题，听到别人议论你感兴趣的话题时，而你恰恰又在这方面有些想法，或者想表达一下个人的观点，或者仅仅是想了解一些内幕，就会忍不住插上一嘴。结果，往往给自己惹来一些不必要的麻烦。

把嘴巴管严实点，也是一种禅定，也是一种修行。张嘴讲话很容易，懂得闭嘴却很难。

少一点负面的语言，多一些正面的好话，学会赞美别人，多念经，多持咒。贵人语迟，敏于事而慎于言，多讲一些有意义的话，语言才会有分量。

现在网络发达，口德不好的人就太方便了，恶语、谣言、妄语，很多人已经养成习惯了，负面语言张口就来。

以前东家长、西家短，还要几个爱传闲话的人聚在一起叽叽喳喳，现在只要拿出手机，微信朋友圈一发，微博上一转，马上就能传播到世界各地。所谓"好事不出门，坏事传千里"，想当一个清静的人不容易。

培养自己的定力，要从嘴巴开始，训练自己有一张"禅定"的嘴。多关注自己的嘴巴，让自己坚持去说正面的语言，让自己坚持不说负面的语言。能持之以恒坚持一件事情，就叫禅定。

说到底，管不住自己，立不了威。这里面，也有个"应该"与"喜欢"的问题，也需要把握"做应该做的事，说应该说的话；不做喜欢做的事，不说喜欢说的话"这么个原则。

第五节 保持缄默

《论语》:"敏于行而慎于言。"

作家纪伯伦说:"虽然言语的波浪永远在我们上面喧哗,而我们的深处却永远是沉默的。"

一个人有心事,有想法,但是在自身心理和外界干扰的情况下,只能选择不将它说出来。在多数情况下,这虽然是被动的情绪和行为,但是要成功,就必须主动地让自己时时刻刻处于缄默的状态。

一、闭上嘴,是最高的修行

许多事情,该怎样,就怎样。等待它顺其自然地发生,结果可能会更好。所以,在没弄清问题之前,最好先别说出来;有些事,在还看不出端倪时,千万不要急于下结论。

"天不言自高,地不言自厚""言多必失,沉默是金"。话多,不能说明你贤;话少,不能说明你愚。沉默是一种处世哲学,又是一种艺术。所以,要少说话或不说话。

不经意中受到他人伤害、面对挑衅、被人误解时,沉默是宽容,是一种美德。沉默有助于和谐社会的构建。

沉默是有力的武器,是力量的蓄积。开口说话很重要,但重要的是适宜。片刻的沉思会使你说出的话更准确更有效。小平同志指出,少争论、多干事,沉默意味着重行动而不重言辞。

1. 静观其变,是一种能力

知道而不说出,可以而不干涉,这其实是一种个人修养。

当一件正在进行的事还看不出端倪时,不妨先静静地观察,这样就不至于因为只看到事物的一个截面,而做出错误的判断。

三国时大将张辽曾驻兵长社，当时军中有人居心叵测，暗持兵器准备造反，想趁夜里制造惊慌动乱，一起火，全军为之纷扰。

张辽见此情景，对左右的人说："不要妄动，最好按兵不动，静观其变，等待情势稳定。一定不会全营的人都造反，必然只有少数要作乱的人想借此扰乱人心罢了。"于是下令说："不造反的人安静地坐下。"

张辽就带领亲信兵士数十人，站在营阵当中。过了一段时间，情势终于安定下来，轻而易举就抓到了首谋的人，把他们绳之于法，全军终于安定下来，再没有人敢造反了。

2. 顺其自然，是一种幸福

有些事的发展，如果不牵涉重大原则问题的话，还是不要予以干涉为好，不妨让其自然而然地发展。

这样，不但尊重了事物的愿望，也符合自然的行事规律。

一位建筑师设计了一套综合楼群。崭新的楼房一座座地拔地而起，即将竣工时，园林管理部门的人向建筑师要铺设人行道和绿化等设计方案。建筑师说："我的设计很简单，请你们把楼房与楼房之间的全部空地都种上草。"

园林工人虽然很不理解，但是只能依据建筑师的要求去做了。结果在楼房投入使用以后，人们在楼间的草地上踩出许多小道，走的人多就宽些，走的人少就窄些。在夏天，草木葱葱的季节，这些道路非常明显、自然、优雅。

到了秋天，建筑师让园林部门沿着这些踩出来的痕迹铺设人行道。当地的居民对这位建筑师的人行道设计非常满意，他们感到方便、和谐、优雅，愿意走这些道路。

以顺其自然的景观设计获得众人的高度认可和赞赏，建筑师内心也充满了一种受人尊重的幸福。

二、看不清的不说，看清的不全说

说话，看似一件很简单的事，只要长了嘴，就能张口。

但就是嘴唇皮一张一合这么个简单的动作，却包含了许许多多做人的道理，也是决定一个人成功或者失败的重要因素。

1. 知情不必言尽，留些口德与己

有些事情我们明明知道，却未必要说出来，即使非说出不可，也未必要和盘托出。如果心直口快，竹筒倒豆子一样全部抖落出来。这样做的结果，自己的嘴算是痛快了，却给对方留下了疙瘩，那也容易给自己添上麻烦，自己的心里也未

必就能安宁。

2. 责人不必苛尽，留些肚量与己

当我们批评、指责别人的时候，也应该就事论事，只针对这件事谈问题，千万别一股脑儿将人家所有的事全部翻出来，非得将人驳得体无完肤为止。

这样虽然心里痛快了，但也暴露了自己心胸狭隘的毛病，旁观者也会对你发怵，以后凡事都会对你有所提防。

马皇后是明太祖朱元璋的结发妻子，二人在发迹之前就结为连理，十分相爱。而且她知书达理，深明大义，为人宽厚，备受朝廷内外人们的敬重。

朱元璋生性急躁，当了皇帝以后，变得待人苛刻，更加刚愎自用，喜怒无常。每当朱元璋临朝震怒时，马皇后就从中调停，有不少无辜被责的人因为她的暗中保护和援救而保住了性命或减轻了刑罚。和州参军郭景祥儿子被人告发忤逆不孝，曾经手持长矛要杀郭景祥。朱元璋闻听此言，火冒三丈，立即传旨捕杀。

马皇后进谏说："郭景祥就这么一个独生儿子，他怎么会有杀父行为呢？传言或许是造谣中伤。退一步想，就算他儿子不孝，但并未产生杀父恶果。如果因此诛杀此子，不仅于法不妥，而且令郭景祥老年绝户失养，命运更为悲惨。"

朱元璋听了觉得有理，就追回圣旨，命人调查。后来查明郭子杀父之事，确是误传。这样由于马皇后的深明事理而避免了一桩冤案。

英国著名作家萧伯纳应邀访问俄国。有一天他在莫斯科的街头散步，碰到一个可爱的小女孩独自在玩游戏。一时间童心大发，和小女孩一块兴高采烈地玩起来。分手时萧伯纳得意地对小女孩说："回去告诉你妈妈，今天你和一个享誉世界的大作家萧伯纳玩游戏。"小女孩看了看萧伯纳，学着他的口吻，毫不示弱地说："你回去也告诉你的妈妈，今天你和世界上最可爱的小女孩安妮玩游戏。"据说，萧伯纳对这个回答十分吃惊，并立即意识到刚才自己的傲慢和无礼。事后他对一位朋友说："一个人不论有多大的成就，对任何人都应该平等相待，时常保持谦虚的态度，俄国小女孩给我的教训，我一辈子也忘不了啊！"

3. 得理不必抢尽，留三分余地于人，留些宽容与己

"得理不让人"也是我们比较容易犯的毛病，占了点理就不依不饶的，非要出尽别人的"洋相"不可。其实，这样不但显得自己不够宽容，也容易与对方积怨。

有个周末，闲来无事，就跑到朋友开的茶馆里去坐坐。

这时店里来了位顾客，点了杯红茶。忽然他粗声大气地嚷嚷着要叫老板来。他指着面前的杯子，满脸怒气地说："看看！你们给顾客喝劣质的牛奶，把我这

杯红茶都给糟蹋了!"

我这位做老板的朋友过去一看,觉得又好气又好笑。那人把柠檬和牛奶一股脑儿地加进红茶里,不结块才怪。但还是真诚地对这位顾客说了声:对不起!并立刻吩咐给客人换一杯。

新红茶很快就端来了。茶杯跟前仍放着新鲜的牛奶和柠檬。朋友把红茶轻轻地放在那位顾客的面前,又轻声说:"我是不是能向您建议,如果在茶里放柠檬,就不要加牛奶。因为有时候柠檬会造成牛奶的结块。"

顾客的脸一下子红了,照朋友说的喝完红茶后就匆匆地走了。

那位顾客走后,我不解地问朋友:"明明是那人的无知造成的过失,你为什么不直说呢?他态度那么恶劣,你还不给他点颜色看看。"

朋友笑了:"正因为他粗鲁,所以更要用婉转的方式来对待;正因为道理正确一说就明白,所以用不着大声。理不直的人,常用'气壮'来压人。理直就没必要了,理直而'气和',以'和'来结交朋友,不是强过以'壮'压他吗?"

人不讲理,是一个缺点;人硬讲理,是一个盲点。理直气"和"远比理直气"壮"更能说服和改变他人。

一位高僧受邀参加素宴,席间,发现在满桌精致的素食中,有一盘菜里竟然有一块猪肉,高僧的随从徒弟故意用筷子把肉翻出来,打算让主人看到,没想到高僧却立刻用自己的筷子把肉掩盖起来。

一会儿,徒弟又把猪肉翻出来,高僧再度把肉遮盖起来,并在徒弟的耳畔轻声说:"如果你再把肉翻出来,我就把它吃掉!"徒弟听到后再也不敢把肉翻出来。

宴后高僧辞别了主人。归途中,徒弟不解地问:"师傅,刚才那厨子明明知道我们不吃荤的,为什么把猪肉放到素菜中?徒弟只是要让主人知道,处罚处罚他。"

高僧说:"每个人都会犯错误,无论是有心还是无心。如果让主人看到了菜中的猪肉,盛怒之下他很有可能当众处罚厨师,甚至会把厨师辞退,这都不是我愿意看见的,所以我宁愿把肉吃下去。"待人处事固然要"得理",但绝对不可以"不饶人"。留一点余地给得罪你的人,不但不会吃亏,反而还会有意想不到的惊喜和感动。

三、吹牛可以，撒谎不行

吹牛是某些人的行为可以一笑而过，撒谎却是人的品质有问题。

一般地说，吹牛者没有卑鄙的目的，比如三两个熟人在一起，有人就会不经意地说出大话，虽然不见得可爱，但也未必可恨，还有一种情有可原的吹牛，比如写职称或业务述职报告，报先进罗列的事迹，那里面的水分是不少的，只要吹已不损人，人家也不会计较。

撒谎，是一个人是否诚实的表现，小孩子身上可能有过，但成人后却是绝对不能原谅的毛病。

不过，吹牛这类的事情谁都多多少少做过，因为有些时候需要达到某个目的，免不了"旁征博引"，也需要"虚张声势"。

1. 吹牛是聊天的最高境界

在日常生活中常常听人吹牛，一个人吹开了，其他人跟着吹，吹大了就不敢出声了，接着装聋作哑。

从表面看，这种类似科幻的话，确实有逗能的嫌疑。但其实，这既是面临尴尬的一种调侃，也是一个人风趣的表现。

况且，无论是怎样形式的吹牛，其实都需要足够的底气作为支撑才行。

2. 说些天马行空的题外话

在遇到一些原则性的问题，而又不便正面回答，这时最好的方式就是：不痛不痒地"扯闲蛋"、摆"龙门阵"、侃"山海经"。

如果牵涉利害关系，必须表态，而直接表态势必会引发可怕的后果，或者引起部分人的不适。那最好的方式就是东南西北地胡吹一通，这样不至于落人口舌。

这其实是一种智慧，说了等于没说，回答了等于没回答。

让人云里雾里地把握不住主题，也就弄不清你明确的态度。

即使以后出了什么状况，也可以给自己留有余地。

3. 避实就虚，不至于落人口舌

对于一些别人一定坚持要你明确态度的事情，尤其是在牵涉一些事关利益关系的事情方面，不说的话，别人认为你心里有鬼，反倒会胡乱猜忌。

这时最有效的方式就是：避实就虚，说一些无关紧要的，表达一个有一定弹性的态度。

吹牛要务虚，不要务实。

所以，海阔天空地"务虚吹牛"，其实就是缄默，是另一种形式的忍让。

第六节 成功靠熬，失败靠逃

要想成为什么样的人，就要受得了什么样的委屈，谁都不可能轻而易举地成功。从这个意义上说，成功都是熬出来的，而失败的原因纵然有很多，但有一点是相通的，那就是：逃。

为什么一个老板再难，也不会轻言放弃？而一个员工做得不顺就想逃走？为什么一对夫妻无论吵得多凶，无论有多大的矛盾，也不会轻易离婚？而一对情侣常为一些很小的事就分开了？

说到底，你在一件事、一段关系上的投入多少，决定了你能承受多大的压力，能取得多大的成功。

一、吃亏养德，忍耐养心

吃亏不但是一种胸怀、一种品质、一种风度，更是一种坦然、一种达观、一种超越。愿意吃亏、不怕吃苦的人，总是把别人往好处想，也愿意为别人多做一些，在其看似弱智、迂腐、软弱的背后，是一个宏大、宽容、纯净的世界。在这个世界里，他享受着远久的快乐和幸福。吃亏的人，一般都会得到旁观者的同情，不但赢得好人缘，还会在道义上得到更多人的支持，为自己构建了坚实的人脉。乐于吃亏是一种境界，是一种自律和大度，是一种人格上的升华。在物质利益上不是锱铢必较而是宽宏大量，在名誉地位面前不是先声夺人而是先人后己，在人际关系中不是唯我独尊而是尊重他人。如此这般以吃亏为荣为乐，势必也会赢得人们的尊重和赏识。

相反，那些不肯吃亏的人，却经常遭遇吃亏，不但吃亏，而且往往还会多吃亏，吃大亏。人们为了自身的利益为了不吃亏少吃亏，为了多占他人的便宜而上演一幕幕你争我斗的人间闹剧。贪心的人，总是费尽心思去算计别人，在其热情、仗义与关切的伪装背后，更多的是肆无忌惮地对别人的进攻与伤害。这些不能吃亏的人，总是见好处就捞，见便宜就占，即使是蝇头小利，见之亦心跳眼红手痒，志在必得。这种人每占一分便宜，便失一分人格；每捞一分好处，便少一分尊严。同时，世界上没有白占的便宜，爱占便宜者迟早要付出代价。天底下而不会有白吃的亏。

吃亏就是占便宜。正如"祸兮福所倚，福兮祸所伏"的道理一样，吃亏和占便宜也是相互依存和相互转化的。曾经有人说过这么一段极富哲理的发人深省的话，"福祸两字半边一样，半边不一样就是两字相互牵连着"。凡遇好事的时候别张狂，张狂过了头后面就是祸事，凡事遇到祸事的时候也别乱套，哪怕咬紧牙也要忍着受着，忍过了，受过了，好事跟着就来了。

无论吃亏还是忍耐，过程虽然都是痛苦的，但结果却是美妙的；不论是逆境，顺境都要忍，肚量能容事，善意会化解，就会雨过天晴。

其实，吃亏也好，忍耐也好，都是一种以退为进的生存智慧；不是软弱，也不是逃避，而是一种自我的超越。

历经风雨，才能看透人心真假；患难与共，才能领悟感情冷暖。虚情留不住，真心总会在。一份情，因为真诚而存在；一颗心，因为疼惜而从未走开。心甘情愿吃亏的人，终究吃不了亏。能吃亏的人，人缘必然好，人缘好的人机会自然多，人的一生能抓住一两次关键机会，足矣！

所谓"吃亏能养德，忍耐能养心"，说的就是这么个道理。

1. 给自己备个福袋

每个人都有一个用来存放福气或者灾祸的袋子，你往里装什么，就会得到什么。

有一位女士在某天早上，站在路边等去县城的车。

恰巧有一辆去县城接孩子的私家车路过，司机看着这位等出租车的女士，想顺便拉上她还能凑点油钱，于是寻问女士是否去县城。

女士等不了出租车，于是就上了这辆私家车。

到达终点要下车的时候，司机要五十块钱，而该女士说平时三十块，为啥这么贵，说，你这是黑车，要报警，要讨个说法。司机不让。就这样两人在车内厮打起来，女士无意中把车的导航仪打坏了，司机一看，更气了，这导航仪一千多块呢，一冲动，把女士掐死了。

司机被判了死刑。

就这样，仅仅就是各自"吃不得亏"，双方都没忍住，白白搭进两条人命。

其实对工作来说,也一样,多做了一点事情,不必耿耿于怀,换个角度想一下,这正是给了你更多学习和实践的机会,很多时候,极力地想去拥有,却往往空手而归。

一个人吃点小亏,看起来很傻,但却让自己的福袋里多了笔储蓄;忍耐看上去使自己有点痛苦,但心里不会因此留下疙瘩。

2. 给自己立面镜子

唐太宗李世民喜听与善取各种献议,深谙"兼听则明,偏信则暗"之理。其直谏大臣魏徵曾上疏数十,直陈其过,劝太宗宜内自省,居安思危,察纳雅言,择善而从。后魏徵逝世,太宗亲临吊唁,痛哭失声,叹曰:"以铜为镜,可使穿戴之时,端庄齐整;以史为镜,可知历朝以来,存亡兴替;'以人为镜',可观人之举措,以明本身得失,吾常保此三镜,以防己过。今魏徵已死,吾亡一镜矣。"(《旧唐书·魏徵传》)

唐太宗说:一个人用铜当镜子,可以使衣帽穿戴得端正;用历史当镜子,可以知道国家兴亡的原因;用人当镜子,可以发现自己的对错。魏徵一死,我就少了一面好镜子啊。

个人的发展离不开社会,我们在社会中生存,注定要面对种种问题,在面对失败时,在面对诱惑时,在面对各种各样的问题时,有时候作为个人,我们可能会迷茫,会手足无措。在这种情况下,我们做出选择的时候不妨听听朋友的建议,向有经验的同事请教。

在现实生活中,我们也可能存在难以认清自己的问题,所谓人最难认识的其实就是自己。如何在工作或学习给自己一个准确的认位,做到不骄不躁,这就需要我们以虚心的态度、冷静的眼光去看待自己。以人为镜,时刻以身边道德高尚的人为榜样,找差距,找自己不足,不断完善自己,鞭策自己。做一个对社会、对自己负责的人。

每个人的面前都矗立有一面镜子,你对它做什么表情,它就会回报你什么表情。高兴也好,沮丧也罢,镜子里的表情是不知道隐瞒,也学不会撒谎的。

吃一堑,长一智;过于计较,得失心太重,反而会舍本逐末。有时,吃亏也是一种自信的表现。

看人如看己,责人先问心。他人是己心的一面镜子,世人是自己的一个比照。

二、逆境中寻找成长的机会

人生的路，总有几道沟坎；生活的味，总有几分苦涩，人的一生不可能一帆风顺。

被别人困住，被自己困住都是常见的现象。有些人对此怨天尤人，也有些人想尽办法逃避。其实，这恰恰也意味着放弃了成长的机会。

树木受过伤的部位，往往变得最硬。人的成长也一样，经历逆境的伤痛和苦难之后，才能磨砺出优良的个性。立志成才的青年如果能经历一段逆境的磨难为自己的人生"垫底"，那么以后不管遇到什么意外和困苦之境遇，他都能应对和承受。

少时苦难磨砺性情，可抑浊扬清成大业。南非前总统曼德拉，年轻时因反对种族隔离制度被捕入狱，白人统治者把他关在荒凉的小岛上整整27年，3名看守总是寻找借口欺侮他。1991年曼德拉出狱并当选南非总统，当年在监狱看管他的3名看守也应邀参加他的就职典礼，曼德拉还恭敬地向他们致敬。如此博大的胸襟让所有到场的各国政要和贵宾肃然起敬。后来，曼德拉解释说，他年轻时性子很急，脾气暴躁，正是漫长牢狱岁月的悲惨遭遇给了他思考的时间，让他学会了控制自己的情绪，学会了如何处理自己的痛苦。磨难使他清醒，使他克服了个性的弱点，也成就了他最后的辉煌。

傅雷曾经说："不经劫难磨炼的超脱是轻佻的。"这句话至为深刻。逆境的一个重要价值，就是使人学会驾驭自己的个性，适度地张扬自己的个性，而不沦为个性的奴隶，并消除个性中的不良倾向，成为一个自身发展和谐的、与社会相融的有用之才。

1. 逆境培养定力

逆境虽然有种让人有力使不出的苦楚，也增加了做事的难度，但这也是可以培养自己内在定力的机会。

如果心中坚持目标，愈挫愈勇，坦然地面对一切，你很快就会发现，再难，也就一阵子的事，而且每历练一次，人的心境就会跟着大一次。

孟子云："天将降大任于斯人也，必先苦其心志，劳其筋骨，饿其体肤，空乏其身，行拂乱其所为，所以动心忍性，曾益其所不能。"不经过风浪，就不能达到胜利的彼岸；不经历风雨，就不能看到彩虹；不经受磨难，就不能成大事。所以，如果你身处顺境，请走出"温室"，拿出勇气迎接困难的挑战；如果你身处逆境，也不要气馁，要勇敢地克服困难。正如人说："苦难是所学校。"

2. 逆境中潜藏契机

培根曾经说过："最名贵的香料只有烈火中才会发出最浓郁的芳香。"是啊！逆境与挫折是人生中必不可少的一部分，在经历过挫折之后，才会离自己的梦想更进一步。

古人在逆境中成功的实例很多。苏秦"头悬梁，锥刺骨"，最终成为一位有名的纵横家；越王勾践卧薪尝胆多年，最终打败吴王夫差；司马迁不顾酷刑严罚，最终写成了千年巨著《史记》。

逆境与契机是相伴而生的。遭遇逆境，也是机遇出现的大好机会，因为很多事情，只有在我们面临困境，甚至绝境时，才能被发现；很多道理，也只有在一个人真正处于失望，甚至绝望时，才会领悟。

成功的人士都不惧怕逆境，面对困境时他们或如"猎豹一般默默潜伏时刻准备着，伺机在商海之中给机遇一记绝杀"，或者默默耕耘，或者摇旗呐喊。他们凭着一种压不垮的精神，一股无所畏惧的勇气，发奋苦干，在逆境中杀出一条血路。

有句话说得很好——机遇只给有准备的人，越是环境困难的时候，才越是抓住机遇、促进发展的绝佳时机。

三、逆境中坚守人生志向

虽然逆境不可避免，但逆境也是最能考验一个人意志的时候，因为这个时候最容易出现动摇、退缩、逃避。

逆境不是坏事，相反，它是磨炼、是考验。面对逆境，甚至战胜逆境，就要有强者的心态，这是一种态度。每个人都有权选择自己的生活态度，而态度则影响我们待人处事的方法。选择积极进取、力求突破，还是消极退让、虎头蛇尾，对自我发展或战胜逆境都极为重要。

逆境就是人在生活中或追求目标的过程中所付出的努力及遭遇的困难高于一般预期。人以实现自我为目标会在百分之九十的时空内遭遇困境，而不以实现自我为目标则会在百分之百的时空内面临困境。每个人所遭遇的逆境各不相同，但我们要勇敢地迎接逆境的到来，意志消沉是于事无补的。很多时候是我们自己放大了逆境的可怕程度，当我们鼓起勇气去面对，冷静处理，逆境也就是一头纸老虎。人生没有过不去的坎，当我们有了一定的年纪和阅历后，回首遭遇的坎坷，其实也没什么大不了的。

其实逆境以两种方式体现对人的成长的独特价值，一种是阻挡你，不要做不

"是"自己的事情，一种是让你提升境界，不做低于现有境界的事情。两种逆境都以让你失败的形式而将你逼入特有的自己"是什么"的道路，让每个向上的困境形成台阶，在四壁的框架内依次将你抬升到特有的"是什么"的道路上，只有按照精细的"是什么"的路线前行，才能以成功的形式让你摆脱逆境。往往逆境是将你逼向成功的最有效工具，很多成功的例子都是逆境逼迫的结果。

古典主义音乐巨匠的奥地利音乐家舒伯特，少时起他就对音乐有了浓厚的兴趣。长大后，即便生活如此窘迫困顿不堪，但他对音乐的热爱没有一丝一毫减损。

有一天，饥饿折磨得舒伯特心情烦躁，他在大街上漫无目的地走着，被酒店的酒菜香所吸引，不由自主地走了进去。有钱人正在山珍海味、觥筹交错。饥肠辘辘的舒伯特多么想吃上一点什么东西充饥呀。可是他口袋空空，一个铜板都没有，他随便翻着一张旧报纸，忽然，有几首儿歌一下子触动了他无限悲凉的心，刹那间灵感犹如电光火石，立即掏出纸笔，飞快地记录下脑海中萦绕的儿时记忆和现实的凄凉，整个乐曲一挥而就。

这支经典美妙的曲目就是至今为人们演唱的《摇篮曲》。在饿得眼冒金星的关口，舒伯特仍然想着音乐，这是他赖以支撑没有倒下去的一个顽强的支点。凭着这信念，他以异于寻常的坚韧之心，在艰难困苦之中终于成为了一代大音乐家。

只有坚守者，才体会得出成功的滋味，也才能看到不一样的风景。

1. 有些事，不要找理由，要顺其自然

人生有得意时，也有沮丧时。钱没了，痛苦；爱没了，伤心；名没了，遗憾；利没了，怨恨。

这时候，要么就是仇恨，甚至想到报复，要么就是找出这样那样的理由来宽慰自己。结果，往往就是心甘情愿地认输，没有任何条件地放弃，而不愿为争取最好而做最后的拼搏。

生活中，总会遇到许许多多不如人意的事。面对失败，你是选择反思而找出原因呢？还是为自己找逃避的借口呢？想要成功，就不要为失败找借口！

"智者听到赞美，自己反思；愚者收到批评，字字反驳。"总有一些人犯了错、遭遇失败，总能找出各种各样的借口。然而，也有这样的一些人，他们从不为自己的失败找借口。歌手刘若英历经失败，但她并不认为自己的失败是不够美丽，声音不够好听导致的，她通过自己的不断努力，最终成为一名出色的歌手。年轻时的乔布斯亦不因为一时的失意而找借口放弃追逐梦想，他创立的苹果公司

及旗下品牌已经改变了人们的生活。他们之所以成为名人，是因为他们不会为自己的失败找借口，不放弃，不气馁，而是砥砺前行。

总为失败找借口是注定失败的。战国时期，越王勾践战败后失去自己的国家，还被吴王夫差掳掠而去做仆役。勾践坦然面对不断接踵而至的羞辱，每天睡在干柴上尝苦涩的猪胆，反省着自己失败的原因，不让自己懈怠。终于，不忘会稽之耻，争取回到自己的诸侯国的他召集子民，经过若干年的奋斗，国力逐渐恢复。最终灭掉吴国，收复了自己的国土，让曾经欺凌侮辱他的吴王夫差自刎，并且留下了"卧薪尝胆"的佳话。曾经在战场上纵横捭阖的西楚霸王，垓下一败之后逃到乌江边，看到地下"项羽必死于此"时，他羞愧不已，觉得无颜面对江东父老，便在乌江边自刎了。两个同样的失败者，却有着不一样的结果，曾经"力拔山兮气盖世"的楚霸王的悲惨结局多么令人扼腕惋惜啊！假如他能够从失败中反省一下自己，或许，下一个成功者就是他。最后鹿死谁手还很难预料，为什么遭遇失败就一蹶不振呢？

2. 有些人，不能强求，就一笑了之

北宋文学家范仲淹的名著《岳阳楼记》说："不以物喜，不以己悲。"意思是不因外物的好坏和自己的得失而或喜或悲。

生命中，谁都是过客。人与人相遇、相知、相离，都是缘分。

看淡得失，来了，热情拥抱，好好珍惜；走了，不去遗憾，好好祝福。

人的一生，其实就是在得与失相互转化的过程中，不断完善、不断走向成熟的。有的人，从不为功名利禄处心积虑，也不会因得而喜、因失而悲，他失去的可能要多于得到的，但他失去的是身外之物，得到的是生活的充实。有的人，每天沉湎于患得患失的苦闷中，把主要精力都放在失去了多少、得到了多少上，而不关心失去的是什么，从不思考真正想要的是什么。

人的一生，再好的东西，再留恋的东西，也都是只有"使用权"而已，到了时间，什么都带不走。

如果想开、看开、放开，还会痛苦吗？

3. 有些路，躲避不开，就义无反顾

路，都是人走出来的。人生道路，也不可能都是一马平川。

如果有条小路不平坦、有泥泞、有荆棘，但一直走下去就能看见阳光？如果有这么一条路，虽然有点窄，也暂时看不太真切，但却是通向大路最近的一条路？那就没有什么可犹豫的，义无反顾地走下去。不为别的，就因为这条路会越走越光明，越走越宽。

漫漫人生路，何其修远兮。那么长的人生旅途，走下去总会有几步迈错脚步。我和大家一起分享一下几句话：

人生就像愤怒的小鸟，当你失败时，总有那么几只猪在狂笑。

所以，我们不需要去计较那些走错的路。人非圣贤，孰能无过。圣人都会犯下错，况乎我辈凡夫浊胎？不要后悔自己走错的路，我们回不去，路在前方，我们只能像过河卒子般一路向前拱。但我们不能保证一步对，就步步稳妥，但一步错，往往步步皆错。有的人因为白天犯错，夜里在痛悔地呐喊；有的人因为害怕夜长梦多，连梦都不敢做；有的人因为一念之差，就破罐子破摔。所以，人要学会理智地对待人生曾经走过的歧路。

人生苦短，一丝不挂地来，赤条条不带任何东西走，不同的是各自人生的路。有的人走得很精彩，像一颗太阳，光环照耀着各个角落；有的人走得很落寞，像一根含泪的蜡烛，燃烧完自己的年华孤独离开。不同的人生，不同的感受，都让人用一生去品味。那是他们用自己的年岁炖的一锅老火例汤，至于汤是什么味道，只有自己知道。

人活一世，不可能事事考虑得万般周全。什么都预测到吉凶，不是凡人，那是大神。当我们无奈地失去种种选择的时候，千万不要忘记还有选择属于自己，那就是我们对人生的态度。有人说得好：快乐过是过，伤心过也是过，反正日子是不会自己过的。那我们的人生态度就是：活着，好好地活着，精彩地活着；那么多的精彩，我们要好好地享受人生。

突然想起这么一句话：要么忍，要么残忍，要么忍受残忍。
人生在世，不是所有的事情，都能让人尽兴；
也不是所有事情，都能让人舒服。
既然忍是生活的一部分，那么，享受忍，也是生活的一部分。
世上没有一个人让你成功，只有自己。
恩中招怨最难忍！
成功者往往是孤家寡人，靠自己理解自己。
静以修身，才有大智慧。

九 道

忘我 方能佛光普照

第一节　全心全意为人民服务
第二节　为人为己的辩证法
第三节　真正的忘我　才能成就我
第四节　不计较个人得失
第五节　不给钱，也精彩
第六节　以身作则，赢天下

> 要是一个人的全部人格、全部生活都奉献给一种道德寻求，要是他领有这样的力量，一切其余的人在这方面和这个人比拟起来都显得微小的时候，那我们在这个人的身上就看到高尚的善。
> ——车尔尼雪夫斯基

孩提时，我并不胆小，也没有恐高症之类的毛病，但我在过独木桥时却总是洋相百出，要么需要别人牵着手才敢过去，要么就是自己骑着木头一点点挪动身子才能爬过去。

我自己也为此很是懊恼，也曾经不止一次地刻意练习过。

我采用的方式是蒙着眼睛在泥地里走直线，或者在倒伏在地上的电线杆上来回走动。也怪，都很顺利，但临到了走独木桥时又是故伎重演。

一直为我这一点着急的表哥，在观察了几次之后，找到了问题的症结，原因是我在过独木桥时想得太多。他向我传授了一个秘诀：啥也别想，眼睛只盯住前方的路，径直走过去就行了。

按照表哥教的方法去做，也怪，次次成功。相反，没按照表哥的方法去做，偏偏就是成功不了。

为这事我纠结了好长时间，我就纳了闷了，这走路，跟脑子里想点啥有什么关系。况且，在过桥那阵，好像我啥也没想啊！

后来，我经过很长时间的总结，的确自己在过桥时心里还是揣着各种担心和焦虑的：担心前面遇见什么，又怕后面跟上什么；既要考虑天上突然掉下什么东西，也怕地下冷不防冒出什么东西。掉进河里怎么办？衣服湿了怎么办？水深不深？会不会水里有石头？有怪物？有没有人救？等等，杂念重重。

说一千道一万，还是顾忌太多，担心自己的节奏会被什么打断，担心自己的付出得不到预期的收获，心性乱了，也就影响了动作的发挥。

后来我将这个道理引申到各个方面。做啥事之前，心里不再老是揣着自己得失，只是盯紧前方的目标。自此之后仿佛有了神助，做什么都是顺顺当当无往而不胜。

人之失败、苦难，关键在一个"我"字，对"我"执着，执念放不下。

佛家经典《金刚经》中就有提及四种相，即"无我相""无人相""无众生相""无寿者相"，实际上这四相都在讨论同样的事物，就是"我"。这里所提到的"我"，就是指那些属于"我"或虽不属于"我"，而却期望得到和不要得到的东西。除了那些我们已经拥有而不希望失去，以及拥有却想除去的，还有那些我们没有却想得到或害怕得到的东西之外，没有什么是可以被称为"我"

的。然而大多数的时间，我们并没有觉察到我们希望除去或得到一些什么东西，我们只意识到自我的存在。首先，我们知道自己的身体以及它的需要，由于我们的身体需要某些物品，才感觉到"我"对这些物品的需要。身体使我们注意到我的存在。其次，心念的活动给我们存在的感觉。除了身体和心念以外，就没有"我"的感觉了。事实上，是我们的心使我们经验到"我"的存在，身体如果离开了心，便不知道那是我。那么，什么是心呢？那是不断或连续流动的欲念、杂念。

佛也并非一出生就是佛的，他根本也是人，从人逐渐修到佛必须具备大慈悲，大毅力的，若无慈悲之心，那就是自私了，就存在着"有我相、有人相、有众生相、有寿者相"，这也就是所谓的"着相"。当然这种大慈悲心也并非一出生就具备的，这需要人生的经历与思考，进而得到心灵的升华，灵魂的洗涤，排除心灵之垢，处处为他人着想，心中无"我"，只为众生。这就达到了"无我相"这个条件。

当一个人已经体验并进入到"忘我"乃至"无我"的境界时，可以说很多问题也就迎刃而解了。

所以，现在的人们一边赞叹那些心里装着别人，不为自己考虑的人高尚，一边又觉得这样的人很傻。所以，常常会出现的情况就是：敬佩那些利人的人，又不放过任何一个利己的机会。

所谓忘我，就是不计较个人得失，全心全意为人民服务。

只有无我，才够专注，才能成功。

玩游戏的人常常玩得"无我"；打麻将的人常常打得"无我"。

全心全意为人民服务，才是成功路上助人成功的颠扑不破的真理。

第一节　全心全意为人民服务

全心全意，其实就是一种"忘我"的精神状态。

如果做事忘我，很投入，就能出优质高效的东西；如果做人忘我，就会赢得人心，也容易受到更多的人拥戴，振臂一呼而应者云集。

一、为人民服务是永恒的成功真理

"为人民服务"这句话一度成为至高无上的行为准则，在中国家喻户晓，也一度受到质疑，这是因为过去那个时代烙下的印记。其实，这句话概括了人与人之间的相处之道，到今天依然没有过时，即使是不同国家、不同制度、不同时代，都一样适用。

即便就是以当今这个大家公认为"凡事明码标价"的商业时代，这些理念并非陈词滥调，反而有更为深远的现实意义，依旧值得人们在实际生活中去遵循去践行。

1. 为了谁，这是个问题

人与人的关系，就像天平的两端，哪端重就往哪端倾斜。

人的存在，不可能脱离别人的支持，只有处处为他人着想，急公好义，为他人办实事、解难事、做好事，才能获得他人发自内心由衷的支持，才可能得到他人的拥戴。

只有为了广大人民，只有为了共同目标，才会得到大家一致的拥戴。

当代诗人臧克家诗歌《有的人》说得好"有的人活着/他已经死了/有的人死了/他还活着/有的人/骑在人民头上："呵，我多伟大！"/有的人/俯下身子给人民当牛马/有的人/把名字刻入石头想"不朽"/有的人/情愿作野草，等着地下的火烧/有的人/他活着别人就不能活/有的人/他活着为了多数人更好地活/骑在人民头上的/人民把他摔垮/给人民作牛马的/人民永远记住他/把名字刻入石头的/名字比尸首烂得更早/只要春风吹到的地方/到处是青青的野草/他活着别人就不能活的人/他的下场可以看到/他活着为了多数人更好活的人/群众把他抬举得很高，很高。

即所谓"金碑，银碑，石碑，不如人们心中有碑"。

2. 失掉有形的，得到无形的

人，总是从无到有就欢欣，从有到无就悲苦，其实，有无之间更替才是人生。

有形的东西，比如，金钱、权力等，往往会随着时间的流逝一去而不复返；相反，无形的东西，比如，形象、人际关系等，有时会随着时间的推移历久弥坚。

我就读的高中有个看门老头堪称全校人人称道的大人物，即使不认识校长的人也都认识他。而且如果有谁说他坏话，立刻会有人站出来反对，并且我还注意到一个情况：每次学校年终先进人物榜上，次次都有他的名字。

可算起来，他似乎没做什么特别的事情，每天的工作就是到点拉铃、分发报纸信件。顶多就是清晨或者傍晚，没有几个出入学生的时候，扫扫门卫室门前的空地。

直到有一次我看见了传达室墙上他的照片才恍然大悟，他原来是一个老革命，连县教育局长都曾经是他的兵，他还是我们校长的入党介绍人。可他却甘愿做一个门卫，每天做最简单平凡为他人服务之事，孑然孤身，落个清闲，打钟送报，从无毫厘差池。可越这样，他越是受到大家的尊重。

要成功，就要学会给自己做加减法，什么都想要的结果，往往就是什么也得不到。有时失去一些有形的东西，往往会得到无形的形象。

3. 得到有形的，失去无形的

如果我们过于计较物质的东西，计较一些有形的东西，往往也意味着失去信任，失去人心等一些无形但却非常重要的东西。

以前我们有个村干部调到乡里任职后，总喜欢以乡干部的身份到村里来蹭酒，即使是人家两口子闹个别扭之类的芝麻绿豆般的小事，他也要特地从镇上赶回来。

不明白的人还以为他是热心，明白人很快就发现他是嘴馋了，借此机会打打牙祭，因为他劝人都是赶着饭点来，而且每次来之前还总是提前一个小时以上通知。后来，他退下来了，别人还总是以这个事情调侃他，他也因此尴尬不已，颜面扫地。大家看看，他为了口福之享，失去了别人对他的尊重，曾经的酒肉穿肠而过变成粪土，晚年的他成为大家茶余饭后口中笑料，多么不值。

4. 无形的东西永远比有形的重要

《易经》记载："易有太极，始生两仪。两仪生四象，四象生八卦。万象胜无形，无形胜有形。"

天属于有形，地属于无形。有形的是器，无形的是魂。有形是外在，无形是内涵。画是有形诗，诗是无形画。有形在眼前，无形在脑后。白云是有形的，轻风是无形的。水银柱是有形的，温度是无形的。躯体是有形的，灵魂是无形的。有形的靠学习，无形的靠领悟。有形的在我们周遭，无形的在我们心中。

有形是无形的前提，无形是有形的高级形式。有形可转化为无形，而无形又反作用于有形。

形是表示物质的形态，无形则表示空间、时间。有形的东西很短暂，只有无形的东西才永恒。有形的表现为形式，无形的显现为内涵。有形的是表现在外的，无形的是隐藏不见的。比丘有形的是袈裟，无形的是慈悲与智慧。美貌表现为有形，魅力展现是无形。奖金表现为有形，鼓励显示的是无形。

人来自于无形世界，却迷失在有形世界。世上的东西都是有形的，唯有心灵无形。自然界的风是有形的，社会风气是无形的。外界的变化是有形的，内心的快乐是无形的。桂花是一种有形的东西，但它的香味是无形的。有形的东西迟早会毁灭，无形的东西才会永恒。

诚信是无形资产，责任是把它转化为有形资产。

人的一生都有两笔财富：一是有形的，钱、财、物；二是无形的，关爱、责任、爱心、谦卑。

个人形象、人际关系这一类的东西，看似不能吃不能用的，但却影响一个人生存环境。

以前在乡下生活的时候，家家户户都有养鸡。自家的鸡跑到别家窝里生蛋的事也常有发生。

我就发现一个有趣的现象，大凡那些对此事马虎的人，人家也不会跟他计较；相反，喜欢在这件事上较真的人，人家也会跟他斤斤计较，人缘关系也会搞得很僵。

二、心系人民，才被人民所系

你要人家怎样待你，你就该怎样对别人。

人际关系的黄金法则："你想要别人怎样对待你，你就要怎样对待别人。"

这条黄金定律的秘诀在于：你掌握着人际关系的主动权，只要你想要一个和谐顺畅的人际关系，你就可以拥有，当然关键是你！

很多时候，我们总是在抱怨别人对自己不好，又或者是工作上领导对自己不关心，总之，我们总是在埋怨对方没有为自己做多少。但是，当你发出这些抱怨声前，请你试着想一想，我们对别人怎么样？为别人又做过些什么？

古语有云："己所不欲，勿施于人。"看来，任何人都应该明白，只有当你为别人付出了，别人才会相应地回馈于你，因为这是彼此之间一种相互的尊重。

做人，千万不要一味只知向别人索取，在你伸出手之前，一定要问问自己给予了对方什么。当你希望那些跟你来往的人都赞赏你，希望人家能够肯定你真正的价值时，同样你也要学会去用相同的方式对待别人。

一个人心里装的人越多，也就被越多的人心里装着，这是个相辅相成的关系。

1. 心系他人，成就自己

一个人心里装着他人，他人才愿意与你交心。

对于一个官员来说，思想上植根于人民，人民才拥戴他。

对于一个推销员来说，心里装着客户，处处为客户着想，客户才愿意购买。

一位英国作家曾说："没有人是一座孤岛。"是啊，寄身于天地间，我们每个人都不是寂寞行路的旅人，我们需要付出关爱，也需要他人的关怀。唯有心系他人，为他人着想，我们的路才能越走越宽，人生境界方可顿开。

有个叫比尔的业务员推销一款罐装水，可他负责的那座城市当时罐装水还没普及，所以一个月时间他才卖出 16 罐水。

有一天，他接到一个让他送一罐水的电话，对方报的地址来回得一个多小时，为一罐水的利润确实不合算，但他还是爽快地答应了，因为他从电话中听出对方是位行动不便的老妇人。

水送达后他又帮老太太清洗长时间不用的水机并安装好，回到家已经很晚了。这之后，他每周都要这样不辞辛苦地给这位老妇人送一罐水去。

老妇人的儿子知道后很感动，也让自己的公司定了比尔的水。

邻居们听说这件事后，也纷纷要了比尔的水。

最后，小区几乎所有的住户用的都是比尔的水。

两个月后，这个城市超过一半的罐装水，都选择用比尔的。

2. 胳膊肘有时向外拐，收获更多

人们常常形容那些"吃里爬外"的人胳膊肘是向外拐的。但对于一个想成

事的人来说，有时胳膊肘向外拐收获更多。

罗斯福是美国最受爱戴的总统，他的黑人男仆奥默森写过一本书《罗斯福，他仆人的英雄》，他在书中写到这样一个细节：他妻子听人说鹑鸟很漂亮，可是从来没有见过鹑鸟。有一次她到总统的房间工作，就向总统询问有关鹑鸟的事情。总统当时就停下手头的工作，不厌其烦地向她讲述鹑鸟的故事。奥默森的妻子也没有把这件事情当成什么大事，也就是随便问问而已，总统的态度让她十分感动，她没有想到位高权重、日理万机的总统，竟然这样重视自己的一个小小的问题。

不久的一天下午，奥默森房间的电话响了，是罗斯福总统打来的。总统告诉奥默森，他刚刚从奥默森的窗口经过，看到正好有一只鹑鸟落在他们的窗台上。他让奥默森转告妻子，赶快来看那只鹑鸟。奥默森感动万分地喊自己的妻子，他们热泪盈眶地看到了那只美丽的鹑鸟！

奥默森这样描述他和妻子的感受：作为一个仆人，你怎么能够不喜欢这样的主人？他和妻子始终把这件事情记在心头，不仅仅作为自己一生最珍贵的宝贝珍藏，还常常像美味一样拿出来细细品尝。他说，在当时的白宫里，任何一个在那里工作的人，几乎都有过类似的经历。大家只要谈起总统，都有一些值得自己终生铭记的故事。他们这些仆人常常这样想，不论在什么时刻，为了罗斯福总统，他们随时都愿意赴汤蹈火！

有一年，我们村与邻村为了一个山头划分的事，争得不可开交，两边村干部多次协商后都没有效果。最后没办法，各自请来村里最德高望重的人来评判。

我们村派出的是九叔公，可他去后二话没说，就将整个山头拱手让给了邻村。当时，不光是族人，几乎全村的人都说九叔公这是胳膊肘往外拐，甚至揣测他暗中收了别人什么好处。

但这事还没有完。来年县里派人来重新普查土地，那个独占山头的邻村，主动提出将一座山划归我们村名下，理由就是头年我们慷慨地让出了那一半的山头。

让出半个山头，却换来了整座山。这时人们才纷纷夸赞九叔公这个本钱下得值，不但落了个豁达大度的美名，还赚得了几倍的土地。

3. 普适规律：无私才能成"大私"

曾经不止一次地听人感叹：现实的残酷，使得"无私"的人越来越少了。但遍数当今的各行各业成大事者，都是无私的人。

世界首富比尔盖茨将自己90%的资产捐给了自己名下基金会，与之财富不想上下的股神巴菲特更是捐出了全部资产，连名都不留。

国内这样的事例也是屡见不鲜。华为创始人任正非把大部分股份都分给了员工，留给自己的只有0.4%。

更有政界、文化界、科学界的世纪伟人、学界泰斗，更是为了广大民众的利益，鞠躬尽瘁，公而忘私，才成就了一番伟业，也为世人永远铭记。

有这样的一篇寓言故事《人世间最无私的爱》，每每想起，我总是感动得热泪盈眶。

很久很久以前，有一棵巨大的苹果树。一个小男孩每天都喜欢来围着树玩。他爬到树顶，吃苹果，在树荫下小息。他很喜欢这棵树，树也喜欢和他一起玩。

时间在流逝，小男孩长大了，不再每天围着树玩了。

有一天，男孩回到树旁边，看起来很伤心。

来和我玩吧，树求男孩说。

男孩：我不是小孩了，我再不会到树下玩了，男孩回答。我想要玩具。我需要钱买玩具。

树：对不起，我没有钱，可是你可以摘下我的所有苹果，卖掉它们。这样，你就有钱了。

男孩很兴奋。他摘下了树上所有的苹果，高高兴兴地走了。男孩摘了苹果后再也没有回来。树很伤心。

一天，现在已经长大成人的男孩回来了，树很激动。

来和我玩吧，树说。

我没有时间玩。我必须干活养家糊口。我们需要一个遮风挡雨的房子。你能帮我吗？

对不起，我没有房子。但你可以砍下我的树枝来建房。于是那个男人砍下所有的树枝，高高兴兴地走了。

树很高兴看到他快乐，然而，从那以后，男人再也没有回来。树再次陷入孤单和悲伤之中。

一个炎热的夏日，男人回来了，树很高兴。

来和我玩吧！树说。

我越来越年龄大了。我想去航海放松自己。你能给我一条船吗？男人说。

用我的树干来造船吧。你可以航行到很远的地方，你会感到快乐的。

于是那个人砍下了树干，造了一条船。他航海去了，很长一段时间未露面。

最后，多年以后，男人又回来了。

九道　忘我　方能佛光普照

对不起，我的孩子。可是我再也没有什么给你的了。再也没有苹果给你了，树说。

没关系，我也没有牙吃苹果了，男人回答说。

树：没有树干让你爬了。

我太老了，爬不动了，男人说。

我真的什么也给不了你了，只剩下我那快要死去的根了，树流着泪说。

现在，我不需要什么东西了，只要有个地方休息就行。我已经累了这么多年，男人回答。

太好了！老树墩就是倚着休息的最好地方，来和我一起坐下歇歇吧。男人坐了下来，树很高兴，含泪微笑着。

这是我们每个人的故事。那棵树就像是我们的父母和对我们付出爱和关心的人。

三、心向人民，才被人民所向

我们说话、办事，向着他人，也会得到他人相应的回报。

如果啥事都向着自己，势必就会失去更多他人的信任，结果就是自己渐渐地变成孤家寡人一个，失去必要的尊重、威信不说，即便是说话、做事，也都不容易得到别人必要的回应。

当今的世界，从来都只是为大人物树碑立传，然而，在北京百货大楼前却矗立着一位普通售货员的塑像，经过的人们都不由自主地在那里驻足，或向他投以尊敬的一瞥，他就是原北京市百货大楼糖果柜台张秉贵。作为一名优秀的共产党员，他以"为人民服务"的热忱，在平凡的售货员岗位上练就了令人称奇的"一抓准""一口清"技艺和"一团火"的服务精神，成为中华人民共和国商业战线上的一面旗帜。

张秉贵以其专业的服务技能和热诚的服务态度获得了人民群众的高度认可，在他极其平凡的岗位上做出了不平凡的事业，因为他心里装着人民大众，他才被众多的普罗大众所怀念。

1. 站在少数人一边，还是站在多数人一边

任何事，想做到人人满意也是不可能的。

无论你考虑得如何周全，总有反对的意见。这时就面临着得罪少数人，还是得罪大多数人，站在谁的一边的问题。

这其实也就是一个立场问题。

站在正义的一边，站在人民的一边，站在大多数的一边，得罪的是那些少数人；站在少数利益群体的一边，必然就失去了民心。

2. 与其张开双臂，不如敞开胸怀

我们不妨做个简单的游戏。

将自己的双臂张开，最大限度地将东西往自己怀里揽……

一个人的双臂再长，能够拥抱的顶多不过周边一米多范围内的东西。

现在把手臂放下，闭上眼，深呼吸，敞开自己的胸怀，拥抱的东西……就会是整个世界。

这个游戏告诉我们这么个道理：如果我们的心是封闭的，那即使伸开双臂，所拥有的东西也极其有限；而打开胸怀，所能容纳的却是无限的。

法国著名作家雨果的诗句写道："世界上最宽阔的是海洋，比海洋更宽阔的是天空，比天空更宽阔的是人的胸怀。"

3. 人心所向，才有持续的成功

西周时期有个著名的"烽火戏诸侯"的周幽王沉湎酒色，宠幸褒姒，不理国事，为政贪婪腐败，对老百姓非刻薄寡恩，最终民心尽失、成了孤家寡人的周幽王在敌国围攻时，几乎是在众人的旁观下被人杀死，落得个悲惨的结局。

人心所向，就会众望所归、深得人心。反之，就会众叛亲离，成为众矢之的。

一个人再有能力，也不可能跟大众相抗衡。

还真不要不信，如果违背了民意，就算是一个人一口唾沫，也能将人活活淹死。

第二节　为人为己的辩证法

生活每天都在继续，我们每天都要与人交往，面前走马灯一样变换着一些老面孔、新面孔。各人有各样的脾气，各人有各自的位置，喜欢也好、讨厌也罢，

他们都是我们生活的一部分。

在人与人的交往中,如何把握得与失,这不仅考量的是生存的智慧,更是生存的艺术。

一、越算计,越不幸

凡是太聪明、太能算计的人,实际上都是很不幸的人,他们其实拥有太多的想法,这些成为挥之不去的念头,像山一样沉重地压在心上,致使自己活得没有多少乐趣。

非但如此,反而会由于过多的算计引起对人、对事的不满和愤恨。于是,就免不了常与别人闹意见,分歧不断,内心弥漫着矛盾冲突。

换句话说,这类人虽然会算计,却未必有好日子过。

1. 算计者怀疑一切,错失良机

太能算计的人,目光总是怀疑的,常常把自己摆在世界的对立面,认为一切东西都不可靠,人做什么都有不可告人的阴谋,唯恐自己吃亏上当。

明明一个绝好的机会摆在面前,他却害怕是陷阱,等到他认为看清了已经晚了。

生活中这类例子真是太多。

早期认为做生意是搞"投机倒把",后来炒股是"不务正业",电子商务是"旁门左道",直销是"亲情奉献"。

后来活生生的事实证明,很多人为此错失了改变个人命运的大好机会。

2. 算计者多贪婪,捡芝麻丢西瓜

太能算计的人,骨子里还贪婪。往往因为吝惜自己的一点点付出,而错失更多的机会,在抱怨中不能自拔。古人说"机关算尽反误了卿卿性命",讲的就是这个道理。

我开始做生意时就遇见过个别这样的人。

向你买一件东西,恨不得搭送几件东西;买你一次东西,好像你欠了他天大一个人情;总觉得你赚了他好多钱,隔三岔五地来蹭饭,顺走点东西,千方百计地要捞回去。

后来,熟悉他的人都不愿做他的生意。逢着我,他还抱怨有好东西干吗不想着他,并一个劲地唠叨谁谁给他假货、谁谁给他劣质的、过期的东西,坑得他好苦。

他周围的跟他同时期做生意的人日子都过得有声有色,而直到现在这个人的

生活事业依旧没有什么起色，他还是在喋喋不休地抱怨，仿佛整个世界都亏欠他似的。

二、为己者，得小失大；为人者，失小得大

中国的国粹围棋兵法中有弃子战术，这是围棋的一项重要基本战术。经典围棋著作《围棋十诀》就提到"弃子争先""舍小就大""逢危需弃"三条与弃子有关的格言。此外，我们下棋中常说的"弃子取势""弃子求活""弃子转换""弃子整形"等也无不与弃子有关。弃子战术趣味无穷，若能成功运用，可化腐朽为神奇，枯木逢春，柳暗花明。有时它像天外来客，突出奇兵，能收到意想不到的效果。中盘逐鹿时，弃子战术常常能令主客易位，天地翻覆，乾坤倒转。

人生如棋，只有舍弃一些棋子，才能赢得一生的胜利。

成功者付出，失败者索取。

其实每个人都不傻，但什么时候该傻，什么时候不应该傻；什么事情该傻，什么事情不能傻，却考验着一个人的智慧。

1. 处处为己，失道寡助

一个自私的人，心里只有自己，处处只为自己着想，违背了社会公认的价值观，当然不会得到多数人的支持与帮助。

这类人表面看起来很精明，但却会因为占小便宜而吃了大亏，而且因为这类人违背了最起码的道义，必陷于孤立。

2. 处处为人，得道多助

《孟子·公孙丑下》中说："得道者多助，失道者寡助。寡助之至，亲戚畔之；多助之至，天下顺之。以天下之所顺，攻亲戚之所畔，故君子有不战，战必胜矣。"心怀仁义行为仁义的人，帮助支持他的人就多，与人为恶处处考虑自己的人，帮助支持他的人就少。帮助他的人少到了极点，所有的亲朋好友街坊邻居都会背叛他。帮助他的多到了极点，天下人都尊重他归顺他。凭借天下人都归顺他的条件，与所有的亲朋好友街坊邻居都背叛离弃他的人相争，其结局可想而知。所以有道德有仁义的君子不战则已，只要战就一定胜利。

一个无私的人，心里总是装着他人，做事总是顾及他人的感受，处处考虑他人的利益，理所当然地会受到他人的拥护与支持。

一个人眼里有他人，他人眼里也才会有你；

一个人心里装着他人，他人心里才可能装着你。

合乎正义的、讲求仁义道德的人就能得到多方面的支持与帮助，违背正义

的、心如蛇蝎的人就会陷入孤立无援的境地。

这其实是相辅相成的辩证关系，也是为人、为事的规律。顺之，做什么事都会顺顺利利的。

3. 偶尔糊涂又何妨

"水至清则无鱼，人至察则无徒"，说的是一个人如果过分较真，则难免会碰钉子，为周围所不容。凡事糊涂些，圆通些，自然会赢得一个和谐共处的人际环境。

事实上，大凡有所建树者，都有一股糊涂劲。众所周知的郑板桥就以"难得糊涂"著称于世，但他的"糊涂"并非是实实在在的糊涂，只是为着处事的需要，"揣着明白装糊涂"而已。

"揣着明白装糊涂"，意味着"容忍、退让、放下"，这种"糊涂"是一种豁达，一种洒脱，所进入的是融通圆熟之境。李白有诗云："大贤虎变愚不测，当年颇似寻常人。"意思是某些时候，人要有猛虎伏林、蛟龙沉潭那样的伸屈变化之胸襟，让人难以预测，而自己则可身在其中从容处事。这里凸显的，是一个人在某些特定情景中，不争宠、不吃醋，"揣着明白装糊涂"的大智慧。"揣着明白装糊涂"是宽厚待人的一种方式，也是修身养性的绝妙选择。一个受人尊敬的人，可以没有过人之处，但一定要有一颗宽厚容纳之心。

春秋时，楚王宴群臣，歌舞美酒，饮至黄昏，兴犹未尽。楚王命点烛夜宴，还特别叫最宠爱的两位美人许姬和麦姬，轮流向各人敬酒。忽然一阵风来，吹熄了所有蜡烛，黑暗中，一位官员趁机摸了许姬的玉手，许姬一甩手，扯断了他的帽带，匆匆回座附耳对楚王说："刚才有人乘机调戏我，我扯断了他的帽带，赶快叫人点烛，看看谁没有帽带。"楚王听了，忙命不要点烛，并大声说："寡人今宵意与诸位同醉，来，大家都把帽子除下来痛饮。"在各位官员遵嘱除掉帽子后，楚王才命点烛，如此一来，自然看不出谁的帽带断了。

席散回宫，许姬怪楚王不给她出气，楚王笑着说："酒后狂态，乃人之常情，若要追究，岂不是大煞风景？"

后来楚王伐郑，有一健将独率数百人，为三军开路，过关斩将，直逼郑国首都，楚军因此声威大震，这位将军就是当年摸了许姬玉手，却被楚王"糊涂"放过的那个人。

人生在世，不可能没有争斗，但遇到争斗时"揣着明白装糊涂"，对人礼让三分，也许会活得更盎然、更自在。活得太明白了，容易陷入痛苦的桎梏，就算有所造就，又有什么人生快乐可言？

每个人都希望自己聪明，越聪明越好，越聪明越显得自己为人处世的高明。

聪明有大聪明与小聪明之分，糊涂亦有真糊涂与假糊涂之别。

真正聪明的人，常常表现为小事糊涂，轻权势、少功利、无烦恼；表面愚拙糊涂，实则内心清楚明白，大事绝不糊涂。

这不仅是一种高明的处事艺术，也是让人舒服的真聪明。

三、失一片绿地，得到的将是整个森林

这就好比我们眼前有块绿地，心里想要的其实是片森林，两难的取舍，孰轻孰重？这就需要衡量轻重之后做出选择。

曾经有则这样的故事：有只狐狸被猎人套住一只爪子，它毫不迟疑地咬断了那条小腿，然后逃命。

放弃一条腿，保全一条命，这是狐狸的哲学。

我们人生亦应如此，在生活强迫我们必须付出惨痛的代价以前，主动放弃局部利益而保全整体利益是最明智的选择。

智者曰："两弊相衡取其轻，两利相权取其重。"

趋利避害，这也正是放弃的益处。

在人生旅途中，需要我们放弃的东西很多，古人云：鱼与熊掌不可兼得。不是我们应该拥有的，就要放弃。只有学会放弃，才能拥有一份成熟，才会活得更加充实、坦然和轻松。

放弃一段恋情也是困难的，尤其是放弃一段刻骨铭心的恋情……但是，既然那段岁月已悠然遁去，既然那个背影已渐行渐远，又何必要在一个地点苦苦地守着呢？不如冷静地后退一步，学会放弃，一切又会柳暗花明。

批评别人是错误的，表面上批评别人好像占了便宜，其实错了，失与得都是一样，有得就有失，得就是失，失就是得，所以，一个人到了最高的境界，应该是无得无失。

上帝关了一扇窗，一定会打开一道门。

我最早狠下心来，丢掉教师的饭碗，离开家乡，前往北京谋生。

经过一番跌跌撞撞的折腾之后，总算在一家私企找了份工作，给私企老板打工，搞推销，做市场，嘴皮子不知道磨破了多少回，鞋底子不知道走烂了多少双。

好不容易市场做起来了，结果老板"掉链子"……但市场要跟着我。

结果，带着市场资源来广州创业，有了今天的大好局面。

第三节　真正的忘我　才能成就我

　　自然的规律就是相互依存。将每个人作为一个个体看，似乎都是互相独立的；但将之作为人群看，其实我们人类都是一个共同体。

　　一个人能得到别人多大的帮助，取决于对别人的帮助有多少。只有不计得失地帮助他人，才会得到他人的帮助。反之，得到的将会是更大的抵触。

　　一个人只有进入忘我的状态，他的事业与生活才能够进入一个普通人所达不到的境界。

　　英国大科学家牛顿每天除抽出少量的时间锻炼身体外，大部分时间是在书房里度过的。一次，在书房中，他一边思考着问题，一边在煮鸡蛋。苦苦地思索，简直使他痴呆。突然，锅里的水沸腾了，赶忙掀锅一看，"啊！"他惊叫起来，锅里煮的却是一块怀表。原来他考虑问题时竟心不在焉地随手把怀表当作鸡蛋放在锅里了。

　　还有一次，牛顿邀请一位朋友到他家吃午饭。他研究科学入了迷，把这件事忘掉了。他的佣人照例只准备了牛顿个人吃的午饭。临近中午，客人应邀而来。客人看见牛顿正在埋头计算问题，桌上、床上摆着稿纸、书籍。看到这种情形，客人没有打搅牛顿，见桌上摆着饭菜，以为是给他准备的，便坐下吃了起来。吃完后就悄悄地走了。当牛顿把题计算完了，走到餐桌旁准备吃午饭时，看见盘子里吃过的鸡骨头，恍然大悟地说："我以为我没有吃饭呢，我还是吃了。"

　　这些故事究竟是真是假，并不重要，不过它表明了牛顿是一个怎样沉思默想，不修边幅，虚已敛容的人，他对科学极度地专心，总是想着星辰的旋转，宇宙的变化，而进入了忘我的境界。

一、作用力与反作用力

　　牛顿告诉我们：两个物体之间的作用力和反作用力，总是大小相等，方向相反，作用在一条直线上。

人也一样，自己是什么样的人，就可能吸引什么样的人；你怎样对待别人，别人也可能怎样对待你。

1. 吸引与排斥

人与人之间，既存在相互的吸引力，又存在相互的排斥力。

有吸引力的人，会得到人家的帮助；反之，则没有人愿意提供帮助，甚至还会因此遭到众人所排斥。

我读高中的最后一个学期，基本上就是复习。为了迎接高考，同学间都彼此视为竞争关系，所以处处设防、事事保守。哪怕是同一寝室的室友也都跟陌生人似的很少说话，甚至连迎面碰到打个招呼，眼神交流这样的事情也很少发生。

这种状况，直到因为一场雨的到来而改变。

那年雨季，天就像是漏了一样，连续下了几天几夜的雨。顿时，通顺河上游山洪暴发，一泻而下的洪水淹上了我们的学校，将教室、寝室、饭堂、阅览室几乎隔断，很多地方都必须蹚水才能通过。那时多半还都是泥土路，被水泡了几天之后变得湿滑不堪，稍不留神就会滑倒。

也不知是谁起的头，走路时必须三三两两地拉着手，也不管认识不认识，男生还是女生，相互间像是形成了一种默契，需要时伸出手，很快就会有人牵住，就这样相互手拉手往前走。若是胆怯了、烦恼了，也会有一搭没一搭地说着话，反倒觉得有趣了许多。

从这件事，原本形同陌路的同学似乎发现了一个秘密，就是：帮人复习，实际上自己也重温了一遍。而且我发现自己的灵感竟然最容易在这时出现，并且还记得格外清楚、牢固。

自此，我帮过的那些同学又反过来帮我，这样反倒省却了许多查找资料的时间，而且这样掌握的知识还真的可以算得上是过目不忘。

就这样，高考最紧张的那段时间，大家相互帮助，彼此鼓励，遇到搞不懂的就聚在一起探讨，不但彼此的成绩提高很快，而且，原本枯燥的复习也变得有趣起来。就这样，在20世纪80年代初那种"千军万马过独木桥"的情况下，我们许多高中同学鲤鱼跳龙门进了大学门，从此改变了自己的命运。

现在想想，忘我其实是走向成功的一条捷径，只有在这样的环境中，人才能超越自身的束缚，才能释放出最大的能量。

2. 伤害与被伤害

人们在生活工作中，会对某些行为或结果抱有美好预期，但如果目的未达到、失去控制、未在预想范围内、遭受挫折失败时，或者是遭受到侵犯、侮辱、轻视等负面敌对信息时，会产生紧张、不安、恐慌的情绪，进而引起自我防御机制和应激反应，具体表现就是情绪激动到发怒，冲动点的甚至会动手打人。而雷霆之怒的结果是害人伤己。

我们所有带给别人的伤害，最终都会伤害到我们自己；同样，我们带给别人的快乐，同样也会给自己带来快乐的。

有一则故事，说是一农夫有个儿子，脾气很暴躁。

一天，农夫拿块木板递给儿子，告诉他：今后你每一次发怒就在木板上钉一个钉子吧。儿子按照父亲说的做了，钉了 38 个钉子后，儿子终于不再钉钉子了。

父亲便对儿子说：从现在开始，你一天没有发怒就取掉一个钉子。

就这样，38 个钉子终于有一天被儿子拔完了。

农夫手拿木板对儿子说：你看这木板，虽然钉子被拔掉了，但痕迹仍然在。儿子，当你对别人发怒的时候，给他人心灵留下的伤害，无论你怎么道歉也是不能完全抹掉的。

儿子从此学会容忍，不轻易发怒了。

人与人之间的关系很微妙，相互之间既有联系，又有隔阂，既相互排斥，又相互吸引，既相互帮助，又相互伤害……也是因为这种对立统一，这句话才更加让人警醒——伤害别人就是伤害自己。

我在报纸上看到过这样一个消息：丈夫因为打麻将输掉了四五十万元，妻子和丈夫发生冲突，激烈争吵之后，心中委屈的妻子竟然将硫酸泼向了正在熟睡中的丈夫。之后，妻子因为故意伤害罪被判处五年有期徒刑。

结果好好的一个家庭就因为控制不住自己的情绪给毁了，伤人又害己。

这就是我常常说的作用力与反作用力效应，在人际关系上的运用。

二、助人者，常被人助

帮助别人，等于帮助自己，因为广结善缘的结果就是：你向需要帮助的人伸出了援助之手，当你有需要的时候，他人也会对你施以援手。

问题的重点是，你对他人施以援手的情景被旁人看见了，他人也会因此对你产生好的印象，如果你在遇到有需要的时候，也会有更多的人伸出援助之手。

帮助一个人，却获得超过一个以上的人的帮助，这样一来，反倒是赚了。

帮助别人成功，是追求个人成功最保险的方式。每个人都有能力帮助别人。一个能够为别人付出时间和心力的人，才是真正富足的人。

如果一个人顶尖的成就让你感到有自己的一份，你能够自豪地说："是我让他有今天。"这将是你最值得骄傲的事情。

帮助别人不仅利人，同时也提升了自己生命的价值。不论对方是否接受你的帮助，或是否感激。想想看，如果每一个人都帮助另外一个人，世界将变得多么和谐与美好。当然，我们每一个人也都会得到别人的帮助。

成功不能只靠自己的强大。成功需依靠别人，只有帮助更多人成功，你自己才能更成功。

1. 帮助别人，快乐自己

助人为乐，是正直善良的人怀着道德义务感，主动去给他人以无私的帮忙，并从中感到快乐愉快的一种道德行为和道德情感。我国古代先贤们有许多关于助人为乐、成人之美的处世格言，如"忽己之慢，成人之美"，"贵人而贱己，先人而后己"，"趋人之急，甚于己私"，"悯济人穷，虽分文升合亦是福田；乐与人善，即只字片言皆为良药"。

助人者自助，乐己者乐人的含义是：帮助别人，就是帮助自己。帮助别人快乐，自己也会快乐，今天我为人、明天人为我！

有个流传千古的助人为乐的故事：著名书法家王羲之的书法天下闻名，但是他不肯轻易给人写字。有一天，王羲之在路上遇见了一位贫苦的老婆婆，提着一篮竹扇在集市旁叫卖，却没有什么人去买。他看到后心里很感同情，于是就帮老婆婆在每把扇子上都题上字。人们知道后纷纷围拢来抢着购买，一篮子竹扇很快被抢购一空。等着买米下锅的老婆婆十分高兴，十分感谢乐于助人的大书法家。

我读中学那阵，自行车还是稀罕物，个别家庭条件好的同学就骑自行车上学。在上学、放学路上，自行车后座也是很抢手的地方。

这样不但可以少走一些路，还有一个好处按现在的话说就是"酷"。尤其是后一个好处让骑车的同学，无论如何都愿意捎上一个人，这样不但方便了别人，自己也可以在步行的人流中显得很威风。

2. 热心是可以传染的

如果我们稍加留心就会发现，日常生活中那些乐观的人大多也是热心的人，而这种热心也是很容易就会感染别人的。

一次，我们学校组织大家春游，目标是比赛爬附近的一个山，并设了在当时颇为丰厚的奖金。出发的时候，大家都带了许多干粮和水，结果爬山时问题就出现了，有个同学脚崴了。毕竟是比赛吗，谁都想获得好名次，况且还有诱人的奖金，虽然有同学表示同情，但不愿意出手相助。

这时，一个平时学习成绩垫底，这次爬山却有实力拿冠军的"差生"主动停下来，背着崴脚的同学完成了剩下的比赛。

他这么一个动作立马让大家反应过来，原本争着往前冲的都放慢了脚步，纷纷抢着搀扶那些体力不支的同学，或者帮助女生或者弱小的同学背包。

这事还没有完，到达山顶后，原本这时是每个人吃自己带来的干粮的时间，以往都是各顾各的，顶多就是三两平时玩得好的凑在一起吃，这会也不知怎的，大家不约而同地把自己带的东西全拿出来，堆了一长溜，大家喜欢吃什么，尽管自己去挑。

登山比赛，最终变成了一场欢聚的大 party；"私房菜"变成了"自助餐"，但大家却感受到了从未有过的快乐。

三、有限与无限

做善事，行仁义，多给别人带去快乐、关爱、宽容，这是一个有社会责任感的人所应具备的最起码素质，也是使世界更加美好的前提。

但每个人的能力不同，给予别人的帮助当然也就有所不同。

1. 付出是无限的

做好事，帮助人，应该倾其所有，竭尽所能，有多大劲就使多大劲，能帮助多少就帮助多少。

也不要想到是否能得到对方什么回报，只要尽力做了，他人看在眼里，记在心里，就会对你产生好的印象，甚至会获得意想不到的效果。

有一个人在沙漠行走了两天，突遇暴风沙。一阵狂沙吹过之后，他已经认不得正确的方向。正当快撑不住时，他发现了一幢废弃的小屋。他拖着疲惫的身子走进了屋内。

这是一间密不透风的小屋子，里面堆了一些枯朽的木材。他几近绝望地走到屋角，却意外地发现了一座抽水机。他兴奋地上前汲水，却任凭他怎么抽水，也抽不出半滴来。

他颓然坐地，却看见抽水机旁，有一个用软木塞堵住瓶口的小瓶子，瓶上贴了一张泛黄的纸条，纸条上写着：你必须用水灌入抽水机才能引水！不要忘了，在你离开前，请再将水装满！他拨开瓶塞，发现瓶子里果然装满了水！

他的内心，此时开始斗争……如果自私点，只要将瓶子里的水喝掉，他就不会渴死，就能活着走出这间屋子！如果照纸条做，把瓶子里唯一的水，倒入抽水机内，万一水一去不回，他就会渴死在这地方了……到底要不要冒险？

最后,他决定把瓶子里唯一的水,全部灌入看起来破旧不堪的抽水机里,以颤抖的手汲水,水真的大量涌了出来!

他将水喝足后,把瓶子装满水,用软木塞封好,然后在原来那张纸条后面,再加他自己的话:相信我,真的有用。在取得之前,要先学会付出。

2. 多少是有限的

做好事,有时与能力有关。超出自己能力范围内的任何逞强行为,都是不足取的。尤其是对于捐款这件事来说更是如此,有一百万元的人捐出一万元,只有一百块的人捐出五十块,孰轻孰重?多少都是表达一份爱心。

也千万不要超出自己的能力范围,捐钱、捐物,以不影响自己的日常生活为好,更不要图一时性起,做出劳而无功的事情。

比如,看见别人落水了,明明自己不识水性,不管三七二十一也"扑通"一声跳下去,自己有危险不说,也会以此耽误了落水者。这不是添乱吗?

如果这时呼救,或者设法在岸上借助一定的器材施救,可能效果会更好一些。

3. 形式是多样的

做好事的形式也是多种多样的。

一次排危抢险;

一次救人危难;

一次帮扶行动……

甚至,仅仅是帮出一个主意,说一句暖心的话,哪怕就是一个善念,都是对人的一种帮助。

第四节　不计较个人得失

　　人生在世，名利得失，皆在取舍之间。舍得守护，才有爱情；舍得花钱，才有财富；舍得小利，才有朋友；舍得计较，才有幸福；舍得微笑，才有和谐；舍得酒色，才有健康；舍得世俗，才有洒脱；舍得有小得，不舍则不得，有舍才有得。凡事，皆有得有失。

　　你在得到这一方面的同时，便意味着你将会失去另一方面。人生就是一个得与失循环往复的旅程，它让人时时处于得失的平衡状态中。世上没有永远的得到，也没有永远的失去；每一个人都是在得与失中往前行走着，任何人概莫能外。

　　自古以来，有的人"先天下之忧而忧，后天下之乐而乐"，虽然个人会付出很多、失去很多，但得到的终究是人们的信任和拥戴；有的人奉"人不为己，天诛地灭"为圭臬，心胸狭窄，追逐名利，虽然个人会得到不少，然而失去的终究是众人的支持和信赖。这也从一个侧面告诉我们：坚持正确的得失观，既关乎事业，也关乎个人。在现实生活中，得与失无处不在，无时不有。

　　一个人，如果心中只盯着自己眼前的一亩三分地，得到的是一棵小树，失去的却是一片森林。看不到外面的世界，就会斤斤计较，就会患得患失。

　　一个成功的人，绝不会计较个人的那一点点得失。

一、有舍才有得

　　人生在世，不是得，就是失。而人的一生，其实就是得中有失，失中有得的过程。

　　只有把握好得与失的关系，在得失之间游刃有余，才能创造最为精彩的人生。

　　从前，在一个村庄里，有三个要好的朋友，一个是很有钱的，一个是很爱读书的，另一个是为人所知的学者。一天，他们出海远航，想到另一个村庄去闯闯。他们坐在一个不大不小的小舟里，有钱人带了一大笔金银珠宝，以便到了目的地可以更好地开始；读书人带了一大捆书，为了在船上不寂寞，而那个学者却什么也没带。路上，正巧碰上了暴风雨，船主要求他们把东西扔掉点，为了更好地航行。有钱人不舍得自己的金银财宝，就教唆读书人把书都扔了，而读书人也不舍得自己心爱的书，也要求有钱了把财宝扔了。学者见状，对他俩说："有钱人，你要想想，当初你是怎么白手起家的，为什么不把财物扔了，保全性命之后，也可以从头开始，况且，这只是你财物的一部分不是吗？读书人，你读了那么多书籍，你书中的内容都在你的脑海里，有什么可在乎你那些书？知识都已经在你的肚子里了。"有钱人听后，把财物都扔了，读书人也一样。之后他们顺利地到达了彼岸，正如那个学者说的，有钱人一样白手起家，而读书人当上了私塾的老师。

1. 习惯失去

世间事总不能万般如意，再幸福的人也难免有失去的痛苦，再悲苦的人也有得到的快乐。拥有也好，失去也罢，都是人生常有的事。活着，就要学习如何习惯于失去，并善于从失去中有所得。

有则故事。师父问：如果你要烧壶开水，生火到一半时发现柴不够，咋办？

有的弟子说赶快去找，有的说是去借，有的说去买。

师父说：为什么不把壶里的水倒掉一些呢？

一般来说，人的天性是习惯于得到，而不习惯于失去的。呱呱坠地，我们首先得到了生命。自此以后，我们不断地得到：从父母那得到衣食、玩具、爱和抚育，从社会那得到职业的训练和文化的培养。长大成人以后，我们靠着自然的倾向和自己的努力继续得到：得到爱情、配偶和孩子，得到金钱、财产、名誉、地位，得到事业的成功和社会的承认，如此等等。

当然，有得必有失，我们在得到的过程中也确实不同程度地经历了失去。但是，我们比较容易把得到看作应该的，正常的，把失去看作不应该的，不正常的。所以，每当失去，仍不免感到委屈。所失愈多愈大，就愈委屈。我们暗暗下决心要重新获得，以补偿所失。在我们心中的蓝图上，人生之路仿佛是由一系列的获得勾画出来的，而失去则是必须涂抹掉的笔误。总之，不管失去是一种多么频繁的现象，我们始终对它不习惯。

道理本来很简单：失去当然也是人生的正常现象。整个人生是一个不断地得而复失的过程，就其最终结果看，失去反比得到更为本质。我们迟早要失去人生最宝贵的赠礼——生命，随之也就失去了在人生过程中得到的一切。

2. 失去的同时，其实也在得到

当我们把鲜花送给别人时，首先闻到花香的是我们自己；当我们把泥土抛向别人时，首先弄脏的是我们自己的一双手。

就算是一些功成名就的伟人，也难逃得与失之间的纠结。

科学巨人，发明创造无数，但却往往在生活中很粗心；

商业豪杰，缔造一个个财富神话，却对家庭疏于照顾；

艺术奇才，台上塑造一个又一个经典形象，台下却没时间修边幅。

但恰恰就是这样一些在别人眼里失去很多的人，却为自己，也为人类，创造了巨大的财富，推动了社会进步。

花谢了，不必为之惋惜，因为它获得了再一次的重生；飞蛾扑火，不必为之不值，因为它失去了生命却得到了光明。失去与获得就是圆的终点和起点。失去是一圆的完成，获得是一圆的开始，但这两点是重合的，也正如我们的失去与获得同在。夸父追日，饥渴而亡；彭佳木、余纯顺探险罗布泊，消失在茫茫沼泽，他们失去了宝贵的生命。但他们都是在勇敢地追求真理，获得了非常的人生体验。

3. 穷则独善其身，达则兼济天下

孟子曰："尊德乐义，则可以嚣嚣矣。故士穷不失义，达不离道。穷不失义，故士得己焉；达不离道，故民不失望焉。古之人，得志，泽加于民；不得志，修身见于世。穷则独善其身，达则兼善天下。"

孟子说："尊崇道德，喜爱仁义，就可以安详自得了。所以，士人穷困时不失去仁义；显达时不背离道德。穷困时不失去仁义，所以安详自得；显达时不背离道德，所以老百姓不失望。古代的人，得时恩惠施于百姓；不得志时修养自身以显现于世。穷困时独善其身，显达时兼善天下。"

人生在世，难免经历低谷与彷徨。

一个人身处逆境，不得志的时候，抱怨解决不了任何问题，这时不妨修身养性、锐意进取，更多地注重自身品德、能力的提高。

一个人在事业有成、春风得意的时候，也不要一心只惦记自己的"小日子"好过了，也不要忘记"大日子"。可以不妨关心公益事业，捐助公益事业。

若一个人在富贵之后，还能心怀天下，关心他人疾苦，造福百姓，那么他就是一个真正意义上的成功人士。

二、得失相依

我们总听到一些成功人士嘴边总挂着舍得二字,所谓"舍得",就是有"舍"才有"得",先"舍"后"得",大"舍"大"得",小"舍"小"得",不"舍"不"得"。

这一点,无论经商、从政、打工,还是做人、做事,都一样适用。

人生就在得失间;人生就是一个得到与失去的过程。

1. 没有失就没有得,没有得就没有失

将"舍"作为前提条件。虽然先舍不一定能收到预期的效果,但一味地想先得的结果,往往就会一无所得。

一般人明白舍与得的关系,但却不希望先舍,因为怕舍去之后得不到相应的回报,或者落得个鸡飞蛋打的结果,甚至于养了个"白眼狼",弄得自己很难堪。

其实,先舍的人至少在心理上就占据了优势。所以,我们在成功人士的饭局上,总能见到争着买单、互不相让的场面,也就不足为奇了。

有个故事:说在很久很久以前,一个土财主家乡发了大水,贫穷的人们都因为没有所要带去的东西,而轻装只身游在水中,最终获得自救了。而这个土财主却把家中的金银财宝装满了全身,奋力地在水中挣扎并向远处的一个小船呼救。船上的人大声喊他并让他把身上附带的物品扔掉,这样的话他就可以暂且不会沉水,以便赢得别人划船去救他的时间。但这个守财奴却不舍得扔掉自己的金银财宝,最终溺水身亡。如他能把身上重重的包袱舍去,他得到的便是生命。于是,佛感慨而曰:舍得舍得,有舍才有得。

2. 大"舍"大得、小"舍"小得

处处都想赚钱的人是赚不到钱的,精明的人都是这方面亏了,别的方面赚了,综合起来,反而成了最大的赢家。

我们经常可以看到商家在促销,因为有很多免费的东西赠送,所以,总能吸引很多围观领赠品的人。

但这些人一不小心就会成"冤大头",或者因为心里过意不去,或者因为冲动,买了一大堆价值更高的东西。

其实这就是商家抓住了普通人想先得的心理,而进行的一场博弈。

世界是阴与阳的构成,人活于世无非也就是一舍一得的重复。舍得既是一种生活的哲学,更是一种处世与做人的艺术。舍与得就如水与火、天与地一样,是

既对立又统一的矛盾体，万事万物均在舍与得之中。只有真正理解、参悟了"舍得"二字，也便知道了"不舍不得，小舍小得，大舍大得"这个朴素的道理。

舍得，是一种精神；舍得，是一种力量；舍得，是一种领悟；舍得，更是一种智慧，一种人生的高尚境界。

3. 得失相对论：多藏必厚亡

《老子》："是故甚爱必大费，多藏必厚亡。知足不辱，知止不殆，可以长久。"

所以，过分贪欲必然会有大的耗费；过分地敛聚必然会有过多的丧失。知道满足就不会遭致屈辱，知道适可而止就不会遭致危殆，这样才可以平安长久。

在现实生活中，舍与得也是相伴而生的。

当我们失去了灯红酒绿的繁华生活，就意味着给自己争取到了一丝宁静；当我们享受名誉带来的荣耀，什么都不缺的时候，却失去了作为一个普通人的自由；当我们过分贪恋物质和名利时，必定要劳心劳力、大费精神，结果失去越大。

历史上不知有多少人因为贪得无厌地捞取不义之财，结果身遭横祸。

在如今反腐行动中每每看见那些从贪官家中查抄的堆积如山的钱和金银财宝，我都会心生感慨：钱财的确是个好东西，但取之无道，就会忐忑不安。

原本是想过个无忧无虑、踏实安稳的好日子，但不义的东西藏得多了，反弄得自己惶惶不可终日。一旦东窗事发，更是落得个身败名裂、锒铛入狱的下场，遗臭万年。

越王勾践的左膀右臂范蠡帮助越王复仇并消灭吴国恢复了国家。但范蠡大功告成之后，很清楚越王勾践"可以共患难，不能同富贵"，赶紧离开保全了自己的生命。改名叫陶朱公，带着他的西施，一道去做生意去了。

做生意没多久，发大财；发财之后，把他的财统统布施，救济贫苦，统统散尽，再从小生意做起。又做几年，又发了；发了，他又布施。

史书上记载"三聚三散"，他能够散财，布施恩德，这是做生意人好榜样。做生意人赚得社会钱，大家取之于社会，还用之于社会，所以，供养他做财神很有道理。

陶朱公为什么要散财？因为他要从陶的地方迁来婺地居住。那时候诸侯争霸，战争频仍，烽烟四起，兵荒马乱，沿途又匪寇出没，贼盗蜂起，劫家掠室，杀人越货的比比皆是，治安状况相当混乱，生命财产安全根本无法保障。千里迢迢，长途运输金银财宝，即使雇佣再多的武士保镖，也难免遭遇抢掠劫持的危险。更何况，陶朱公富甲天下，早已是盗贼觊觎的目标。若从山东定陶搬迁婺地，陶朱公一家不仅财产安全无法保障，弄不好还要丧失性命，以陶朱公聪明睿智，岂能不清楚当时的处境和可能带来的后果。因此，他来了个匪夷所思的散财之举，将所得的财产全都分散给了亲朋好友，而且把事情做得有声有色，轰轰烈烈，天下皆知，其实他是做给别人看的，是在向世人宣告，钱都分给别人了，他两手空空，已经没钱了。既然陶朱公成了一个两手空空的穷光蛋，匪盗们没有油水可捞，何苦再来为难。于是，陶朱公带着家人顺风顺水，几乎没遇到任何危险，就平平安安到达了婺地。

陶朱公不是傻子，胡乱将自己辛辛苦苦挣得的财物抛洒一空，恰恰反映了他谋略超群，是一种智慧远远超于常人的表现。

财用不缺乏就行，不必要累积，不必要多，多了，灾难就来了，祸害就来了。

所以，财要知道散，儒家也说"积而能散"，能散财是最聪明的人。

三、"忘我"才有真朋友

人生路上充满了选择，有选择必定有放弃。

面对十字路口，我们要放弃不属于自己的路；面对失败，我们要放弃懦弱；面对成功，我们要放弃骄傲；面对诱惑，我们要放弃冲动；面对友情，我们要放弃自私。总之，放弃我们应该放弃的、必须放弃的东西，才会拥有我们可能得到的、应该得到的东西。

1．无私的人，才有良好的人际关系

现在大家都喜欢谈奉献，谈大公无私，其实并不是没有个人的考虑，只是为了维护整体利益和他人的利益，而甘愿舍弃和牺牲自己的个人利益。

对于这样一些不计较个人得失，胸怀坦荡、忘我工作的人，别人敬佩他的同时，也愿意与他走得更近，也会心甘情愿地成全他。

有人总是觉得自己奉献得多，对方奉献得少，总觉得自己对别人有余，而别人总是对自己不足。总觉得自己一贯都是正确的，而别人经常有这样和那样的错误和问题。这种人从来不会反省自己，只会找别人的毛病。所以，他总是抱怨，这种人是痛苦的，不幸的，也是很可怜的。更为严重的消极心态是处处和别人斗，报复别人，看到别人比自己好心里就难受，不管别人有没有得罪自己都要整别人，这种人人际关系恶劣，他一生都是痛苦的。

真诚、无私、热情、大度、乐于帮助别人、尊重别人，是人与人之间相处的高尚准则。如果我们能够坚持做到这些，我们的知心朋友一定会越来越多，人际关系也就处于良性的发展状态。

2. 举重，负担

老和尚携小和尚游方，途遇一条河，见一女子正想过河，却又不敢过。老和尚便主动背该女子趟过了河，然后放下女子，与小和尚继续赶路。小和尚不禁一路嘀咕：师父怎么了？竟敢背一女子过河？一路走，一路想，最后终于忍不住了，说：师父，你犯戒了？怎么背了女人？老和尚叹道：我早已放下，你却还放不下！

这个故事告诉我们很多道理。

要放得下！

任何事情，过去就过去了，老是记在心里，挂在嘴边，那就会烦恼至死。

做人要像那个老和尚一样，坦坦荡荡，拿得起，放得下。

举得起，放得下，叫举重；举不起，放不下，叫负担。

对于自己也是这样，凡事既要能拿得起，也要放得下。

拿得起是一种勇气，放得下是一种胸怀。

一个忘我的人，懂得凡事要有所担当，既要学会给自己加压，也要学会给自己减压。

对于责任，要勇于承担；对于一些使自己不愉快的人和事，也不要耿耿于怀，过去就过去了，不要太放在心上。

3. 忘我，才能装下大众

一个人，如果心里装着太多自己，也就容不下太多的人了。

只有忘我的人，才会在心里给他人留下位置。

有一次，我们几个朋友相约在一起吃饭，其中一个朋友带来个女孩，20多岁硬是靠自己的能力做了个年营业额上亿元的企业。

后来点菜时我发现一个细节，服务员把菜单递过来的时候，大家都相互推让，最后落到她的头上。她并不忙着点菜，而是一个个问每个人的籍贯、口味、嗜好。

结果菜上来了，每个人都能找到对自己口味的两个菜，唯独她没点一个自己喜欢的菜，并一再表示，自己生活过的地方多，每道菜都是自己的钟爱。

那一天，她成了饭桌上当之无愧的女神。

4. 团队成功，自己才能成功

如果一个人在工作中只看到自己的利益，忽视团队的利益，没有团队精神，是无法在现代企业里立足的。如果哪个人仗着自己比其他人优秀而傲慢地拒绝与同事合作，或者找各种借口，没有积极的合作意识，总是自己一个人在孤军作战，那是十分可怕的事情。一支球队，如果只有个人精神，便永远没有胜利的可能。所以，没有团队的成功，就没有个人的成功。

每个人都不可能孤立地存在，谁都是社会中的一个成员，每个人也都依仗一定的生活环境才能生存。

所以，一个人再成功，如果周围环境不配合，也不可能持久。

闲着时，我也会在我所住的小区随便走走。

时不时会为小区绿化生出感慨：为了好看，开发商通常都会从山里，从乡下移栽过来许多的百年老树，可是其中的相当一部分用不了多久就死了。

一棵树，几百年都过来了，换了环境就不行了。

为什么？环境不配合。适应不了新环境，也不被环境所接纳。

不管是大树还是小树，只有深深地扎根在泥土中，才能汲取更多的养分，也才能成长为参天大树。

其实这也是一种互动关系。只有既竞争又合作，才能产生一加一大于二的神奇效果；只有既竞争又合作，我们才能突破孤立奋斗的局限，实现双赢。

从这个意义上说，要想成功，我们需要朋友；要想非常成功，我们需要的就是团队了！

第五节　不给钱，也精彩

一个成功的人，不仅要善于得到，也要善于给予。

给予，不是简单地拿出去，更不是施舍，也不是见人就给，见什么人都给，给的同一样，给的一样多。

愿不愿给予，会不会给予，不仅考的是人生的大智慧，也是一个人生活品质高低、生活品位高下的分水岭。

一、除了钱，还有什么

在这个社会生存必须努力奋斗，拼命赚钱，在这个过程中很多人失去道德，丢掉原则，放掉尊严，不惜一切为的都是一个目的，就是钱！在这个充满物欲、钱权的社会，人们从早到晚、从小到老都是因为钱，因为只有钱才能衡量一个人的价值，谁都愿意被人羡慕、拥护着，但是我们成为了人就必须这样去做，不要抱怨，因为每个人都希望自己能过好点、希望家人过好点，不过在追求的道路上自己一定要保持原有的善良品德和尊严道德，这些用钱是买不到的，是珍贵的，有了这些，你的精神世界就会充实，不会担惊受怕，所以除了钱，还有精神是重要的。

钱，的确是一种好东西。因为很多事，都需要钱作为成本投入；因为很多人都以钱的多少来判断与你的关系亲疏；因为即使很棘手的问题，也可以通过钱来摆平。

但也还是有许许多多东西可以取代钱的作用，甚至比用钱取得的效益更大，而且没有任何风险。

1. 掌声

一赞值千金。就两个掌心交叉的这么个小动作，不但可以让对方受到鼓舞，也可以使自己获得激励。

2. 面子

时刻维护对方的尊严。即使是对方做错了，也给对方一个体面的台阶，看破别说破，别伤人面子，千万别揭人老底。

3. 信任

信得过，才会做得好。在多数情况下，一份信赖，远比物质激励所能取得的效果更大，也能产生更深远的影响。

4. 方便

与人方便，自己方便。在他人需要的时候，及时扶上一把，为对方着想，也替自己打算。

5. 智慧

机警而不卖弄。让人茅塞顿开的同时，也展示一下自己的知识、素养，以及知礼、识理的魅力。

6. 谦让

放下身段、降低自己。别在失意者面前谈得意，做到众人面前不张狂，给别人留点尊严，也体现自己的修养。

7. 理解

理解一般人不理解的事。别人会记住你的好，换回的可能就是对方当时的感动，一世的感激。

8. 尊重

凡事一视同仁。尤其是对弱者而言，保持尊重，不轻视、放心上，可能就此改变他人的一生。

9. 感情

经济往来，以对方稍稍占点便宜为度，空头支票万万开不得，许之以利，晓之以理，不以利小亲疏友。

10. 虚心

时时处处让人显高人一筹。再有本事也低调一点，多点含蓄，多点谦逊，虚心万事能成，虚心求教，成就大业。

11. 欣赏

高帽子成本最低。及时肯定他人的长处，使人有成就感、优越感，他人也会由此对你多一些关注。

12. 感激

不感恩，就别指望有下次。不仅要感激有恩之人，还要感谢对手；不仅要及时表达感激之情，还要时时提起感激之事。

13. 授渔

授人以鱼，不如授人以渔。让人有一技傍身的同时，在你需要的时候，也可能增多一个帮手。

二、赞美和批评

鲁迅先生说："凡一人的主张，得了赞扬，是促其前进；得了反对，是促其奋斗。"在批评与赞美之中，我们更要把握好人生之舵，带领学生走向更广阔的人生海洋。大千世界，芸芸众生，谁不希望得到他人的夸奖？谁不希望被他人夸奖？就像鱼儿离不开水一样，批评与赞美也与我们成长，让我们在人生的旅途中乘风破浪，勇往直前。批评是进步的明灯，因为有了批评的指引，我们才能向着正确的方向前行。

花无百日红，人无百日好。是人就有做得好的事，也难免有做得不够的地方。

生活中，总是赞美的人，会让人觉得虚伪；总是批评的人，让人觉得刻薄。

要给人留下公正的、实实在在的印象，既要懂得赞美，也要学会批评。

1. 有赞美，有批评，才是关心

每个人都喜欢听别人对自己的溢美之词，这是天性使然。但要使事情更好，也需要运用"三明治法则"，肯定好的同时，指出不足的地方，这样才能使批评和赞美产生较好的效果。

要纠正别人，有时真的实在太难，稍微提醒一下吧，对方要么是置之不理，要么就变本加厉地对抗。

但如果换一种方式，讲到对方的缺点时，先表扬一下对方的优点，然后再婉转提示对方有些不足之处若再矫正过来会更好，情况可能会好很多；或者干脆更隐晦一些，将批评包裹在另一种意图中，用对方足以意会到的方式传递过去，这种沟通方式会更易于对方接受。

2. 嘴要说好话，留些口德于己

同样一句话，可以说得人笑，也可以说得人"跳"，关键是看怎么说。但怎么把握这个度，不仅考的是人的智慧，还可以由此判定一个人的气量。

我有个朋友在这方面就做得很巧妙。他即使很想批评一个人的时候，也不直说，而是很神秘地走到那人跟前：我今天碰到一件什么样不好的事，这要在我们都不可能发生的哦！听者心知肚明。也会从心底里感激他，下次也一定会引以为戒。

3. 批评要存好心，留些念想于人

批评的出发点一定是出于对对方的爱护，为对方好，而不是以此打击对方，更不是显得自己有多能，即使是直话也要弯着说。拐个弯，变个方式，穿上好看的衣服，对方才容易接受。

这就叫作"阴阳其和，终始其义"，言善为阳，言恶为阴，阴阳操纵，就可说人于无形。

有位足球教练，他在纠正球员不符合要领的技术动作时，不说"不对"，而说"大致上不错，但如果再纠正一下，结果会更好"。

将批评以委婉的方式传达过去。先肯定再否定，在肯定的基础上进行批评和督促，对方接受起来就容易许多。

三、行动上也要有德，德与运

谁都关心自己的命运。

命者，口令也；运者，运口气也。真正的运气是由嘴决定的，我们张口闭口，都会形成一定的念力，也会形成一定的气场，也决定了自己命运的导向。

尤其是开口说话，运气由嘴发散，灾祸也由嘴产生。

1. 口德、运气，与命运的关系

俗话说：人情留一线，日后好相面。

一般人最容易犯的是口业，一个人的命运好不好，从他有没有口德就看得出来。所以，口业决定了一个人做事的运气，甚至决定了一生的运气。

人一辈子缺德事不会天天做，但是缺德的话，难听的话，不正经的话却有可能天天在说。日积月累，福报都从这张嘴里跑光了。所以，说话没口德的人，这辈子也是跌跌撞撞、坎坎坷坷，结局多半都很凄惨。

2. 嘴有多贱，命就有多贱

古人讲的：言由心生。

如果嘴巴一直讲不好的话，说别人是非，以及说一些诅咒的话，这样子损福报很快。

不仅是议论别人是非，即便是说自己亲人不好的话，也是有损福报的。比如，有些女人喜欢抱怨自己的丈夫，说丈夫这也不好，那也不好，吵起架来甚至连对方父母、祖宗八辈都敢骂，什么难听说什么。

这样造口业的后果是很严重的，这样家境只会越来越穷，因为福报都被骂光了，就无法形成聚财的气场。

3. 就事论事与指桑骂槐

行者问老和尚："您得道前，做什么？"老和尚说："砍柴担水做饭。"行者问："那得道后呢？"老和尚说："砍柴，担水，做饭。"行者又问："那何谓得道？"老和尚回答说："得道前，砍柴时惦记着挑水，挑水时惦记着做饭；得道后砍柴即砍柴，担水即担水，做饭即做饭。"这既是就事论事，也是注重当下。就是在做某件事时能够心无旁骛，把注意力全部放在正在做的事情上，不管身边的其他无关情况和未来的其他可能危机。

两个人争吵，尤其是因为工作问题争吵时，一方在表明自己的立场时总喜欢说自己是"对事不对人"，言外之意只谈问题，绝无针对对方之意。

但在现实生活中，这其实起不到什么好的效果。"对事不对人"的出发点虽好，但没有多少人愿意买账，因为事是人计划的、人去做的，批评事的同时其实也等于批评了人，至少对方是这么想的。

所以，"只对事"的结果最后一定会发展成"对人"，事情没解决，还跟对方结下了"梁子"。

关于说话，有个成功处事口诀：

正话反说；

硬话软说；

好话先说；

坏话后说。

让自己的舌头想伸出之前，先打个弯，再张嘴，得人所需，弃人所恶。

还有个最简单的定律：

如果想让对方做一件事，就可以对他大讲这件事的好处；

如果想让对方终止一件事，可以对他大讲这件事的坏处。

第六节 以身作则，赢天下

西汉桓宽的《盐铁论·疾贪》："欲影正者端其表，欲下廉者先之身。"

要想影子正时，就得个人仪表端正，要让下属廉洁，先要自身廉洁。

南朝·宋·范晔《后汉书·第五伦传》："以身教者从，以言教者讼。"

以自己的模范行动教导百姓，百姓就接受你的教化；若只流于言论，说一套做一套，百姓就不接受你的教化，反而会生出是非。

我们常说：要求别人做到的，自己首先做到。

凡事以身作则，才能赢得天下人的信任。

对于管理者来说，就更是如此，如果自己不能做到以身作则，导致的直接结果就是失去最起码的信任，也容易使再好的制度也形同虚设。

一、"从我做起"的公信力

这个世界有种东西叫口碑。

愚我一次,其错在人,愚我两次,其错在我。

公信力是指在社会公共生活中,公共权力、公众交往,以及利益交换所表现出来的一种公平、正义、效率、人道、民主、责任的信任力。

只有自身做出表率,才能服众。

在这个信息爆炸的时代背景下,一个企业的产品或者一个品牌,只有具备了良好的公众认知度与舆论形象,才能被市场所接受,才能被行业所尊重,才能赢得未来之路。而这个品牌或者企业想取得良好的认知和形象,建立良好的社会形象和舆论氛围是必要条件,正确处理好与政府之间的关系是必选之路,选择正确的品牌传播途径是聪明之举。一句话:品牌公信力是任何品牌和企业赢在未来的根本之道。

1. 公信力有那么重要吗

对于管理者来说,公信力就是立身之本,是任何权力、任何命令得以实施的基础。

缺了公信力,就失了民心。

纵使再好的东西,没有人响应,还怎么做?

我们推出的计划再完美,没有人愿意配合实施,又有什么用?

设想一下,如果大家都不相信,那再大的权力也失去了起码的权威,形同虚设,又如何能够起作用呢?

2. 缺乏公信力的后果

缺乏公信力的后果就是无论你说什么,别人都当耳边风;无论多好的计划,也没人愿意执行。即使迫于这样那样的压力勉强照做了,但敷衍了事,走走过场,出工不出力,又有啥意思?又如何取得预期的效果?

对于社会管理机构来说,后果就会越加严重。定下的制度,得不到落实;即使发出再有益的倡导,也得不到大众任何的响应,就是最大的悲哀。

二、事必躬亲,不仅仅是示范

要取得较大成功,就要学会统筹,既要统筹资源,也要统筹事情。

不一定每件事非得自己亲自去做,但一定要做到每件事都亲自过问,因为任何"做甩手掌柜"的行为,都可能影响事情完成的质量。

"天下大事必做于实，天下大事必成于细。"秦皇汉武，文治武功，秣马厉兵，亲历疆场，赢得山河一统。盛唐太宗，创业于艰难，躬身征战，成业于四海，赢得贞观长歌绝唱清史。纵观古今，凡成大事者，必躬修其身，亲为其业，在事必躬亲中劳其筋骨，锤炼品行，然后增益其所不能，遂成大事。事必躬亲，是一种态度、一种品行、一种能力，更是一种出类拔萃的所为。

躬亲尽责乃成事之基。"积沙成塔，集腋成裘"，欲成佳业，必须在事必躬亲中，日积月累的日常琐事中，散发坚韧创造的光辉。"万丈高楼平地起"，但抑或"基础不牢，地动山摇"，以事必躬亲的态度，于平凡的工作中，追求卓越的精神，夯实一己职责之坚实基础，终可登上事业金字塔巅峰。躬亲尽责，既可磨炼心性，可增长才干，方可渐成显赫之功。故事必躬亲，成事之基也。

子曰："君子有所为，有所不为。"躬其身，亲其责，应认清方向，把握度与量，为应为之责。身居庙堂高位，宜领而导之，躬身行方向之明，亲掌舵导航之责，以纵观扶摇上升之势，得其志，成其业。位列江湖之远的基层，当躬身职责具体事务，在繁复往返的平淡中，数年如一日，似为他人做嫁衣，实则无形中成就个人作为。乃有智者应为之所为。

1. 便于了解最真实的情况，获得最实在的感受

"事必躬亲"不是亲力亲为，而是低下身子，恭敬地对事情亲自过问。

这样做的好处在于，可以掌握第一手的材料，为决策提供最可靠的依据。

我们见到影视剧中那些能打胜仗的将领，总是亲临前线视察。

尤其事关重大的战役，即使是侦查人员汇报了详细的情况，也还是要不惜冒生命危险，亲自到战场上看看。

这是因为即便是同一种情况，每个人在判断上，也会有细节上的差异。

2. 有利于及时解决遇到的问题

"事必躬亲"还有一个特点就是：办事认真，毫不懈怠，当问题出现的时候，可以及时得到解决，以免事态扩大到无法收拾的地步。

有一次，我们有个地区的经销商因为一点经济利益闹矛盾，甚至发展到要动手的程度，幸亏我得到消息后及时赶到，才使矛盾没有升级。

事后才知道，这个团队的领导人平时就不太在意这样的事，出现了问题，让当事双方自我调解、自我协商，他自己呢，作壁上观。所以，他的团队总是矛盾不断，以至团队业绩一直都是平平的，始终没多大起色。

三、以身为天下，可以寄天下

一个人，是否有能力和责任心，是做好一件事的关键。而在心里，是否能够摆好他人与自己的位置，却不仅显示了一个人的境界，也直接关系与他相关人的发展，甚至生计的问题。

中国先贤对此有个形象的比喻：以身为天下，可以寄天下。意思是：如果一个人像爱自己身体一样爱天下，则可寄托天下。

对于自己的身体，谁都是爱惜的。一个人如果能够对待天下，如同爱惜自己身体一样去爱惜，才有资格胜任天下的事，大家才可以把天下交付给他。因为，这样的人没有私心，能够公平地对待一切，将天下委托给他当然就可以放心。

这就可以解释了为什么出生贫贱的大禹能够做帝王，就因为他为了造福百姓治水，能够舍生取义，以至"三过家门而不入"。将他人的利益看作自己的天职，百姓当然就会拥戴他。

其实，无论做企业，还是做事，都一如坐天下。

一个人只要忘掉了自己，将事业看得比自己的生命还要重要，还有什么困难不可以克服？

一个眼睛里、心里只有责任的人，能够完全、彻底地做到"以天下"这个范围内的忘我、无我状态，还有什么事情不可以办到？

那面对这么样一个无私无畏的人，我们又有什么不可以托付给他的呢！

再说回成功的话题。

成功的人，未必就一定是风流倜傥、才华横溢之人。

往往就是那些心系他人，处处为他人着想的人，处处站在他人的角度看问题、解烦忧、给方便的人，看似微不足道，但却每每总能让人觉得温暖。

一个心里有他人的人，他人的心里一定有他。只有这样的人，才能够赢得大家的尊重，才能够有群众威信，才可能获得真正的、广泛的、永久的成功。

十道 合作 合作 还是合作

第一节　合作，从婚姻做起
第二节　兼容精神
第三节　调动理论
第四节　演戏定律
第五节　恩怨辩证法
第六节　以说为媒　化解危机

> 能用众力,则无敌于天下矣;能用众智,则无畏于圣人矣。　　——孙权

记得小时候家里的屋檐下,不知何时多了个燕子窝。

在一个乍暖还寒的春天等我们发现时,已经住进了一对燕子。一身羽毛说不清是蓝还是黑,但肚子上一个白毛多点,一个白毛少点,却很好辨认,于是我们将一只叫作大白,一只叫作小白。

大白、小白都很勤快,每天早上天还没亮就唧唧叫着起床,天色稍稍泛点白了,就出门,一会田野、一会河边,或高或低地飞,累了就在高高的电线杆上歇息。晚上天黑之前准点回家,旁若无人地亲昵、呢喃,似乎有说不完的话。一直呢喃到天色完全黑了为止。

有一天,左看右看就只有一只,我有点紧张地叫来家里人看。结果欣喜的一幕发生了:一只在孵蛋。之后的许多天里,上午小白孵蛋,大白出外觅食;下午大白孵蛋,小白出外觅食;晚上小白孵蛋,大白在巢边守候,时不时地还会嘴对嘴地呢喃一阵,像是在互相鼓励。

约莫半个月后的一天,突然听到一通的叽叽喳喳,就着声音数了一下,哇!乖乖,竟然有五只,圆圆的小脑袋整齐地排列成一排,个个张大着镶着黄边的小嘴。

我们惊讶不要紧,这可忙坏了大白小白。每天几乎是天没完全见亮,大白就出门,小白留下看家和看管他们的孩子。

一会,大白就叼着虫子飞回来了。

大白落巢的同时,小白旋即离巢;大白忙不迭地给五个孩子喂食的同时,小白忙不迭地在外捉着虫子。就像是接力赛一样,大白小白忙着飞进飞出。

约莫又过了半个月,五个漂亮的小燕子齐齐地站在巢边,等着它们的父母教它们飞翔。

这样的场面进行了一周后,大白小白,还有五只漂亮的小燕子,在一个早上,天还蒙蒙亮的时候,一起飞走了……

半年后的一天,我发现又有两只燕子飞到了我们家的屋檐下,并且旧巢上添了新泥。从肚子上的白点,我一眼就认出了它们就是大白与小白。

这会,又要够它们忙乎了……

人生中,有一样东西是最重要的,那就是与人合作。包括一切双边或者多边,为了达到某个共同目标而建立起来的协作与配合关系。

婚姻，则成为人与人之间合作的最原始，也最为基本的单元。

不管是哪种形式的合作关系，运作得好，方方面面就顺，想不赢都难；运作不好，就连想过个最普通的日子，也别想安生。换句话说，一段合作关系，可以成就一番事业，也足以毁灭一番事业。

第一节　合作，从婚姻做起

男人和女人，从相识、相知、相恋，到步入婚姻。一下子从激情浪漫，回归到柴米油盐、生儿育女、养家糊口这些琐碎的家庭事务中。

婚姻的本质是一场合作，既然是合作，就存在资源匹配、需求相互契合的问题。

你飞得快了，对方就会被甩后；你飞得慢了，对方甩掉你。世间无恒远的婚姻，只有共同成长进步的夫妻。夫妻之间最可怕的关系，就是一方在飞跃前进，一方在蜗牛蹒跚，当自己的丈夫飞得太快时，你不要窃喜，而是应该有危机感……他已经爬到18楼了，你还在6楼，他在20楼遇到了一个姑娘，这个姑娘跟他携手继续爬向21楼，慢慢地，他就会淘汰你，因为你跟不上他的节奏了。

婚姻的纽带不是孩子，不是金钱，而是精神的共同成长。在最无助和软弱时候，在最沮丧和落魄的时候，有他托起你的下巴，挺直你的脊梁，促使你坚强，并陪伴你左右，共同承受命运。那时候，你们之间的感情除了爱，还有肝胆相照的义气，不离不弃的默契，以及刻骨铭心的恩情！

缘来不推，缘去不留。有缘惜缘，无缘不求。

夫妻本是同林鸟，大难临头各自飞。没有谁离不开谁，只有谁不珍惜谁。

执于一念，困于一念，一念放下，自在心间。一切不幸福，归根溯源，皆因自我、自私。

无我的境界，才能长相厮守！

一段婚姻，看起来是两个人的事，其实这里面涉及方方面面，靠什么支撑？

用什么维持？依我看，不是别的，就是合作。

现代婚姻之所以有那么多的矛盾，最直接的原因就是不懂得合作，不善于合作。

一、婚姻，如果可能的话，多一点点爱

有多少种家庭，就会有多少种婚姻的模式。恩恩爱爱、白头偕老也好；吵吵闹闹、伤心落泪也罢。无论什么样的婚姻，只要有存在的可能，维系的必要，无论你认可与否，它都是一种合作的关系。

这里要注意一个问题：爱情和婚姻是两个不同的概念。爱情是共产主义，只要有爱就OK；婚姻是一种合作关系，只要有点爱，不讨厌，就可以走进婚姻殿堂。

爱情也许不是婚姻不可或缺的必需品，但一定是自行车胎里的气体，没有气，自行车也能靠那两个钢圈套着橡胶皮动起来，但是骑的人是什么感觉，不止骑得慢，而且骑久了，外胎磨损，钢圈也会变形，最后的结果就是这车没法儿骑了。所以用胎气比喻婚姻里的爱情简直是最好不过了，你骑着拥有爱情的自行车还不够，要想驶至终点，你必须要不断地打气，所谓的经营婚姻，就是爱情保鲜。

学者问老农：爱情与婚姻的区别是什么？老农随口答：很简单，您今天和她睡了，明天还想和她睡，这就是爱情。您今天和她睡了，明天还得和她睡，这就是婚姻。

《道德经》说："飘风不终朝，骤雨不终日。孰为此者？天地。天地尚不能久，而况于人乎？"

一切要顺应自然，所以狂风刮不了一早晨，暴雨下不了一整天。是谁造成了这样的情形呢？是天地。天地造成的情形都不能长久，何况人的那点力量。

如果你要是结婚，不要看她（他）的爱情观，而要看他的责任感，你要知道有七年之痒，有苍白的时间，唯一经得住考验不是爱情，而是责任感。

1. 至少不讨厌

两个人在一起生活，一个锅里吃饭，一个床上睡觉，朝夕相伴、肌肤相亲，没有爱是不行的。但爱终归不能当饭吃，过日子才是家庭的主题。

我父母生养了我们七个姊妹。

印象中从未看见他们有亲昵的举动，也没有什么甜蜜的话语，但对于哥哥姐姐们在选择对象方面，最常说的一句话就是：中看，更要中用。

2. 欣赏：愿意在一起

关于婚姻，黄磊说了一句很得人心的话——婚姻是一个相互欣赏的过程。

他和妻子孙莉，其实有很多地方不处于同一频率。他爱说话，她爱安静，偶尔说句话还不在点子上；他吃羊肉，她受不了羊肉的膻味；他喜欢喝点酒，她酒精过敏。总之，很多生活习惯都是大相径庭。

这样的女人，这样的婚姻，却让黄磊除了微博拍照晒幸福之外，还要写文抒情秀恩爱。他说，遇到这样一个美丽却不夺目妩媚，寻常又没有特立独行的女人，让我爱了二十年。

关键还是在婚姻的经营上。黄磊原本做饭也不过一般般，就是在孙莉的一次次点赞中不断进步，成为娱乐圈里的黄小厨。而孙莉呢，她从来不会做饭，有一次为了给黄磊做琥珀核桃，差点把家点着，但为了她这份美好的心愿，黄磊也愿点赞。

心理学家艾瑞克·弗洛姆就说过这样一句话：爱的问题不是对象问题，而是能力问题。

在这位精神分析社会学奠基人看来，不论爱情还是婚姻，都是需要不断努力提高的一门艺术。精神上的给予才是最关键最可贵的环节，两个人的亲密无间，毫无保留地分享对方的各种感想与情思，通过这些感受和体验的深度对接，使双方的生命都能获得充盈和丰沛。

所以，要有一个好的爱情或者婚姻，选择固然重要，关键还是在于爱的能力，以及经营一份情感的能力。

如果用心经营，和谁过，都是"相看两不厌，唯有敬亭山"；倘若不擅经营，和谁过，终究是"你有你的，我有我的方向，你记得也好，最好你忘记"。一别两宽，还能心生欢喜，已算友善的分道扬镳。

不懂经营，找怎样的人，都难以具备完好的婚姻。选择固然重要，经营才是王道。

一个人愿意跟一个人在一起，一定是对方身上有吸引他的东西，而对方呢，也能感受到他欣赏自己。

我大哥平时说话不多，但夸起自己老婆来却总是不惜溢美之词，无论是长相、能干、聪明程度，都俨然是他眼里的天下第一。

可我们姊妹几个，横竖看都觉得有点夸大其词。

直到我自己成家后，才真正明白了大哥的意思。夫妻间看对方，需要的是放大镜，多看对方的优点。

最好的婚姻状态是互相欣赏却又各自精彩，就像长在路边的两颗木棉，根相握在地下，叶相触在云里，一起分担寒潮、风雷、霹雳，共享雾霭、流岚、虹霓。

我必须是你近旁的一株木棉，作为树的形象和你站在一起。

当一个女人以一棵树而不是一株藤的形象站立在男人身边的时候，那么无论她将来嫁给谁，都会幸福！

你不来，我一直都在这里枝繁叶茂，以挺拔的姿势，站成一棵树的形象。

3. 幽默：增添生活乐趣，快乐、开心

幽默，常常能起到点石成金的作用。适时运用在婚姻中，就能使看似平淡的日子，变得有趣，也容易让人觉得开心、快乐。

我有位远房表哥就深谙其道。人长得五大三粗的，却找了个细皮嫩肉、远近闻名的大美人。

刚结婚那会，周围的人对这段婚姻都不看好，可小两口的感情却好得像一个人似的。问女的看上这个男人哪一点了，她说他幽默，再郁闷的事，都能被他逗乐了，跟他在一起，图的就是开心。

有个关于婚姻的幽默故事也很有趣。

妻子到监狱探望丈夫说："你在这里过得怎么样？受苦了吧？"

丈夫说："同在家里差不多，不让出门，不让喝酒，伙食也很差！"

妻子不仅管束多，而且不谙厨艺，如此婚姻，了无生趣，在丈夫眼里无异于监狱。看来丈夫身陷囹圄，夫妻并未劳燕分飞还来监狱看他，丈夫的幽默应该起到一定作用。

4. 认错

婚前，两人的眼里看见的都是对方的优点；婚后，日子变得平常而琐碎，这时彼此的缺点也开始放大，看对方总觉得没有以前那么好了。于是，开始挑刺、指责、抱怨，都是经常的事。稍微抓住对方一点小辫子，就会揪住不放，不依不饶的。

其实，这也只不过是对方长期集聚的一种爆发，需要的也仅仅就是一个态度。所以，这时最好的方式就是无须解释，主动认错。

有对年轻的夫妻天天吵架，男主人非常痛苦，但是发现对门住的一对老夫妇，却整天同进同出，恩爱如初。

年轻人好奇地询问老先生：我和太太天天要吵架，请问你们夫妻多年，相敬如宾，有什么相处之道吗？

老先生的回答让人费解：原因是你们两个都是好人，而我们两个都是坏人！

年轻人有点生气：我真心请教，你却开玩笑。

老先生解释道：你们两个凡事都认为自己是正确的，是好人，错误的总是对方，所以，有了矛盾，总是手指向外，指责对方，能不吵架吗？

而我们两个，从结婚开始，一有矛盾发生，都认为错在自己，自己是坏人，找自己的原因，手指向内，反省自己的问题，所以，总是吵不起来呀。

对方是面镜子，改变对方难上难，改变自己很简单。夫妻双方相处如此，其他的伦理关系，沟通秘密其实也很简单啊！

（1）自己错了认错。

错了就是错了！如果没犯什么原则性的错误，主动认错，任对方数落几句，气消了，也就冰释前嫌了。

（2）即使自己对的，也认错。

一方正在气头上，这时候的任何解释，都会被控制不住情绪的对方视为狡辩。所以，先不管三七二十一，认错再说，哪怕受点委屈，但至少避免了矛盾的升级。

5. 给予

一只刚出炉的面包，在适宜的温度下有三天的寿命，若放在高温潮湿的地方，能隔夜不发霉，就很不错了。采摘下一只健康的苹果，在妥善的保存下要半年才能脱水干瘪或者是腐烂。若放在桌上置若罔闻，顶多采摘下来一个月，外观就让人不忍直视。它们寿命的长短，不在于是否劣质，而是有没有正确地，稳妥地，用心地去呵护。

婚姻也一样，需要妥善的保管才能让它的生命力发挥到极致。携手走入婚姻围城的两个人，不管初遇时的心动多么激烈，若是不好好地用心供养婚姻爱情的玫瑰花园，保鲜期会提前，会在凋零之后发霉腐烂。不管贫富与否，爱情里从来不缺少浪漫，缺少的是把激情正确地转化为亲情的方向，让两颗心，不仅仅是你装着我，我装着你，还默契地装着我们对未来的打算和珍藏一路共有的记忆。

婚姻，不是用来捆绑感情的，而是责任的升级。有感情的人不一定非要结婚，但结了婚就一定要负起责任。组建起这个家庭的男人和女人，不再是单纯的个体，而是既能自由活动又能互相约束的结合体。同在一个屋檐下，共同打造一个家，而这个"家"质量的好坏，能不能长久地使用，和遭遇风雨时能不能得到妥善的维护，是要两个人齐心协力去付出的，彼此为对方无私奉献的。

两个人一起过日子，最重要的就是无私地奉献。不但精力上无偿地付出，经济上也要倾尽全力，如果一味地斤斤计较谁做得多，谁做得少，很容易就会让对方觉得你心有芥蒂。

有对老夫妻，男主外，赚钱养家，工资全交；女主内，料理全部的家务。男的一辈子没存一分私房钱，女的没让男的沾一点家务。

别人觉得不可思议。

可女的有自己的一套哲学：他在家务上省省力气，不是可以多赚钱吗！

男的也有自己的一套哲学：反正她自己也舍不得花，"肉还不都烂在锅里"。

所以，最好的婚姻是彼此在乎，彼此珍惜，彼此奉献。

6. 鼓励

在现实生活中，我们总会在结婚以后，迅速褪去彼此的神秘、腼腆、迁就和对彼此的鼓励与赞美。理所应当地把这种做法看成是回归正常和居家过日子。然而，真正幸福的婚姻生活显然不能仅仅是这样的，它需要婚后的相敬如宾，需要夫妻之间的相互鼓励与赞美。

如果他（她）在某件事情上，处理或者做得让你很满意的话，那么请你一定不要吝啬你的赞美，决不要认为都是老夫老妻了，不在乎这种形式。你只有把赞美的话说出来了，对方才能感受到最大的快乐，才能对所有的付出释然和微笑，才能在下次把事情做得更好。就算是他（她）做得并不好，但只要他（她）尽力去做了，那么也请你一定不要吝啬你对他（她）的起码鼓励，只有这样他（她）才能在下次取得进步……其中的道理很简单，因为把你自己换成 TA，你肯定也同样需要这样的鼓励与赞美，它们是正能量，会把你们的婚姻朝着幸福的方向推进。

夫妻之间，也不要忽略了鼓励，如果能在合适的时间，合适的时候给配偶一些鼓励的话语，比如：对配偶的工作给予肯定，夸赞他的活干得漂亮，她的饭做得好吃，家里收拾得干净，甚至在夫妻性生活中的表现……往往会激发出对方极大的潜力。

曾经在医院里，见到一对白发苍苍的老夫妻。

女的病了，男的过来陪她。

其实请了护工，男的腿脚也不方便，但还是每天都来，风雨无阻，也帮不上什么忙，就是静静地坐在床边，握住她的手，说几句鼓励的话。

好点时，老太太对病友说，自己其实十年前就被医生宣判只有半年的生命，每年都要住院几次，早不想活了，正是靠了老伴的鼓励，才撑到现在。

二、婚姻需要尊重

人的自尊心从小就有，一旦受到损害，便会痛苦不已。如果受到尊重，则会感到欣慰和满足。

夫妻间的相互尊重，是深化爱情成功的基本保证。任何训斥或轻视贬低爱人的做法都会损害对方的自尊心。

有的婚姻是美满的，有的却要分道扬镳。为什么会出现这样或那样的结局呢？对于婚姻，其实很多人并没有好好思考过。如果你能对你的爱人了解多一点，多一点沟通，相互坦诚，那么你的决定将会是正确的。

当你成立了一个家庭，就意味着你要承担起一份责任。两个人就应该风雨无阻，用心经营，默默支持，尊重、理解，永远没有终点。

爱，源于尊重和信任。爱情、婚姻生活中难免有许多不如意，或者双方意见出现分歧，此时，彼此之间的尊重就显得格外重要。俗语道：相爱容易相处难。显然，"执子之手与子偕老"不仅需要良好的沟通，也离不开彼此的尊重和信任。相爱不仅是满意双方时的深拥抱，更是在对方疲惫和失意时的无限包容和理解，共同承担起生活中的一切。虽然现实的生活会比理想多了许多的无奈，但只要两人一条心，没有迈不过去的坎。

1. 尊重私人空间

每个人都有自己的癖好，也有属于自己的爱好，即使是终日相守的夫妻，也应该为对方留一点独立处理自己事情的空间。

比如，像现在动不动就翻看对方的手机，时不时地查看对方 QQ 上的聊天记录，都是伤感情的事。还有就是，男人的书房，女人尽量不要打扰；女人的衣帽间、梳妆台，男人也不必干扰。

尤其是一方需要在自己的"小天地"独处时，这时，任何形式的举动，都可能引起另一方的反感。

许多已婚人士抱怨和懊恼没有私人空间，觉得自己的时间被左右了。已经被工作占去了多数的时间，还得额外分担家务，这使得大部分过来人均表示，不能拥有"私人空间"，是造成无形压力的主要原因。特别是许多男性表示，无论如何都要想办法拥有自己的时间，否则，久而久之就会萌生"牺牲"的负面情绪，将对夫妻生活形成阻碍。

夫妻之间如果有一方坚持保有自己的时间，一定会影响到另一半，所以双方必须事先沟通才行。这对双方而言都非常重要，以便能在转速飞快的忙碌生活中稍作喘息。有孩子的夫妻更需如此，时间几乎都奉献给自己以外的人事物，因此，婚姻能圆满的秘诀就在于尊重彼此的时间，才能携手共度漫长人生。尽管在另一半的眼里，拥有个人时间感觉就像在"逃避现实"，但对当事者来说却很宝贵。最重要的是，让对方理解自己有多么需要这短暂的空档。

2. 尊重个人隐私

和其他任何美好事物一样，夫妻之间的情爱也不可能"纯而又纯"。接受这种哲理，就应当允许夫妻之间保留一片隐秘的情感绿洲。人的感情世界也像胶片一样，初恋的情人，或者某次难忘的感情冲撞等，既然曾经"感光"，就会留下影像。这影像只可能随着斗转星移逐渐模糊淡化，不可能断然抹去。

尊重对方的个人隐私是一种大度、文明和高尚。应当有这样的坦然心态，莫说他（她）存放隐私的抽屉上了锁，即使不上锁也不要去窥视。

夫妻并不是共同体，而是两个合作的个体。那么，每项个体都应该给自己留一个空间，保证自己最柔软最脆弱的地方不受伤害。也许，这样的婚姻才能和平持久。

每个人都有自己不愿示人的一面，社会是人生活乐趣的源泉。夫和妻作为一个独立的人，也应当有各自的个人隐私，只要不是违背夫妻之间应当相互忠诚义务的行为，都可以作为隐私予以保护。

尤其是对于双方婚前感情的事，千万不要刨根问底，如果一方不说，总有他的理由，况且，即使知道了又能怎样？

想开点！给对方一份尊重，也让自己少了一些烦扰。

3. 尊重劳动成果

人们常说，劳动是伟大的，是光荣的，没有劳动就没有这个丰富多彩的世界，尊重他人的劳动成果。然而劳动也是辛苦的，要付出心血和汗水，有时还得献出生命。因此，任何人的劳动成果都应受到称赞，任何人的劳动都应受到尊重，自然，在婚姻中，夫妻双方都需要尊重对方的劳动果实。

无论是赚钱养家还是做家务，都是劳动之后的收获，无论多少，或者好与不好，都是一方努力的结果，要彼此珍惜。任何挥霍、糟蹋的行为，都很容易引起对方的反感。即使不满意，也千万不要品头论足，更不可以横加指责。

像现在男的抱怨自己辛辛苦苦赚的钱，被老婆"刷爆卡""剁手党"；女的抱怨自己费老大劲收拾的家，老公一回来不是乱丢翻东西，就是乱弹烟灰，非得跟着屁股后面才能收拾，做的饭菜稍不顺心，就嚷嚷着要"下馆子"……都容易挫败对方的积极性，也会伤害彼此的感情。

4. 尊重人格、尊严、生命

婚姻问题难的不是选择谁，难的也不是犹豫要不要嫁给或娶谁，难的其实是真正在走进婚姻后，怎样把婚姻经营好，维持下去。很多人觉得维持婚姻要靠感情，要有真爱，其实维持婚姻最关键的还是要靠彼此的平等，这种平等不是经济上的平等，不是权力上的平等，而是家务劳动和持家付出上的完全平等。说白了，就是家里的每一件事儿都要两个人分担，哪怕是洗碗和洗锅，拖地和擦灰。

夫妻之间是平等的主体，没有谁高谁低。无论职业的贵贱、职位的高低、收入的大小，在家中的尊严是相同的、人格是平等的。

"相敬如宾"不一定人人都能做到，但对对方最起码的人格还是应当尊重的，更不能因为一生气就翻出以前的事来"上纲上线"，甚至把对方的家人也辱骂进去。

如果对方的身体不适，也不要不闻不问，尤其是发现对方生病了，就应当及时送去就医。

值得一提的是，有时家里隔夜的剩饭剩菜，一方舍不得倒掉，就哄着逼着对方吃掉。"夫妻本是同林鸟"，殊不知，这样弄垮了任何一方的身体，倒霉的也包括另一方。

5. 尊重自由，而不占有控制

当今社会，许多女人认为控制了男人的口袋就能够控制他不变坏，这是大错特错，你要求男人把钱交给你，那你管钱干什么？你就能够花钱吗？如果你乱花钱，男人就会反问你，你能够乱花，那我为何又不能花钱？而你不能花钱，那你管钱干什么？只要你花钱，你就必须报告男人，要经过男人的同意，否则，就有可能产生矛盾。所以，聪明的女人不是不管男人的钱，而是要给男人留有余地，让他知道男人的钱是家庭得以发展的底线，是为家庭筑起一道防火墙，让家庭成为避风的港湾，同时，又要让男人身上有一定的余钱。

结婚后，两个人的物质是共同的，但在精神上，却依旧保留着各自的独立性。

有些夫妇总喜欢动不动就想控制对方，为此，不准爱人与异性交往，不准爱人出入娱乐场所，限制这个，限制那个，非得让爱人生活在真空中才满意……

这样做，不但不能保证爱情的专一，还会破坏对方的心理平衡，对家庭生活感到厌倦，对爱人产生反感，其结果只能使婚姻出现裂痕。

所以，要经营好婚姻，首先想的不是控制好对方，而是相信对方，给对方相对自由和宽松的环境，让他在婚姻中感受到快乐，而不是压抑。

三、婚姻需要信赖

男女双方走进婚姻的那一刻,也是将自己交给了对方,也同时把信任给了对方,如果彼此间有了牢固的信任度,则会万事通达;假如失去了信任,就会永无宁日。

其实,在我们的现实生活中,有很多事情都是这样的,绝大部分夫妻最后落得个劳燕分飞,都是由一方或者是双方的猜疑开始。在我看来,在这个世界上没有任何东西可以真正拆散彼此相爱的两个人,除了他们自己,而这些都是由互不信任或者是信任不足开始,在真正的背叛来临之前,最能伤害彼此心灵的,便只有相互的猜疑。两个陌生的人,由相识到相知,由相知到相爱,再由相爱到相守,并不是一件容易的事,除了相互的吸引和理解之外,那就是相互的信任,信任就如一双爱的翅膀,彼此相爱的人究竟能走多远,是否能够天长地久,全在于这双名叫信任的翅膀到底可以挥动多久,到底有多么坚强有力。彼此相爱得越沉,便要求信任的翅膀有多么坚强有力。

1. 信赖忠诚

信任不是骗来的,也不是哄来的,更不是买来的,是蕴含在夫妻双方的每一个细小的动作和每一个细微的眼神之中。

相信对方的忠诚,也相信自己的判断,才是对一段婚姻自信的表现。

我们以前有个员工,不知道是遇见了什么,老公一天十几个电话打过来,有事没事的,嘴上说是关心,实际上我看就是在"查岗"。

其实,天天在一起的人,对对方是很敏感的,气味、身体变化、情绪变化,都能感觉出来。这样名为关心,实为不放心的举动,不但扰乱了正常的工作秩序,也让做妻子的觉得很是厌烦。

2. 信赖良好的人际关系

有的夫妻,只要对方与异性多接触一下,多说了几句话,就开始疑神疑鬼。即使跟同性相聚得多了,也怕被对方带坏。

我有个邻居,男的是个医生,为人谦和,见谁都会主动打招呼,邻居们也喜欢跟他唠家常。但他的老婆却是个有名的"醋坛子",只要见到年轻的女孩对他多看了一眼,就没个好脸色。

最近,男的在单位上提了个小领导,更是不放心,每天再忙也要到医院去"探班",弄得年轻的医生、护士,都不敢和她老公说话,同事关系也搞得很紧张。

3. 别把"想象"当"结果"

有些人稍微觉出一丁点不对劲的地方，就喜欢胡乱猜忌，自己骗自己，自己吓唬自己。

有个男的，与女方母女俩一块吃饭，这时来了个电话，男的说去趟洗手间，就拿着电话出去接了。

结果，女的认为男的有事瞒着她。加上丈母娘在旁边煽风点火，事情就升级到男的在外面养"二奶"，抱"小三"，弄得最后不欢而散。

其实，男的是做生意的，许多商业上的事都是秘密，有些应酬方面的事也是不便于对人说的。

四、建立共同的目标

在离婚率越来越高的今天，今天的年轻一代，相比于我们的父辈，似乎对于终止婚姻的决定更加草率。有时候你也会看不懂，为什么一对夫妻，买了车也买了房，不要小孩，生活看上去波澜不惊，却偏偏会为了一点小事情怄气离婚。是不是有时候，假如生活里没有了奔头——既不需要存钱买房，也不需要共同抚养孩子，这样的婚姻会不会变得比较脆弱？这是有可能的。因为如果有共同的目标的话，夫妻俩在平时的生活中就会有更多的共同话题。一旦阶段性地完成了目标（例如齐心协力买到了第一套房子），所带来的成就感也会让夫妻双方的心靠得更近。

那么，我们的语言中是怎么形容拥有共同的方向呢？我们在日常生活中，会用"同舟共济"来形容大伙儿为了同一个目标奋斗；而"各奔东西""分道扬镳"，则是用来描述毕业之后大家的生活不再有交集的状态。由此可见，在人们的脑海中，"奔着同一个方向"和"为了同一个目标奋斗"在概念上是紧紧联系在一起的。

同一个方向往往给幸福婚姻锦上添花。要维持婚姻幸福，找到双方的共同点和共同为之奋斗的目标是很关键的事情。出乎意料的是，甚至一些看上去一点儿也不相关的"共同之处"，例如上班的方向，也能对婚姻产生很大的影响。

在一段婚姻关系里，即使两人的条件不般配，但如果总有一些想在未来实现的共同目标，两人便有了思想上的寄托，也有了情感的纽带，就算这其中伴随着无数的辛苦困难，仍然有足够的动力一起前进。

有对百岁老人，在外人眼里，他们无论从相貌、学识、社会地位来说，都相差很大，但却相濡以沫地共同生活了近80年。

在别人狐疑的目光中，他们说出了维系这段感情80年的秘密：就是建立共同的目标，总有新的目标让他们保持激情。

恋爱时，他们每周都设定一个使双方心动的好去处，然后这一周都各自准备。订婚时，探讨一个怎样的婚礼或蜜月旅行。结婚了，一起设定养育子女，再把儿子培养成啥样，女儿培养成啥样。孩子去外地读书了，他们开始储钱购买退休以后的住所；孩子成家了，各自去了国外，他们就把探访看作一次特别的旅行、与居住外国的儿女们团聚。

这些都是大的目标，也有一些较小、较易实现的目标，比如：下个周末去一处特别的地方吃饭，找一本旧书或一部电影一同欣赏……

目标的大小不重要，重要的是有两人共同的投入参与、相互鼓励与支持。也可以通过一起为共同正确的目标努力的过程中，加深彼此之间的感情。

一只鼬鼠要与一只狮子决战，狮子果断地拒绝了。鼬鼠说："你害怕了吗？"狮子说："如果答应你，你就可以得到曾与狮子比武的殊荣；而我呢，以后所有的动物都会耻笑我竟和鼬鼠打架。"——不要被不重要的人和事过多打搅，因为成功的秘诀就是抓住目标不放，而不是把时间浪费在无谓的琐事上。

五、权利、义务、责任

婚姻是人类社会一个永恒的话题。现在不少人都在讨论维系婚姻靠的是责任还是感情的问题。不管怎么说，责任感对维持婚姻的稳固起到很重要的作用，这一点是毋庸置疑的。所谓责任便是男女双方要对自己的小家庭共同承担的义务及自己在家庭当中享有的权利。责任包含权利和义务，妻子对丈夫的权利和义务、丈夫对妻子的权利和义务。

这里所讲的责任清楚地规定了每个人的社会角色。相对于感情而言，两者存在着以下的一些区别：感情是起伏不定的，而责任则是稳定不变的；感情无法讲回报，而责任则规定着双方的付出与获得；感情不能要求对方而只能要求自己，责任则永远是对双方而言的。

所以，有一个作家对此做了一个很好的比喻，她说："如果说婚姻是河流的话，那么责任感便是这条河流的堤坝，没有责任的婚姻，必然如没有堤坝的河流一样，迟早会干涸甚至死亡。"

现代社会充满了太多的诱惑，城市有时就像个陷阱，张大了嘴等着你掉去。假如失去了责任这道堤坝的约束，任自由内心的各种私欲膨胀，那么欲望泛滥的结果就是爱情的枯萎、婚姻的死亡。

所以，我们应该重视这道堤坝的作用，在婚姻生活中时时提醒自己，遇事能以家庭为核心，时时考虑到自己在家庭中所扮演的角色，那么，婚姻自会稳固又健康。

有这样一句唐诗："在天愿作比翼鸟，在地愿为连理枝。"许多人认为，这两句诗是古人对美好爱情的憧憬，但我却觉得这是古人总结出的夫妻之道。尽管并不是每一对夫妻都能如此，但长相守依旧是大多数夫妻的心愿。

在婚姻中，男女双方无论是物质生活方面，还是精神生活方面，所享有的权利与义务，都是共同的。

即便是夫妻双方性生活也一样，既是每个人的权利，也是义务。对性的需求，其实男女都一样，特别是生理和心理的需求都是一样的，如果说不同，那也只是感觉上的区别与不同。

这就跟肚子饿了要吃饭一样的道理。

但很多人却转不过这个弯来，甚至以此作为家庭生活的砝码，往往出现的问题是女性施"冷暴力"，要么报复对老公的些许不满，要么利用性生活谈条件。

有这样一个女的，夫妻双方都是工薪一族。

结婚后，女方规定自己的老公，除了独立承担家中所有的经济开支外，还得每月给她3000元的"零花钱"。另外，夫妻性生活每月只能两次，每增加一次，得额外支付1000元的费用。他们是"丁克一族"，不小心造成她的怀孕，或者流产，还得支付一笔昂贵的"补偿金"。

开始时，丈夫只当是老婆耍的"小性子"，乐呵呵地予以满足。可时间一长，丈夫觉得不对劲，慢慢地心理也不平衡，到最后，忍无可忍，主动提出离婚了。

六、养成配合的习惯

爱情婚姻不是独角戏，男人女人如果只是纯粹个人层面上的优秀并不能成就幸福婚姻的必然，无论是才子佳人式夫妻，还是相互欣赏式夫妻，其本质是一致的，那就是互解风情，懂得生活，所谓夫妻"演双簧"——没有配合不行。

夫妻之间过日子，如果说亲密是一种状态，那么，默契却是一种境界。

所谓心有灵犀一点通，就是一个眼神、一个手势，甚至某个心念，都能令对方会意，并有所共鸣。

在客厅里，即使来个先前自己没见过的陌生人，视夫妻一方的表情，也知道以什么样的态度接待，哪类客人该上什么茶，哪类客人不便挽留……

在厨房里，一方掌勺、一方帮厨，油锅熟了，先上哪些料，后上那些料；菜熟了，该用什么样的盆来装；家中老少，谁的口味偏淡，谁的口味够重，谁嗜辣、谁嗜甜……

在餐厅里，知道对方喜欢吃什么菜，知道对方能接受什么样的价位，知道对方喜欢什么样的服务方式……

在书房里，哪类书籍是要经常翻阅的，哪类资料是手头正在使用的，哪些稿件是正在写的，电脑喜欢倾斜多大的角度……

甚至性生活，喜欢什么样的姿势……

夫妻间相互配合习惯的养成，不仅是为了更好地实现共同的目标，还由此反映出一方"是否真的把对方放在心上"。

第二节 兼容精神

婚姻里的瑕疵，有些是先天的（婚前就存在），有些是后天的（婚后才形成），这后天的瑕疵，很像我们口腔里的蛀牙，蛀牙的形成是因为不注意口腔卫生，婚姻问题的产生也是因为我们平常不细心呵护不认真经营造成的。当婚姻里出现了"蛀牙"该怎么办呢？任其发展肯定是错误的，到头来吃苦的还是自己。对待婚姻里的"蛀牙"不能只找止痛片，还应该对它进行及时的"修补"。止痛片只能止痛一时，却没有解决根本问题，"修补"就是夫妻双方应该及时反省自身，积极做好爱的"功课"，比如良好的沟通，相互的体贴、理解、尊重，对自身修养学识的充实丰富……

社会学者认为，婚姻头两年是艰难的磨合期，也是夫妻关系最不稳定的时期。如果此时男方以自我为中心，不懂得关爱对方，很容易使妻子离己而去。对于年轻的女性而言，她们更看重婚姻中自身的感受，不勉强自己。但应注意，婚姻中的双方都不完美，各自多一份包容，多一份忍让与沟通，才能守住温馨家园。

只有用一种永远的包容，我们婚姻的瑕疵就会减少，双方也会感觉到更多的幸福。这样，到年暮时。我们回首往事，一定会笑对自己的婚姻伴侣说："选择你，是我无悔的今生。来生还要与你再续夫妻情。"

婚姻中的男男女女请善待婚姻的瑕疵！以包容之心，回归本位看自己，以豁达之心，微笑面对婚姻中发生的一切，我们便会与欢乐相伴，与幸福相随！

居家过日子，也是共同合作干一份事业。

一个温馨的家也许需要的很少，一杯水、一碗饭、一个温情的眼神，就行！

而即使是这样"很少"的条件，却不仅需要有一颗宽容的、包容的心，更需要有个兼容的态度，只有互相理解，彼此兼容，才能维持一个家庭更好地运转。

同时，这也适合于任何形式的合作。

一、兼容、包容、宽容

从表面看起来，兼容、包容、宽容，不过都是一字之差，但个中的内涵却不尽相同。

包容、宽容有边界、有底线，超越了底线，就容不下了。

兼容没底线，什么都能容，容自己不喜欢的，是气度的一种体现。

我觉得，既然共同的目标将原本不相关的人，连接成了命运攸关的一体，又别无选择地需要一起合作来做很多事情，那就该无条件地彼此兼容。

我的两个同学，结为了夫妇，但经常为吃苹果这样的小事发生口角。

妻子怕皮沾了农药，吃后中毒，一定要把皮削掉；而丈夫则认为果皮有营养，把皮削掉太可惜。常吃苹果，也就常吵。最后，竟吵到他俩的老师家去断是非。

老师对妻子说："你先生这么多年都吃不削皮的苹果，还好好的，你担心什么？"

老师又对丈夫说："你太太不吃苹果皮，你嫌她浪费，那你就把她削的皮拿去吃了，不就没有事了！"

老师还说："由于家庭环境不同，成长过程不同，每个人的生活习惯也会有所不同。因此，不要勉强别人来认同自己的习惯，同时，也要容许别人保持自己的习惯。"

小两口茅塞顿开。并为此总结了夫妻合作之道：夫妻过日子，就是合伙做事，彼此兼容，才能长久。

二、兼容的好处

我曾经不止一次地在很多场合,都倡导过包括夫妇关系在内的各种形式合作中的这种兼容模式。在我看来,兼容基础上的合作关系,至少有下面三个好处。

1. 知人:认识与自己不同类者

无论男人,还是女人,长期和性别相同的人来往,不知有另一类人,认识不全面。

婚姻,正好提供了这个机会,也是男人与女人彼此学习,共同进步的过程,这其中的很多体验都是与同性交往中所无法体会到的。

也不知为什么,小时候我更喜欢穿姐姐们穿过的衣服,以致我并没觉得与她们有什么不同。直到读初中了,我甚至觉得奇怪,那些女同学常常上课上得好好的,请假不用说明原因就能得到批准。更重要的是,选班长,一定还要选个女的。

后来,长大了,历经了姐姐的结婚、生育。直至有一天,自己恋爱了,做丈夫了,做父亲了,才知道女性与男性经历的不同,比如:生理期的苦恼,生孩子的痛苦,养孩子的艰辛,以及如何处理婆媳关系、妯娌关系,以及双方家庭的声誉、利益、矛盾,等等。个中,不仅充满了学问,也隐藏着诸多的玄机。

能容下自己不喜欢的,才能认识与自己不同类者,才能提高自己识人的水平。

2. 知己:知道自己的缺点和不足

我们每个人自己身上的毛病,单身的时候不易暴露,只有在两个人一起合伙过日子的时候,才会一一显现。也只有和另类的来往,才能清楚看出自己的不足。

比如:懂不懂得疼人,会不会关心人,知不知道牵挂人,粗心与细心,倔强与妥协,慷慨与吝啬,大度与计较……都要比婚前的自己,体会得更加深刻。

我结婚前的性格很急躁,脾气有时也会表现得很是暴躁。别人提醒,我也并不为然。但婚后,没人提醒我,我似乎自己就觉察出来了,并且在妻子和孩子面前变得很柔软,至少我自己觉得在这方面改了许多。即使在外面惹了或者憋了一肚子的火,但一回到家里,见到老婆孩子,火气不说是烟消云散了,但至少小了许多。

3. 知己知彼,才能合作

《孙子·谋攻》:"知己知彼,百战不殆。"

与任何形式的合作一样,知己知彼,才好合作,因为这样才有利于调动对方的行为。

柴米夫妻也好,事业拍档也罢,食的都是人间烟火,谁也不可能完美无缺,只要不是原则性的大问题,就不要太过较真、求全责备,而应该相互兼容,这样彼此相处才会和谐,合作才能够得以延续。

有一对夫妻,男的心细,做什么都很仔细;女的粗手粗脚,对什么事都大大咧咧,还经常丢三落四的。可奇怪的是,无论女的怎么"粗枝大叶",却总不会酿成多大的后果。更重要的是,男的从未对此有所抱怨。

后来,两个人都退休了,经常一起出外旅游,女的依旧改不了原先的毛病,忘记手机、钥匙、钱包之类的事屡屡发生。可问题是,每次等到她想起来心急火燎地寻找的时候,男的总会像变戏法一样地变出来了。

女的问男的是怎么做到的。

男的说:恋爱时我就知道你有这样的毛病,所以,这几十年里,只要你做过的事,我都会在你做完之后检查一遍……

历史上的大战略家都深知"知己知彼"的重要性,从而在实际场合能够掌控局势的大走向。

"知己知彼,百战不殆"是《孙子兵法》的精髓,它概括性地描述了孙武对战争中敌我势力的认识。古往今来,历代军事学家都在运用这一具有普遍意义的基本规律,经过时间的证明,它不管是对战争、商业活动,甚至对政治活动都有深刻的指导意义。

战争中这一规则的运用是最为广泛的。唐朝开国之初,政局未稳,边境时常受到东突分子的干扰,面对这种状况唐高祖李渊一时无计可施,只好决定将京都迁移出长安。李渊的儿子李世民是一名骁勇善战的年轻将军,对于父皇的决定坚决反对,认为大唐皇朝成立之初,区区几个东突分子闹事就要搞得迁都,国威何在。于是带领军队到泾阳与东突厥展开战斗。

双方实力悬殊,东突厥有兵20多万,而李世民所带军队不过几百。但是令东突厥颉利、突利二可汗惊讶的是,李世民居然天不怕地不怕,仅仅带着100骑兵就直奔阵前,和颉利、突利二可汗说:"我们已与你们可汗结盟,今日为何违约来犯?如果你们可汗真有本事,就请可汗与我李世民一人来决战。如果派兵攻打,我这百名士兵将拼死迎战,决不后退。"李世民如此的阵势,加上他深情镇定威严,使得颉利、突利二可汗认为大唐肯定设有埋伏,因此不敢下令进攻。李世民见状又说:"你以前与我们有盟,今日出兵袭扰,为何不守信用?"这一反问使得颉利、突利二可汗哑口无言，李世民种种胆大的行为不得不使颉利相信突利和李世民勾结，将军情泄露出去了。鉴于这种状况，他只好退兵，待时机成熟再出战。

李世民设计突击突厥，使他们仓皇而逃。一时间，李世民的军队士气高昂，大家都认为要乘胜追击。李世民认为，大唐皇朝建立才不久，应该以休养生息为主，而不是一味好战。于是，李世民与颉利会盟，并赠其大量金帛，目的是"将欲取之，必固与之"。从此大唐边境和谐安定。李世民晓知颉利的心态，据此采用一系列离间战术，然后采取突击获胜。真所谓"知己知彼，百战不殆"的深刻应用。

三、合作，需要兼容精神

包括婚姻在内的任何合作形式，要想长久稳固，秘诀就是双方都秉承一种兼容精神。兼容的也不仅仅是兴趣，还包括个性、行为等等。因为有兼容精神，彼此就不会因为见异类而生厌。

有对老两口，在共同生活的50多年里，从未红过脸。但了解他们的人知道，男的农家子弟，女的书香门第，成长背景不同，个人习惯不同，怎么做到的？

在"金婚典礼"上，他们道出了个中的秘诀，那就是：兼容。比如：他是北方人，口味偏重；妻子是广东人，口味偏淡。他就在按妻子的口味炒好菜后盛好，留下自己的一份再加重口味，时间长了，干脆也受妻子的影响，吃清淡一点，这样更有利于健康。

又比如，退休后，他想到在自家的院子里种点东西消遣时光，而妻子嫌脏，坚决反对，甚至有两次气得将他辛辛苦苦种的菜连根拔除。

为此事，一辈子没怎么红过脸的老两口之间的关系也一度闹得挺紧张。但他注意到一个细节，城市长大的妻子更喜欢花草，而且退休后迷上了插花，总是会从市场上买来一些切花自己动手制作花束。于是他计上心来，干脆来个兼顾：种妻子喜欢的花。

这会，妻子没话说了，而且还很乐意协助他，夫妇齐心协力地共同打理自己的花园。

一位老母亲在他50周年金婚纪念日那天，向来宾道出了她持续婚姻幸福的秘诀。她说："从我结婚那天起，我就准备列出丈夫的10条缺点，为了我们婚姻的幸福，我向自己承诺，每当他犯了这10条错误中的任何一项的时候，我都愿意原谅他。"有人问，那10条缺点到底是什么呢？她回答说："老实告诉你们吧，50年来，我始终没有把这10条缺点具体地列出来。每当我丈夫做错了事，让我气得直跳脚的时候，我立刻提醒自己：算他运气好吧，他犯得我能够原谅的那10条错误当中的一个。"

　　这个故事告诉我们：在婚姻的漫漫旅程中，不会总是艳阳高照，鲜花盛开，也同样有夏暑冬寒，风霜雪雨。应对生活中的一些小矛盾，如果能像那位老母亲一样，学会宽容和忍让，你就会发现，幸福其实就在你的身边。

　　在人生中，宽容实在是一种无坚不摧的力量。

　　互相宽容的朋友必定百年同舟；互相宽容的夫妻必定千年共枕；互相宽容的世界必定和平美丽。

　　其实，事业中的搭档也是一样，性格相异、特长突出，反而能够在做事时各自发挥自己的优势，面对不同性格的人都能处得来，从而更有利于工作的开展。

　　我的一个朋友告诉我这样一件事。曾经有一段时间，他领着几个人在珠江三角洲地区推销黄页电话簿。

　　他们采取的推销方式是一个镇一个镇推销，先找好旅店住下，然后按照电话簿上刊登的企业电话，打过去找负责行政工作的办公室一类的部门寻求需求，然后坐"摩的"送过去，交书收钱走人，一单业务就算是做成了。

　　他起初以为这种营销方式是声音甜美的人占优势，或者长相温和的人更适合。可后来的事实证明他的判断有点主观了，因为几个人的业绩也是随着镇的不同而交替增减的。

　　有个镇更习惯直接上门推销，业绩最好的是一个长相平平的女孩，因为她之前就这样操作过，熟悉相关的一些技巧。

　　还有一个男孩，长得五大三粗、笨嘴拙舌的，还一脸凶相。起初他是坚决不想要的，只是碍于朋友的面子才勉强接受的，而且这个男孩在几乎所有的镇的业绩都是垫底的，但在东莞的常平镇却是例外。在这个镇几乎所有的人都效果不好，唯独他的业绩表现异常的好，甚至超过了其他几个人业绩的总和。

第三节　调动理论

宇宙间的任何物质，都有自身的运行轨迹和发展规律，人们习惯于称其为——真理。

物体的运行是这样，人的行为也是如此。所以，如果需要按照我们的意愿使其发挥最大的效用，唯一的方法就是掌握相应的规律，并且有效地予以调动。

一、合作，需要调动对方行为

人与人之间的合作，也是这样一个道理。只有在充分了解对方之后，才可能调动对方，以确保合作时大家的步调一致。

合作必须有三大前提：一是双方必须有可以合作的利益，二是必须有可以合作的意愿，三是双方必须有共享共荣的打算。此三者缺一不可。

说到这个话题，我不由地想起我读高中的最后一个学期，也是高考的最后冲刺阶段。

班上的学习气氛，似乎在一夜间紧张了起来。每个人几乎所有的业余时间也都用于看书，不愿花时间进行必要的交友、运动，以致体育课都少有人参加了。这样最直接的结果就是：体质下降严重，咳嗽、湿疹、便秘之类的毛病频发，女同学甚至出现了生理期紊乱的现象。

为此，学校和老师都动员了多次，让大家在用功的同时不要忽略了身体的锻炼。但收效甚微，因为在这个决定每个人命运的节骨眼上，所有同学的眼里只容得下高考这一件事情，其他任何与此没有直接关系的事，都一律被看作奢侈。

后来学校干脆采取强制行动，要求住校的同学必须早上6点出操。但依旧收效甚微。哪怕实行考勤，与学分挂钩，仍然有相当多的同学只是应付式地点个数，趁不注意，又溜号躲到一边看书去了。

这时，据说还是一位年轻的老师出了一个主意管用，他的办法是让同学之间俩俩结成一个学习对子，每三队六个人组成一个学习小组，以小组总体成绩综合评分出鉴定。

这还真起到了效果。从此，同学之间互帮互学、团结协作的意识明显增强了，无论是学习成绩方面，还是身体素质方面，都有了极大的提升，更重要的是，大家的集体观念也因此得到了极大的强化。

现在想来，这位年轻的老师用的方法就是"调动理论"，这也是我第一次感受到了调动理论的神奇之处。

查理斯·施瓦伯是美国钢铁公司总经理，也是一百多年前美国历史上第一个年薪百万美元的金领级的职业经理人。在施瓦伯管辖的工厂里有一位很能干的部门主管，但他却对手下的工人无计可施，从而也不能使产品达到标准。

"究竟出了什么事情？"施瓦伯问这位主管，"你这么能干为什么总是完不成生产任务呢？"

"我也不知道，"主管答道，"有时我会斥责一些不称职的员工，甚至不得不用降职、开除来恐吓他们，但有时我也会用和气的话语去激励他们。但这些都不管用。"

在他们交谈时，刚好是日班即将结束，而夜班即将开始的时候。

施瓦伯要了一支粉笔，走向旁边的工人，询问其中一名工人："你们今天做了多少个热炉？"工人答道："6个。"

施瓦伯一言未发，只是用粉笔在地上写了一个"6"字便离开了。

夜班工人接班时，看到了这个"6"字，并问那是什么意思。

日班工人说："老板今天来这儿了，他问我们今天生产的热炉数，然后在地上写了这个'6'字。"

次日早晨，施瓦伯又一次视察车间，他发现："6"字已经被夜班工人擦去，取而代之以大大的"7"字。

到了日班工人上班时，看到地上那大大的"7"字，就下决心要努力超过夜班工人。他们更加热心、勤快地加紧工作，即将下班时，他们留下了一个更大的"10"字。这样，情况就慢慢好转了。

没过多久，这个落后的部门就比公司里其他任何部门的效益都要好。

原因何在？用施瓦伯的话解释就是："一个团队或一个公司想要合作共同完成某件事情，就要充分调动团队成员的积极性，鼓励人们互相竞争，每个人都有一种求胜的欲望。"

二、以能否调动对方的行为作为判定真理的标准

人都是有思想的,而且不同的人有不同的具体情况,也有各自的想法。所以,如果需要他人心甘情愿地遵循你的意志,那唯一的办法就是能够调动对方行为。人,最听自己的。因为:

(1) 你最相信谁?
(2) 你最听谁的?
(3) 谁能改变你?

答曰:自己。

让对方确信为真,才能调动对方。因为你不听我的,就是不相信自己。

有对"85后"小两口,结婚几年里感情一直很好,但各自都很顾自己的家,所以,他们经常会在给谁家多给谁家少的问题上闹别扭。

后来,男方换了个思路:不是你怨我顾家吗,那我就先顾你的家,搞定你先搞定丈母娘。

一次,男方想给自己父母的家装修。他先把女方父母家装修好,让他们全家上上下下满意。趁着老婆高兴,才试探着问:是不是也可以顺便把你家公家婆的家也简单装修一下呀!

他还有更绝的。每次给母亲买东西,都说是妻子买的;给妻子买东西,又说是母亲买的。

原本挺紧张的婆媳关系,经这对"85后"这么几番来回调动,各自的需求都得到了满足。

三、客观事物的真理是操控物的依据

宇宙间的任何物质,都有自身发展的运行轨迹和发展规律,人们习惯称其为——真理。

这些真理是用来操控物体的。如:万有引力定律,解释了星球间的运行规律;牛顿力学让人类发明了机械;等等。

有个好心人在海边发现一只小海龟从沙穴里往上爬,这时过来一只老鹰要抓小海龟,游客把小海龟护送到大海,把老鹰赶走。而一群海龟从沙穴里爬出来,爬向海里,原来这只小海龟是个"侦察兵"。等好心人走后,马上来了一群老鹰。

人们常常说,不要将好事办成坏事,也就是成语所说的弄巧成拙。上面例子

中所举的这个好心人就是把事情办砸了的一种。本来，按照动物界的活动圈，也就是它们各自形成的生活规则和防范方法，小海龟们完全可以自己保护自己，充其量牺牲一只小海龟而已。但是，经过这么一个好心人的帮助，破坏了他们相互形成的默契规则，白白搭上了更多小海龟的生命。

人类发展活动的方方面面，无一不受到客观规律的影响，如自然规律，市场经济发展规律，个人能力的发展规律。这一个又一个规律虽然看不见摸不着，但又确实是客观存在的，并时刻影响着我们每一个人。因此，对于规律，我们首先要抱以尊重的态度，学会主动认识规律，而非被动接受，并在对规律深刻认识的基础上，自觉以对规律的认识来指导行动。

一位新疆诗人亲眼看见这样一幕悲剧：天山脚下小村庄的一匹漂亮母马，失去了矫健的配偶，村里人想再找一匹公马，形成一个骏马群落。在失望于一匹匹公马后，人们最终想到了这匹母马的儿子，一匹强壮剽悍浑身无一根杂毛的白马。

但牧民们非常清楚，马不近亲交欢，鞭打也不行。于是他们用黑布罩住了两匹马的眼，怀着畸形的心态，将雄健的公马拉到美丽的母马旁。

人们如愿以偿。事后，一位牧人想木已成舟，于是在百米外取掉马的眼罩。白马回头看了一眼母马，仰天长啸；母马也认出了白马，顿时扬起了前蹄，几乎将身体竖起，爆发悲鸣。

牧民猛然惊醒，意识到将要发生什么。然而一切都来不及了，白马拼死挣脱缰绳，向远处的崖边跑去，纵身一跳，而此时母马也脱缰向相反的方向跑去，面对万丈深渊，毫不犹豫地跳下去……

辩证法告诉我们：规律是客观的，是不以人们的意志为转移的。它既不能被创造，也不能被消灭。规律还表现出不可抗拒性。当人们没有违背规律时，似乎感觉不到它的存在。而人们的行动一旦违背了它的要求，受到惩罚的时候，就会明显感觉到它的存在。

故事中"马不近亲交欢"是客观规律，而人的悲哀就在于违背了这一客观规律，怀着畸形的心理，夹裹着人的谋略与私欲，偏要试一试，其结果不言而喻。

因此，我们不论办什么事情，都要按客观规律办事，否则就会出事，出大事。

纵观万事万物，表面看起来千差万别，但其原理却都是相通的。所以，我们在进行任何发明创造时，都必须遵循物质本身的运行轨迹，我们在进行任何人类活动时，也万万不能违背自然规律。否则，要么就是徒劳地做着无用功，要么就会遭到自然的惩罚。

四、对方认定的真理是操控人的依据

在现实生活中,他人的思想相对于具体的认识主体而言,是一种客观的认识对象。

一件事情发生了,是不是事实不重要,对方怎么样认定这件事,才重要。

高中的最后一个学期,我发现自己爱上了刚转学过来的一位女同学,这种滋味真的说不清楚,有点甜,也有点涩,常常会让我自己变得有点六神无主、欲罢不能。

这位女同学就坐在我左前方的第二排座位,侧面看实在很像西方雕塑中的女神,我的目光只要一停留在她身上,心就会情不自禁地"砰砰"乱跳。我知道这样做对于正值高考节骨眼上的我来说意味着什么,可我就是控制不住。那时,我们的座位每周每排一换,她多数时候处于我视线的左侧面,这时还好,可以趁着看黑板的机会顺便瞄上一眼女神;我们排位偏左时麻烦就来了,我看黑板时偏右,看女神就得隔了一个位置,所以顶多也就是用斜眼瞟瞟,才不至于让老师和其他同学发现。

其实,她是清楚我看她的,这一点,从她的神态,我是可以判断出来的。

那时,同学中有个别的已经在偷偷地谈恋爱了,而且那些恋爱学生多半成绩还都比较好。我就有点纳闷了,也想过向她表白,但那时的我害怕被拒绝的尴尬,同时,我从她落在我身上的目光中也拿不准她是否有那么一层意思。

这让生性倔强而又腼腆的我很是受伤,于是我开始换一种思维,我们不是都要参加高考吗?她此时最有兴趣,也是最大的需求可能就是确保高考时考出好成绩了。那好,我们联手合作,一起复习好不好?

当时,我的成绩排名远在她之上,她当然乐意了。所以,她很爽快地答应了我的要求,并与我约定了各自考上理想的大学。

之后的日子里,我们出双入对地出现在学校的各个场所,相互间配合也很默契,合作也始终都很愉快。

直到高考结束,我也没向她表白,但各自都收获巨大。她考取了一所医科大学;而我,也如愿以偿地上了一所师范大学。

五、需求,调动的基本条件

要想在合作关系中获得主动,最有效的方式就是获得调动对方的第一手资

料：需求。

只有找到了对方的需求，才能触发对方的"痛点"，也才能触发对方强烈的欲望。

1. 了解需求是目标

某富翁娶妻，有三个人选，富翁给了三个女孩各 1000 元，请她们把房间装满。女孩 A 买了很多棉花，装满房间的 1/2。女孩 B 买了很多气球，装满房间 3/4。女孩 C 买了蜡烛，让光充满房间。最终，富翁选了女孩 C。这个故事告诉我们：了解客户的目标非常重要。

需求，古今中外说法很多，如马斯洛需求理论：生理、安全、爱与归属、尊重、自我实现。但归根结底只有两种：欲望、情义。

有一天，爱默生和儿子想把一头小牛弄进谷仓里。他们犯了"只想到自己的需要"的错误——爱默生用力推，儿子用力拉。但是，那头小牛也正好和他们一样，只想到自己所要的，所以两腿拒绝前进，坚持不肯离开牧草地。有个爱尔兰妇女见了，虽然她不会写什么散文集，却比爱默生更懂得"马性"或"牛性"。她把自己母性的指头放进小牛嘴里，一面让它吸吮，一面轻轻地把它推入谷仓里。

（1）了解需求如医生诊病，只有把准了"脉"，才能对症下药。

①诊断：望闻听诊。大多时候，对方的真实需求是不会轻易示人的，或者他本人也未必知道自己的真实需求是什么，只有通过观察、了解，听其言、观其行，从而找到对方的相应规律，并根据这些规律从中发现真实需求。

②处置：先欲承欢。要想对方能够心甘情愿地听你调动，那就得先激发对方的欲望，再迎合人意，求得欢心。对于推销来说，就是找出客户的梦想——有所遗憾的地方，然后满足他。

（2）差异，信以为真。

"客观真理"和"认定真理"有没有差异不重要，重要的是让对方认定没差异，信以为真，才好调动对方。

2. 所用方法是手段

如：揣情摩意。通过旁敲侧击，在对方最高兴的时候，加大他的欲望，从而让他按捺不住说出实情；在对方最恐惧的时候，加重他的恐惧，让他无法隐瞒实情。

如利用沟通三程式：聊天、倾听、回答。从而发现对方真实的需求。

夫妇逛商场，女的看中一套高档餐具，坚持要买，丈夫嫌贵，不肯掏钱。导购员一看，悄悄对丈夫说了句话，他一听马上掏钱。是什么让他立马转变？导购员对丈夫说："这么贵的餐具，你太太是不会舍得让你洗碗的。"启示：人的观念没有什么不可改变，关键是角度，要善于揣摩客户心理。

3. 建立情感是力量

林肯在任美国总统之前，曾是一名律师。一天，一位老态龙钟的老妇人，来到律师事务所，一见林肯，老妇人就十分激动地哭诉自己的遭遇。原来她是一个孤寡老人，无儿无女，丈夫在独立战争中为国捐躯了，她每月靠抚恤金艰难度日。可是一个专管抚恤金发放的工作人员，却要从她可怜的抚恤金中扣除一笔手续费，而这笔手续费多达全部抚恤金的一半。林肯听后十分气愤，决定免费为老人打官司。教训一下这个没有良心的官员。

法庭开庭了，林肯十分沉着，两眼闪着泪花，充满感情地回顾了帝国主义对殖民地人民的压迫，以及爱国志士如奋起反抗，如何忍饥挨饿地在冰天雪地里战斗，为了美国的独立而抛头颅，洒热血。

最后他说："现在，一切都过去了，1776年的英雄，早已长眠地下，可是他们那衰老而可怜的夫人，就在我们的面前，要求申诉。这位老太太从前也是位美丽的少女，曾与丈夫有过幸福愉快的生活。不过她已失去了一切，变得贫困无靠。可是某些人享受着烈士争取来的自由幸福，还要勒索他遗孀那一点微不足道的抚恤金，有良心吗？当无依无靠的她，不得不向我们请求保护时，试问，我们能熟视无睹吗？"

听众的心被感动了，法庭里响起哭泣声，一向不动感情的法官也眼圈发红。被告的良心被唤醒，再也不矢口否认自己的劣行了。法庭最后通过了保护烈士遗孀不受勒索的判决。林肯在缺少证据的情况下，靠动情的话语打赢了官司，被传为佳话。

说辩最讲究以理服人，法庭上更要用充足的证据，严密的说理，以无可辩驳的雄辩力量制言，林肯在法庭上一番饱含深情的说辩言辞，让我们感受到了情感的力量往往比说理更强大，其感染力和震撼力会给人更强烈的冲击，具有极强的说辩效果。绘声绘色的辩说，令人感到亲切可信，引发人的情感共鸣，非常容易打动人。

其实在说辩中一般都不是单纯说理的，在晓之以理的同时，还注重动之以情。说理能够征服人，而抒情可以打动人，这就是情感的力量。正如白居易所说的："人心者莫先乎情。"林肯的成功可以说把情感的力量发挥到了极致。

人都是有感情的，中国人更看重感情在人事问题上所起的作用，不仅有感情好说话,而且有感情的话,也好办事。

但无论是与至亲的人,还是与素不相识的人,感情也是需要维护的,否则就会被人认为"用得着就来了,用不着人影都见不着"。

值得提醒的是,建立感情也要把握一个原则:合情合理。否则,很容易就会让人误解为:虚伪。非但达不到调动的目的,弄不好还会适得其反。

第四节 演戏定律

戏是演给观众看的。人生如戏,戏如人生。

不管是合伙过日子,还是搭档干事业,都是在共同演绎一部活生生的剧情戏。不但要投入感情,还要了解对方的角色,需要时还要将自己融入情境。

究竟会演成喜剧还是悲剧,就取决于合作者如何将自己在剧中的角色扮好了。

一、只有永恒的"两面",利与害

任何事情都有利与害两种可能性。墙的崩塌是起于它的缝隙之间,树木的损毁是起于它的分节之处,人的分裂是起于相互之间差异,有区别最终就走向分裂。

相益则亲,相损则疏。合作的双方或多方,如果有共同的欲求,或者有共同的憎恶,就能够关系亲密;反之,彼此间就有了差异,就会相互疏远。

对于合作者来说,相互之间有受益就会相亲近,相互之间有侵害就会相疏远。这是必然性的规律在发挥作用。

所以,无论是任何形式的合作,要想愉快、长久,就必须考察把握彼此(情欲好恶、利益得失等)的异同之处。

重要的是:弄清对方的需求是什么?

曾经有人给男生宿舍推销望远镜、向女生宿舍推销窗帘,赚了他人生的第一桶金，这个案例深刻说明了这个道理。

三、制造角色

与常规的戏路子不同的是，合作的每一个角色并不是事先设定的，而是随着剧情的需要发展的。这就要求我们在合作时不但要演好自己的角色，还要善于制造角色。

1. 取同去异

合作者不同的经历、个性，就决定了每个角色的扮演者对角色理解的差异，但为了合作的顺利，也需要培养自己与对方有共同的爱好。必要时表演成对方的同类，知己，玩伴。

这个很厉害，历史上有很多臣子就是通过这个获得君王的欢心的，如大家熟知的高俅、和珅等人。虽然他们后来演变成了不受大众欢迎的角色，但对于与君王、众臣共同合作时期推动剧情的发展，无疑也取得了极为重要的作用。

其实，我们身边这样的例子也不少。对方喜欢书画，五大三粗的人也开始舞文弄墨；对方热衷美容、保健，平时不讲究的人也刻意收集一些这方面的知识；对方有孩子，千方百计地掌握一些与孩子相处的技巧……

不掺假是不可能的，但一定是善意的，有良知的，是"心灵手巧"的，否则反倒会"弄巧成拙"。

2. 情人关系

感情因素对理智的影响，一直是合作中不可或缺的因素。这一点，尤其适合婚姻。为什么有的夫妇之间生活多年形同陌路，相反情人之间哪怕相识短暂却如胶似漆。一句话，感情让他们彼此倾心。

所谓"遥闻声而相思"。有些合作双方，表面上他们看起来很亲密，事实上内心却很疏远；表面上看起来很疏远，内心却很亲近。天天在跟前的人，倒未必器重；而只能让你远远听到他的声音的人，却往往想念他。

爱情是两颗心灵之间不断互相追求和吸引的过程，这个过程不应该因为结婚而终结。以婚姻为爱情的完成，这是一个有害的观念，在此观念支配下，结婚者自以为大功告成，已经获得了对方，不需要继续追求了。可是，求爱求爱，爱即寓于追求之中，一旦停止追求，爱必随之消亡。好的婚姻应当使爱情始终保持未完成的态势，也就是说，相爱双方始终保持必要的距离和张力，各方都把对方看作独立的个人，因而是一个永远需要重新追求的对象，绝不可能一劳永逸地加以占有。在此态势中，彼此才能不断重新发现和欣赏，而非互相束缚和厌倦，爱情才能获得继续生长的空间。

不管是夫妻也好，事业伙伴也好，抑或就是客群关系。有感情在其中维系，关系才能长久。所以说，甜甜蜜蜜做情人。

三、言语行动：先意承欢

要想让合作的剧情顺利发展，还有一点很重要，那就是：以对方喜好为喜好。

这就需要合作的一方，在言语上、行动上，迎合另一方的意思。

我的建议是：做他同类、知己、玩伴、有共同利益者（制造角色）。

我们有一对经销商，是一对夫妻，但业绩却是分开计算的。

起初两人一起过日子的时候，彼此的性格差异就很大，女的好动，男的很宅。她喜欢跳舞，他喜欢看球。

为此，男的很郁闷。女的回来晚了，他觉得担心；女的回来早了，又往往跟他争电视抢频道。就为这样一些小事，经常磕磕碰碰，导致家庭矛盾频发，几度闹得不可开交的程度。

后来夫妇俩先后加盟了我们公司，女的成了男的领导，参加了公司的几次培训才得以开窍。做丈夫的在妻子经常跳舞的地方也办了张健身卡，两人一起去健身房跳舞，再一起回来看球赛，后来干脆加了几个户外群，经常在外露营。

从此，夫妇双方不用担心什么，也不忌讳什么了，如鱼得水，不但夫妻感情加深了，事业也顺风顺水，一度连续几个月蝉联公司的业绩冠军。

第五节　恩怨辩证法

民间喜欢用"不是冤家不聚头"，来形容一段姻缘关系。不仅仅限于婚姻，任何形式的合作都似乎沿袭了这一宿命。

也可能真是这个原因吧，所以，我们每个人才会对与自己关系亲密的人有超出一般人的期许。而且，关系越亲密，期许就越是强烈。

可当有一天，那些亲密关系的人做出的举动背离我们的期许的时候，我们就会比任何时候都怨，也会比任何人都恨。

一、恩生怨

恩可生怨，看似冷酷，然而却是有相当的普遍性。假如东郭先生没有救过狼的命，自认对狼有恩，那么，狼要吃他时就不会有该不该吃的问题。父母受儿子虐待，要比受外人欺负格外伤心也是这个道理。所以在日常生活中，关系亲密的人们之间，应格外注意，不要使亲人之间的感情受到伤害，因为这种情感一旦受到伤害，治愈它反而更难。再者不要把人际关系搞得过俗，要善于保持适当的距离，所谓君子之交淡如水，以及俗语"好兄弟，勤算账"，都是讲这个道理的。再次保持平和的心态，既不要把自己对别人的帮助看作施恩，期望回报，也不要对别人的允诺期望值太高，正如鲁迅先生临终所言："别人应允的事物不可当真。"这样就可以不致因失望而产生怨恨。总之处理人际关系是一门学问，但归根结底是要学会宽容。只有这样，人与人之间才会有一种和谐温馨的社交环境。

在合作中，有恩于人，结果反目成仇的事屡见不鲜。原因何在？

这是因为给予了太多的恩惠，反而会引起怨恨。

为什么恩能生怨呢？

首先是施恩的一方。施恩的时候就存了别人将来回报的心思，就好像有钱人放出了高利贷，到时候取不出来高利，就难免抱怨。

受恩的一方呢，觉得别人帮助自己理所当然，坦然领受，不思回报。由于接受现成的习惯了，一旦发现施恩的一方不像以往那样付出了，就隐隐产生出不满情绪，所以恩变成怨。

帮助中断产生怨恨，一旦受助者适应了你的帮助，就会觉得心安理得、理所当然，觉得你有义务这么做，当帮助中断或减小，受助者会产生怨恨。因为当你承诺长期帮助或实际上长期持续帮助别人，别人就会产生一种依赖，并且会把这种帮助作为一种可预期的结果融入自己未来生活的规划当中，一旦你的帮助中断，打破了这种等靠要、伸手要的依赖状态，等于打破了其预期和规划，破坏人家已经习惯的正常生活状态，怨恨就产生了。我读大学时经常帮同学带饭、打开水、图书馆占座，一旦因为自己事情太多忙不过来而偶尔拒绝一两次帮忙，有人就会对你有所抱怨，不管你之前帮助过某个人多少次，他只会记得最后这次你没有帮他，觉得你帮忙是理所当然的。

人性里面有一些固定的惯性,不要去挑战这个惯性。给人恩惠之后,最佳的策略其实是断绝联系,不求回报,不留痕迹。不要长期地对同一对象施恩,也不要与施恩对象保持长期的联系,否则就可能有危险,搞不好反而被仇视,甚至受到伤害。如果受到伤害,你最好不要去戳穿其恩将仇报的面目,否则失败者因为愤怒,可能还会再次以伸张正义的理由来伤害你。看明白这一点,可谓世事练达,不会被自己幼稚的施恩心态所感动,也不会落入人性的陷阱。对人宽容、纵容、施恩其实有时是一个性质,对身边的人更需谨慎,因为更容易形成惯性。对于陌生人,就无所谓了,能宽容就尽量宽容,一次过以后不会再见面了。很多人死是死在对身边人宽容,对陌生人吹毛求疵,最后死都不知道怎么死的。

我们世界上的事物,都有正反两个力量:有生,有克。生克是阴阳方面的说法,在学术思想上,则为祸福相倚,正与反,是与非,成与败,利与害,善与恶,一切都是相对的,互相生克。

如姜太公流传下来的道家经典《阴符经》里面说"恩生于害"这句话,举例来说,像父亲打儿子,儿子挨打很痛,这是"害",但目的在把孩子教育成人,这就是"恩生于害"。领导人对部下亦是如此。这句话的意义很深。中国乡下人有句老话,送人一斗米是恩人,送人一担米是仇人。帮朋友的忙,正在他困难中救济一下,他永远感激,但帮助太多了,他永不满足。往往对好朋友,自己付出了很大的恩惠,而结果反对自己的,正是那些得过你的恩惠的人,所以做领导的人,对这点特别要注意。一个人的失败,往往失败在最信任、最亲近的人身上。

历史上这种例子很多。这种人并不一定是存心害对他有恩的人,像拿破仑在两个人的心目中,被认为他不配当英雄,一是他自己的太太,一个是他的一个老朋友,因为太亲近,相处太久了,就有不同的观念,在不知不觉中,会做出一些有害的事来。这都是恩与害,往往互为因果的关系,所以"恩生于害"这句话很重要。而它的原理,亦即来自生克的法则,生人者也克人,恩与害,两个对立相存,没有绝对的一方。现在青年人谈恋爱也知道,爱得愈深,恨得也愈深,这也就是"恩生于害"的原理,也是生克的法则。

世界上的交情不是"莫益之",就是"或击之"。无益于自己的,便打击。由这一方面看这个社会人生,也是很痛苦的。我们过去说过用人的故事,最初是感激你,后来变成你应该,最后变成了仇人,就恨你了。所以,道家的《阴符经》就说,"恩里生害",恩太多,对他太爱了,就会成冤家。教育孩子,教育人,都是一样。现在实施所谓爱的教育,只有"恩里生害",因为这个社会已经不对了。社会上恩爱、利害、善恶、是非本来都是相对的,但今天的人只想抓住恩爱、利益，忽略了利害相对、相生的道理。

孟子曰："爱人不亲，反其仁。"我们爱人家，结果人家反而骂你怨你，所谓爱人就是爱护人家，对人家好；如果人家反感，你就要反省自己，可能是仁的行为你没有做对，总有一个原因。这是讲普通做人，长官带部下，领袖带下属，父母对儿女，结果有不好的反应时，仔细研究下来，可能是自己出了问题，也许是爱的方法不对。仁是要有方法的，我们看到医生的招牌"仁心仁术"，术就是方法。佛家讲慈悲，慈悲要配合方便，我们经常听到佛家两句话，"慈悲为本，方便为门"，慈悲要有方法，你不懂得方法，那个仁是没有用的。

《系传》曰："刚柔者，立本者也；变通者，趣时者也。"这两句话，包括了一切人生的大道理。政治的大道理、做人做事的精义都在这里边。刚就是硬的，柔就是软的，刚就是阳，柔就是阴。一个人有刚的一面，也有柔的一面。所以带兵的人要能恩威并济，恩是柔的，威是刚的。但是这句话也要注意，太公《阴符经》说"恩以生害"。你对他太好了，好到极点了，也会害了他。你看历史上反叛你的人，都是你对他最好的，都是你自己培养出来的，绝不是敌人。敌人推翻不了你，每一个人事业垮掉，都是由于自己最亲近的人、最心爱的人发生了问题。皇帝都是死在最亲近人的手中，一个人的事业，也往往败在自己最亲近人的手里。

坊间流传着一则故事，就很能说明这个问题。

甲不喜欢吃鸡蛋，每次单位发了鸡蛋都给乙。

刚开始乙很感谢，久而久之便习惯了，觉得理所当然了。于是，直到有一天，甲将单位发的鸡蛋给了丙，乙就不爽了。为此，大吵了一架，绝交了。

我有一位老师，也遇到过类似的事情。

老师50岁那年，娶了个40岁的女人，还带着个十几岁的孩子。

女人没有工作，一直靠老师的一份工资维持着一家三口的开支，为此，老师课余就频繁地在外代课来增加收入，钱一分不留地全交给女人。

日子也一度过得很顺心，直到老师退休了。虽然大学毕业后的儿子找不到心仪的工作，在家做起了"啃老族"，但因为老师课讲得好，也一直在外面讲课赚外快，所以也不介意。70岁那年，老师讲课的收入彻底没了，每月只靠微薄的退休金，三个人用，日子过得紧巴巴了。

这时，一直做"啃老族"的儿子要结婚，要用钱。吵吵嚷嚷了好几年，女人提出离婚。

最终，让母子俩过了20多年无忧无虑日子的老师，在75岁那年，离婚了，就连单位分的房子，也属于与女人的婚后共有财产，卖了，一人分得一半的钱。

对母子俩施了20多年恩的老教师，一夜间成了无家可归的孤寡老人，没法子，只得一个人住进了养老院。

二、怨生恩

怨，处理得好，也能生恩。

曾经听我们湖南的一位经销商说起过原本啥都不用操心，啥事也不会做的她，因为三次"死的经历"而变得独立的故事。

第一次，2012年离婚了，分到了50万元债务，那时候，女儿正读大二，男方未付一分钱。她被逼得没活路了，想死，一了百了。但几次思想斗争后，选择了咬牙挺住。除了需要独自养女儿，还坚持让女儿继续学钢琴（已经学了两年了，觉得荒废可惜，但每月都要1万多元）。

"幸福常常被分享，痛苦却总是隐藏，这就是男人，这就是成功。每每看到这句广告词，别人觉得男演员自我感觉良好，而我却禁不住流泪。因为我这个女人就是家里唯一的男人，就是那个咬破嘴唇也得拼命喊成功的人。"

第二次，她发现自己全身上下长满了疹子，尤其是脸上一颗颗黄豆般大小，没一块干净的地方，人不像人、鬼不像鬼，自己都不敢照镜子，生怕自己把自己吓死。

身体多个地方也都出现了严重的症状，整夜整夜都睡不着觉。

心一横，服下了大量的安眠药。结果，没死成。

第三次，她拿哥的房子抵押贷款了5万元，开第一家店。装修时，装修师傅掉下来，索赔6.8万元，后经律师调解，对方有医保，赔1.5万元。可就这1.5万元，她也拿不出。于是，对方找流氓、"白粉仔"天天来店里闹、砸。

闹事的人走后，留她一个人瘫倒在地上，那一刻，真想跑，但最终还是咬牙坚持下来了。

现在，不仅50万元债务还清了，还供女儿读到了研究生。自己也变成了什么活都能干的女汉子。

她觉得这一切，都拜"那个无能、无情、无义的人"所赐。所以，在现在那个当年背叛他的男人落魄时，她也时不时地会给予一定的经济资助。

三、恩恩怨怨难合作

恩与怨，从表面看起来合作者之间恩情与怨恨的多少，实质上，却反映了斤

十道　合作　合作　还是合作

斤计较，各自打着自己的小算盘。

其实，合作者之间的事，因为牵涉到利益和感情，所以，总是恩恩怨怨、是是非非，难以说清楚。

我觉得，既然大家选择在一起合作，既然还要长久地完成共同的任务，那么，谁也不欠谁的，任何形式的恩怨，对双方的合作，都是一种牵绊。

四、处事以不即不离之法

人与人相处，保持最佳距离很关键。太近了，没有空间彼此会有压力；太远了，又没有亲近感，感到生疏。恰到好处才能"不离不弃"！

无论什么关系都要把握好一个度。彼此间的"度"把握得好，不但可以使合作关系更为紧密，也可以让合作更为简单、更为轻松、更加愉悦。

什么样的问题能让人的心裂开呢？是感情的伤害。爱一个人而得不到，或者失去一个人，或者你信任一个人，但是那个人背叛了你，这就是我们常说的伤心又伤神。往往这种伤心都不是来自敌人，因为你不会把一个你不信任的人或者你不知道底细的人领到你们家的卧室去，你甚至都不会让这样的人进你的家，有什么事在办公室说说就行了，或者到法庭上说。因为你们要保持一定的距离，让他离你的"神"远一些。往往伤害你的人都是你开门迎进来的人，进来以后你才发现他是一个坏人，所以，伤害你的情感或是伤你的心都是你的亲人、朋友，就是跟你关系特别密切的人。

我们应该学会保护自己的心和神，不要轻易把自己的心敞开让别人进来，应该对谁都礼让三分，也要戒备三分。

我觉得日本人对任何人都非常礼貌、客气。礼貌和客气是表明这样一种态度：我们可以做好朋友，但是我们要保持距离。有些中国人容易走向两个极端，要么跟人打架，要么跟人好得恨不得睡到一张床上。这就是没有距离感。我觉得人要活得轻松自在，还是应该有一定的距离。中国有句话叫"若即若离"，意思是说好像我们在一起，又好像我们没有在一起，这种状态就是最好的了。

用放风筝的原理形容合作关系最为恰当的。

任何一方都是一只遨游天空的风筝，要想让彼此飞得更远、更高，就要不断地放长手中的风筝线，但这只风筝线要时刻掌握在你手中，张弛全在你的掌控之间，永远不要让他或者她飞出你的视野。

距离可以产生美，但这个距离必须适度，如果距离太远，视线就会模糊，景致也会不清晰，美就会不存在。

双宿双飞也是一个道理，彼此看得见，彼此就都多了个照应；但太近了，两只风筝的线很容易就会搅在一起。

有人说：爱人要爱到八分，留两分空间给对方，留两分余地爱自己。

如果爱人爱到十分，就会让对方有一种窒息的感觉，时间长了就会有厌烦。

情感打了折扣，再深的交往也会黯然失色，合作关系也就很难维系。

有人为此还做过测算。得出建议：

私人距离。一般的朋友交谈，在 45～120 厘米之间为最佳，表现为伸手可以握到对方的手，但不易接触到对方身体为宜。

亲密距离。属于私下情境，在 45 厘米以内，多用于情侣、亲人、知心朋友或者合作伙伴之间。

五、居身于有意无意之间

与为人处事一个道理，合作者之间的事，既不可以强求，也不要违心，一点都不去追求。

如果一方想表达自己的意念给对方，看似内在有意，但表面显得比较从容淡泊一点，顺其自然，效果可能会更好。

什么事都要讲究一个"缘"字，诚如该是你的终究是你的。

月圆之夜，也就预示着月缺的开始；鲜花开得最美时，也就是它即将凋谢之时。

所谓盛极而衰，物极必反，过犹不及。做任何事情都能留有余地做到恰如其分，才是真正的智慧。

只要居心于有意无意之间，就有了一份淡然与超脱。有了它，面对人世之浮沉就会坦然地一笑了之。

六、何妨来点"真性情"

既然合作者都是戏中的角色，那就不要只在戏里哭，只在角色里咆哮，生活中也不妨尽量地放松自己。

在生活里，我们骨子里的真性情，流露一下又何妨？

只是，别伤害别人，别妨碍别人，方式方法得讲究！

比如，兴致时可以一醉方休，趁着酒性对酒高歌、吟诗作赋、翩翩起舞……

偶尔也适度发发无关紧要的牢骚，既宣泄一下不满，也可以此警示对方。但再醉，也得保持脑子清醒，否则胡言乱语，一不小心还会弄得自己"露出马脚",让听者不满或者感到受伤害,从而影响合作的基础。

第六节 以说为媒 化解危机

无论夫妻也好,团队也罢,大家一起合伙做事,磕磕碰碰在所难免,尤其是合作一方对另一方忽视、不尊重、恐吓、伤害之类的行为,就会伤感情,严重的,就会导致合作关系破裂。

化解危机,光靠行动也是不够的,因为对方心里的结没有解开。所以,适时地把自己的想法说出来,表明自己的态度,再设法予以沟通,也是对对方负责任的态度。

一、了解人性第一

要想使合作更为紧密,正确地了解男人和女人的本性是第一步。这样就可以"设身处地认同对方",而不会用自己的眼光和思维方式去看待对方,也可以有效地避免将自己的意志强加于对方。

比如:男人都爱面子,女人是容易冲动、容易后悔的动物;男人遇事总是愿意自己扛着,而女人,事前着急,事后哭泣,事中因感情推动而执着,事后因理智压住感情而后悔。

人在两种情况下最快乐:

(1)忘我:忘情地投入。

人对于自己喜欢的东西总是愿意投入更多的精力与情感,甚至会废寝忘食、忘乎所以,比如玩游戏、赌博等等。

这其实是人性的弱点,自己也知道沉迷其中弊大于利,但大多数人却对此难以自制。即使是那些号称自制力极强的人,也往往会在这一点上败给自己。

(2)演戏:没有天然的知己,没有天然的伙伴。

所谓知己也好,伙伴也好,其实都是在相互磨合基础上形成的结果。

没有谁天生适合谁,谁天生就是谁的"福星",也没有谁天生就是谁的"克星"。所有的福,所有的灾,都是个人演绎的结果。正如同样的剧本,同样的角色,不同的人,却能演出迥异的味道一样。

人在两种情况下容易受骗:

(1) 欲望。

当一个人的欲望极度强烈时,是没有任何力量可以阻止得了的。

这就可以解释为什么一个清官能拒绝金钱,但对于爱不释手的文玩字画却无法抵御,步入他人的陷阱;为什么一个叱咤疆场的英雄,面对生死毫不惧色,偏偏会拜倒在石榴裙下,落入别人的圈套。

从小到大,几乎每个人都有被骗子骗过的经历,只是程度大小不同而已;可无论大小,被骗毕竟是让人不愉快和懊悔的事情。然而恨死骗子,悔青肠子,于事无益,倒是想想我们为什么会上当受骗,还能有个前车之鉴,避免重蹈覆辙,再受损失。

我们怎么会上当受骗呢?总结思考一下,就会发现,我们在两种情况下最容易上当受骗:一是最想得到某种东西或者是最想做某事的时候,二是觉得有便宜可占的时候,用简单的两个字概括,就是"欲"和"贪"。许多时候,往往是二者交织,让我们鬼使神差般地进了并不高明的骗子圈套。当然,还有一种特殊的情况,就是病急乱投医,但在这种情况下的受骗不能算严格意义上的上当,因为受骗人要么已经有些昏头,要么知道可能受骗,他只是把这当作一次试试看的机会。

骗财、骗色,几乎是骗子永恒的主题,而骗的手段五花八门、层出不穷,但归根结底,骗子就是抓住人们的"欲""贪"来做文章,尤其是这些"欲""贪"妄为,正是骗子的最佳时机,骗子骗得你头晕眼花,跃跃欲试。所以,当你迫切想得到某样东西、想做某事的时候,当你觉得有便宜可占的时候,你愈加要小心,要冷静——让心中的欲、贪之火冷却冷却,因为,这个时候,往往第一个照顾你的可能就是骗子。

(2) 情义。

容易上当受骗的并不只是那些没有动脑筋的愚民。"有些骗局布设的十分巧妙,很容易受骗上当。"那些花言巧语的往往是大谎言,人不容易轻信小谎言,却很容易相信大谎言。谎言是一种构筑生活世界的伪劣伎俩,在真假难辨的情况下,被欺骗者会心甘情愿地用它来构筑自己的生活世界图景。即使在明白的情况下,告别这样的生活世界图景也是很困难的。

重视情感珍惜情义，也是很难得的品德，但是有的人过于重视情感，也未必是好事，因为物极必反，太过了也不利于自己。

情与义是一个人成事的根本，也是人的一大软肋。

儿女情长、哥们义气，会让我们缠绵悱恻、豪侠仗义，甚至不计后果地将一切抛掷脑后。所以，越是铮铮铁骨的汉子，包括自诩的女汉子，越容易在情义问题上被人利用。

二、沟通是化解危机的最好方法

有人说，合作就像一件贵重的瓷器，而那些争吵的伤害就像瓷器上的裂痕，会随着日积月累越裂越大，最终导致破碎。

不管是新搭档，还是老搭档，沟通，都是不可缺少的环节。

1. 化解问题而不是解决问题

在合作中出现了问题，一般人都会想着怎么去解决，结果越解越复杂。这是因为合作者在想法上或者做法上有了差异，如果一味地讨论和争论，非但不能解决问题，而且很容易就会使问题升级。

正确的做法，其实还是想办法化解。

比如，两个人发生了一些口角，谁都不理谁，这时千万不要提这一茬，只需一方主动开口叫一声另一方就可以了。

如果可能，大家坐在一起喝杯茶、吃个饭，打个哈哈，先前的不愉快也就淡化了。

2. 大事化小，小事化了

合作双方，只要还想继续合作下去，还要继续做搭档，就没有什么不可调和的。如果是男女搭档，化解起来就更简单了。

如果是女方错了。只要主动给一个笑脸，有点温柔之感，男方马上就会败下阵来了。

如果是男方错了。那就更好办了！女人的心肠往往比较软，只要送点女方喜欢的东西，如化妆品，甚至鲜花，向她道个歉就是了。

我有位朋友还有更绝的。

一旦发现对方生气了，或者骂骂咧咧的像是有没完没了的迹象，立刻由嬉皮笑脸转化为一本正经：

"别动！"

然后，像是发现新大陆似地，格外专注地，从对方头上摘下一根白发，或者帮助擦去脸上的一块污渍，或者仅仅是帮助缕直他认为乱了的一根眉毛。

他的这一着，让对方一下子无所适从，有气也发不出来。

据说，屡试不爽。

3. 不假外人之手

合作双方之间的事，最忌讳的就是外人的干预，越掺和越乱，尤其借红、黑两道之手。否则，灾难无穷。

报载：两个合作者吵架，一方认为吃了亏，一气之下叫上自己的弟弟前来帮忙。结果，当弟弟的也不知轻重，邀上几个"小弟兄"，不问青红皂白地就把合作的另一方打了一顿。

吃了亏的另一方越想越觉得憋屈，立马用手机叫来几个好哥们。

两队人马，一通乱仗，非残即伤。

最后不但合作关系解体，而且双双进了监狱。

三、拖，也是化解危机的一种方法

当危机一时半刻化解不了，干脆就一个字：拖。

拖字诀。有事情拖着，等待机会，等待时机成熟。

找出各种理由拖延，避过了这个风头，或者等过上一段时间，彼此都心平气和了，危机可能就自动化解了。

四、沉默也是在说

有时实在没招数了，选择沉默，也是一种方式。

对于说者来说，既可以调节说话和听讲的节奏，也可以使说者和听者更加专注，这样更有利于沟通。因为你说得越少，就越有神秘的魅力；同时，你说得越少，说蠢话或危险话的风险也降到最低。

对于听者来说，在多数情况下，我们并不知道对方为什么沉默，这个时候最忌讳问"你为什么不说话"。这是先入为主的态度，即使你猜中了对方沉默的原因，对方也不会认可，甚至会更冷漠。

因此，要想沟通、让对方说出心里话，绝对不能用反问，而要"旁敲侧击"。

"示弱"是一个非常管用的方法。要想让对方开口，不妨扮可怜。

比如，告诉对方，自己遇到麻烦事处理不了，想请对方给些建议。

等他打开话匣子，要注意保持认真倾听的态度。这样，再沉默的人都会有话。

也许说着说着，他就会情不自禁地透露其沉默的原因。

此时，要多说"对""我也觉得这样"，以肯定并鼓励对方开口。

有些时候，沉默也许是起源于善意和礼貌，比如在临终亲友面前，我们不愿意谈起他们的病情，比如和一个口吃的人聊天，我们假装注意不到他的口吃。

但是，有一些时候，沉默源于怯懦。人们害怕权力，害怕高压，害怕失去升官发财的机会，害怕失去房子车子，于是沉默成了自我保护的机制。高贵是高贵者的墓志铭，沉默是沉默者的通行证。

有时候，人们所恐惧的，甚至不是利益上的损失或者肉体上的暴力伤害，而是精神上被自己的同类群体孤立。出于对归属感的依恋，他们通过沉默来实现温暖的"合群"。对认同感、归属感的强烈需要，大约是写在人类基因里的密码，这个密码有时候会成为勇气的源泉，有时候却让我们蒙上了自己的眼睛。

所以，沉默的人数越多，打破沉默就越难——因为当越来越多人卷入沉默的旋涡，从这个旋涡中挣脱出来需要的力气就越大。历史上的先知，往往命运悲惨。拒绝发声并不奇怪，因为发声不但需要勇气，而且意味着承担。直视沉默也就是抵抗制度性遗忘和集体性否认的压力，直视生活中不被阳光照耀的角落、被压迫者的痛苦和我们自己的软弱。

五、找个顾问咨询

如果危机所涉的事情很复杂，真的不是一两句话能够说清楚的。这时，就可以试试应用"ABC 法则"。

这个 B 角色，其实就是一个"中间人"。

可以是合作的第三方，也可以是双方都敬重的局外人，让无关利益的一方意见，冲淡两人的怨气；

也可以是平时遵从的长者，从中调停；

也可以是亲人，从中"唱唱花脸"；

或者就是请对方要好的小姐妹或者小兄弟，帮忙缓和一下气氛……

对于置身其中的两个人来说，第三个人的立场相对显得中立一些，也更容易让人接受。

六、危机、危机：危机后面是机会

"合作就像吃饭，你点的肯定都是你爱吃的，可等菜上了桌，你还是忍不住先看看别人的盘子。"

有比较,就会潜藏危机。但伴随危机的,往往就是机会。

问题后面是再合作的机会。很多事,说透了反倒加深了彼此的感情,也为彼此的合作,开辟了更为广阔的空间。

美国前总统尼克松曾经说过这么一句话:"汉字用两个字符来书写Crisis(危机)这个单词,其中'危'字代表着危险的意思,'机'字则代表着机会的意思,身处危机中,意识到危险的同时,不要忽视机会的存在。"

在很多危机中,总会有人因为无法安然度过危机而一败涂地,同时,也有的人在危机中获得了前所未有的机会和成功,之所以在同样的背景下产生截然不同的结果,就是因为有人只看到了危机中的危险,有人却抓住了危机中的机会。

在佛罗里达州有一位快乐的农夫,当他买下这片农场的时候,他觉得非常沮丧,因为那块地既不能种水果,也不能养猪,只能种白杨树和养响尾蛇,没办法,最终他决定只能养殖响尾蛇了,过了一段时间,响尾蛇长大了,这时候他想到了一个好主意,就是他要利用那些响尾蛇。他的做法使每一个人都很吃惊,因为他开始做响尾蛇肉罐头,没想到这罐头的销路竟然很好,每过几年,他就赚了一大笔钱,而且还招来很多人参观他的响尾蛇农场,有一年游客差不多达到两万人,不仅如此,响尾蛇的蛇毒可以运送到各大药厂去做蛇毒的血清,响尾蛇皮还以很高的价格卖出去做女人的鞋子和皮包,他的生意越做越大,后来为了纪念这位利用不利因素创业的农夫,这个村子就改名为佛州响尾蛇村。

这位农夫把自己的不利因素变成了有利因素,是在危机中把握机会的最好例证,人在遭遇危机时,为摆脱危机绞尽脑汁,一般情况下,人们只使用着全部能力的3%;而绞尽脑汁地思谋对策,会调动出平时未使用的97%的潜能。因此,越是在大危机的情况下,越会产生出其不意,排忧解难的高招。

如果你能改变你的思考方式,就会发现将自己逼入死胡同的危机或挫折,正是发挥一个人潜能的绝佳机会,拥有逆境思维的人会把危机变为机遇,并且获得比以前任何时候都巨大的成功,任何危机都蕴藏着新的机会,这是一条颠扑不破的人生哲理,能否有效地利用危机,让危机激发出有利的一面,是成功的关键。

我们经销商中有对小两口,女的忙于做市场,经常需要外出学习、做活动,还时不时参加公司组织的"海外游",致使新郎常常一个人"独守空房",冷清!郁闷!煎熬!久了就成了一种折磨。更重要的是,女的经济独立了,视野开阔了,也更加有魅力了,不再像先前那样"好说话了"。

夫妇俩的关系变得紧张起来。男人感到了从未有过的危机,思来想去,终于心一横，干脆辞去了自己心仪的工作，加盟女的团队，夫妻双双做起了市场。

刚入门那会，老公没有太多经验，索性为老婆当起了专职司机，双宿双飞。男人业务上手很快，三个月后无论是个人能力，还是业绩，与老婆并驾齐驱了。

自此，夫妻俩一起研究方案、一起参加学习、一起组织活动、一起出国旅游。无论遇到什么，都一起面对。也有为工作争吵的时候，但争吵也都是伴随甜蜜，每天披星戴月地出发，再拖着疲惫的身躯，手牵手、哼着歌回家。

忙碌的工作，默契的配合，不但使夫妇俩觉得每天都格外充实，而且小日子也过得越来越有滋味。

说到这里，我不禁想起曾经听过、见过的一个又一个合作成功的例子。

这两个人原先的婚姻都以失败告终，事业上也是一塌糊涂。

40岁那年，两人通过手机摇一摇认识了，很快也就结合了。但过日子还是要面临很多现实的问题，于是谋求改变。

男的懂点易经，但其貌不扬，加上脾气又臭，朋友多但都忍不了他，纷纷离他而去。女的有点姿色，保养得不错，也有几分"文艺范"，处理人际关系方面更是强项。

经女人稍稍打理一下，男人立马换了模样，加之能将这么漂亮又出色的女子做老婆，别人都以为他一定有特别的本事。

男人因女人，提高了自己的身价。那些先前离他而去的朋友，因为这个女的重新"搭建平台"而再度成了家里的常客。

有了人脉，局面重新打开，于是他们线上线下地开始推广他们的项目。女的教人养生、保健、美容，让人增加魅力；男的运用易经知识，帮人规划事业人生、指导经营市场。

一个为人打理形象，一个为人化解难题，人生的两大问题——健康与发展，在他们这两个人的团队里就能找到答案。于是，越来越多的人开始加入他们，一起学习、一起做事业、一起挣钱养家、一起成长，忙得不亦乐乎！

他们以及加入他们团队的所有人的命运，也都从此发生了天翻地覆的变化。

后　记　与其成功，不如追求成功

如果说人类有一点是共同的，那就是追求成功。这一点，无论是庸人、伟人，甚至是超人，都不例外。

佛，成佛的成功；道，成仙的成功；儒，成圣的成功。

我们都是凡人，有得就喜，有失就忧，之所以存在，是因为有梦想，虽然梦想也是实中有虚、虚中有实。但我们相信：只要坚持，就有成功的希望。虽然，最后也不是人人都能摘到成功的果实，但那有什么关系呢？我们从中找到了乐趣，这不也是一种成功吗？

同时，我们一路走来，也明白了许多道理。

任何公平都是相对的，放在一个大平上，你得到的越多，也必须比别人承受更多。

你永远不知道自己有多坚强，直到有一天你除了坚强再无选择。

世间能说出的道理都是有限的、狭隘的，唯有讲不出的道理，才是最庞大、最广阔的，没有道理就是最大的道理。

人生最大的乐趣不外乎就是体验工作的乐趣，把枯燥的事情，也看成是有趣的。

我觉得，一个人的一生之旅，概括起来其实只有两件事情：了解自己和了解外部世界。

或许，我们穷极一生，可能也只是知道了一点点皮毛，但这并不影响我们的不懈探索。

虽然并非所有的探索都能得到圆满的结果，而且还需要付出一定的汗水、泪水，甚至血水，但其中的过程足以让我们豁然开朗、回肠荡气、惊心动魄、意味深长。

也可能正是因为这个原因吧，我们的生命才会如此多彩，人类社会才会如此绚烂。

周泉润　2018 年 8 月 19 日于广州